가짜 민주주의가 온다

THE ROAD TO UNFREEDOM

가짜 민주주의가 온다

도둑 정치, 거짓 위기, 권위주의는 어떻게 권력을 잡는가

티머시 스나이더 지음 | 유강은 옮김

부·키

지은이 **티머시 스나이더**

1969년 미국 오하이오주 출생. 중유럽 및 동유럽사와 홀로코스트를 연구하는 역사학자다. 현재 예일 대학교 사학과 교수로 있으며 비엔나 인문학 연구소 종신 연구원, 미국 홀로코스트 기념관 양심 위 원회 위원이다. 런던 정경대학교, 바르샤바 유럽대학교 등에서 강의하고 있다. 6개 국가 문서 보관소 17곳의 먼지 앉은 자료들을 발굴·종합해 홀로코스트에 대한 새로운 관점을 제시한 대표작《피의 땅 Bloodlands》으로 한나 아렌트상(2013), 안토노비치상(2014), 비전97상(2015) 등 12개의 상을 받았다. 국내 출 간된 저작으로는 루게릭병으로 투병 중이던 역사가 토니 주트와의 대담집《20세기를 생각한다》, 트럼 프 집권에 따른 민주주의의 위기를 경고하는《폭정》, 홀로코스트의 본질과 교훈을 재해석한《블랙 어 스》가 있다. 미국의 떠오르는 공적 지식인 중 한 명으로서 활발한 집필 활동을 하고 있으며,《해럴드 트리뷴》《더네이션》《시카고트리뷴》을 포함해 다양한 매체에 빈번히 기고하고 있다.

옮긴이 **유강은**

국제 문제 전문 번역가. 옮긴 책으로《조종이 울린다》《빛의 만리장성》《불평등의 이유》《자기 땅의 이방인들》《E. H. 카 러시아 혁명》《기지 국가》《팔레스타인 비극사》《갈증의 대가》 등이 있으며,《미 국의 반지성주의》 번역으로 58회 한국출판문화상 번역 부문을 수상했다.

가짜 민주주의가 온다

2019년 9월 19일 초판 1쇄 발행
2022년 7월 20일 초판 8쇄 발행

지은이 티머시 스나이더
옮긴이 유강은
펴낸곳 부키(주)
펴낸이 박윤우
등록일 2012년 9월 27일
등록번호 제312-2012-000045호
주소 03785 서울 서대문구 신촌로3길 15 산성빌딩 6층
전화 02) 325-0846
팩스 02) 3141-4066
홈페이지 www.bookie.co.kr
이메일 webmaster@bookie.co.kr
제작대행 올인피앤비 bobys1@nate.com
ISBN 978-89-6051-744-8 03300

이 도서의 국립중앙도서관 출판예정도서목록(CIP)은 서지정보유통지원시스템 홈페이지 (http://seoji.nl.go.kr)와 국가자료공동목록시스템(http://www.nl.go.kr/kolisnet)에서 이용하실 수 있습니다.(CIP제어번호: CIP2019035935)

우리 시대의 영웅인 기자들에게 바친다.

- 일러두기

  각주는 따로 밝힌 바가 없는 한 옮긴이주다.

  주에서 [국역]임을 밝힌 것은 옮긴이주다.

옮긴이의 말

냉전이 종언을 고하면서 자유민주주의의 승리는 최종적인 것처럼 보였다. 전문가들은 역사의 종언을 선언하면서 세계화된 평화로운 미래를 확신했다. 하지만 얼마 지나지 않아 이런 믿음은 허상일 뿐임이 낱낱이 드러났다. 이 책에서 티머시 스나이더는 2014년 우크라이나 동부에서 벌어진 전쟁에서부터 2016년 미국 대선에서 트럼프가 당선되기까지의 과정을 훑으면서 러시아부터 유럽과 미국에 이르기까지 새로운 권위주의가 등장하는 과정의 연대기를 치밀하게 기록한다.

푸틴이 소수 부자의 지배를 정당화하는 데 활용할 수 있는 파시즘 이념을 이반 일린에게서 찾아내자 러시아에 권위주의가 복귀했다. 푸틴의 권력 공고화와 우크라이나 침공, 러시아의 2016년 미국 대선 개입 의혹은 하나의 선으로 이어진다. 러시아와 주변부에서 푸틴의 지배가 공고화하면서 2010년대에는 권위주의가 동구에서 서구로 확산되었다. 우크라이나를 무대로 벌어진 지상전과 사이버전은 그 전초전이었고, 미국의 트럼프 당선은 최종적인 결말이었다.

우크라이나 침공

2014년 초 우크라이나 동부에서 처음 총성이 울렸을 때, 세계는 어리둥절했다. 한쪽 편이 우크라이나 정부군이라는 것은 알 수 있었는데, 상대편의 정체는 모호했다. 러시아 군복을 입고 러시아어를 사용하는 군인들이 러시아 무기로 공격을 가하는데, 정작 러시아는 자국 정부는 우크라이나를 공격한 적이 없다고 잡아뗐다. 우크라이나의 '폭정'에 억압받던 러시아계 주민들이 들고일어난 것일 뿐이라는 주장이었다.

일찍이 근대 초부터 우크라이나는 남쪽으로 세력을 확장하려는 러시아와 이를 막으려는 유럽 강대국들이 충돌하는 지점이었다. 19세기 중반 영국과 프랑스가 터키를 앞세워 러시아와 벌인 크림전쟁은 그 연장선이었다. 유럽과 러시아 사이에 낀 지정학적 위치에다가 비옥한 흑토가 광대하게 펼쳐진 우크라이나가 중세부터 리투아니아와 폴란드를 거쳐 17세기에 러시아로 편입된 것은 어찌 보면 필연적인 과정이었다. 제정 러시아에서 민족의식이 높아지면서 러시아 혁명을 계기로 독립을 시도했으나 좌절된 뒤, 우크라이나는 소련의 산업, 농업 배후지이자 흑해 함대의 중심으로 톡톡히 역할을 했다.

소련이 해체된 뒤 여느 동유럽 국가와 마찬가지로 우크라이나도 민주주의와 법치 제도를 확립하고 시장 경제를 안정시키는 힘겨운 도정에 나섰다. 하지만 소련이 해체되는 와중에 국유 재산을 챙긴 벼락부자들이 권력을 갈라 먹는 부패한 권위주의 정권이 난립할 뿐 안정된 정치와 경제는 요원한 일이었다. 서유럽과 러시아는 완충 지대인 우크라이나를 서로 자기편으로 끌어당기는 데만 몰두하면서 실질적인 지원은 전혀 해 주지 않았다.

설상가상으로 일찍이 1954년 서기장이 된 흐루쇼프가 스탈린주의를 극복한다는 상징적 제스처로 크림반도 병합 300주년을 맞아 크림반도를 우크라이나에 다시 돌려준 바 있었다. 소련이 해체될 것이라고는 꿈에도 생각하지 못한 실책이었다. 그런데 실제로 소련이 해체되고, 러시아의 앞마당 우크라이나가 서구와 러시아 사이에서 줄타기를 하는 완충 국가가 되어 버렸다. 흑해 함대 주둔지로서 전략적 요충지인 크림반도를 우크라이나로부터 빌려 써야 하는 상황에 처한 것이다. 2004년 오렌지 혁명 이후 우크라이나에서 친서구, 친유럽 연합 성향이 점점 커진 것은 러시아에게는 절박한 위기였다.

이 와중에 2013년 말 우크라이나의 야누코비치 대통령이 다수 국민의 의사와 정반대로 유럽 연합 가입 시도를 중단하고 친러시아 쪽으로 돌아서자 유로마이단 혁명이 발발했다. 가뜩이나 부패와 독재에 진력이 났던 국민들이 들고 일어선 것이다. 그리고 야누코비치 대통령이 러시아로 도망친 뒤 조기 선거와 권력 교체가 이루어지는 등 우크라이나 상황은 숨 가쁘게 돌아갔다. 러시아는 권력 공백 상태를 틈타 순식간에 크림반도를 무력으로 점거하고 주민 투표 방식으로 독립 선언과 병합을 추진했다.

그리고 곧이어 우크라이나 동부 도네츠크와 루한스크에서는 러시아군 장교, 러시아 오지에서 온 지원병, 우크라이나 러시아계 주민 등으로 구성된 반군이 주 정부 청사를 점거하고 각각 인민공화국을 선포하면서 전투가 시작되었다. 러시아 쪽에서 전투기와 포격으로 지원하는 가운데 속전속결로 진행된 쿠데타였다. 러시아에 비해 군사력이 한참 뒤지는 우크라이나로서는 반군이 러시아 국경을 넘어 도주하면 추격하거나 반격을 가할 수 없기 때문에 반군이 소수라 할지라도 진압이 쉽지 않았다. 게다가 러시아가 천연덕스럽게 발뺌하는 상황에서 서유럽과 미국은 상징적인 제재 조치만 취할 뿐 적극적으로 개입하지 않았다.

결국 2015년 러시아와 우크라이나를 포함한 서구 국가들이 교전을 중단하는 민스크 협정에 합의했지만 소모적인 지상전은 지금도 계속되고 있다. 2019년 7월 21일에도 휴전 협정이 발효됐지만 이후에도 친러시아 인민공화국 쪽이 공격을 가해서 사상자가 발생했다.

한편 우크라이나는 2019년 5월과 7월에 대선과 총선이 진행되어 2015년부터 방영된 인기 드라마에서 대통령을 연기한 코미디언인 젤렌스키가 실제로 대통령에 당선되고 총선에서도 압승을 거두었다. 젤렌스키는 부패 척결, 친서구 개혁 등을 추진하고 있다.

러시아로서는 우크라이나 '내전'을 꽃놀이패로 활용하면서 계속 불안을 조성하는 데 만족한다. 서구와의 협상 카드로 언제든 내밀 수 있다. 그렇다면 러시아는 왜 이렇게 우크라이나에 집착하는 걸까? 그 이면에는 러시아의 유라시아 구상이 도사리고 있다. 유라시아 구상을 살펴보기에 앞서 소련 해체 이후 러시아의 정치를 우선 들여다볼 필요가 있다.

세기말과 세기 초의 러시아

소련 해체 이후 다른 동구권 나라들도 마찬가지겠지만, 러시아는 민주주의가 정착되지 못했다. 지은이가 설명하는 것처럼, 옐친은 소비에트 공화국 대통령으로 선출된 뒤 다시 투표를 거치지 않은 채 러시아 대통령이 되었다. 그냥 러시아가 독립된 뒤에 계속 대통령직을 유지한 것이다. 민주주의 정치 체제가 부재한 가운데 구소련의 국가 자산을 불법적으로 차지한 올리가르히들이 재빨리 권력을 장악했다. 이 올리가르히 집단이 알코올 중독과 고령 때문에 대통령직을 수행하지 못하는 옐친의 후계자로 고른 것이 바로 블라디미르 푸틴이다. 구소련 정보기관 요원 출신으로 그 자신이 상트페테르부르크 부시장 시절에 벼락부자가 된 푸틴은 제대로 된 민주적 승계 절차 없이 요식 행위에 불과한 선거로 당선되었다. 제정 러시아든 소비에트 연방이든 좋았던 옛 시절의 강한 러시아에 대한 향수를 거친 남성성으로 구현한 데다가 때맞춰 터진 몇 차례의 테러 사건이 푸틴의 권력 승계를 손쉽게 해 주었다.

국가 통치자로서 별 준비가 되어 있지 않던 푸틴은 국민 통합 이데올로기가 절실하게 필요했고, 그가 재발견한 인물이 바로 이반 일린이다. 러시아 혁명에 반대한 여러 보수적인 왕정주의자 중 한 명에 불과했던 이반 일린은 순식간에 러시아 최고의 사상가로 우뚝 섰다. 오랫동안 잊힌 사상가였던 그가 화려하게 부활한 것은 통치 이데올로기를 필요로 한 블라디미르 푸틴이 제네바에 있던 유해와 미국 미시간주립대학교에 켜켜이 먼지가 쌓인 채 방치돼 있던 소장 문서를 러시아로 들여온 뒤부터다. 2005년 10월 열린 이장식은 일린의 부활을 알리는 신호탄이었다.

잠깐 일린의 생애를 살펴보면, 10월 혁명 전 그는 법철학과 헤겔을 연구하는 철학도였고, 제1차 세계 대전이 발발했을 때에는 전쟁 일반에 반대하면서도 이미 러시아가 전쟁에 휘말렸기 때문에 조국을 지지하는 것이 국민의 의무라고 보았다는 점에서 반전 자유주의 법학자들과 달랐다. 일린이 두각을 나타낸 것은 러시아 역사상 가장 끔찍한 재앙이라고 본 10월 혁명이 일어난 뒤부터다. 그는 전통적인 러시아 국가 자체를 무너뜨린 혁명에 반기를 들었고, 반공산주의 활동을 이유로 몇 차례 투옥된 끝에 1922년 결국 저명한 지식인 160명과 함께 이른바 '철학자들의 배'에 실려 국외로 추방되었다.

베를린에 정착한 뒤 일린은 러시아 백계 망명자 운동의 주요 이데올로그로 부상했다. 아이러니하게도 1934년에 나치에 의해 해고되고 삼엄한 경찰의 감시를 받았다. 1938년 작곡가 라흐마니노프의 재정 지원을 받아 독일을 탈출한 뒤에는 스위스 제네바에서 활동을 계속하다가 1954년에 사망했다.

슬라브주의 전통에 속하는 보수적인 러시아 왕정주의자인 일린은 러시아에게 주어진 역사적 사명에 집착했다. 그가 평생 동안 몰두한 질문은 러시아가 혁명이라는 비극에 빠져든 이유는 무엇인가 하는 것이었다. 그리고 그가 찾은 답은 러시아인들의 "허약하고 손상된 자존감" 때문이라는 것이었다. 그 결과로 국가와 국민 사이에 상호 불신과 의심이 생겨났고, 당국과 귀족층은 끊임없이 권한을 남용하면서 국민 통합을 훼손했다. 일린은 유기체로서의 국가가 가장 강하고 완전하기 때문에 국민은 일종의 신체 부위로서 맡은 바 권리와 의무를 다해야 한다고 생각했다. 어떤 나라든 간에 불평등은 자연스러운 국가의 질서였다. 다만 교육받은 상층 계급이 무지한 하층 계급을 영적으로 인도하는 임무를 다해야 했는데, 러시아에서는 상층 계급이 이런 일을 하지 못했다.

이런 두 가지 이유 때문에 평등주의와 혁명이 지배하게 되었다. 도덕과 신앙심에 근거한 개인의 법의 양심conscience of law을 발전시키는 것이 혁명의 대안이었다. 법을 제대로 이해하면 법을 준수할 수밖에 없기 때문이다. 이런 법의 양심을 뒷받침하는 것이 군주제다. 국가가 가족이고, 군주가 가부장이어야 하는데, 독실한 신앙과 가족을 상실한 것이 러시아의 비극이었다.

이런 일린의 사상은 푸틴에게 안성맞춤의 통치 이데올로기가 되었다. 이제 사회주의의 굴레를 벗어던진 러시아에는 '신성한 대속'의 사명이 주어졌다. 무엇보다도 시급한 과제는 이빨 빠진 호랑이 신세가 된 러시아를 호시탐탐 노리는 서구 '자유주의'의 영향력에 오염되는 것을 막는 일이었다. 푸틴은 일린의 기독교 전체주의를 중심으로 레프 구밀료프의 유라시아주의와 알렉산드르 두긴의 '유라시아' 나치즘을 결합해서 러시아 파시즘의 뼈대를 세웠다. 그리고 그 구체적인 형태가 서구의 부패와 유대인(또는 동성애자)의 음모에 맞서 러시아를 지키고 팽창시키는 '유라시아주의'였다. "러시아는 제국으로 만들고 다른 모든 나라는 민족 국가로 두자는 것이었다."(103~104쪽)

이런 유라시아주의에서 무엇보다 중요한 지역이 동유럽 여러 지역, 그중에서도 특히 우크라이나였다. "우크라이나는 새로운 통합의 유럽과 낡은 제국의 유럽을 가르는 축이었다. 유라시아라는 이름 아래 제국을 복원하기를 바라는 러시아인들은 우크라이나부터 시작"하려고 했다.(95쪽) 따라서 유라시아의 핵심 출발점인 우크라이나는 절대로 유럽 연합에 넘겨줄 수 없었고, 우크라이나 침공은 당연한 논리적 귀결이었다. 독립된 우크라이나 국가는 러시아의 유라시아적 운명을 가로막는 눈엣가시였기 때문이다.

한편 이렇게 블라디미르 푸틴이 세운 "영원의 체제는 여러 정치적 덕목에 도전했다. 러시아에서 승계의 원리를 철회하고, 유럽의 통합을 공격했으며, 새로운 정치적 형태의 창설을 막기 위해 우크라이나를 침공했다. 푸틴의 가장 거대한 공세는 미국을 파괴하기 위한 사이버전이었다. 미국의 불평등과 관련된 이유들 때문에 러시아의 과두제는 2016년에 이례적인 성공을 거두었다. 그 성공 때문에 불평등은 미국에서 한층 더 커다란 문제가 되었다."(285쪽)

푸틴이 이렇게 자신만만하게 다음 단계를 밟을 수 있었던 것은 우크라이나 침공 과정에서 사이버전과 가짜 뉴스의 효능을 확인했기 때문이다. 푸틴의 러시아는 스나이더가 이름 붙인 '스키조파시즘'의 진수를 보여 주었다. 홀로코스트의 책임을 유대인에게 묻고, 제2차 세계 대전을 근거로 더 많은 폭력을 요구한 것이다. 푸틴의 이데올로그인 두긴 같은 파시스트들이 자신의 적을 '파시스트'라고 비난하는 모습은 당혹스럽기 짝이 없다. 이런 '정신분열적 파시즘'은 진실과 거짓의 구분도 무의미하게 만든다. 진실을 이야기하는 이는 아무도 없기 때문에 거짓을 말한다고 해서 거리낄 것은 없으며, 자신은 거짓말을 하고 있음을 당당하게 밝히기 때문에 오히려 진실하다는《1984》의 세계가 펼쳐진다.

우크라이나 전쟁 역시 러시아의 입장에서는 허구였다. 설령 전투가 벌어진다고 해도 러시아군이 아니라 우크라이나의 소수 러시아계가 자위 행동을 하는 것이었고, 그 근본 원인은 서유럽, 아니 더 나아가 미국이 우크라이나 '민족주의자'들을 부추겼기 때문이다. "러시아의 선전에 따르면, 우크라이나 사회는 민족주의자들로 가득 차 있지만 하나의 민족은 아니었다. 또한 우크라이나 국가는 억압적이면서도 존재하지 않았다. 그리고 우크라이나어 같은 건 존재하지 않는데도 러시아인들은 우크라이나어를 사용할 것을 강요받았다."(198쪽) 말레이시아 민항기 MH17이 우크라이나 상공에서 친러시아 반군 세력의 러시아 미사일에 격추되었는데도 러시아는 딱 잡아뗀다. 이런 식으로 '그럴듯하지 않은 부인'이 계속 이어진다. 사실성에 대한 전쟁은 적극적인 허구의 유포로 나아간다. 우크라이나 네오나치가 어린이를 십자가형으로 죽였다거나 독일에서 러시아계 소녀가 난민들에게 집단 강간을 당했다는 가짜 뉴스가 RT를 필두로 한 러시아 방송을 시작으로 세계로 퍼져 나간다.

논리적 정합성이나 사실적 근거는 중요하지 않다. 실제 현실과 아무 관련도 없는 대안 현실, 대안 세계를 버젓이 제시하는 것이다. 미국에서 도널드 트럼프가 당선될 수 있었던 것도 이처럼 사실과 허구가 정반대로 뒤집히고, '주류 언론' 대신 가짜 뉴스가 여론을 주도했기 때문이다. 역사를 더듬으면서 제도 개혁과 정책 제안을 만들려는 노력 대신 순결한 피해자와 악의 세력인 가해자라는 이분법이 지배하고, 행위가 아니라 존재 자체를 문제시할 때, 문화적 차이를 화해 불가능한 항구적 차이로 부각시키는 영원의 정치학이 지배하게 되었기 때문이다. 그러면 지은이가 말하는 필연의 정치학과 영원의 정치학은 무엇일까?

필연의 정치학과 영원의 정치학

스나이더는 2010년대에 세계가 민주주의에서 권위주의로 변해 간 과정을 이해하기 위한 방편으로 자신이 만들어 낸 독특한 개념인 '필연의 정치학'

과 '영원의 정치학'을 제시한다. 인간의 시간 경험, 또는 세계 인식의 틀이라고 볼 수 있는 이 두 개념을 기준으로 볼 때, 단선론적, 목적론적 시간관이라고 할 수 있는 '필연의 정치학'에서 미래는 현재의 필연적인 연장에 불과하다. "'필연의 정치학'이라고 말하는 이 이야기는 미래는 단지 더 많은 현재이고 진보의 법칙이 밝혀졌으며, 다른 대안은 전혀 없으므로 실제로 할 일은 아무것도 없다는 인식이다. 이 이야기의 미국 자본주의식 판본에서는 자연이 시장을 낳고, 시장은 민주주의를, 민주주의는 행복을 낳았다. 유럽식 판본에서는 역사가 민족을 낳고, 민족은 전쟁을 통해 평화가 좋은 것임을 배웠으며, 따라서 통합과 번영을 선택했다."(30쪽)

한편 불평등이 압도적으로 커지고, 현실적인 삶의 개선의 전망이 보이지 않는 상황에서 이런 필연의 정치학은 점차 힘을 잃어 갔다. 온통 불확실성이 지배하는 상황에서 모두를 위한 확실한 미래를 약속하는 사회주의나 자본주의, 또는 민주주의는 전부 설득력을 잃었다. 그리하여 부활하는 것이 '영원의 정치학'이다. 전체론적, 순환론적 시간관이라고 할 수 있는 영원의 정치학에서는 진보란 일시적이고 역사는 순환하며, 유기체로서의 전체인 민족만이 영원한 존재다. "무법 상태의 국가를 장악한 부유하고 부패한 이들에게 영원성이 매력적인 것은 주지의 사실이다. 그들은 국민들에게 사회적 지위 향상을 제공할 수 없으며, 따라서 정치에서 다른 형태의 제안을 찾아야 한다. 영원의 정치인들은 개혁을 논의하기보다는 위협을 가리킨다. 그들은 가능성과 희망이 담긴 미래를 보여 주기보다는 분명한 적과 인위적 위기로 가득한 영원한 현재를 제시한다. 이런 시도가 효과를 발휘하려면 시민들이 영원의 정치인들과 타협해야 한다. 도저히 사회적 신분을 바꾸기가 어려워서 기운이 빠진 시민들은 정치의 의미는 제도 개혁이 아니라 나날의 감정에 있다는 것을 받아들여야 한다.

이제 자기와 친구, 가족을 위한 더 나은 미래에 관해 생각하는 것을 멈추고, 자랑스러운 과거를 끊임없이 환기시키는 쪽을 선호해야 한다. 물질적 불평등은 사회 상층부와 전체에 걸쳐 영원의 정치학으로 변형될 수 있는 경험과 감정을 창출한다."(337~338쪽)

진실과 거짓의 기준이 사라지는 것도 영원의 정치학이 눈을 가리기 때문이다. "부자유로 가는 길은 필연의 정치학에서 영원의 정치학으로 넘어가는 길이다. 미국인들은 그들 자신의 경험 때문에 이미 필연성이 약해진 탓에 영원의 정치학에 취약했다."(337쪽)

"필연이냐 영원이냐 하는 양자택일에서 벗어나는 유일한 출구는 역사였다. 역사를 이해하든지 아니면 역사를 만들어야 했다. 자신들이 처한 상황을 있는 그대로 직시하는 우크라이나인들은 새로운 행동에 나"섰지만 러시아인과 미국인들은 역사를 외면하고 외부의 위협으로 눈길을 돌렸다.(154쪽) 트럼프의 백악관 입성을 초래한 것은 우크라이나의 경험을 바탕으로 적극적인 사이버전에 나선 러시아와 불평등을 개선할 현실적인 길이 보이지 않자 영광스러운 과거와 외부의 위협으로 눈을 돌린 미국 사회였다.

트럼프의 백악관 입성

"트럼프의 백악관 입성은 세 단계를 거쳤는데, 각 단계마다 미국의 취약성에 의존했고 또 미국의 협조가 필요했다. 첫째, 러시아인들은 파산한 부동산 개발업자를 그들 자본의 수령인으로 바꿔 놓아야 했다. 둘째, 이 파산한 부동산 개발업자는 미국 텔레비전에 출연해서 성공한 사업가 연기를 해야 했다. 마지막으로, 러시아는 2016년 대통령 선거에서 '성공한 사업가 도널드 트럼프'라는 가공의 인물을 지지하기 위해 의도적으로 개입해서 성공을 거두었

다."(287~288쪽)

지은이가 간결하게 정리한 것처럼 '성공한 사업가 도널드 트럼프'는 대통령 후보가 되기 오래 전부터 러시아의 검은 돈을 받았고, 실제로는 파산한 부동산 개발업자였지만 텔레비전 리얼리티 프로그램에서 '성공한 사업가' 연기를 하면서 가공의 이미지로 변신했다. 그리고 러시아의 트롤과 봇들이 소셜 미디어를 집중 공략해서 여론을 뒤흔든 덕분에 대선에서 아슬아슬하게 승리할 수 있었다.

우크라이나에서 사이버전 경험을 쌓은 뒤 러시아 민간 사이버전 세력이 다음으로 겨냥한 것은 영국 브렉시트 국민투표였다. "트위터에서 브렉시트에 관해 이루어진 논의의 3분의 1 정도가 봇에 의해 작성된 것이었고, 정치적 내용을 트위터에 올리는 봇의 90퍼센트 이상이 영국 바깥에 소재한 것이었다. 선택을 놓고 숙고한 영국인들은 당시에는 자신들이 봇이 살포하는 내용을 읽고 있다는 것을 전혀 알지 못했고, 또 이 봇들이 영국을 약화하기 위한 러시아 대외 정책의 일환이라는 것도 꿈에도 몰랐다. 득표수를 보면 탈퇴 찬성 52퍼센트, 반대 48퍼센트였다."(150~151쪽) 지은이가 장황할 정도로 일일이 나열한 사례들을 보면, 거의 흡사한 상황이 2016년 미국 대선에서도 벌어졌다. 대부분 클린턴을 겨냥한 소셜 미디어의 가짜 뉴스들은 그 출처를 추적해 보면 대개 러시아에서 나온 것이었다. 뉴미디어가 비약적으로 발전하면서 전통적인 주류 언론이 뉴스의 기본인 신속성에서 뒤처지고 신뢰성과 재정 위기에 빠지는 가운데, 사람들은 주로 소셜 미디어를 통해 뉴스를 접했다. 러시아는 이런 허점을 적극적으로 파고든 것이고 그 효과를 톡톡히 보았다.

"러시아가 가장 분명하게 개입한 한 사례는 인터넷 리서치 에이전시가 페이스북 페이지 470개를 개설하고서도 미국 정치 단체나 운동 집단이 만든 것처럼 위장한 것이었다. 이 중 여섯 개가 페이스북에 올린 각 콘텐츠에 대해 3억 4000만 개의 '공유'를 받았는데, 전부 합치면 수십억 번이 공유된 것이었다. 미국인 1억 3700만 명이 투표를 했는데, 1억 2600만 명이 페이스북에서 러시아 콘텐츠를 보았다."(299쪽) 러시아의 사이버전이 미국 대선에서 실제로 얼마나 파괴적인 작용을 했는지를 제대로 평가하기란 쉽지 않을 것이다. 지은이가 끈질기게 추적하는 것처럼 러시아의 사이버전 업체가 만든 가짜 페이지가 얼마나 많이 공유되었는지, 대선 당시 러시아 콘텐츠를 접한 미국인이 얼마나 많았는지를 가늠해 보는 정도로 그 규모를 추측할 수 있을 뿐이다. 트럼프 당선은 소셜 미디어 시대에 민주주의가 얼마나 쉽게 교란될 수 있는지를 생생하게 보여 주는 사례다.

지은이가 "우리 시대의 영웅인 기자들에게" 이 책을 헌정한 것도 공론장의 밑바탕이 되는 뉴스의 군건한 버팀목으로서 언론의 존재 가치에 헌사를 바치려는 심정일 것이다. 이 책에서 서구 민주주의가 트롤과 봇을 앞세운 러시아의 사이버전에 속수무책으로 휘둘리는 모습을 보면 저절로 소름이 끼친다. 원래 스나이더는 20세기 전반기 전체주의가 어떤 희생을 낳았는지를 전문적으로 연구하는 역사학자다. 이 책에서는 당대의 권위주의, 전체주의가 민주주의에 가하는 위협을 정면으로 겨냥한다. 영원의 정치학이 점점 엄습하는 가운데 우리 앞에는 지은이가 각 장의 제목으로 삼은 양자택일의 엄중한 선택이 놓여 있다. 개인주의인가 전체주의인가, 통합인가 제국인가, 진실인가 거짓인가, 평등인가 과두제인가 등의 질문에 답하기 위해 지은이는 지금이야말로 다시 역사를 돌아볼 때라고 호소한다. 부디 이 책이 하드보일드한 문체만큼이나 손쉬운 낙관을 허용하지 않는 냉정한 권고에 귀를 기울일 독자를 만났으면 좋겠다.

"만약 우리가 역사를 있는 그대로 본다면, 역사 속에서 우리가 놓인 자리,

그리고 우리가 무엇을 바꿀 수 있는지, 어떻게 하면 더 잘할 수 있는지를 알 수 있다. 우리는 필연성에서 영원성으로 이어지는 생각 없는 여행을 멈추고, 부자유로 가는 길에서 빠져나온다. 그리고 책임의 정치를 시작한다.

그런 정치를 창조하는 데 참여하는 것은 세계를 다시 보는 것이다. 역사가 드러내는 덕에 아주 관심이 많은 우리는 아무도 예견하지 못하는 부흥을 이루는 주인공이 될 것이다."(364~365쪽)

2019년 9월

유강은

차례

옮긴이의 말 7
프롤로그 23

CHAPTER ONE ## 개인주의인가 전체주의인가 39

이반 일린, 부활하다 43 | 전체주의의 도래 46 | 순결한 러시아 48
적을 만들라 51 | 대속자라는 환상 54 | 필연과 영원 사이 57

CHAPTER TWO ## 계승인가 실패인가 67

볼셰비키에서 러시아 연방까지 68 | 정치가가 쓴 소설 74
민주적 부정 선거 77 | 영웅과 파괴자 81 | 콘돔과 원숭이 84
유럽 연합과 미국을 겨냥하다 88 | 복종과 반역 90 | 외부자의 잘못 92
영원한 동거 95 | 영원의 환상을 조성하다 99

CHAPTER THREE ## 통합인가 제국인가 103

유럽 통합과 러시아 108 | 민족의 대속자 116
러시아가 꿈꾸는 유럽의 모습 120 | 유라시아주의 123
알렉산드르 두긴 128 | 이즈보르스크클럽 132 | 러시아의 대외 정책 140
후원자들 142 | 협력자들 148 | 필연인가 영원인가 153

CHAPTER FOUR **새로움인가 영원인가** 155

우크라이나가 원하는 것 164 | 마이단 광장 168 | 품위와 용기 171
법률을 따르라 175 | 본질을 흐리는 방법 180 | 꼭두각시 세우기 182
시위대를 향한 폭력 184 | 크림반도의 바람 188 | 스키조파시즘 196
진짜 파시스트 200 | 이후의 풍경들 203 | 가려진 진실 208

CHAPTER FIVE **진실인가 거짓인가** 213

그럴듯하지 않은 부인 217 | 노보로시야를 위하여 222 | 동결된 분쟁 228
죄책감을 덜다 234 | 텔레비전의 역할 237 | 항공기 격추 사건 238
오토바이 공연 243 | 전투와 휴전 248 | 새로운 형태의 전쟁 256
사실성을 파괴하라 258 | 승리인가 패배인가 260 | 독일의 문제 262
폴란드 이야기 267 | 주목받지 못한 경고 275

CHAPTER SIX **평등인가 과두제인가** 285

성공한 사업가 287 | 트럼프타워에서 일어나는 일 288
허구의 승자 291 | 이제 미국이다 293 | 미국 주권, 공격받다 298
알려진 이야기들 307 | 가짜 뉴스의 홍수 321
미국을 무너뜨리는 방법 328 | 러시아식 과두제 337
위대했던 시절의 향수 340 | 오피오이드 드림 345
"진실은 진실이 아니다." 349 | 러시아라는 거울 앞에 선 미국 350

에필로그 362
감사의 말 366
주 370
찾아보기 444

프롤로그

내 아들은 빈에서 태어났다. 워낙 난산이어서 오스트리아인 산부인과 의사와 폴란드인 산파가 무엇보다 신경 쓴 것은 아이였다. 아이는 숨을 쉬었고, 아내는 잠깐 아이를 안아 보고는 휠체어에 올라 수술실로 향했다. 산파 에바가 아이를 내게 건네주었다. 아들과 나는 다음 벌어진 일에 약간 정신이 팔리긴 했지만 꼭 붙어 있었다. 의사들이 우리 앞을 지나 쏜살같이 달리면서 발걸음 소리가 들리고 마스크 챙기는 모습과 수술복이 희미하게 보이는 가운데 아이는 초점 없는 보랏빛 눈동자로 위를 보고 있었다.

다음 날 모든 게 순조로운 듯 보였다. 간호사들은 내게 정해진 시간, 그러니까 오후 5시에 병실에서 나가라고 알려 주었다. 산모와 아이는 아침까지 자신들이 돌본다는 것이었다. 약간 늦었지만 이제 전자 우편으로 출산 소식을 전할 수 있었다. 몇몇 친구들은 희소식을 접했던 바로 그 순간 다른 사람들의 목숨을 앗아간 재앙에 관한 뉴스를 들었다. 다른 세기에 빈에서 만난 적이 있는 동료 학자인 한 친구는 바르샤바에서 서둘러 비행기에 탑승한 뒤였다. 내가 보낸 메시지는 빛의 속도로 전송됐지만 그를 따라잡지는 못했다.

2010년은 성찰의 시기였다. 2년 전 일어난 금융 위기로 전 세계 부의 상당량이 증발했고, 멈칫거리며 제자리를 찾아가는 경제 회복은 부유층에게 유리하게 작용했다. 당시 미국 대통령은 아프리카계 미국인이었다. 유럽 연합을 동부로 확대하려는 2000년대 유럽의 거대한 모험은 완벽해 보였다. 유럽에서 공산주의가 종언을 고한 때로부터 20년, 제2차 세계 대전의 개전으로부터 70년이 지나 21세기의 10년이 흐른 2010년은 심판의 해인 것 같았다.

그해 나는 한 역사가가 죽음을 맞이하는 가운데 그와 공동 작업을 하고 있었다. 나는 무엇보다도 2005년에 출간된 유럽사 저작 《전후 유럽Postwar》[1] 때문에 토니 주트Tony Judt를 존경했다. 이 책에서 그는 유럽 연합이 제국의 파편들을 세계 최대의 경제이자 가장 중요한 민주주의 지역으로 짜 맞추는 데 성공한 극적인 과정을 자세히 설명했다. 책은 유럽 유대인들이 겪은 홀로코스트의 기억에 관한 명상으로 끝을 맺었다. 그에 의하면 21세기에는 공식적인 절차와 돈으로는 충분하지 않을 터였다. 정치적 품위가 자리를 잡으려면 전율의 역사가 필요하리라는 것이었다.

2008년, 토니는 퇴행성 신경 질환인 근육 위축 가쪽 경화증(일명 루게릭병)에 걸려 있었다. 마음대로 움직이지 않는 몸에 갇힌 채로 죽음을 코앞에 둔 상태였다. 토니가 손을 쓰지 못하게 된 뒤, 우리는 20세기에서 골라낸 여러 주제들에 관해 대화를 나누면서 녹음을 하기 시작했다. 2009년에 이야기를 나누는 동안 우리 둘 다 자본주의는 불변이고 민주주의는 필연이라는 미국인들의 가정을 우려했다. 토니는 20세기 전체주의에 힘을 보탠 무책임한 지식인들에 관해 글을 쓴 적이 있었다. 이제 그는 21세기의 새로운 무책임성을 걱정하고 있었다. 모든 사상을 철저히 거부하면서 토론을 무력화하고 정책을 쓸모없게 만들며 불평등을 정상 상태로 만드는 태도 말이다.

토니와 이야기를 나누던 당시 나는 1930년대와 1940년대 유럽에서 나치 독일과 소련이 자행한 정치적 대량 학살의 역사에 관한 책을 쓰는 중이었다. 이 책은 사람들과 그들의 고향, 특히 유대인, 벨라루스인, 우크라이나인, 러시아인, 발트인, 폴란드인 등 나치와 소비에트 권력이 중첩되는 장소에서 두 체제를 모두 겪은 이들에서 시작되었다. 책을 구성하는 장들—계획적인 기아, 죽음의 구덩이, 가스실—은 음산했지만, 그 전제는 낙관적이었다. 대량 학살의 원인을 규명하고, 죽은 이들이 남긴 말을 상기할 수 있다는 것이었다. 진실을 말할 수 있고, 교훈을 얻을 수 있었다.

그 책의 한 장章은 20세기의 한 전환점에 온전히 할애되었다. 유럽에서 제2차 세계 대전의 시작점이 된 나치-소비에트 동맹이 그것이었다. 1939년 9월, 나치 독일과 소련은 동시에 폴란드를 침략했는데, 각자 폴란드 국가와 정치 계급을 무너뜨리는 것이 목표였다. 1940년 4월, 소련 비밀경찰이 폴란드 전쟁 포로 2만 1892명을 살해했는데, 대부분 식자층 예비역 장교였다. 이 남자들(과 여자 한 명)은 다섯 개 장소에서 뒤통수에 총을 맞았다. 그중 한 곳은 소련 러시아 공화국의 스몰렌스크Smolensk 근처에 있는 카틴숲Katyn Forest이었고, 폴란드 사람들에게 카틴 학살은 소련의 억압 전체를 상징하게 되었다.

제2차 세계 대전이 끝난 뒤, 폴란드는 공산주의 체제이자 소련의 위성국이었기 때문에 카틴을 입에 올릴 수 없었다. 1991년 소련이 해체되고 나서야 역사학자들은 당시 벌어진 사건을 분명히 밝힐 수 있었다. 소련 문서들을 볼 때 대량 학살이 요제프 스탈린이 직접 승인한 의도적인 정책이었음이 분명히 드러났다. 소련이 종언을 고한 이래, 새로 수립된 러시아 연방은 스탈린 시대의 테러가 남긴 유산을 다루기 위해 분투하고 있었다. 2010년 2월 3일, 내가 책을 마무리하던 와중에 러시아 총리가 폴란드 총리에게 놀라운 제안을 내놓았다. 학살 사건 70주년인 그해 4월에 카틴에서 공동 기념식을 하자는 것이었다. 아내의 출산 예정일인 4월 1일 자정에 나는 출판사에 책 원고를 보냈다. 4월 7일, 폴란드 총리가 이끄는 정부 대표단이 러시아에 도착했다. 다음 날 아내가 아들을 낳았다.

그로부터 이틀 뒤 폴란드의 2차 대표단이 러시아를 향해 출발했다. 폴란드 대통령과 영부인, 군사령관, 국회 의원, 시민운동가, 사제, 1940년 카틴에서 학살당한 희생자 유족 등이었다. 존경받는 정치 이론가이자 문화부 차관으로서 기념식 책임자였던 내 친구 토멕 메르타Tomek Merta*도 그중 한 명이었다. 2010년 4월 10일 토요일 이른 아침, 토멕은 비행기에 올랐다. 그가 탄 비행기는 오전 8시 41분에 스폴렌스크의 러시아군 비행장 활주로에서 착륙 거리가 충분히 확보되지 않은 상태로 충돌했다. 생존자는 한 명도 없었다. 빈의 산모 병동에서 휴대 전화가 울렸고, 건너편 병실에서 산모 하나가 폴란드어로 외마디 소리를 질렀다.

다음 날 저녁, 나는 출산 소식에 대한 친구들의 답장을 읽었다. 한 친구는 내가 기쁨을 만끽하는 가운데 비극적인 소식을 알려야 한다는 점을 걱정했다. "자네가 곤란한 상황에 처하는 일이 없도록 토멕 메르타가 살해되었다는 말을 해야겠군." 승객 명단에 이름이 올라 있던 다른 친구는 생각이 바뀌어서 그냥 집에 있었다고 알려 주었다. 그의 부인은 몇 주 뒤 출산 예정이었다.

그는 다음과 같은 말로 편지를 끝맺었다. "이제부터는 모든 게 달라질 겁니다."

오스트리아의 산모 병동에서 산모들은 나흘 동안 입원을 하는데, 그동안 간호사들로부터 수유와 아이 목욕, 아이 돌보기 등에 관해 배운다. 가족들끼

• '토멕Tomek'은 '토마시Tomasz'의 애칭.

리 서로 친해지고 부모들이 어떤 언어를 공통으로 사용하는지 알게 되면서 대화가 시작되기에 충분한 시간이다. 다음 날 산모 병동에서는 폴란드어로 음모에 관한 이야기가 오고 갔다. 이미 여러 소문이 구체화된 상태였다. 러시아가 비행기를 격추시켰다거나 폴란드 정부가 총리와 당이 다른 자국 대통령을 살해하기 위해 음모에 가담했다거나 하는 식이었다. 한 폴란드인 산모가 내 생각을 물었다. 나는 그럴 가능성은 극히 희박하다고 대답했다.

그다음 날, 우리 가족은 집에 가도 된다는 허락을 받았다. 바구니 안에서 잠든 아기를 옆에 두고 나는 토멕에 관한 기사 두 편을 썼다. 하나는 폴란드어로 쓴 부고이고, 다른 하나는 영어로 쓴 사고 관련 기사로 러시아에 관한 희망적인 말로 끝을 맺었다. 폴란드 대통령이 러시아 땅에서 벌어진 범죄를 기념하기 위해 서두르다 목숨을 잃었다. 나는 블라디미르 푸틴 러시아 총리가 이 기회를 빌려 스탈린주의 역사를 더욱 폭넓게 검토해 보기를 바란다는 희망을 피력했다. 아마 2010년 4월의 그 비통한 분위기 속에서 이런 언급은 합리적인 호소였을 것이다. 하지만 하나의 예측으로서는 더없이 잘못된 것이었다.

이제는 모든 게 달라졌다. 총리가 되기 전 이미 두 차례 대통령직을 지낸 푸틴은 2011년 9월 다시 대통령이 되고 싶다고 발표했다. 그가 속한 당은 그해 12월 의회 선거에서 저조한 성적을 거뒀음에도 여전히 의회에서 다수당 지위를 유지했다. 푸틴은 결함 있어 보이는 선거가 한 차례 더 치러진 뒤 2012년 5월에 다시 대통령이 되었다. 그러고는 카틴에 관해 자신이 개시한 것과 같은, 소련 시절의 과거에 관한 토론을 범죄 행위로 다루도록 단속했다. 스몰렌스크 참사 당일 폴란드 사회는 하나로 뭉쳤다. 하지만 이후 오랜 세월 동안 이 사건을 둘러싸고 사회가 양극화되었다. 시간이 흐를수록 2010년 4월 참사에 대한 강박증이 커지면서 희생자들을 추도해야 하는 카틴 학살이 밀려났고, 더 나아가 폴란드가 고통을 겪은 모든 역사적 사건이 밀려났다. 폴란드와 러시아는 이미 역사에 관해 성찰하는 것을 멈춰 버렸다. 시대가 변하고 있었다. 아니 어쩌면 우리의 시간 감각이 변하고 있었다.

유럽 연합에는 그림자가 드리워졌다. 저렴한 보험으로 모든 비용이 충당되는 빈의 산모 병동은 유럽 프로젝트의 성공을 상기시키는 곳이었다. 병동은 유럽 대부분 지역에서는 당연시되지만 미국에서는 생각조차 할 수 없는 서비스를 보여 주는 좋은 예였다. 내가 병원에 갈 때 이용한 빠르고 확실한 지하철에 대해서도 똑같은 말을 할 수 있다. 유럽에서는 일반적인 것이지만 미국에서는 언감생심이다. 2013년, 러시아는 퇴행적이고 적대적이라는 비난과 함께 유럽 연합에 등을 돌렸다. 유럽 연합이 성공을 거두면서 러시아인들은 옛 제국들이 번성하는 민주 국가가 될 수 있고, 따라서 자신의 존재가 갑자기 위험에 처하게 되었다고 생각할지 모른다.

러시아의 이웃 나라 우크라이나가 유럽 연합과 가까워지자 2014년 러시아는 이 나라를 침공해서 영토 일부를 병합했다. 2015년에 이르러 러시아는 수많은 유럽인들과 미국인들의 조력을 받으면서 우크라이나를 넘어 유럽과 미국에까지 사이버 전쟁 비상 작전을 확대한 상태였다. 2016년, 모스크바가 오래전부터 주창한 대로 영국인들은 유럽 연합 탈퇴에 표를 던졌고, 미국인들은 도널드 트럼프를 대통령으로 뽑았다. 러시아의 노력이 거둔 성과였다. 신임 미국 대통령은 여러 단점 가운데서도 역사를 성찰할 능력이 없었다. 그는 기회가 생겨도 홀로코스트를 추도하지 못했고, 자기 나라에서도 나치를 비난하지 못했다.

이제 20세기는 완전히 끝이 났지만, 우리는 그 세기가 남긴 교훈을 배우지 못했다. 바야흐로 러시아와 유럽, 미국에서 새로운 형태의 정치가 등장하고 있었고, 새로운 시대에 걸맞은 새로운 부자유가 나타나고 있었다.

나는 삶과 죽음의 정치에 관해 몇 년간 생각한 끝에 스몰렌스크 참사에 관한 글을 두 편 썼다. 삶과 죽음을 갈라놓는 막이 얇아 보이던 어느 날 밤이었다. 친구 하나가 "자네는 불행 한가운데서 행복을 맞이하고 있군"이라고 편지에 쓴 적이 있는데, 나로서는 불행만큼이나 행복도 누릴 자격이 없어 보였다. 결말과 시작이 너무 가깝거나 순서가 잘못된 것처럼 보였다. 삶에 앞서 죽음이 오고, 살기도 전에 죽는 것 같았다. 시간이 뒤죽박죽이었다.

2010년 4월 즈음 인류의 성격이 바뀌었다. 첫 아이의 출산 알림 카드를 쓸 때만 해도 사무실에 가서 컴퓨터를 사용해야 했다. 스마트폰이 아직 널리 보급되지 않았기 때문이다. 당장 답이 오는 게 아니라 그 후 며칠이나 몇 주 동안 답장을 기다렸다. 2년 뒤 딸아이가 태어났을 때에는 모든 게 바뀌어 있었다. 스마트폰이 없는 사람이 없었고, 곧바로 답이 없으면 아예 답이 없는 것이었다. 아이가 둘인 것은 하나일 때와 무척 다르다. 그렇다 하더라도 2010년대 초에는 우리 모두에게 시간이 한결 파편화되고 붙잡기 어렵게 되었다고 생각한다.

시간을 창조하기 위해 만들어진 기계들이 외려 시간을 잡아먹고 있었다. 사람들이 정신을 집중하고 기억을 떠올리는 능력을 잃음에 따라 모든 게 새로워 보였다. 2010년 8월 토니가 세상을 떠난 뒤, 나는 우리가 함께 쓰고 그가 《20세기를 생각한다 Thinking the Twentieth Century》[2]라고 제목을 붙인 책에 관해 토론하기 위해 돌아다녔다. 미국 각지를 돌면서 나는 책에서 다룬 주제가 너무도 쉽게 잊혔음을 깨달았다. 여러 호텔 방에서 미국 인종의 역사와 관련된 상처가 담긴 러시아 텔레비전 방송을 보았다. 버락 오바마가 아프리카에서 태어났음을 암시하는 내용이었다. 미국의 엔터테이너 도널드 트럼프가 오래지 않아 이 주제를 집어 든 것이 이상하게 느껴졌다.

미국인들과 유럽인들은 "역사의 종말"에 관한 이야기를 통해 새로운 세기로 인도되었다. 내가 '필연의 정치학politics of inevitability'이라고 말하는 이 이야기는 미래는 단지 더 많은 현재이고 진보의 법칙이 밝혀졌으며, 다른 대안은 전혀 없으므로 실제로 할 일은 아무것도 없다는 인식이다. 이 이야기의 미국 자본주의식 판본에서는 자연이 시장을 낳고, 시장은 민주주의를, 민주주의는 행복을 낳았다. 유럽식 판본에서는 역사가 민족을 낳고, 민족은 전쟁을 통해 평화가 좋은 것임을 배웠으며, 따라서 통합과 번영을 선택했다.

1991년에 소련이 붕괴하기 전에 공산주의에는 나름의 필연의 정치학이 있었다. 자연은 기술을 허용하고, 기술은 사회 변동을 초래하며, 사회 변동은 혁명을 야기하고, 혁명은 유토피아를 실행한다는 것이다. 이것이 사실이 아님이 밝혀졌을 때 유럽과 미국의 필연의 정치학자들은 승리를 구가했다. 유럽인들은 1992년에 유럽 연합 창설을 마무리하느라 분주했다. 미국인들은 공산주의 이야기의 실패가 자본주의 이야기의 진실성을 확인해 준다고 추론했다. 미국인들과 유럽인들은 공산주의가 종언을 고한 뒤 사반세기 동안 계속 자신들의 필연성 이야기를 늘어놓았기 때문에 밀레니엄 세대를 역사 없이 키웠다.

미국의 필연의 정치학은 그런 이야기들이 전부 그러하듯 사실에 저항했다. 1991년 이후 러시아, 우크라이나, 벨라루스가 맞이한 운명을 보면, 한 체계가 무너진다고 해서 빈 서판이 생겨나고 그 위에서 자연이 시장을 창출하며 시장이 권리를 만들어 내는 게 아님이 여실히 밝혀졌다. 불법적 전쟁을 개시한 미국인들이 이런 파국적인 결과를 성찰했더라면, 아마 이라크는 2003년에 이 교훈을 확인시켜 주었을 것이다. 2008년 금융 위기와 2010년 미국에서 이루어진 선거 기부금 규제 완화 때문에 부유층의 영향력이 강화되고 일반 유권자의 영향력이 축소되었다. 경제적 불평등이 확대됨에 따라 시간 지평time horizon이 축소되고 미래가 현재보다 더 나을 것이라 믿는 미국인의 수가 더욱 적어졌다.

다른 나라들에서 당연시되는 기본적인 사회재인 교육, 연금, 보건 의료, 교통, 육아 휴직, 휴가를 보장해 주는 기능적 국가가 없는 가운데 미국인들은 그날그날의 일상에 압도되어 미래에 대한 인식을 잃기 십상이었다.

필연의 정치학의 붕괴는 '영원의 정치학politics of eternity'이라는 또 다른 시간 경험으로 우리를 인도한다. 필연성은 모든 사람에게 더 나은 미래를 약속해 주는 반면 영원성은 한 민족을 피해자라는 되풀이되는 이야기의 한가운데에 앉혀 놓는다. 이제 시간은 미래로 이어지는 선이 아니라 과거로부터 똑같은 위협을 끝없이 되돌리는 원이 된다. 필연성 안에서는 누구도 책임지지 않는다. 결국 자잘한 일들이 나아지리라는 것을 모두가 알기 때문이다. 영원성 안에서도 누구도 책임지지 않는다. 우리가 어떻게 하든 간에 적이 나타나리라는 것을 모두가 알기 때문이다. 영원의 정치인들은 정부는 사회 전체를 원조할 수 없고 다만 위협으로부터 막아 줄 수 있을 뿐이라는 신념을 퍼뜨린다. 진보는 파멸의 운명에 길을 내준다.

권력을 쥔 영원의 정치인들은 위기를 꾸며 내고 그 결과로 생겨나는 감정을 조작한다. 그들은 개혁을 하지 못하는 자신들의 무능이나 의지 없음에 관심이 쏠리지 않도록 하기 위해 시민들에게 잠깐씩 의기양양과 분노를 경험하도록 가르치면서 미래를 현재라는 강물에 빠뜨린다. 대외 정책에서 영원의 정치인들은 자국 시민들에게 본보기처럼 보일 수 있는 다른 나라들의 업적을 폄하하고 무효로 만든다. 그들은 정치적 허구를 국내외로 전파할 수 있는 기술을 활용해서 진실을 부정하는 한편 삶을 스펙터클과 감정으로 축소하려고 한다.

아마 2010년대에는 우리가 파악한 것보다 더 많은 일이 벌어졌을 것이다. 어쩌면 스몰렌스크 추락 사고와 트럼프 대통령 당선 사이에 이어진 어수선한 순간들은 우리가 제대로 경험하지 못했을지라도 변화의 시대였을지 모른다. 어쩌면 우리는 하나의 시간 감각에서 다른 시간 감각으로 미끄러져 들어가고 있는지 모른다. 역사가 우리를 어떻게 만들고, 우리가 역사를 어떻게 만드는지 우리는 알지 못하기 때문이다.

필연성과 영원성은 사실을 서사로 바꾼다. 필연성에 좌우되는 사람들은 모든 사실을 전체적인 진보의 이야기에 영향을 미치지 못하는 일시적인 일탈로 보며, 영원성으로 옮겨 가는 사람들은 모든 새로운 사건을 초시간적인 위협의 또 다른 사례에 불과한 것으로 분류한다. 둘 다 자신이 역사인 것처럼 가장하지만, 실은 역사를 폐기한다. 필연의 정치인들은 과거의 자세한 내용들은 현재에는 의미가 없다고 가르친다. 일어나는 모든 일은 그저 진보에 유용한 것이기 때문이다. 영원의 정치인들은 수십 년, 수 세기에 걸쳐 한 순간에서 다른 순간으로 건너뛰면서 무해와 위험의 신화를 구축한다. 그들은 과거에서 위협의 순환을 상상하면서 인위적인 위기와 일상의 드라마를 만들어 냄으로써 현실에서 실감하는 상상된 패턴을 창조한다.

필연성과 영원성에는 독특한 선전 스타일이 있다. 필연의 정치인들은 사실들을 엮어서 복지의 그물망을 만든다. 영원의 정치인들은 다른 나라의 국민들이 더 자유롭고 부유한 현실과, 지식의 토대 위에 개혁을 정식화할 수 있다는 사고를 잊어버리기 위해 사실들을 억누른다. 2010년대에 벌어진 일들은 대부분 정치적 허구를 의도적으로 창조하는 것이었다. 이런 거대한 허구적 이야기가 관심을 모으면서 숙고에 필요한 공간을 식민지로 만들었다. 하지만 당시에 어떤 인상 선전impression propaganda이 이루어지든 간에 그것은 역사의 최종 평결이 아니다. 우리가 받는 인상인 기억과 우리가 만들기 위해 노력하는 연결 사이에는 차이가 존재한다. 우리가 바라기만 한다면.

이 책은 역사적 시간을 위해 현재를 되찾고, 더 나아가 정치를 위해 역사적 시간을 되찾으려는 하나의 시도이다. 그러려면 사실 자체가 의문시되는 시대에 러시아에서 미국에 이르기까지 우리 당대의 세계사에서 상호 연결된 일군의 사건들을 이해하려고 노력해야 한다. 2014년 러시아의 우크라이나 침공은 유럽 연합과 미국에게 일종의 리얼리티 테스트reality test였다. 유럽과 미국의 많은 사람들은 법질서를 옹호하는 것보다 러시아의 선전이라는 환영을 따라가는 게 더 쉽다고 생각했다. 유럽인들과 미국인들은 침공이 실제로 이루어졌는지, 우크라이나가 하나의 나라인지, 어쨌든 우크라이나가 침공을 당할 만한 나라였는지를 물으면서 시간을 허비했다. 이로써 러시아가 조만간 유럽 연합과 미국 내부의 취약성을 한껏 활용할 수 있음이 드러났다.

역사라는 학문은 전쟁 선전과의 대결로 시작되었다. 최초의 역사책인《펠로폰네소스 전쟁사》에서 투키디데스는 지도자들이 자신의 행동에 대해 하는 설명과 그들이 그런 결정을 내리는 실제 이유를 조심스럽게 구분했다. 불평등이 고조됨에 따라 정치적 허구가 더욱 강화되는 우리 시대에 탐사 저널리즘은 더욱 소중해진다. 탐사 저널리즘의 부활은 러시아가 우크라이나를 침공하는 와중에 용감한 기자들이 위험한 현장에서 기사를 보내면서 시작되었다. 두 나라에서 언론의 선도적인 노력은 도둑 정치kleptocracy•와 부패 문제를 중심으로 집중되었고, 뒤이어 이 문제들을 다루면서 훈련된 기자들이 전쟁을 보도했다.

• 부패한 정치인들이 국부를 독점하는 정치 체제.

***

대대적인 불평등의 안정화와 선전의 정책 대체, 필연의 정치에서 영원의 정치로의 이동 등 러시아에서 이미 벌어진 일들은 미국과 유럽에서도 일어날 수 있다. 먼저 영원성에 도달한 러시아의 지도자들은 유럽인들과 미국인들을 그곳으로 초대할 수 있었다. 그들은 미국과 유럽의 약점을 알고 있었다. 먼저 자국에서 목격하고 활용했기 때문이다.

유럽과 미국의 많은 이들에게 반민주적 정치의 부상, 유럽에 등을 돌린 러시아의 우크라이나 침공, 브렉시트 국민 투표, 트럼프의 당선과 같은 2010년대에 일어난 여러 사건들은 놀라움으로 다가왔다. 미국인들은 놀라운 사건에 대해 두 가지 방식으로 대응하는 경향이 있다. 예상치 못한 사건이 실제로는 벌어지고 있지 않다고 상상하거나 이 사건은 완전히 새로운 현상이어서 역사적 이해를 할 수 있는 게 아니라고 주장하는 것이다. 모든 게 어쨌든 결국 좋게 풀리든지 아니면 너무 나빠서 아무 일도 할 수 없다. 첫 번째 반응은 필연의 정치학에서 작동되는 방어 기제이다. 두 번째 반응은 필연성에 제동이 걸리고 영원성에 길을 내주기 직전에 나는 삐걱거리는 소리다. 필연의 정치학은 처음에 시민적 책임을 잠식하고, 심각한 도전에 부딪히면 뒤이어 무너져서 영원의 정치학으로 바뀐다. 미국인들은 러시아가 내세운 후보가 미국 대통령이 되었을 때 이런 식으로 반응했다.

1990년대와 2000년대에는 경제·정치 모델이 이식되고, 영어가 확산되고, 유럽 연합과 북대서양조약기구NATO가 확대되며 그 영향력이 서쪽에서 동쪽까지 이어졌다. 그동안 미국과 유럽 자본주의의 규제받지 않는 공간들은 러시아 부유층을 동과 서의 지리학과 무관한 영역, 즉 역외 계좌와 유령 회사와 익명 거래의 영역으로 소환했다. 러시아 국민들에게서 훔친 부는 여기서 깨끗하게 세탁되었다. 어느 정도는 이런 이유 때문에 2010년대에는 동쪽에서 서쪽으로 영향력이 미쳤다. 러시아의 정치적 허구가 러시아 바깥으로 침투함에 따라 역외의 예외가 규칙이 되었기 때문이다. 《펠로폰네소스 전쟁사》에서 투키디데스는 "과두제oligarchy"를 '소수의 지배'로 정의하면서 "민주주의"와 대비했다. 아리스토텔레스에게 "과두제"란 '부유한 소수의 지배'를 의미했다. 이런 의미를 가진 이 단어는 1990년대에 러시아어에서 부활했고, 당연한 이유로 2010년대에 영어에서도 되살아났다.

개념과 실행이 동에서 서로 옮겨 갔다. 그중 하나가 "가짜 뉴스fake news"처럼 사용되는 "가짜"라는 단어다. 이 말은 미국에서 고안된 것 같고, 도널드 트럼프는 자신이 만들어 낸 말이라고 주장했다. 하지만 이 용어는 미국에서 통용되기 한참 전부터 러시아와 우크라이나에서 사용되었다. 이 말은 특정한 사건에 관해 혼란을 퍼뜨리는 동시에 보통 말하는 언론의 신뢰를 깎아내리기 위해 언론 기사를 가장한 허구적 텍스트를 만들어 내는 것을 의미했다. 영원의 정치인들은 처음에는 직접 가짜 뉴스를 퍼뜨리다가 그다음에는 모든 뉴스가 가짜라고 주장하고, 결국은 자기들이 연출하는 스펙터클만이 진짜라고 주장한다. 국제 공론장을 허구로 가득 채우려는 러시아의 캠페인은 2014년 우크라이나에서 시작된 뒤 2015년에 미국으로 퍼졌고, 2016년에는 미국 대통령 선출에 일조했다. 시간이 흐를수록 그 수법이 정교해지기는 하지만 어디서나 양상이 별반 다르지 않다.

2010년대에 러시아는 영원의 정치학을 수출하고, 사실을 해체하며, 불평등을 보전하고, 유럽과 미국에서 비슷한 경향을 촉진하려고 기를 쓰는 도둑정치 체제였다. 러시아가 정규전을 벌이는 한편 유럽 연합과 미국을 당혹스럽게 만드는 캠페인을 강화한 우크라이나에서는 이런 사실이 잘 드러났다. 미국 역사상 최초의 친러시아 성향 대통령 후보의 고문은 우크라이나의 친러시아 성향 대통령의 고문이었다.* 우크라이나에서 실패한 러시아의 전술은 미국에서는 성공을 거두었다. 러시아와 우크라이나의 올리가르히oligarch**들은 숨긴 돈으로 미국 대통령 후보의 경력을 뒷받침해 주었다. 이 모든 것이 하나의 역사, 우리의 순간과 우리의 선택으로 이루어진 역사다.

역사가 그토록 동시대적일 수 있을까? 우리는 펠로폰네소스 전쟁을 고대 역사라고 생각한다. 아테네가 스파르타와 싸운 것은 2000여 년 전의 일이기 때문이다. 그렇지만 아테네의 역사가 투키디데스는 자신이 경험한 사건들을 서술한 것이었다. 그는 현재의 이해관계를 분명히 밝히는 데 필요한 한에서 과거에 관한 논의를 포함시켰다. 이 저작도 초라하나마 그런 접근법을 따른다.

이 책에서 나는 현재의 정치적 문제를 정의하고, 그 문제를 가리는 몇몇 신화를 걷어 내는 데 필요한 것으로 러시아, 우크라이나, 유럽, 미국의 역사를 탐구한다. 관련된 나라들의 1차 자료에 의지해서 우리가 우리 자신의 시대를 이해하도록 도울 수 있는 양상과 개념을 찾고자 한다. 러시아어, 우크라이나어, 폴란드어, 독일어, 프랑스어, 영어 등 자료의 언어들은 학문의 도구이지만 또한 경험의 근원이기도 하다. 나는 이 시기 동안 러시아, 우크라이나, 유럽, 미국의 언론 매체를 읽어 보았고, 관련된 많은 장소들을 여행했으며, 때로는 사건 설명을 나 자신이나 지인들의 경험과 대조해 볼 수 있었다. 각 장은 전체주의 사

- 폴 매너포트Paul Manerfort를 가리킨다.
- 러시아의 신흥 재벌과 과두 지배 세력 일반을 가리킨다.

상의 귀환(2011년), 러시아 민주 정치의 붕괴(2012년), 러시아의 유럽 연합 맹공격(2013년), 우크라이나 혁명과 뒤이은 러시아의 침공(2014년), 러시아, 유럽, 미국에서 정치적 허구의 확산(2015년), 도널드 트럼프 당선(2016년) 등 특정한 사건과 특정한 연도에 초점을 맞춘다.

필연의 정치학은 정치적 토대를 실제로 바꾸기는 불가능하다고 말함으로써 이 토대가 정말로 무엇인지에 관한 불확실성을 퍼뜨린다. 만약 우리가 미래는 좋은 정치 질서의 자동적인 연장이라고 생각한다면, 그 질서가 무엇이며, 그것이 왜 좋고 어떻게 유지되는지, 그리고 어떻게 개선할 수 있는지를 물을 필요가 없다. 역사는 필연성과 영원성 사이의 틈을 벌림으로써 우리가 필연성에서 영원성으로 표류하는 것을 막아 주고, 우리가 변화를 야기하는 순간을 보도록 도와준다는 의미에서 정치사상이며 정치사상이어야 한다.

우리가 필연성에서 벗어나 영원성과 다투는 가운데 해체의 역사는 수리의 길잡이가 될 수 있다. 잠식된 곳을 살펴보면 무엇이 튼튼히 버티고 있고 무엇을 강화할 수 있는지, 그리고 무엇을 재건할 수 있고 무엇을 새롭게 구상해야 하는지가 드러난다. 이해란 힘을 실어 주는 것이기 때문에 이 책의 장 제목은 양자택일의 질문으로 이루어져 있다. 개인주의인가 전체주의인가, 계승인가 실패인가, 통합인가 제국인가, 새로움인가 영원인가, 진실인가 거짓인가, 평등인가 과두제인가. 따라서 개인성, 인내, 협동, 새로움, 정직, 정의 등은 정치적 덕德으로 통한다. 이런 특질들은 단순한 상투어나 선호되는 것이 아니라 물질적 힘 못지않은 역사의 사실이다. 덕은 그것이 고무하고 육성하는 제도와 떼려야 뗄 수 없다.

제도는 일정한 선善 개념을 육성하게 마련이며, 또한 그런 개념에 의존한다. 제도가 번성하려면 덕이 필요하고, 덕이 육성되려면 제도가 필요하다. 공적 생활에서 무엇이 선이고 악인가라는 도덕적 질문은 구조에 대한 역사적 연구와 결코 분리될 수 없다. 덕을 무의미하고 심지어 우스운 것으로 보이게 만드는 것은 다름 아닌 필연의 정치학과 영원의 정치학이다. 필연성이 선은 이미 존재하는 것이고 예상대로 확대되어야 한다고 약속한다면, 영원성은 악은 언제나 외부에 존재하고 우리는 영원히 악의 순결한 희생자라고 안심시켜 준다.

만약 우리가 선과 악에 관한 더 나은 설명을 갖기를 바란다면, 역사를 소생시켜야 할 것이다.

CHAPTER ONE

개인주의인가 전체주의인가

우리의 땅은 법으로 일어나서 무법으로 망하리니.

- 《날의 사가》, 1280년경

예외를 만들 수 있는 자가 주권자다.

- 카를 슈미트, 1922년

필연의 정치학은 사상idea이란 존재하지 않는다는 사상이다. 이 정치학에 속박된 사람들은 사상이 중요하다는 것을 부정함으로써 그들이 유력한 사상에 사로잡혀 있음을 증명할 뿐이다. 필연의 정치학이 걸핏하면 내세우는 말은 "대안은 없다"는 것이다. 이 정치학을 받아들이면 결국 역사를 바라보고 변화를 만드는 개인의 책임을 부정하는 꼴이 된다. 삶은 미리 구매한 공동묘지의 지정된 자리로 몽유병 환자처럼 걸어 들어가는 과정이 된다.

마치 시체에서 유령이 나오듯이 영원성은 필연성에서 생겨난다. 필연의 정치학의 자본주의 버전, 즉 정책의 대용물로서의 시장은 경제적 불평등을 낳고, 이 불평등은 진보에 대한 믿음을 잠식한다. 사회적 이동이 중단됨에 따라 필연성은 영원성에, 민주주의는 과두제에 길을 내준다. 아마 파시즘 사상의 도움을 받아 순결한 과거에 관한 이야기를 늘어놓는 과두 지배자는 진짜 고통을 겪는 사람들에게 가짜 보호를 제공한다. 기술이 자유에 기여한다는 믿음은 지배자의 스펙터클에 길을 열어 준다. 기분 전환distraction이 정신 집중concentration을 대체하는 가운데 미래는 현재의 좌절 속으로 녹아들고, 영원성이 일상생활이 된다. 과두 지배자는 허구의 세계로부터 현실 정치로 넘어오고, 신화를 불러일으키고 위기를 조작하는 식으로 통치한다. 2010년대에 바로 이런 인물인 블라디미르 푸틴이 또 다른 과두 지배자인 도널드 트럼프가 허구에서 권력으로 가는 길을 호위했다.[1]

러시아는 맨 먼저 영원의 정치에 도달했고, 러시아 지도자들은 이 정치를 수출함으로써 자신들과 자신들의 부를 보호했다. 최고 과두 지배자oligarch-in-chief 블라디미르 푸틴은 파시즘 철학자 이반 일린Ivan Ilyin을 인도자로 선택했다. 시인 체스와프 미워시Czesław Miłosz는 1953년에 이렇게 썼다. "많은 유럽 나라의 주민들은 대개 고통을 겪으면서 20세기의 한복판에 이르러서야 복잡하고 어려운 철학책들이 자신의 운명에 직접적인 영향을 미친다는 사실을 이해하게 되었다." 오늘날 중요한 철학책들 중 몇몇은 일린이 쓴 것인데, 그는 미워시가 이 구절을 쓴 그해에 세상을 떠났다. 1990년대와 2000년대에 러시아 당국이 이반 일린을 부활시키고, 파시즘이 과두제를 가능케 하는 쪽으로 개조되자 그의 저작은 지도자들이 필연성에서 영원성으로 이동하는 것을 도와주는 특정한 사상으로 제2의 삶을 살게 되었다.[2]

일린의 시대인 1920년대와 1930년대의 파시즘에는 세 가지 핵심적인 특징이 있었다. 당시의 파시즘은 이성과 법률보다 의지와 폭력을 찬양하고, 국민과 신비롭게 연결되는 지도자를 제안했으며, 세계화를 일군의 문제가 아니라 하나의 음모로 규정했다. 오늘날 불평등이라는 상황에서 영원의 정치학으로 되살아난 파시즘은 공적 토론에서 정치적 허구로, 유의미한 투표에서 가짜 민주주의로, 법의 지배에서 인물 지배 체제personalist regime로 이행하기 위한 촉매로서 과두 지배자들에게 봉사한다.[3]

역사는 언제나 계속되며, 대안도 항상 모습을 드러낸다. 일린은 이런 대안 중 하나를 대표한다. 그는 우리 세기에 되살아난 유일한 파시즘 사상가는 아니지만 가장 중요한 인물이다. 그는 필연성에서 영원성으로 이어지는, 부자유로 가는 어두운 길의 안내자다. 그의 사상과 영향력에 관해 배우면서 우리는 그 길을 내려다보며 빛과 출구를 찾을 수 있다. 역사적으로 사고해야 한다는 말이다. 과거로부터 이어진 사상들이 현재에서 어떻게 중요할 수 있는지를 묻고, 일린 시대의 세계화와 우리 시대의 세계화를 비교하며, 지금처럼 그때도 현실적인 가능성이 적어도 두 개 이상 존재했음을 깨달아야 한다. 필연성이라는 장막의 자연스러운 계승자는 영원성이라는 덮개이지만, 이 덮개가 내려오기 전에 찾아내야 할 대안들이 존재한다. 만약 우리가 영원성을 받아들인다면, 개인성을 희생시키고 이제 더는 가능성을 보지 못하게 될 것이다. 영원성은 사상이란 존재하지 않는다고 말하는 또 다른 사상이다.

1991년 소련이 붕괴했을 때, 미국의 필연의 정치인들은 역사의 종언을 선언한 반면, 일부 러시아인들은 제국 시대의 과거에서 새로운 권위를 찾았다. 1922년에 창설된 소련은 러시아 제국의 영토 대부분을 물려받았다. 과거 차르의 영토는 세계에서 가장 넓어서 동에서 서로는 유럽 중부에서 태평양 연안까지, 북에서 남으로는 북극에서 중앙아시아까지 펼쳐졌다. 농민과 유목민이 다수인 나라이긴 하지만, 20세기가 시작될 때 러시아의 중간 계급과 지식인들은 전제 군주가 다스리는 제국을 어떻게 하면 근대화하고 정의롭게 만들 수 있는지를 고찰했다.

1883년 귀족 집안에서 태어난 이반 일린은 젊은 시절 자기 세대의 전형적인 인물이었다. 1900년대 초, 그는 러시아가 법으로 통치되는 국가가 되기를 바랐다. 제1차 세계 대전의 참화와 1917년 볼셰비키 혁명을 경험한 뒤, 일린은 반혁명주의자이자 혁명에 대항하는 폭력적 방법의 주창자가 되었고, 시간이 흐르면서 볼셰비즘을 극복하기 위한 기독교 파시즘의 창시자로 변신했다. 1922년 소련이 탄생되기 몇 달 전 그는 고국에서 추방되었다. 베를린에서 글을 쓰면서 그는 신생국 소련에 대항하는 일명 백군 세력에게 강령을 제공했다. 이세력은 오랜 기간에 걸쳐 피를 부른 러시아 내전에서 볼셰비키의 붉은 군대Red Army에 맞서 싸운 뒤 일린처럼 유럽으로 정치적 이주를 한 사람들이었다. 일린은 후에 소련이 해체된 뒤 집권하게 되는 러시아 지도자들에게 길잡이가 되는 저술을 정식화했다. 그리고 1954년에 세상을 떠났다.[4]

1991년 사멸한 소련을 바탕으로 새로운 러시아 연방이 등장했을 때, 일린의 얇은 책《우리의 임무Our Tasks》가 새로운 러시아어판으로 판매되기 시작하고, 그의 저작집이 출간되었으며, 그의 사상이 유력한 지지자들을 확보했다. 일린은 스위스에서 세간으로부터 잊힌 채 사망했는데, 푸틴은 2005년 모스크바에서 다시 장례식을 조직했다. 일린이 소장했던 개인 문서들은 미시간주립대학교에서 보관하고 있었는데, 푸틴은 2006년에 특사를 보내 반환을 요구했다. 그 무렵 푸틴은 러시아 의회 총회를 상대로 한 연례 대통령 연설에서 일린의 말을 인용했다. 이 연설들은 푸틴이 직접 문안을 작성한 것으로, 중요한 발언이었다. 2010년대에 푸틴은 일린의 권위에 의존해서 러시아가 유럽 연합의 기반을 약화시키고 우크라이나를 침공해야 하는 이유를 설명했다. 존경하는 역사학자를 한 명 대 달라는 요청을 받았을 때, 푸틴은 과거에 대한 권위자로 일린을 거명했다.[5]

러시아 정치 계급은 푸틴의 선례를 따랐다. 푸틴의 선전의 대가 블라디슬라프 수르코프Vladislav Surkov는 일린의 사상을 현대 언론의 세계에 맞게 개조했다. 수르코프는 푸틴이 권력자로 부상하는 과정을 지휘하고 언론 통합을 감독해서 영원해 보이는 푸틴의 통치를 보장해 주었다. 푸틴 정당의 전 지도자인 드미트리 메드베데프Dmitry Medvedev는 일린을 러시아 젊은이들에게 추천했다. 일린의 이름은 가짜 야당들, 즉 공산주의자들과 (극우파) 자유민주당 지도자들의 입에 오르내렸다. 그들은 일찍이 일린이 권고한 민주주의의 환영simulacrum을 창조하는 데 일익을 담당했다. 법이란 지도자에 대한 사랑을 의미한다는 일린의 사상이 떠오르는 가운데 헌법재판소장조차 그의 말을 인용했다. 러시아가 일린이 주창한 대로 중앙 집권적 국가가 되자 주지사들도 그의 이름을 언급했다. 2014년 초, 러시아 여당 당원들과 공무원 전원은 크렘린으로부터 일린의 정치적 출판물 모음집을 받았다. 2017년에 러시아 방송국은 일린을 도덕적 권위자로 소개하는 영화를 방영하면서 볼셰비키 혁명 100주년을 기념했다.[6]

일린은 영원의 정치인이었다. 1990년대와 2000년대에 러시아에서 필연의 정치학의 자본주의 버전이 붕괴하자 그의 사상이 지배했다. 2010년대에 러시아가 조직적인 도둑 정치 체제가 되고, 국내의 불평등이 아찔할 정도의 지경에 다다르자 일린의 영향력이 정점에 달했다. 유럽 연합과 미국에 대한 러시아의 맹공격은 그들을 표적으로 삼음으로써 개인주의, 승계, 통합, 새로움, 진실, 평등 등, 철학자 일린이 무시하거나 멸시한 일정한 정치적 덕들을 드러냈다.[7]

이반 일린, 부활하다

일린은 한 세기 전에 러시아 혁명이 일어난 뒤 처음 러시아인들에게 자기 사상을 제시했다. 그렇지만 그는 우리 시대를 위한 철학자가 되었다. 20세기 사상가 가운데 21세기에 그렇게 장대한 방식으로 복권된 이는 아무도 없으며, 세계 정치에 그만큼 영향을 미친 이도 없다. 이런 사실이 주목을 끌지 못했다면 그것은 우리가 필연성에 사로잡혀 있기 때문이다. 우리는 사상이 중요하지 않다고 믿는 것이다. 역사적으로 사고한다는 것은 익숙하지 않은 것이 중요할 수 있음을 받아들이고, 익숙하지 않은 것을 익숙한 것으로 만들기 위해 노력하는 것이다.

우리 시대의 필연의 정치학은 일린 시대의 필연의 정치학을 반영한다. 1980년대 말부터 2010년대 초의 시기처럼, 1880년대 말부터 1910년대 초까지의 시기도 세계화의 시대였다. 두 시대의 전통적인 지혜는 수출 주도 성장이 계몽된 정치를 가져오고 광신주의를 종식시킬 것이라고 생각했다. 그러나 이런 낙관주의는 제1차 세계 대전과 그 뒤를 이은 혁명과 반혁명의 와중에 깨졌다. 일린 자신이 이런 추세를 보여 주는 초기의 본보기였다. 그는 젊은 시절 법치의 지지자였지만 극좌파에서 구사하는 전술에 경탄하는 한편 극우파로 이동했다. 일린이 러시아에서 추방된 직후에 좌파 출신의 베니토 무솔리니가 로마 진군에서 휘하의 파시스트들을 이끌었다. 철학자 일린은 두체Duce*에게서 부패한 세상을 구할 희망을 보았다.[8]

일린은 파시즘이야말로 다가올 세계의 정치라고 생각했다. 1920년대 망명 생활 중에 그는 이탈리아가 러시아보다 먼저 파시즘에 도달한 것을 보고 괴로워했다. 그러면서 러시아 백군이 무솔리니의 쿠데타에 영감을 주었다는 생각으로 위안을 삼았다. "백계 운동 자체가 [이탈리아] 파시즘보다 더 깊고 넓다." 일린은 이런 깊이와 폭은 하느님의 적들에 대해 피의 희생을 요구하는 식의 기독교를 받아들인 덕분이라고 설명했다. 1920년대에 러시아 백계 망명자들이 여전히 권력을 잡을 수 있다고 믿으면서 일린은 그들을 "내 백군 형제들, 파시

• '지도자'라는 뜻으로, 무솔리니의 별명.

스트들"이라고 지칭했다.[9]

일린은 또한 아돌프 히틀러에게도 깊은 인상을 받았다. 일린은 이탈리아를 방문하고 스위스에서 휴가를 보냈지만 1922년부터 1938년까지 그가 산 곳은 베를린이었다. 그곳에서 정부의 후원을 받는 학술 연구소에서 일했다. 일린은 어머니가 독일인이었고, 지크문트 프로이트에게 독일어로 정신 분석을 받았으며, 독일 철학을 공부하고 러시아어만큼이나 독일어로도 많은 글을 썼다. 본업으로 소련 정치에 관한 비판적 연구를 편집하고 저술했다(가령 독일어로 쓴 《심연 속의 세계 A World at the Abyss》와 러시아어로 쓴 《볼셰비즘이라는 독 The Poison of Bolshevism》이 1931년 같은 해에 나왔다). 일린은 히틀러가 볼셰비즘에 맞서 문명을 지키는 수호자라고 보았다. 총통은 러시아 모델에 입각한 더 많은 혁명을 저지함으로써 "유럽 전체를 위해 엄청난 봉사를 했다"고 그는 말했다. 일린은 히틀러의 반유대주의는 러시아 백계 이데올로기의 파생물이라고 동조하며 지적했다. 그러면서 "유럽은 민족사회주의 운동을 이해하지 못한다"고 개탄했다. 나치즘은 무엇보다도 러시아인들이 공유해야 하는 하나의 "정신"이었다.[10]

1938년, 일린은 독일을 떠나 스위스로 갔고 1954년에 세상을 떠날 때까지 그곳에서 살았다. 스위스에서는 어느 독일계 미국인 사업가의 부인에게서 재정 지원을 받았고, 또 독일어로 대중 강연을 해서 돈을 좀 벌었다. 한 스위스 학자가 언급한 것처럼, 이런 강연의 요체는 러시아를 현존하는 공산주의의 위험이 아니라 미래 그리스도의 구원으로 이해해야 한다는 것이었다. 일린에 따르면, 공산주의는 쇠퇴기에 접어든 서구가 순결한 러시아에 가한 형벌이었다. 언젠가 러시아는 기독교 파시즘의 도움을 받아 자기 자신과 다른 나라들을 해방시킬 것이다. 스위스의 한 평자는 그의 저작들을 "서구 전체에 반대한다는 의미에서 민족적"이라고 규정했다.[11]

제2차 세계 대전이 시작됐을 때에도 일린의 정치적 견해는 바뀌지 않았다. 스위스에서 그와 교류하는 이들은 극우파 남자들이었다. 루돌프 그로프Rudolf Grob는 스위스가 나치 독일을 본받아야 한다고 믿었고, 테오필 스푀리Theophil Spoerri는 유대인과 프리메이슨의 가입을 금지한 단체 소속이었으며, 알베르트 리드베크Albert Riedweg는 우익 변호사였고 그의 동생 프란츠Franz는 나치의 유대인 절멸 기구에서 가장 유명한 스위스인이었다. 프란츠 리드베크는 독일 전쟁장관의 딸과 결혼하고 나치 친위대에 가세했다. 그는 독일이 폴란드, 프랑스, 소련을 침략하는 데 가담했는데, 러시아 침략에 대해서는 나치가 러시아 볼셰비즘을 심판하고 러시아인들을 해방시키는 과정이라고 보았다.[12]

소련이 전쟁에서 승리하고 1945년에 제국을 서쪽으로 확장했을 때, 일린은 미래 세대 러시아인들을 위해 글을 쓰기 시작했다. 그는 자신의 저작을 거대한 어둠 속에서 작은 손전등을 비추는 것이라고 규정했다. 2010년대 러시아 지도자들은 이 작은 불빛을 가지고 큰 불을 일으키기 시작했다.[13]

전체주의의 도래

일린은 일관성이 있었다. 러시아어로 쓴 그의 첫 번째 주요 철학 저작 (1916)은 또한 독일어 편역판(1946)으로 그의 마지막 주요 철학 저작이기도 했다.[14]

일린은 우주의 한 가지 선善은 창조 이전 하느님의 전체성이라고 주장했다. 하느님은 세상을 창조하면서 자기 자신인 단일하고 전체적인 진리를 산산이 깨뜨렸다. 일린은 세계를 저 단일하고 완벽한 개념의 잃어버린 영역인 "절대적인 것"과 사실과 정념이 존재하는 인간의 삶인 "역사적인 것"으로 나누었다. 그가 보기에 실존의 비극은 사실들을 아무리 모아도 하느님의 전체성을 다시 만들 수 없고, 정념들을 아무리 모아도 하느님의 목적을 다시 세울 수 없다는 것이었다. 한때 기독교 파시즘 주창자였던 루마니아의 사상가 E. M. 시오랑E. M. Cioran은 이 개념을 이렇게 설명했다. 역사 이전에 하느님은 완전하고 영원하다. 일단 하느님이 역사를 시작하면 하느님은 "광적으로" 보이면서 "실수를 거듭한다." 일린의 말에 따르면, "경험적 존재로 들어가면서 하느님은 조화로운 통일성과 논리적 이성, 조직적 목적을 상실했다."[15]

일린이 보기에, 사실과 정념으로 이루어진 우리 인간의 세계는 무의미하다. 일린은 역사적 배경 속에서 사실이 파악될 수 있다는 점은 부도덕하다고 보았다. "경험적 존재의 세계는 신학적으로 정당화할 수 없다." 정념은 악이다. 하느님은 창조 과정에서 "감각적인 것의 사악한 본성"을 해방시킴으로써 실수를 했다. 하느님은 성性에 의해 움직이는 존재인 우리 자신을 만듦으로써 "낭만적인" 충동에 굴복했다. 그리하여 "세계의 낭만적 내용은 사고의 합리적 형식을 압도하고, 사고는 생각 없는 목적[육체적 사랑]에 자리를 내준다." 하느님은 우리를 "정신적, 도덕적 상대주의"의 한가운데에 내버려 두었다.[16]

일린은 하느님을 비난함으로써 철학, 또는 적어도 철학자인 자신에게 힘을 실어 주었다. 그는 세계가 창조되기 전에 존재한 신성한 "전체성"의 전망을 유지했지만, 그것을 어떻게 되찾을 수 있는지를 드러내는 일은 자기 몫으로 남겼다. 하느님을 무대에서 없앤 가운데 이제 일린 자신이 무엇이 존재하고 존재해야 하는지에 대한 판단을 내릴 수 있었다. 하느님의 세계가 존재하고 어떻게든 이 세계를 되찾아야 하지만, 이 성스러운 과업은 일린과 그의 저서 덕분에 자신이 처한 곤경을 이해하는 사람들의 몫이 될 터였다.[17]

이것은 전체주의적인 전망이었다. 우리는 하나로서 생각하고 느끼는 상태를 갈망해야 하는데, 이것은 아예 생각하지 않고 느끼지 않는 것을 의미한다.

우리는 개별적인 인간으로 존재하기를 멈춰야 한다. 일린은 "악은 개인이 시작되는 곳에서 시작된다"고 말했다. 우리의 개별성 자체는 세계가 결함이 있음을 증명할 뿐이다. "인간 존재의 경험적인 파편은 부정확하고 일시적이며 형이상학적으로 참이 아닌 세계의 상태다." 일린은 중간 계급을 멸시했다. 그들의 시민 사회와 사적인 삶은 세계를 깨진 상태로 유지하고 하느님의 접근을 막는다고 생각했기 때문이다. 개인들에게 사회적 향상을 제공하는 사회의 층위에 속한다는 것은 최악의 인간 부류임을 의미했다. "이 신분은 사회적 존재의 최하층을 구성한다."[18]

순결한 러시아

모든 불멸이 그렇듯이 영원의 정치학은 자신을 예외로 취급하는 것으로 시작된다. 삼라만상의 다른 모든 것은 악일지 몰라도 나와 내 집단은 선이다. 나 자신과 내 집단은 나의 것이기 때문이다. 다른 이들은 역사의 사실과 정념들에 의해 혼란에 빠지고 미혹될지 몰라도 내 민족과 나 자신은 역사 이전의 순결을 유지하고 있다. 유일한 선은 보이지 않아도 우리 안에 있는 이런 특질이기 때문에 유일한 방책은 어떤 대가를 치르고라도 우리의 순결을 지키는 것이다. 영원의 정치학을 받아들이는 이들은 행복하고 결실 있는 삶을 더 오래 살기를 기대하지 않는다. 그들은 고통을 의로움의 표지로 받아들이며, 다만 죄 많은 다른 사람들이 더 많이 고통을 받는다고 생각한다. 삶은 더럽고 잔인하고 짧다. 삶의 즐거움은 남들에게는 삶이 더 더럽고 더 잔인하고 더 짧을 수 있다는 것이다.[19]

일린은 러시아와 러시아인들은 예외로 취급했다. 러시아의 순결함은 세상에서 눈에 보이지 않는다고 그는 선언했다. 그것은 자기 민족을 겨냥해 일린이 보여 준 믿음의 행동이었다. 구원을 받으려면 러시아를 있는 그대로 보지 않아야 했다. 이 세상의 사실들은 하느님의 실패한 창조가 남긴 부패한 파편일 뿐이기 때문에 참된 봄true seeing이란 보이지 않는 것에 대한 명상이었다. 유사한 종류의 루마니아 파시즘의 창시자인 코르넬리우 코드레아누Corneliu Codreanu는 천사장 미카엘이 감옥에 갇힌 것을 보고 그 환상을 몇 줄로 기록했다. 일린은 몇 권의 저서에서 명상 개념을 공들여 설명했지만 사실 그뿐이었다. 그는 자기 민족이 의롭다고 보았고, 그런 환상의 순수성이야말로 러시아인들이 실제로 행하는 어떤 것보다도 더 중요했다. 이 철학자가 자기 눈을 가렸을 때 본 것은 "순수하고 객관적인" 민족이었다.[20]

순결함은 독특한 생물학적 형태를 띠었다. 일린이 본 것은 흠 하나 없이 순결한 러시아의 신체였다. 당대의 파시스트들을 비롯한 권위주의자들이 그러하듯, 일린은 러시아 민족은 하나의 피조물, "자연과 영혼의 유기체"이자 원죄를 짓지 않은 채 에덴동산에 사는 동물이라고 주장했다. 누가 러시아라는 유기체에 속하는지 여부는 개인이 결정하는 게 아니었다. 세포들이 어떤 신체에 속할지를 결정하는 게 아니기 때문이다. 러시아 문화는 러시아의 힘이 미치는 곳 어디에나 자동적으로 "형제애적 결합"을 가져다준다고 일린은 말했다. 그는 "우크라이나인들"에 인용 부호를 붙였는데, 러시아라는 유기체를 넘어선 우크라이나인들의 독립된 존재를 부정했기 때문이다. 우크라이나를 입에 올리는 것은 러시아를 해하려는 적이 되는 셈이었다. 일린은 소비에트 이후의 러시아에 우크라이나가 포함되는 것을 당연하게 생각했다.[21]

일린은 소비에트 권력이 사실성과 정념의 악마적 에너지를 한곳에 모두 집중시킨다고 생각했다. 그렇지만 그는 공산주의의 승리는 러시아가 한결 더 순결하다는 점을 보여 준다고 주장했다. 그의 주장에 따르면, 공산주의는 외국인들이 유혹한 것으로서 일린이 "타잔들"이라고 부르는 러시아인들을 뿌리뽑아 버렸다. 외국인들은 간특함이 없이 무방비 상태인 청순한 러시아를 범하고 싶어 했다. 1917년 당시 러시아인들은 너무 선량해서 서구에서 밀려드는 죄의 짐을 물리치지 못했을 뿐이다. 소비에트 지도자들의 약탈에도 불구하고 러시아인들은 감지하기 힘들 정도로 미세하나마 선을 유지했다. 유럽과 미국이 사실과 정념을 삶으로 받아들인 것과 달리, 러시아는 하느님의 전체성을 상기시키는 근원적인 "정신Spirit"을 유지했다. "이 민족은 하느님이 아니지만 그 영혼의 힘은 하느님에게서 나온다."[22]

하느님이 세상을 창조했을 때, 러시아는 어쨌든 역사를 피해서 영원 속에 머무르고 있었다. 그는 따라서 자신의 고국은 자신이 도저히 견디기 힘들다고 본, 앞으로 나아가는 시간의 흐름과 사건과 선택의 축적에서 자유롭다고 생각했다. 러시아는 대신에 위협과 방어가 되풀이되는 순환을 경험했다. 일어난 모든 일은 순결한 러시아에 가해지는 외부 세계의 공격이거나 아니면 그런 위협에 맞서는 러시아의 정당한 대응이어야 했다. 실제 러시아 역사에 관해 거의 알지 못하는 일린은 이런 도식 속에서 여러 세기를 간단한 구절로 쉽게 파악했다. 역사가라면 모스크바로부터 아시아 북부와 유럽 절반을 가로지르는 권력의 확산으로 볼 만한 것이 일린에게는 "자기방어"에 지나지 않았다. 그에 따르면, 러시아인들이 치른 싸움 하나하나는 모두 방어전이었다. 러시아는 언제나 유럽 "대륙 봉쇄"의 희생자였다. 일린의 시각에서 보면, "기독교로 완전히 개종한 이래 러시아 민족은 거의 1000년에 가까운 역사적 고난을 겪었다." 러시아는 잘못한 게 하나도 없다. 오로지 부당한 대우만을 받을 뿐이다. 사실은 중요하지 않고 책임은 사라진다.[23]

적을 만들라

볼셰비키 혁명이 일어나기 전에 일린은 법학을 공부하는 학생으로 진보의 신봉자였다. 1917년 이후 무엇이든 가능해 보였고 모든 게 허용되었다. 일린은 극좌파의 무법성을 능가하려면 극우파가 한층 더 무법성을 발휘해야 한다고 생각했다. 원숙한 저작에서 일린은 이와 같이 러시아의 무법성을 애국적 미덕으로 묘사했다. "사실을 말하자면 파시즘은 애국적인 독단이 대속代贖적으로 과잉된 것이다." 러시아어로 'proizvol'인 독단은 러시아 개혁가들에게 언제나 혐오의 대상이었다. 'proizvol'을 애국적인 것으로 묘사하면서 일린은 법적 개혁에 등을 돌리고 그 대신 단일한 통치자의 변덕에 따라 정치가 이뤄져야 한다고 선언한 셈이었다.[24]

일린은 '대속적'이라는 뜻의 러시아어 'spasitelnii'를 사용함으로써 정치에 심대한 종교적 의미를 풀어놓았다. 《나의 투쟁Mein Kampf》[25]을 쓴 아돌프 히틀러 같은 다른 파시스트들과 마찬가지로, 일린 역시 기독교의 희생과 대속 개념을 새로운 목적으로 돌렸다. 히틀러는 세상에서 유대인을 없애 버림으로써 멀리 있는 하느님을 위해 세상을 구원하겠다고 주장했다. "그리하여 나는 내가 전능한 조물주가 원하는 대로 행동한다고 믿는다. …… 유대인들을 억누르는 한 나는 주님의 과업을 행하는 것이다." 정교회 신자는 대개 그리스도가 갈보리에서 희생해서 신자들을 구원한 것을 러시아어 'spasitelnii'로 말한다. 일린이 말하고자 한 것은 러시아에는 권력을 잡기 위해 타인의 피를 흘리는 "용감한 희생"을 하는 대속자가 필요하다는 점이었다. 파시스트 쿠데타는 "구원 행위", 즉 세계에 전체성을 회복시키기 위한 첫걸음이었다.[26]

하느님의 결함 있는 세계를 대속하는 이들은 하느님이 사랑에 관해 하는 말을 무시해야 했다. 예수는 사도들에게 하느님을 사랑하는 것 다음으로 가장 중요한 법은 이웃을 사랑하는 것이라고 가르쳤다. 선한 사마리아인의 비유에서 예수는 레위기 19장 33~34절을 인용한다. "외국 사람이 나그네가 되어 너희의 땅에서 너희와 함께 살 때에, 너희는 그를 억압해서는 안 된다. 너희와 함께 사는 그 외국인 나그네를 너희의 본토인처럼 여기고, 그를 너희의 몸과 같이 사랑하여라. 너희도 이집트 땅에 살 때에는, 외국인 나그네 신세였다. 내가 주 너희의 하느님이다." 일린에게는 이웃이 하나도 없었다. 개인성은 부패하고 덧없는 것이며, 의미 있는 유일한 연계는 잃어버린 신의 전체성뿐이다. 세계가 갈라져 있는 한, 하느님을 사랑한다는 것은 "지상의 신성한 질서를 해치는 적들에 맞서" 끊임없이 싸우는 것을 의미한다. 이 전쟁에 가세하지 않는 그 어떤 행위도 악을 행하는 것이었다. "악마에 대항하는 기사도적 투쟁에 반대하는 사람, 바로 그 사람이 악마다." 믿음은 전쟁을 의미했다. "바라건대 당신의 기도가 칼이 되고 칼이 기도가 되기를!"27

세계는 죄로 가득하고 하느님은 부재하기 때문에 일린의 투사는 역사를 넘어선 어떤 부패하지 않은 영역에서 나와야 했다. 일린은 "권력은 저절로 독재자가 된다"고 생각했다. 난데없이 누군가 나타나면 러시아인들은 대속자를 알아볼 것이다. "우리는 러시아를 구원으로 이끄는 러시아 애국자에게서 우리의 자유와 우리의 법을 받아들일 것이다." 허구로부터 나타나는 이 대속자는 세계의 사실들을 무시한 채 자기를 중심으로 신화를 창조한다. 그는 러시아인들의 정념의 짐을 떠안음으로써 "감각적인 대상의 악한 본성"을 하나의 원대한 통일로 인도한다. 지도자는 무솔리니처럼 "충분히 남자다울 것이다." 그는 "정당하고 남자답게 봉사하면서 자신을 단련한다. 그는 특정한 개인이나 당파의 동기가 아니라 전체성의 정신에 고취된다. 그는 정치의 미래를 보고 무엇을 해야 하는지를 알기 때문에 독립해서 홀로 간다." 러시아인들은 "러시아라는

생명체, 자기 대속self-redemption의 도구" 앞에 무릎을 꿇을 것이다.[28]

대속자는 선택된 적을 무력으로 공격할 것을 명함으로써 사실성을 억압하고, 정념을 지휘하며, 신화를 창조한다. 파시스트는 사회(사회의 선호, 관심, 미래상, 사회 구성원의 권리 등등)에 뿌리를 두는 정치 일체를 경멸한다. 파시즘은 내부what is within에 대한 평가가 아니라 외부what is without에 대한 거부에서 시작된다. 외부 세계는 독재자가 적의 이미지를 구성하기 위한 문학적인 원천 자료다. 일린은 나치의 법학 이론가 카를 슈미트Carl Schmitt를 따라 정치를 "적을 확인하고 무해하게 만드는 기술"이라고 정의했다. 그리하여 일린은 〈러시아 민족주의에 관하여On Russian Nationalism〉라는 논문을 "민족적 러시아에는 여러 적이 있다"는 단순한 주장으로 시작했다. 오직 러시아만이 신성한 전체성의 원천이기 때문에 결함 있는 세계는 러시아에 대항해야 했다.[29]

대속자에게는 전쟁을 벌여야 하는 의무와 상대를 선택할 권리가 있었다. 일린은 "민족의 정신적 성취가 위협받을 때" 전쟁이 정당화된다고 믿었는데, 개인성이 종언을 고할 때까지는 언제나 이런 성취가 위협을 받을 것이다. 하느님의 적을 상대로 전쟁을 벌이는 것은 순결함을 표현하는 행동이었다. 사랑을 하는 게 아니라 전쟁을 벌이는 것은 정념을 정당하게 방출하는 것이었다. 전쟁은 민족적 신체의 처녀성을 위험에 빠뜨리기는커녕 오히려 보호했기 때문이다. 1930년대에 루마니아 파시스트들은 "철갑을 두른 젖가슴과 백합같이 흰 영혼"을 노래했다. 러시아의 대속자는 다른 이들을 유혈 참사로 인도함으로써 러시아의 모든 성적 에너지를 자신에게 끌어당기고 그 에너지의 방출을 인도할 것이다. 전쟁은 일린이 지지한 유일한 "과잉"으로서, 처녀성을 간직한 유기체와 속세를 초월한 대속자의 신비로운 교섭이었다. 참된 "정념"은 파시즘의 폭력으로, 이 기세등등한 칼은 또한 무릎 꿇은 기도자였다.[30]

대속자라는 환상

시인 샤를 페기Charles Péguy가 상기시켜 주는 것처럼, "모든 것은 신비에서 시작해서 정치로 끝난다." 일린의 사상은 1916년에 하느님과 성, 진리에 관한 숙고로 시작해서 한 세기 뒤에는 크렘린의 정통 신념과 우크라이나·유럽 연합·미국에 대항하는 전쟁의 정당화로 끝이 났다.[31]

파괴는 언제나 창조보다 쉽다. 일린은 대속받은 러시아가 어떤 제도적 형태를 띨 것인지를 자세히 설명하기가 어렵다고 느꼈다. 그리고 그가 해결하지 못한 문제들은 지금도 러시아 지도자들을 괴롭히고 있다. 그중 으뜸은 러시아 국가의 내구성이다. 권력 승계를 허용하는 법적 제도들 덕분에 시민들은 지도자는 바뀌지만 국가는 그대로 유지되는 미래를 머릿속에 그릴 수 있다. 하지만 파시즘은 대속자와 인민을 신성하고 영원한 연계로 묶는 체제다. 파시스트는 제도와 법률은 지도자와 국민을 가로막는 부패한 장벽이기 때문에 우회하거나 파괴해야 한다고 말한다.

일린은 러시아 정치 체제를 설계하려고 시도했지만 그가 개략적으로 그린 그림 속에서는 이런 어려운 문제를 넘어서지 못했다. 그는 대속자의 인격을 하나의 제도로 다룸으로써 이 문제를 의미론적으로 풀려고 했다. 대속자는 "지도자gosudar", "국가수반", "민주적 독재자", "민족의 독재자" 등으로 간주되어야 하는데, 이런 직함들은 1920년대와 1930년대 파시스트 지도자들을 상기시키는 것이었다. 대속자는 행정, 입법, 사법의 모든 기능을 책임지며 군대를 지휘할 것이고, 러시아는 연방 단위 따위는 없는 중앙 집권적 국가가 될 것이다. 러시아는 1930년대 파시즘 정권들 같은 일당 국가가 되어서는 안 된다. 당 하나도 많다. 러시아는 당이 없는 국가가 되어야 하고, 오직 한 사람에게 대속받아야 한다. 일린에 따르면 정당은 오직 의례적으로 선거를 치르기 위해서 존재해

야 한다.[32]

러시아인들에게 자유선거에서 투표를 하도록 허용하는 것은 마치 배아에게 종을 선택하도록 허용하는 것이나 마찬가지라고 일린은 생각했다. 비밀 투표는 시민들에게 각자 개인이라고 생각하게 만듦으로써 세계의 악한 성격을 확인시켜 주는 것이었다. "민주주의의 원리는 무책임한 원자적 인간"이며 따라서 러시아인들이 대속자에 대해 집단적으로 느끼는 애정을 자극하고 유지시키는 정치적 습관으로 개인성을 극복해야 한다. 그리하여 "우리는 투표자 수와 그것의 정치적 중요성에 대한 맹목적인 믿음"뿐만 아니라 "정치에 대한 기계적이고 산술적인 이해도 거부해야 한다." 투표는 예속의 몸짓으로 민족을 단합시키는 것이어야 한다. 선거는 공개적으로 해야 하고 투표용지에도 자기 이름을 써야 한다.[33]

일린은 모든 사람과 집단에게 정해진 자리가 있는 하나의 신체와 같은 구조를 상상했다. 국가와 국민은 전혀 구별되지 않고, 오히려 "정부와 국민, 국민과 정부의 유기적-영적 통일"이 존재할 것이다. 대속자는 꼭대기에 홀로 서 있고, 중간 계급들은 다른 모든 이들의 무게에 깔려 밑바닥에 짓눌릴 것이다. 일반적인 말로 하자면, 중간 계급은 사람들이 그들을 통해 올라가고 떨어지기 때문에 중간에 있다. 중간 계급을 밑바닥에 놓은 것은 불평등의 정당성을 주장하는 것이었다. 사회적 이동은 애초부터 배제되었다.[34]

일린이 파시즘이라고 생각한 사상은 따라서 과두제, 즉 2010년대 러시아와 같은 부유한 소수의 지배를 허용하고 정당화한다. 국가의 존재 목적이 대속자와 그 친구들의 부를 보전하는 것이라면, 법치는 불가능하다. 법치가 없으면 더 나은 삶을 살 수 있도록 돈을 벌기가 어렵다. 사회적 향상이 없으면 미래에 관한 어떤 이야기도 현실성을 잃는다. 허약한 국가 정책은 그리하여 지도자와 국민의 신비로운 연계로 제시된다. 지도자는 통치하는 대신 위기와 스펙터클을 만들어 낸다. 이제 법률은 사회적 향상을 가능케 하는 중립적 규범을 의미하기를 멈추고, 대신에 현재 상태status quo에 대한 종속을 뜻하게 된다. 현재 상태란 스펙터클을 구경할 권리와 오락을 즐길 의무를 의미한다.

일린은 "법"이라는 단어를 썼지만 법치를 지지하지는 않았다. 그가 "법"이라는 말로 말한 것은 대속자의 변덕과 다른 모든 이들의 복종 사이의 관계였다. 이번에도 역시 파시즘의 한 개념이 이제 막 등장하는 과두제에 편리하게 활용될 수 있음이 증명되었다. 러시아 대중들은 사랑의 임무가 있기 때문에 대속자의 모든 변덕은 대중의 법적 의무감으로 바뀌어야 했다. 물론 이 의무는 상호적인 게 아니었다. 러시아인들은 "영혼이 특별하게 결합되어 있기" 때문에 자신의 이성을 억누르고 "우리 마음속에 법률"을 받아들일 수 있었다. 일린이 말하고자 하는 것은 민족적 복종을 위해 개인의 이성을 억누르는 것이었다. 대속자가 이런 체제를 지휘하는 가운데 러시아는 "같은 민족의 모든 사람이 가진 형이상학적 정체성"을 드러낼 터였다.[35]

영적 위협에 대항해 긴급하게 전쟁을 벌일 것을 명받은 러시아 민족은 허구로부터 등장한 독단적인 지도자에게 복종하기 때문에 신성한 존재로 여겨지는 피조물이었다. 대속자는 모든 사실과 정념을 녹여 버림으로써 러시아의 그 어떤 개인이 세계를 보거나 느끼거나 변화시키려는 열망을 일절 무의미하게 만드는 책임을 떠맡는다. 이 신체와 같은 구조에서 러시아의 각 장소는 몸 안에 있는 세포처럼 고정되며, 러시아인 각각은 이런 고정성을 자유로 경험할 것이다. 대속자 덕분에 하나로 통일되고 타인의 피로 자신들의 죄를 씻어 버리는 러시아인들은 하느님이 다시 천지를 창조하는 것을 환영할 것이다. 기독교 파시즘의 전체주의는 하느님에게 세상에 돌아와서 러시아가 어디서나 역사에

종지부를 찍는 것을 도와 달라고 초대하는 것이다.[36]

일린은 하느님의 이름으로 사랑의 법을 어기도록 요구받는 참된 그리스도의 역할에 인간을 자리매김했다. 이렇게 함으로써 그는 무엇이 인간적이고 인간적이지 않은지, 무엇이 가능하고 가능하지 않은지를 가르는 구분선을 흐려 버렸다. 영원히 순결한 러시아라는 환상에는 영원히 순결한 대속자, 어떤 잘못도 범하지 않고 따라서 죽지 않는 대속자의 환상이 들어 있다. 일린은 누가 이 대속자의 뒤를 이을까라는 문제에는 답을 할 수 없었다. 답을 하게 되면 대속자를 나이 들어 죽는 인간, 우리 보통 사람들과 똑같이 결함 있는 세계의 일부로 만드는 셈이었기 때문이다. 일린에게는 세속적인 사고, 다시 말해 러시아 국가가 어떻게 지속될 수 있는지에 관한 사고가 전혀 없었다.[37]

그다음에 생겨나는 공포 자체가 대외 정책으로 타자들에게 투사할 수 있는 위협감을 낳는다. 전체주의는 그 자신의 진정한 적이며, 전체주의는 타자를 공격함으로써 이 비밀을 스스로 감춘다.

필연과 영원 사이

2010년대에 일린의 사상은 포스트소비에트 시대의 억만장자들에게 봉사했고, 억만장자들은 일린의 사상에 봉사했다. 푸틴과 그의 친구들과 동맹자들은 법을 초월해서 막대한 부를 축적했고, 더 나아가 자신들의 이익을 지키기 위해 국가를 개조했다. 이런 성과를 이룬 러시아 지도자들은 이제 정치를 실천보다는 존재로 정의해야 했다. 일린의 것과 같은 이데올로기는 탐욕과 야망이 아닌 다른 언어로 왜 어떤 사람들이 부와 권력을 갖고 있는지를 설명하려고 한다. 어떤 날강도가 대속자라고 불리는 걸 싫어하겠는가?[38]

1970년대에 소련에서 자란 사람들에게 일린의 사상은 두 번째 이유로 편

안함을 주었다. 그 세대의 러시아 도둑 정치인들kleptocrat, 즉 2010년대의 권력자들에게는 일련의 사고방식이 익숙했다. 일린은 소비에트 권력에 반대했지만, 그가 펴는 주장의 형상은 모든 소련 시민들이 교육받은 마르크스주의, 레닌주의, 스탈린주의의 모습과 섬뜩할 정도로 유사했다. 러시아의 도둑 정치인들은 어느 모로 보나 철학자들이 아니지만, 젊은 시절 그들이 받은 교육은 놀랍게도 성인이 되어 필요한 정당화 논리 가까이로 그들을 인도했다. 일린과 그가 반대한 마르크스주의는 하나의 철학적 기원과 언어를 공유했다. 헤겔주의가 바로 그것이다.[39]

G. W. F. 헤겔의 야심은 존재와 당위의 차이를 해소하는 것이었다. 헤겔의 주장은 모든 사고와 지성의 통일체로 '정신Spirit'이라고 불리는 것이 시간이 흐르면서, 각 시대를 규정하는 갈등을 통해 나타나고 있다는 것이었다. 헤겔의 시각은 다루기 힘든 우리의 세계를 바라보는 매력적인 방식이었다. 파국이 진보의 조짐이라고 말해 주었기 때문이다. 역사는 일종의 "도살대slaughter bench"지만 유혈 참사에는 목적이 있었다. 이 개념 덕분에 철학자들은 예언자 행세를 할 수 있었다. 더 나은 세계로 귀결되는 감춰진 양상을 간파하는 사람이자 훗날 모두가 이익을 얻기 위해 누가 지금 고통받아야 하는지를 판단하는 사람이 될 수 있는 것이다. '정신'이 유일한 선善이라면 '역사History'가 스스로를 실현하기 위해 선택하는 수단은 어떤 것이든 역시 선이었다.[40]

칼 마르크스는 헤겔의 '정신' 개념에 비판적이었다. 마르크스를 비롯한 헤겔 좌파는 헤겔이 '정신'이라는 표제 아래 그의 체계 안으로 몰래 신을 들여왔다고 주장했다. 마르크스는 절대선은 신이 아니라 인류의 잃어버린 본질이라고 말했다. 역사는 하나의 투쟁이지만 그 의미는 인간이 자신의 본성을 되찾기 위해 환경을 극복하는 것이다. 마르크스는 기술이 등장한 덕분에 일부 사람들이 타인을 지배하고 사회 계급을 형성할 수 있었다고 주장했다. 자본주의 아래서 부르주아지는 생산 수단을 지배하면서 노동자 대중을 억압했다. 바로 이 억압이 노동자들에게 역사의 성격에 관해 가르쳐 주면서 그들을 혁명가로 만들었다. 프롤레타리아트는 부르주아지를 타도하고 생산 수단을 장악함으로써 인간에게 본성을 회복시켜 줄 것이다. 사적 소유가 사라지면 인류는 행복하게 협동하면서 살게 되리라고 마르크스는 생각했다.[41]

반면 일린은 헤겔 우파였다. 특유의 예리한 구절에서 그는 마르크스는 헤겔 철학의 "대합실"을 떠난 적이 없다고 말했다. 그렇지만 일린은 헤겔이 말하는 "정신"이란 신을 의미한다는 데 동의했다. 마르크스와 마찬가지로 일린 역시 역사는 인류에게 고난의 운명을 지운 원죄로 시작되었다고 생각했다. 마르크스주의자들이 생각하는 것처럼 역사는 인간이 소유를 통해 인간에게 행하는 것이 아니라 하느님이 천지 창조를 통해 인간에게 행하는 것이다. 헤겔 좌파가 한 것처럼 신을 죽이는 대신 일린은 상처 입고 외로운 상태로 신을 내버려 두었다. 마르크스주의자들이 생각하는 것처럼 삶은 가엾고 혼란스러운 것이지만 기술과 계급 갈등 때문이 아니다. 사람들이 고통받는 것은 하느님이 창조한 세계가 도무지 해결이 불가능한 갈등들로 넘쳐나기 때문이다. 온갖 사실과 정념은 혁명을 통해서가 아니라 오로지 대속을 통해서만 가지런히 조정할 수 있다. 유일한 전체성은 하느님의 전체성뿐이고, 선택받은 민족은 대속자가 행하는 기적 덕분에 이런 전체성을 회복할 것이다.[42]

블라디미르 레닌(1870~1924)은 가장 중요한 마르스크주의자다. 마르크스주의 철학의 이름으로 혁명을 이끌었기 때문이다. 러시아 제국의 작은 비합법 정당의 활동가였던 레닌은 규율 잡힌 엘리트 집단에게 역사를 앞으로 밀고 갈 권리가 있다고 믿었다. 세계에서 유일한 선이 인간의 본질을 회복시켜 주는 것

레닌   일린

이라면, 이 과정을 이해하는 사람들이 그것을 재촉하는 게 타당한 일이었다. 이런 추론 덕분에 1917년 볼셰비키 혁명이 일어날 수 있었다. 소련은 이런 특정한 필연의 정치학으로부터 정당성을 주장하는 소수 집단의 사람들이 통치했다. 레닌과 일린은 서로 아는 사이는 아니었지만 기묘하게 가까웠다. 레닌의 부칭은 '일리치Ilyich'였는데 '일린Ilyin'을 필명으로 썼다. 진짜 일린은 그런 저술을 몇 개 읽고 평을 남기기도 했다. 일린이 볼셰비키 비밀경찰 체카Cheka에 체포되었을 때, 레닌이 일린의 철학에 대한 존경을 표하기 위해 그를 대신하여 개입했다.[43]

일린은 레닌의 혁명을 경멸했지만, 혁명의 폭력과 자발성을 지지했다. 레닌과 마찬가지로 그 역시 러시아에는 목적과 수단을 규정할 수 있는 철학 엘리트(자기 자신)가 필요하다고 생각했다. 마르크스주의의 사회주의 유토피아와 마찬가지로 일린의 "신성한 전체성" 역시 폭력 혁명, 아니 더 정확히 말하면 폭력적인 반혁명을 필요로 했다. 다른 러시아 철학자들은 둘의 유사성을 간파했다. 니콜라이 베르댜예프Nikolai Berdyaev는 일린의 저작에서 "악한 선evil good이라는 악몽"을 발견했다. 일린이 1925년에 출간한 책을 평하면서 베르댜예프는 "하느님의 이름을 내건 체카는 사탄의 이름을 내건 체카보다 더 끔찍하다"고 썼다. 그의 평가는 예언적인 내용이었다. "볼셰비키는 이반 일린의 책을 받아들이는 데 어떤 근본적인 문제도 없을 것이다. 그들은 자신들이 절대선의 담지자라고 생각하며, 악으로 간주하는 이들에게 무력으로 대항한다."[44]

일린은 독일과 스위스에서 나이가 들면서 레닌 후계자들의 입장을 따라 입장이 바뀌었다. 1924년에 레닌이 사망한 뒤 이오시프 스탈린이 권력을 공고히 했다. 일린은 도착적인 서구 문화가 전염성이 있다는 스탈린의 평가를 세세한 부분까지 그대로 공유했다. 가령 그는 재즈는 유럽의 라디오 청취자들을 정상적인 성행위를 할 수 없는 아무 생각 없는 춤꾼으로 전락시키려는 고의적인 음모라고 믿었다. 공산당 신문 《프라우다Pravda》 역시 아프리카계 미국인 음악을 들어 본 경험을 놀랍도록 흡사하게 설명했다. "켄타우로스 같은 괴물이 거대한 남근을 휘두르면서 지휘를 하는 게 분명하다." 일린은 스탈린 치하에서 벌어지는 테러를 기록한 책을 몇 권 썼지만, 법에 대한 그의 태도는 테러 행위자들의 견해와 사실상 흡사했다. 반혁명 공개 재판show trial의 악명 높은 검사인 안드레이 비신스키Andrei Vyshynskii는 "형식적 법률은 혁명의 법률에 종속된다"고 믿었다. 바로 이것이 자신이 계획한 반혁명과 관련된 일린의 태도였다.[45]

일린은 처음에는 제2차 세계 대전으로 스탈린의 소련이 파괴되리라고 기대했지만, 전쟁이 끝난 직후에는 러시아를 스탈린만큼이나 많이 소개했다. 스탈린은 소련을 사회주의의 모국이라고 지칭했다. 그의 주장에 따르면, 만약 소련이 파괴되면 공산주의에는 미래가 없을 테고, 인류의 유일한 희망이 사라질 것이다. 그리하여 소련을 방어하기 위한 어떤 행동이든 정당화되었다. 일린은 러시아를 어떤 대가를 치르고라도 지켜야 하는 하느님의 모국으로 보았다. 신성한 전체성을 회복하는 출발점으로 삼을 수 있는 유일한 영토였기 때문이다. 전쟁이 끝난 뒤, 스탈린은 러시아 민족(우크라이나, 벨라루스, 중앙아시아, 카프카스 등 소련을 구성하는 수십 개의 민족에 반대되는 의미로)을 우선시했다. 그는 러시아가 세계를 파시즘으로부터 구했다고 주장했다. 반면에 일린은 러시아가 파시즘'으로부터'가 아니라 파시즘'과 함께' 세계를 구하리라고 보았다. 두 경우 모두 절대선의 유일한 피난처는 러시아였고, 영원한 적은 쇠퇴기에 접어든 서구였다.[46]

소비에트 공산주의는 영원의 정치학을 낳은 필연의 정치학이었다. 러시아를 세계의 횃불로 보는 관념은 수십 년에 걸쳐 분별없는 적대 행위의 희생자라는 러시아의 이미지에 길을 내주었다. 처음에 볼셰비즘은 국가가 아니라 혁명이었고, 세계 각지의 다른 나라들이 러시아의 사례를 따르리라는 희망이었다. 그다음에는 임무를 부여받은 국가가 되었다. 자본주의를 흉내 낸 다음에 극복하는 식으로 사회주의를 건설하는 임무였다. 스탈린주의는 1930년대에 기아로 수백만 명을 죽음으로 내몰고 또 처형으로 100만 명 정도를 죽인 것을 정당화한 하나의 미래상이었다. 그런데 제2차 세계 대전으로 이야기가 바뀌었다. 1945년 이후 스탈린과 그의 지지자와 후계자들은 하나같이 1930년대에 자초한 살육이 1940년대에 독일을 물리치기 위해 필요한 일이었다고 주장했다. 만약 1930년대가 1940년대와 관련이 있다면, 사회주의의 먼 미래와는 관련이 없었다. 제2차 세계 대전 직후 시기는 소비에트의 필연의 정치학이 종언을 고하는 시작이자 따라서 러시아의 영원의 정치학으로 나아가는 시작을 알리는 몸짓이었다.

농업 집단화로 자금을 조달해서 강제적 산업화를 추구하는 스탈린의 경제 정책은 두 세대 동안 사회적 이동성을 창조했지만 세 세대에는 아니었다.

1950년대와 1960년대에 소비에트 지도자들은 서로를 죽이지 않기로 합의했는데, 그 결과 정치에서 역동성이 사라졌다. 1970년대에 레오니트 브레즈네프Leonid Brezhnev는 영원의 정치학으로 나아가는 논리적으로 필연적인 일보를 내디디면서 제2차 세계 대전을 소비에트 역사의 정점으로 묘사했다. 소련 시민들은 미래가 아니라 과거를, 자기 부모나 조부모들이 제2차 세계 대전에서 거둔 승리를 바라보도록 교육을 받았다. 서구는 이제 소련이 넘어서게 될 자본주의를 의미하기 때문에 적인 게 아니었다. 서구가 적인 것은 소련이 1941년에 서구에게 침략을 당했기 때문이었다. 1960년대와 1970년대에 태어난 소련 시민들은 서구를 항구적인 위협으로 규정하는 과거 숭배의 분위기 속에서 자랐다. 소비에트 공산주의 최후의 수십 년 동안 소련 시민들은 일린의 세계관을 받아들일 준비를 했다.[47]

1991년 이후 러시아 연방에서 등장한 과두제는 공산주의 치하에서 이루어진 생산의 중앙 집중과 그 이후의 러시아 경제학자들의 사상, 러시아 지도자들의 탐욕과 많은 관계가 있었다. 미국의 전통적인 지혜는 시장을 위해 제도가 필요하다는 점을 강조하는 대신 시장이 제도를 창조할 것이라고 말함으로써 재난을 부추겼다.

21세기가 되자 러시아가 한 여러 선택을 찬찬히 음미하기보다는 서구를 비난하는 게 더 쉽다는 사실이 입증되었다. 2010년대에 비난의 목소리를 높인 러시아 지도자들 자체가 국부를 훔친 주역이었다. 러시아 국가의 꼭대기에서 일린의 사상을 선포한 이들은 자본주의의 길을 걸은 러시아의 피해자가 아니라 수혜자였다. 푸틴의 측근 인사들은 러시아에서 법치가 실현될 가능성을 깡그리 없애 버렸다. 그들 자신이 국가의 부패 독점을 만들어 내고 그로부터 이익을 얻었기 때문이다. 일린의 사상은 국내에서 근본적인 불평등을 정당화하

고 정치의 주제를 개혁에서 순결로 바꾼 한편, 서구를 영적 위협의 항구적인 원천으로 규정했다.[48]

어떤 러시아 국가도 일린이 구사한 개념들 위에 세워질 수 없었다. 하지만 그 개념들은 날강도들이 자신을 대속자로 제시하는 데 도움을 주었다. 일린의 개념들 덕분에 새로운 지도자들은 적을 선택하고, 더 나아가 퇴폐적인 서구의 항구적인 적대 같은, 해결할 수 없는 허구적 문제들을 만들어 낼 수 있었다. 유럽과 미국은 자연 그대로의 러시아 문화를 시기하기 때문에 영원한 적이라는 관념은 러시아 지도자들이 국내에서 해내지 못하는 해외의 성취를 파괴하려는 시도인 실제 정책을 만들어 낸 순수한 허구였다.

영원의 정치학은 푸틴이나 다른 어떤 사람도 불멸의 존재로 만들어 주지 못한다. 하지만 다른 사상을 생각하지 못하게 할 수는 있다. 바로 이런 것이 영원의 의미다. 똑같은 것이 계속 되풀이되고, 지루하다 하더라도 이것이 특별히 자기들 것이라는 환상 때문에 신자들에게는 흥분되는 반복이다. 물론 "우리와 그들", 또는 파시스트들이 더 좋아하는 말로 "친구와 적"이라는 이런 감각은 그 어떤 경험 중에서도 인간에게만 특유한 것이라고 보기 힘들다. 이런 감각 안에서 살려면 개인성을 희생시켜야 한다.[49]

필연과 영원 사이에 있는 유일한 것은 개인들이 고찰하고 살아가는 역사다. 만약 우리가 영원과 필연을 우리 자신의 역사 안에 있는 관념으로 파악한다면, 우리에게 벌어진 일과 그것에 관해 무엇을 할지를 볼 수 있을 것이다. 우리는 전체주의를 제도에 대한 위협일 뿐만 아니라 자아에 대한 위협으로도 이해한다.

일린의 사상은 분노로 똘똘 뭉친 공격 속에서 개인주의를 하나의 정치적 덕, 다른 모든 덕을 가능케 하는 덕으로 분명하게 만든다. 우리는 많은 좋은 것들이 존재하고, 정치는 전체성의 전망보다는 책임 있는 숙고와 선택을 필요로 한다는 것을 아는 개인들인가? 우리는 과연 세상에는 우리와 똑같은 기획을 추진하는 다른 개인들이 존재한다는 것을 아는가? 우리는 개인이 된다는 것은 끝없는 사실성에 대한 끊임없는 숙고, 즉 많은 정념들 가운데 끊임없는 선택을 필요로 한다는 것을 이해하는가?

개인주의의 덕은 지금 이 순간에 눈에 보이게 되지만, 우리가 역사와 우리 자신을 그 안에서 바라보고 우리 몫의 책임을 받아들일 때에만 그 덕이 지속될 것이다.

CHAPTER TWO

계승인가 실패인가

역사는 모든 독재와 권위주의적 정부 형태가 일시적임을 입증한 바 있다.
오직 민주주의 체제만이 영원하다.

- 블라디미르 푸틴, 1999

순결한 민족에 관한 일련의 구상은 내구성 있는 국가를 만드는 데 요구되는 노력을 가장했다. 러시아의 대속자가 세계를 매혹할 것이라고 말하는 것은 대속자가 정치 제도를 어떻게 수립할 것인지의 문제를 교묘하게 얼버무리는 셈이었다. 블라디미르 푸틴은 2011년과 2012년에 민주적 선거의 신뢰성을 떨어뜨림으로써 영웅적 대속자 역할을 떠맡고 러시아를 일련의 딜레마에 빠뜨렸다. 그가 살아 있는 한 아무도 러시아를 좋은 쪽으로 변화시킬 수 없으며, 러시아의 어느 누구도 그가 죽으면 어떤 일이 벌어질지 알지 못한다.

일린 시대의 파시스트들은 지속성의 문제를 환상으로 극복했다. 1940년, 루마니아 파시스트 알렉산드루 란다Alexandru Randa는 파시스트 지도자들은 "민족을 항구적인 힘으로, 즉 경계선에서 해방된 '신비체corpus mysticus'로 변형시킨다"고 선언했다. 대속자의 카리스마 덕분에 민족은 역사에서 떨어져 나간다. 아돌프 히틀러는 중요한 것은 인종이 벌이는 투쟁이며, 유대인을 제거하면 자연의 영원한 균형이 회복될 것이라고 주장했다. 히틀러의 '천년 제국Thousand-Year Reich'은 12년 동안 지속되었고, 그는 자살했다. 지도자가 한 세대를 미혹시킨다고 해서 국가가 지속되는 것은 아니다. 오로지 현재만 생각하는 사람들은 정치적 지속성의 문제를 해결하지 못한다. 지도자들은 그들 자신과 자기 당파를 넘어서 사고해야 한다. 그래야 다른 사람들이 미래에 그들을 어떻게 승계할지를 상상할 수 있기 때문이다.[1]

기능적 국가는 시민들에게 연속성의 감각을 불어넣는다. 만약 국가가 스스로 지탱한다면 시민들은 파국을 두려워하지 않고서도 변화를 상상할 수 있다. 국가가 지도자보다 오래 지속되게 보장해 주는 기제는 승계의 원리라고 불린다. 흔히 볼 수 있는 것이 민주주의다. 각 선거의 의미는 다음 선거를 약속하는 것이다. 각 시민이 오류를 범할 수 있기 때문에 민주주의는 누적적인 실수를 미래에 대한 집단적 믿음으로 변형시킨다. 역사는 계속된다.

볼셰비키에서 러시아 연방까지

일린을 쫓아내고 푸틴을 교육시킨 소련은 시간과 관계가 좋지 않았다. 소련에는 승계의 원리가 없었고 겨우 69년 동안 지속되었다. 볼셰비키는 자신들이 국가 하나를 창조하는 게 아니라 세계 혁명을 시작하고 있다고 믿었기 때문에 승계를 걱정하지 않았다. 1917년 러시아 혁명은 세계를 위해 번개를 내리쳐 문명을 불태우고, 역사를 새롭게 시작하려는 시도였다. 이 예언이 실패했을 때, 볼셰비키는 자신들이 장악한 영토에 국가를 세우는 것 말고 달리 선택의 여지가 없었다. 그들은 이 새로운 정권을 소비에트 연방이라고 불렀다.

1922년에 소련이 창건됐을 때 권력은 공산당에 있었다. 당은 법적 원리나 과거와의 연속성이 아니라 혁명의 영광과 밝은 미래의 약속으로부터 정당성을 끌어냈다. 원칙적으로 모든 권한은 노동 계급에게 있었다. 당은 노동자를 대표하고, 중앙 위원회가 당을 대표하고, 정치국이 중앙 위원회를 대표하고, 대개 한 명의 지도적 인물, 레닌과 그 뒤를 이은 스탈린이 정치국을 대표했다. 마르 크스·레닌주의는 필연의 정치학이었다. 사태의 진행이 이미 알려졌고, 사회주 의가 자본주의를 대체할 것이며, 당 지도자들은 세부 사항을 알고 계획을 작 성했다. 초기의 국가는 시간을 재촉하기 위해, 자본주의가 다른 곳에서 창조해 놓은 산업을 그대로 복제하기 위해 특별히 고안되었다. 일단 소련에도 공장과 도시가 생기면 소유의 원리를 폐지해서 사회주의적 조화를 이룰 수 있을 테고, 그러면 국가는 서서히 사라질 터였다.[2]

소련의 국가 통제 농업과 계획 경제가 현대적 기반 시설을 만들어 내긴 했 지만, 노동자들은 결코 권력을 얻지 못했고 국가 역시 전혀 사라지지 않았다. 승계 원리가 전혀 확립되지 않았기 때문에 지도자가 사망할 때마다 체제 전체 가 위협받았다. 1924년 레닌이 사망한 뒤 스탈린이 경쟁자들을 물리치고 몇 명 을 죽이는 데 6년 정도가 걸렸다. 스탈린은 1928~1933년의 제1차 5개년 계획 이라는 극적인 근대화를 주관했는데, 이 계획으로 도시와 공장이 건설되는 대 가로 수백만 명이 굶어 죽고 또 수백만 명이 강제 수용소로 추방되었다. 스탈 린은 또한 소련 시민 68만 2691명을 총살한 1937~1938년의 대공포 시대Great Terror와, 나치 독일과 소련이 동맹을 형성한 기간 동안 소련 국경이 서쪽으로 확장된 1939~1941년의 소小공포 시대를 입안한 주역이었다. 대량 학살과 강 제 이송의 여러 일화 가운데 이 소공포 시대에는 1940년 카틴을 비롯한 여러 도시에서 폴란드 시민 2만 1892명이 살해된 일도 있었다.[3]

스탈린은 1941년 동맹자 히틀러에게 배신당하자 깜짝 놀랐지만 1945년 에 붉은 군대가 승리한 이후 자신을 사회주의 기획과 러시아 민족의 구원자로 묘사했다. 제2차 세계 대전이 끝난 뒤 소련은 서부 국경 근처에 폴란드, 루마니아, 헝가리, 체코슬로바키아, 불가리아 등의 복제판 정권들로 외곽 제국을 세울 수 있었다. 또한 처음에 스탈린이 히틀러와 동맹을 맺은 덕분에 병합한 발트 삼국인 에스토니아, 라트비아, 리투아니아를 다시 통합했다.

1953년 스탈린이 사망한 뒤, 유일한 권력 후보자가 살해되었고, 1950년대 말에 이르면 니키타 흐루쇼프가 권력을 공고히 한 듯 보였다. 하지만 흐루쇼프는 1964년에 레오니트 브레즈네프에게 자리를 내주었다. 스탈린의 가장 중요한 승계자로 밝혀진 것은 바로 브레즈네프였다. 그는 시간에 대한 소련의 태도를 재정의했기 때문이다. 마르크스주의의 필연의 정치학을 매장하고 소비에트의 영원의 정치학으로 대체한 것이다.

볼셰비키 혁명은 젊음, 즉 자본주의 이후의 새로운 출발에 관한 것이었다. 이 이미지는 국내, 그리고 특히 해외에서 유혈 숙청에 의지했고, 그 덕분에 새로운 남녀들이 당의 지위를 통해 부상할 수 있었다. 1960년대에 유혈 숙청이 중단되자 소비에트 지도자들은 소비에트 국가와 함께 나이를 먹었다. 공산주의의 승리가 도래하기는커녕 브레즈네프는 1970년대에 "현존 사회주의"에 관해 이야기했다. 일단 소비에트 시민들이 미래에 어떠한 개선도 기대하지 않게 되자 유토피아가 남긴 공백을 향수로 메워야 했다. 브레즈네프는 완벽한 미래에 대한 약속을 스탈린과 제2차 세계 대전 당시 그가 보여 준 지도력에 대한 숭배로 대체했다. 혁명 이야기는 필연적인 미래에 관한 것이었던 반면, 전쟁의 기억은 영원한 과거에 관한 것이었다. 이 과거는 흠결 하나 없는 피해의 과거여야 했다. 스탈린이 히틀러의 동맹자로 전쟁을 시작했다는 사실을 언급하는 것은 금기, 아니 불법이었다. 필연의 정치학이 영원의 정치학이 되기 위해서는 역사의 사실들을 희생시켜야 했다.[4]

10월 혁명의 신화는 모든 것을 약속해 준 반면, 대애국전쟁Great Fatherland

War*의 신화는 아무것도 약속해 주지 않았다. 10월 혁명은 모든 사람이 형제가 되는 상상의 세계를 예견했다. 대애국전쟁을 기념하는 것은 언제나 소련, 아니 어쩌면 그냥 러시아를 파괴하려 하는 서구로부터 파시스트들의 영원한 복귀를 환기시키는 일이었다. 급진적인 희망의 정치학은 밑바닥 없는 공포의 정치학(이 정치학은 재래식 무기와 핵무기에 대한 특별 지출을 정당화했다)에 길을 내주었다. 모스크바 붉은 광장에서 붉은 군대가 벌인 거대한 군사 행진은 소련이 바뀌지 않는다는 사실을 보여 주기 위한 것이었다. 2010년대에 러시아를 지배한 이들은 이런 정신 속에서 교육을 받았다.[5]

붉은 군대의 실제 배치에 관해서도 같은 말을 할 수 있었다. 붉은 군대의 배치는 유럽의 현상태를 유지하기 위한 것이었다. 1960년대에 체코슬로바키아의 일부 공산주의자들은 공산주의를 혁신할 수 있다고 믿었다. 1968년에 소련과 바르샤바조약기구 동맹국들이 개혁 공산주의자들을 무너뜨리기 위해 체코슬로바키아를 침공했을 때, 브레즈네프는 "형제적 원조"를 들먹였다. 브레즈네프 독트린Brezhnev Doctrine에 따르면, 소비에트 군대는 모스크바가 위협으로 간주하는 유럽 공산주의권의 어떤 사태 전개도 막아야 했다. 체코슬로바키아 침공 이후 세워진 정권은 "정상화"를 이야기했는데, 당대의 정신을 절묘하게 포착한 표현이었다. 현존하는 모든 것은 정상이었다. 브레즈네프의 소련에서 다른 말을 하면 정신 병원에 수용되어야 했다.[6]

브레즈네프는 1982년에 사망했다. 죽어 가는 두 사람이 잠시 집권한 뒤, 미하일 고르바초프가 1985년에 권좌에 올랐다. 고르바초프는 공산주의를 개

---

* 소련에서 제2차 세계 대전을 지칭한 표현.

혁하고 더 나은 미래를 약속할 수 있다고 믿었다. 그의 주된 적수는 당 자체, 특히 현상태에 익숙해진 화석화된 압력 집단이었다. 그래서 고르바초프는 당을 장악하기 위해 새로운 기관을 만들려고 했다. 그는 동유럽 소련 위성국의 공산주의 지도자들에게도 같은 방식을 장려했다. 경제 위기와 정치적 반대에 직면한 폴란드 공산주의자들은 고르바초프의 말을 그대로 받아들여 1989년에 어느 정도 자유로운 선거를 치렀으나 패배했다. 이 선거로 비공산주의 성향의 폴란드 정부가 만들어지고 동유럽 각지에서 유사한 혁명이 일어났다.[7]

소련 내에서 고르바초프도 비슷한 도전에 직면했다. 소비에트 국가는 1922년에 세워졌을 때 러시아, 우크라이나, 벨라루스 등 여러 민족 공화국의 연방 형태를 취했다. 고르바초프가 바라는 대로 국가를 개혁하려면 연방 구성단위들에 활기를 불어넣어야 했다. 경제 개혁을 실행할 새로운 엘리트 집단을 창출하기 위해 여러 소비에트 공화국에서 민주적인 선거가 치러졌다. 가령 1990년 3월에 러시아 소비에트 연방 사회주의 공화국에서 치러진 선거로 만들어진 새로운 의회는 보리스 옐친Boris Yeltsin을 의장으로 선택했다. 옐친은 러시아가 소련에서 푸대접을 받았다고 생각한다는 점에서 민주주의로 탄생한 새로운 지도자의 전형적인 인물이었다. 소비에트 공화국을 이루는 모든 사회는 다른 지역을 위해 자신들이 착취를 당했다고 생각했다.[8]

위기는 1991년 여름에 찾아왔다. 고르바초프 자신의 정당성은 당으로부터 나온 것이었는데, 이제 그는 당을 국가로 대체하려고 시도하고 있었다. 그렇게 하려면 민족주의적 불만과 정치적 불안, 경제적 적자가 지배하는 분위기 속에서 공화국들의 지위를 인정하는 동시에 제 기능을 하는 중심부를 창출할 수 있는 공식을 찾아야 했다. 그가 내놓은 해법은 그해 8월에 새로운 연방 조약을 체결한다는 것이었다. 소비에트의 보수파 한 무리가 8월 18일 밤 고르바초프가 휴가를 보내던 다차dacha*에서 그를 체포했다. 그런데 그들은 텔레비전에서 발레 방송을 내보내는 것 말고는 다음에 어떻게 행동할지 아무 생각이 없었다. 쿠데타의 승자는 결국 보리스 옐친이었다. 옐친은 모스크바에서 음모자들에 맞서 탱크에 올라섰고 인기 있는 영웅이 되었다. 고르바초프는 모스크바로 돌아올 수 있었지만 이제 사태 수습의 책임은 옐친의 몫이었다.[9]

일단 옐친이 가장 중요한 정치인으로 부상하자 이제 소련에게 남은 나날은 얼마 되지 않았다. 서구 지도자들은 불안정을 염려해서 소련을 그대로 유지하려는 운동을 벌였다. 1991년 8월, 조지 H. W. 부시 대통령은 키예프(키이우)로 달려가서 우크라이나 사람들에게 소비에트 연방을 탈퇴하지 말 것을 촉구했다. 그는 "자유는 독립과 다른 것"이라고 설명했다. 10월에는 고르바초프에게 이렇게 말했다. "당신도 우리 정부의 입장을 알 거라고 생각합니다. 우리는 중심을 지지합니다." 1991년 12월, 옐친은 소비에트 우크라이나와 소비에트 벨라루스에서 새로 선출된 지도자들과 협정을 체결해서 러시아를 소비에트 연방에서 분리했다. 소비에트 연방의 러시아 소비에트 연방 사회주의 공화국은 이제 러시아 연방이라는 이름의 독립 국가가 되었다. 소비에트 연방을 이루던 다른 공화국들도 전부 선례를 따랐다.[10]

신생 러시아 연방은 민주주의에 정당성을 두는 입헌 공화국으로 수립되었고, 이제 자유선거로 대통령과 의회를 선출할 예정이었다. 서류상으로는 이제 러시아에 승계의 원리가 자리를 잡았다.

• 러시아의 시골 별장.

정치가가 쓴 소설

일린은 소비에트에서 러시아로 권력이 이행하는 다른 방식을 예견했다. 파시즘 독재가 수립되고 소비에트의 모든 영토를 보전하며 죄 많은 서구를 상대로 항구적인 전쟁을 벌이는 식이었다. 러시아인들은 1990년대에 일린을 읽기 시작했다. 그의 사상은 소비에트 연방의 종말에 아무런 영향을 미치지 않았지만, 소비에트 이후의 과두 지배자들이 2000년대와 2010년대에 새로운 종류의 권위주의를 공고히 굳히는 과정에는 영향을 미쳤다.

한 인간이 일린이 러시아의 대속자가 해야 한다고 상상한 일, 즉 허구의 영역에서 나타나서 전체성의 정신으로 행동하기란 불가능하다. 그렇지만 숙련된 선전가, 또는 러시아어의 탁월한 표현으로 하자면 "정치 기술자"가 구사하는 원근법의 기술은 이런 세속적 기적의 겉모습을 만들어 낼 수 있다. 대속자의 신화는 너무 거대해서 의심하기 힘든 거짓말에 토대를 두어야 할 것이다. 이런 거짓말을 의심한다면 모든 것을 의심할 수밖에 없기 때문이다. 소비에트 연방이 종언을 고하고 10년 뒤에 보리스 옐친에서 블라디미르 푸틴으로 권력 이행이 가능케 해 준 것은 선거가 아니라 허구였다. 그리하여 일린과 푸틴, 허구의 철학자와 정치가가 함께 부상했다.[11]

자유롭게 경쟁하는 선거를 거쳐 권력이 바뀐 경우가 전무하다는 점에서 보면, 민주주의는 러시아에 뿌리를 내린 적이 없다. 옐친은 러시아가 아직 소비에트 공화국이던 1991년 6월에 치러진 선거 덕분에 러시아 연방 대통령이 되었다. 이 선거에 참여한 이들은 독립국 러시아 대통령을 뽑은 게 아니었다. 아직 그런 대통령은 존재하지도 않았기 때문이다. 옐친은 독립 이후에도 그냥 대통령 자리를 유지했다. 확실히 1990년대가 시작됐을 때는 그렇게 제도적으로 모호하게 권력을 차지하는 게 전형적인 일이었다. 동유럽과 당시 소련 자체에서 소비에트 제국이 분해되자 다양한 밀실 타협과 원탁 협상, 부분적인 자유선거 등을 통해 혼성적인 정부 체계가 만들어졌다. 다른 탈공산주의 국가들에서는 자유롭고 공정한 대통령·의회 선거가 신속하게 이어졌다. 러시아 연방은 옐친에게 정당성을 주거나 후계자를 위해 길을 닦아 줄 수 있는 선거를 전혀 관리하지 못했다. 일린이 예상하지는 못했지만 그의 교의와 쉽게 일치할 수 있는 상황 전개 속에서 최부유층은 러시아의 대속자를 선택했다.[12]

　"올리가르히oligarch"라는 이름이 붙은 옐친 주변의 소수 부유층은 옐친과 자신들에게 유리하게 민주주의를 관리하고자 했다. 소비에트 계획 경제가 종언을 고하자 수익성 좋은 산업과 자원으로 맹렬하게 돈이 쏠리고 차익 거래 붐이 일면서 순식간에 신흥 부유층이 생겨났다. 광적인 사유화는 적어도 전통적으로 이해되는 시장 경제와 전혀 같은 게 아니었다. 시장은 법치를 필요로 하는데, 법치야말로 소비에트 이후의 변화에서 가장 벅찬 과제였다. 법치를 당연하게 여기는 미국인들은 시장 스스로가 필요한 제도를 창출할 것이라는 환상에 빠질 수 있었다. 하지만 이런 생각은 착오였다. 신생 독립국들이 법치를 확립하는지, 그리고 무엇보다도 자유선거를 통한 합법적인 권력 이양을 할 수 있는지가 중요했다.

　1993년 옐친은 러시아 의회를 해산하고 무장 병력을 보내 의원들을 억류했다. 그는 서구 파트너들에게 이 조치가 시장 개혁을 가속화하는 데 필요한 효율적인 방식이며 미국 언론에서도 받아들여지는 종류의 사건이라고 설명했다. 시장에 호소하는 한 필연의 정치인들은 의회에 대한 공격을 민주주의로 나아가는 걸음으로 볼 수 있었다. 옐친은 계속해서 의회와의 충돌을 대통령직 강화를 정당화하는 명분으로 활용했다. 1996년, 옐친 진영은, 그들 자신의 설명에 따르면, 선거를 날조해서 그를 다시 대통령으로 선출했다.[13]

1999년에 이르면 옐친은 눈에 띄게 병약하고 툭하면 술에 취했기 때문에 승계 문제가 심각하게 대두되었다. 옐친의 후계자를 찾으려면 선거를 해야 했다. 올리가르히들의 관점에서 보면 선거를 관리하고 결과를 통제할 필요가 있었다. 그의 친인척이라는 통상적인 의미와 우호적인 올리가르히들이라는 러시아적 의미 둘 다에서, 옐친 일가가 생명과 부를 유지할 수 있게 해 줄 후계자가 필요했다. 크렘린에서 명명한 "후계자 작전Operation Successor"은 두 단계로 진행되었다. 알려진 옐친의 동료가 아닌 새로운 사람을 찾아낸 다음에 가짜 문제를 만들어 내서 그가 해결하게 만드는 것이었다.[14]

옐친 측근들은 후계자를 찾기 위해 대중적 오락물에서 인기 있는 영웅에 관한 여론 조사를 벌였다. 1위에 오른 막스 스티를리츠는 수많은 영화로 각색된 소비에트 시절 연작 소설의 주인공이었다. 1973년에 텔레비전 시리즈로 제작된 〈봄의 열일곱 가지 순간Seventeen Moments of Spring〉이 가장 유명했다. 가공인물 스티를리츠는 제2차 세계 대전 중에 독일군 정보부에 소련이 심어 놓은 인물로 나치 군복을 입은 공산주의자 간첩이었다. 국가보안위원회KGB 소속 요원 시절 동독의 몇 개 주에서 별 의미 없는 직책을 맡았던 블라디미르 푸틴이 가공인물 스티를리츠와 가장 부합하는 사람으로 여겨졌다.* 1990년대 상트페테르부르크 시장 보좌관 시절에 부를 쌓은 푸틴은 크렘린에서도 알려진 인물로 팀플레이어라는 평가를 받았다. 그는 1998년 이래 모스크바에서 옐친 밑

---

* 푸틴 자신은 가공의 스티를리츠 캐릭터를 일종의 교사로 묘사하곤 했으며, 대통령이 되어서는 1973년 텔레비전 각색물에서 스티를리츠를 연기한 배우에게 훈장을 주었다. 그 배우 뱌체슬라프 티호노프Vyacheslav Tikhonov는 2004년과 2010년에 니키타 미할코프Nikita Mikhalkov가 연출한 영화에 출연했다. 미할코프는 푸틴에게 일린의 저작을 소개한 것으로 보인다 ─ 원주.

에서 일했는데, 연방보안국FSB(국가보안위원회의 후신) 국장이 주요 직책이었다. 1999년 8월 옐친의 총리로 임명됐을 때, 푸틴은 일반 대중에게는 알려진 편이 아니었기 때문에 국가 선출직 후보자가 될 가능성은 희박했다. 그의 지지율은 2퍼센트에 머물렀다. 그리하여 위기를 조성한 후 그가 나서서 해결할 필요가 있었다.[15]

1999년 9월, 러시아 여러 도시에서 잇따라 폭탄이 터져서 러시아인 수백 명이 사망했다. 연방보안국 요원들이 범인일 가능성이 있어 보였다. 가령 랴잔Ryazan시에서는 연방보안국 요원들이 지역 동료들에게 폭탄 공격 용의자로 체포되었다. 당시에 테러 자작극의 가능성에 이목이 쏠렸지만, 푸틴이 폭탄 공격의 주범으로 지목한 지역을 상대로 새로운 전쟁을 벌일 것을 지시하자 정의로운 애국심이 사실에 입각한 질문들을 압도해 버렸다. 러시아 서남부 캅카스 지역에 있는 체첸 공화국은 1993년에 독립을 선포한 뒤 러시아군을 상대로 전쟁을 벌이다가 잠시 소강 상태였다. 체첸인들이 폭탄 공격과 어떤 관계가 있다는 증거는 전혀 없었다. 하지만 제2차 체첸 전쟁 덕분에 11월에 푸틴의 지지율은 45퍼센트에 다다랐다. 12월에 옐친은 사임을 발표하면서 후계자로 푸틴을 지지했다. 텔레비전에 압도적으로 많이 등장하고, 투표 집계를 조작하고, 테러와 전쟁의 분위기를 풍긴 덕분에 2000년 3월, 푸틴은 압도적 득표를 기록하며 대통령에 당선되었다.[16]

정치적 소설을 쓴 잉크의 정체는 피였다.

민주적 부정 선거

그리하여 당시에는 "관리 민주주의managed democracy"•라고 알려진 새로운 종류의 정치가 시작되었고, 러시아인들은 이 민주주의에 숙달해서 훗날 수출까지 하게 된다. "후계자 작전"의 정치 기술 공로를 세운 것은 옐친 대통령 행정실 부실장을 지낸 인물로 반은 체첸인인 명민한 홍보 전문가 블라디슬라프 수르코프였다. 수르코프가 선구적으로 개척한 민주주의의 무대 연출은 수수께끼 같은 후보자가 조작된 위기 사태를 활용해서 실제 권력을 손에 넣는 방식이었는데, 그가 푸틴으로부터 잇따라 직책을 받으면서 이 연출은 계속 이어졌다.

2000년부터 2008년까지 푸틴이 처음 두 번의 대통령 임기를 치르는 동안 수르코프는 인기를 얻거나 제도를 바꾸기 위해 관리 가능한 갈등을 활용했다. 러시아 보안 부대가 테러리스트들이 장악한 극장을 탈환하는 과정에서 민간인 수십 명을 살해하는 사건이 일어난 뒤인 2002년, 텔레비전 방송은 국가의 전면 통제를 받게 되었다. 2004년에 지방의 한 학교가 테러리스트들에게 포위된 뒤, 선출직 주지사 직책이 폐지되었다. 수르코프는 이런 선출직 주지사 제도 폐지를 정당화하면서 일린의 말을 인용하며 러시아인들은 아직 투표하는 법을 알지 못한다고 주장했다. 수르코프가 보기에 러시아는 "현대 민주주의의 조건 아래서 살 만한 준비가 되어 있지 않았다." 그렇지만 수르코프는 러시아가 다른 포스트소비에트 국가들에 비해 주권에서 우위에 있다고 주장했다. 구소련을 구성하던 비러시아계 민족들은 아예 국가를 형성할 능력이 없었기 때

• 푸틴 1기 정부가 내세운 통치 이데올로기. 주요 특징으로는 무엇보다도 의회를 비롯한 다른 권력의 중심을 압도하는 대통령의 권한, 즉 대통령 대권제, 그리고 언론과 비정부 단체 등 시민 사회에 대한 국가 통제가 강조된다. 또한 국가의 선거 통제와 지방에 대한 중앙의 강화, 친정부 사회 세력의 조직화 등이 두드러진다. 한편 푸틴 2기 정부부터 내세우는 '주권 민주주의sovereign democracy'는 국제 테러리즘, 구소련 지역에서 발생하는 민주 혁명, 경제 경쟁력 약화 등으로 약해진 러시아의 주권을 강화하는 민주주의를 추구한다.

문이다.[17]

러시아가 우월하다는 수르코프의 주장은 당시 러시아 지도자들이 여전히 유의미하다고 생각하던 시험을 통과하지 못했다. 2004년, 구소련의 세 공화국인 리투아니아, 라트비아, 에스토니아가 유럽 연합에 가입했고, 소련의 위성국이었던 다른 몇몇 동유럽 국가들도 같은 길을 걸었다. 이 나라들은 유럽 연합에 가입하기 위해 러시아가 갖고 있지 못한 자신들의 주권을 구체적인 방식으로 입증해야 했다. 경쟁을 감당할 수 있는 시장과 유럽 연합의 법률을 시행할 수 있는 행정, 자유롭고 공정한 선거를 치르는 민주주의를 창조해야 했다.

유럽 연합에 가입한 국가들에는 유효한 승계 원리가 있었다. 반면 러시아에는 그런 원리가 없었다. 수르코프는 "주권 민주주의"를 거론하면서 이런 부재를 우월함의 주장으로 뒤바꿨다. 이렇게 함으로써 그는 러시아의 문제, 즉 실제적인 민주주의, 또는 적어도 일정한 승계 원리가 없으면 러시아가 주권 국가로 지속되기를 기대할 이유가 전혀 없다는 문제를 추방해 버렸다. 수르코프는 "주권 민주주의"는 러시아가 서구와 같은 모종의 정치적 사회로 나아가는 나름의 길을 찾게 해 주는 일시적 조치라고 이야기했다. 그렇지만 그가 만들어 낸 용어는 파시스트인 알렉산드르 두긴 같은 극단적 민족주의자들의 경탄을 받았다. 그들은 주권 민주주의를 항구적인 상태, 즉 영원의 정치학으로 이해했다. 러시아를 실제적 민주주의로 만들려는 어떤 시도도 이제 주권을 앞세워 막을 수 있다고 두긴은 생각했다.[18]

민주주의는 통치자를 바꾸는 절차다. 공산주의 시절에는 "인민 민주주의", 그 후에는 "주권 민주주의"처럼 민주주의에 형용사를 붙여 한정하는 것은 그런 절차를 없애려는 시도다. 처음에 수르코프는 과감하게 양다리를 걸치려고 하면서 올바른 사람을 권좌에 앉힘으로써 민주주의 제도를 유지해 왔다고 주장했다. "우리의 정치 문화에서는 인물이 제도라고 말하고 싶다." 일린도 똑같은 술수를 부린 적이 있다. 자신의 대속자는 인민을 대표하기로 되어 있기 때문에 "민주적 독재자"라고 부른 것이다. 수르코프가 러시아 국가를 떠받히는 기둥이라고 말한 것은 "중앙 집권, 인격화, 이상화"였다. 국가는 통일되어야 하고, 국가의 권위는 한 개인에게 부여되어야 하며, 그 개인에게 영광이 돌아가야 한다. 수르코프는 일린의 말을 인용하면서 러시아인은 자유를 누릴 준비가 되는 만큼만 자유를 주어야 한다고 결론지었다. 물론 일린이 말하는 "자유"란 개인이 지도자에게 복종하는 집단에 자신을 내던질 자유였다.[19]

수르코프의 양다리 걸치기 시도는 21세기 처음 10년의 번영기에 가능했다. 푸틴이 처음 두 차례 대통령으로 재임한 2000년과 2008년 사이에 러시아 경제는 연평균 7퍼센트 가까운 성장률을 기록했다. 푸틴은 체첸 전쟁에서 승리했다. 정부는 천연가스와 석유의 높은 세계 시장 가격을 활용해서 러시아 국민 전체에 수출 이익을 일부 분배했다. 옐친 체제의 불안정성은 이미 사라졌고, 많은 러시아인들은 당연히 만족하고 고마워했다. 러시아는 또한 대외 관계에서도 안정된 지위를 누렸다. 2001년 9월 11일 테러 공격 이후 푸틴의 러시아는 북대서양조약기구를 지원했다. 2002년, 푸틴은 우호적인 어조로 "유럽 문화"를 이야기하면서 북대서양조약기구를 적으로 묘사하는 것을 피했다. 2004년에는 우크라이나의 유럽 연합 가입에 찬성하는 발언을 하면서 이런 결과는 러시아의 경제적 이해에도 부합할 것이라고 말했다. 그는 유럽 연합의 확대는 평화와 번영의 지대를 러시아 국경까지 확장하는 것이라고 이야기했다. 2008년에는 북대서양조약기구 정상 회의에 참석했다.[20]

2004년, 푸틴은 대통령직에 필요한 절대 다수를 확보하여 두 번째 4년 임기를 시작했다. 부정 선거 여부와 관계없이 적어도 정기적으로 선거가 치러지자 러시아인들은 대통령의 권력에 시간제한이 있다고 확신하게 되었다. 확실히 러시아인들은 2000년에 푸틴이 등장한 것처럼 2008년에 새로운 인물이 나타날 것이라고 상상할 수 있었다. 러시아 헌법에 따르면, 푸틴은 법적으로 2008년에 3선에 도전할 수 없었기 때문에 대신 무명의 드미트리 메드베데프를 자신의 후계자로 선택했다. 메드베데프는 대통령직에 오르자마자 푸틴을 총리로 지명했다. 그리고 메드베데프 치하에서 러시아 헌법이 개정되어 대통령 임기가 6년으로 늘어났다. 푸틴은 2012년에 다시 출마할 수 있고 2018년에도 출마가 가능하게 되었다. 분명 그가 의도한 것이었다. 푸틴의 당인 통일러시아당United Russia이 2011년 12월 총선과 그 이후의 모든 선거에서 승리하고, 2012년 3월 대통령 선거와 다시 2018년 3월 대선에서도 승리한다는 것이었다. 전부 합쳐 최소한 20년 동안 집권함으로써 정치적 영원성을 확립하는 것이다.

그렇지만 2012년에 대통령에 복귀하기 위한 유일한 길은 외관상으로는 민주적인 선거였다. 푸틴은 전과 마찬가지로 부정한 짓을 해야 할 터였다. 하지만 이번에는 부정 선거를 하다가 발각되면 그 행위를 인정할 것이었다. 바로 이것이 수르코프가 말하는 인격과 제도의 동일시, 또는 일린이 제안한 의례적 선거였다. 푸틴은 이미 승계 방식을 취약하게 만들었기 때문에 러시아에는 그런 방식이 필요하지 않다고 주장해야 했다. 정치적 미래를 죽여 버리면 어쩔 수 없이 정치적 현재가 영원해져야 했다. 현재를 영원하게 만들려면 끝없는 위기와 항구적인 위협이 필요했다.

영웅과 파괴자

2011년 12월 4일, 러시아인들은 러시아 하원에서 통일러시아당을 다수당으로 만들어 달라는 요청을 받았다. 당시 대통령이던 메드베데프와 당시 총리 푸틴이 이미 서로 자리를 바꿀 생각이라고 공표했기 때문에 이번 선거는 특별한 순간이었다. 통일러시아당이 총선에서 승리하고 푸틴이 이듬해 3월 대통령 선거에서 승리하면, 메드베데프는 푸틴 밑에서 총리로 일할 예정이었다.

많은 러시아인은 푸틴의 영구 집권 전망에 매력을 느끼지 못했다. 2008년 글로벌 금융 붕괴 이후, 러시아도 성장이 느려진 상태였다. 푸틴이나 메드베데프나 러시아의 상품 수출 의존도를 바꿀 만한 또는 사회적 이동성의 전망을 제시할 만한 프로그램을 제시하지 못했다. 그리하여 많은 러시아인들은 눈앞에 다가온 선거를 경기 침체를 막을 마지막 기회로 여기고 그런 판단에 따라 투표했다.[21]

독립적인 러시아 선거 참관인들의 집계를 보면, 통일러시아당은 12월 4일 선거에서 26퍼센트가량을 획득했다. 그렇지만 이 당은 의회에서 다수를 장악하는 데 충분한 득표를 얻었다. 러시아와 해외의 참관인들은 균형을 잃은 언론 보도와 물리적, 전자적 투표 조작을 비판했다. (영국의 극우 정당인 국민당BNP 지도자이자 홀로코스트 부정론자인 닉 그리핀Nick Griffin은 친정부 성향의 "참관인"으로 일했다. 그는 러시아 선거가 "영국보다 훨씬 공정하다"고 선언했다.) 12월 5일, 항의 시위가 시작되었다. 12월 10일에는 모스크바에 5만 명 정도가 모였고, 12월 24일에는 그 숫자가 8만 명으로 불어났다. 러시아 사람들은 그 달 내내 99개 도시에서 모였는데, 러시아 연방 역사상 최대 규모의 시위였다. 주요 슬로건은 "자유선거 쟁취하자!"였다.

2012년 3월 4일 대통령 선거에서도 조작이 되풀이되었다. 푸틴은 1차 투표 이후 대통령으로 지명되는 데 필요한 과반수를 획득했다. 이번에는 선거 조작이 대부분 수작업이 아니라 전자 방식으로 이루어졌다. 사이버 투표 수천만 장이 추가되어 진짜 사람이 찍은 투표가 희석되었고, 그 결과 푸틴이 가공의 과반수를 확보했다. 일부 지구에서는 푸틴이 획득한 표가 3만 표, 50만 표 같이 딱 맞아떨어지는 수치였는데, 지방 공무원들이 중앙 당국이 정한 목표치를 말 그대로 이해한 결과였다. 체첸에서 푸틴은 전체 투표의 99.8퍼센트를 획득했다. 체첸의 푸틴 동맹자인 람잔 카디로프Ramzan Kadyrov가 얼마나 완벽하게 통제했는지를 보여 주는 수치다. 푸틴은 정신 병원을 비롯한 국가 관리 시설에서 비슷한 득표율을 기록했다. 노보시비르스크에서는 시위대가 투표 집계를 모두 합치면 전체 인구의 146퍼센트라고 불만을 토로했다. 이번에도 역시 러시아와 해외의 독립적 참관인들은 부정행위에 주목했다. 그리고 이번에도 역시 친정부 성향의 극우파 외국인들은 결과를 지지했다.[22]

2012년 3월 5일, 모스크바에서는 러시아 시민 2만 5000명 정도가 대통령 선거 조작에 항의하는 시위를 벌였다. 푸틴 자신에게도 2011년 12월에서 2012년 3월까지 몇 달은 선택의 시간이었다. 그는 총선에 대한 비판에 귀를 기울일 수 있었다. 대통령 선거 결과를 받아들이고, 1차 투표가 아니라 2차 투표에서 승리할 수도 있었다. 1차 투표에서 승리하는 것은 자존심의 문제였을 뿐 그 이상은 아니었다. 항의 시위대의 다수가 자기 나라에서 법치와 승계의 원리를 걱정해서 나섰다는 사실을 이해할 수도 있었다. 그렇지만 푸틴은 개인적 공격으로 받아들인 것 같았다.[23]

푸틴은 1차 투표에서 승리한다는 일시적인 환상을 법보다 더 중요한 것으로 여기고, 자신의 상처받은 감정을 동료 시민들의 확신보다 더 중요한 것으로 생각하기로 선택했다. 그는 부정행위가 있었다는 사실을 별 생각 없이 받아들였다. 메드베데프는 러시아에서 치러진 모든 선거에서 부정행위가 벌어졌다고 말을 거들었다. 선거가 계속될 것이라고 고집하면서도 "1인 1표" 원칙을 기각함으로써 푸틴은 시민들의 선택을 무시하고 앞으로도 시민들이 지지

의례에 참여할 것으로 기대했다. 그리하여 그는 민주주의에 대한 일린의 태도를 받아들이면서 일린이 말한 이른바 "득표수와 그것의 정치적 중요성에 대한 맹목적 믿음"을 말만이 아니라 행동으로도 거부했다. 권력의 행방이 걸린 문제였다. 또한 속이는 자가 승리하는 게임이었다.[24]

2000년에 푸틴이 허구의 영역에서 나타난 신비로운 영웅으로 대통령직에 올랐다면, 2012년에는 법치를 짓밟는 복수의 파괴자로 돌아왔다. 자신이 주목을 받는 가운데 선거를 도둑질하기로 한 푸틴의 결정 덕분에 러시아 국가는 지옥의 변방으로 떨어졌다. 2012년에 그가 대통령에 취임한 것은 따라서 승계 위기의 발단이었다. 집권자가 또한 미래를 없애 버린 사람이었기 때문에 현재는 영원해야 했다.

1999년과 2000년에 크렘린은 체첸인들을 없어서는 안 될 적으로 활용했다. 이제 체첸은 패배했고, 체첸의 군벌 카디로프는 푸틴 체제에서 중요한 성원이 되었다. 2011년과 2012년의 부정 선거 이후 국내에서 정치적 비상사태가 항구적으로 이어졌기 때문에 외부의 적도 항구적으로 존재해야 했다. 다루기 힘든 외부의 적은 시위대와 연결되어야 했고, 따라서 푸틴 자신이 아니라 시위대를 러시아 국가를 흔드는 위협으로 묘사할 수 있었다. 시위대의 행동을 푸틴이 야기한 현실적인 국내 문제와 분리하고, 그 대신 러시아의 주권을 흔드는 허구적인 외국의 위협과 연결해야 했다. 영원의 정치학은 허구적이기 때문에 해결이 불가능한 문제들을 필요로 하고 만들어 낸다. 2012년 러시아에서는 러시아를 파괴하려는 유럽 연합과 미국의 계획이 그런 허구적인 문제가 되었다.

콘돔과 원숭이

레오니트 브레즈네프의 영원한 적인 퇴폐적인 서구가 돌아온 셈이었지만, 이번에는 그 퇴폐가 한결 공공연하게 성적인 모습을 띨 터였다. 일린은 자기 견해에 대한 반대를 "성적 도착"이라고 설명한 바 있었는데, 거기에는 동성애라는 함의가 담겨 있었다. 그로부터 한 세기 뒤, 민주적인 반대파에 대해 크렘린이 처음 보인 반응도 그런 식이었다. 2011년과 2012년에 투표용지를 다시 집계하기를 바라는 이들은, 법이 준수되고, 자신들의 바람이 존중받고, 국가가 지속되는 것을 보기를 원하는 러시아 시민들이 아니었다. 그들은 세계적인 성적 퇴폐를 조장하는 분별없는 첩자들이었고, 그들의 행동은 순결한 민족의 오르가슴을 위협했다.[25]

모스크바에서 첫 번째 시위가 벌어진 다음 날인 2011년 12월 6일, 아직 러시아 연방 대통령이던 드미트리 메드베데프는 시위 지도자가 올린 "멍청한 양 새끼"라는 취지의 메시지를 리트윗했다. 아직 총리지만 다시 대통령이 되기 일보 직전이던 블라디미르 푸틴은 러시아 방송에 출연해서 시위대가 목에 건 하얀 리본을 보니 콘돔 생각이 나더라고 비아냥댔다. 그러고는 시위대를 원숭이에 비유하면서 원숭이 흉내를 냈다. 독일을 방문해서는 러시아의 반정부 세력은 "성적 불구자들"이라고 말해 앙겔라 메르켈을 대경실색하게 만들었다. 러시아 외무장관 세르게이 라브로프Sergei Lavrov는 러시아 사회의 순결을 지키기 위해 정부가 동성애에 반대하는 입장을 정해야 한다고 주장하기 시작했다.[26]

푸틴의 막역한 친구인 블라디미르 야쿠닌Vladimir Yakunin은 '양 새끼'의 이미지를 지정학 이론으로 발전시켰다. 2012년 11월에 장문의 논설로 발표한 야쿠닌의 견해에서 보면, 러시아는 영원히 적들의 음모에 맞서고 있었다. 시간이 시작된 이래 줄곧 역사의 경로를 좌지우지하는 음모였다. 전 지구적인 이 집단은 러시아의 출산율을 떨어뜨림으로써 서구의 힘을 유지하기 위해 세계 각지에 동성애 선전을 유포했다. 동성애자 권리의 확산은 러시아인들을 자본주의

의 글로벌 지배자들이 쉽게 조종할 수 있는 "무리"로 뒤바꾸기 위해 의도적으로 만든 정책이었다.[27]

2013년 9월, 러시아의 한 외교관이 중국에서 열린 인권 회의에서 이런 주장을 되풀이했다. 동성애자 권리는 러시아나 중국 같이 고결한 전통 사회를 손쉽게 착취하기 위해 글로벌 신자유주의 음모 세력이 선택한 무기에 지나지 않았다. 푸틴 대통령은 며칠 뒤 발다이Valdai에서 직접 개최한 글로벌 정상 회담에서 한 발 더 나아가 동성애 결합을 악마 숭배에 비유했다. 그는 동성애자 권리를 "타락과 원시 상태로 직접 이어져서 인구학적, 도덕적으로 심대한 위기를 낳는" 서구 모델과 연결 지었다. 그때쯤이면 이미 러시아 의회에서 "전통적인 가족 가치를 부정할 것을 주창하는 정보로부터 아동을 보호하기 위한For the Purpose of Protecting Children from Information Advocating for a Denial of Traditional Family Values" 법률이 통과된 상태였다.[28]

인간의 섹슈얼리티는 불안을 조장하기 위해 끊임없이 써먹을 수 있는 원료다. 이성애를 러시아 안에 두고 동성애는 밀어내려는 시도는 사실을 따져 보면 우스운 노력이었지만 사실은 중요한 게 아니었다. 반동성애 캠페인을 벌이는 목적은 민주주의에 대한 요구를 순결한 러시아를 위협하는 모호한 적으로 뒤바꾸는 것이었다. 투표=서구=남색이라는 식이었다. 러시아는 순결해야 했고, 모든 문제는 타자에게 책임을 덮어씌워야 했다.

이 캠페인은 러시아 엘리트 계층의 이성애에 관한 사실 증명에 의존한 게 아니었다. 푸틴이 총리로 일한 지난 4년 동안 수르코프는 그에게 새털과 모피 차림으로 일련의 사진을 찍게 했다. 배드민턴 경기를 마친 뒤 똑같은 흰색 옷차림으로 포즈를 취하면서 남자다운 친구 사이를 보여 주려 한 푸틴과 메드베데프의 시도 역시 설득력이 없었다. 푸틴은 반동성애 캠페인을 시작하던 바로 그때 부인과 이혼한 터라 이 가족 가치의 옹호자는 전통적인 가족을 잃은 상태였다. 성 정체성 문제는 계속해서 러시아 대통령을 붙잡고 늘어졌다. 2016년 푸틴은 자신은 힘든 일상을 보내는 여자가 아니라고 주장했다. 2017년에는 도널드 트럼프의 신랑이라는 의혹을 부인했다. 그해에 푸틴을 게이 광대로 묘사하는 것은 범죄 행위가 되었다. 관찰력 좋은 한 여성 학자는 그의 처지를 이렇게 요약했다. "푸틴은 어린이와 동물한테만 입맞춤을 한다."[29]

푸틴은 남성성을 민주주의에 대한 반론으로 제시하고 있었다. 독일 사회학자 막스 베버가 주장한 것처럼, 카리스마로 정치 체제를 개시할 수는 있지만 그 지속성을 보장하지는 못한다. 베버가 말하는 대로 카리스마적 지도자를 중심으로 정치적, 상업적 파벌이 형성되는 것은 일반적인 현상이다. 하지만 전리품을 재분배하고 다음 공격을 계획하는 것을 넘어서 나아가기를 바란다면, 지도자는 자신이 가진 권위를 다른 누군가에게 이전할 방도를 찾아야 한다. 이상적인 경우라면 권력을 다시 이전하게 해 주는 수단이 제격일 것이다. 이런 승계의 문제를 해결하는 것이야말로 근대 국가 수립의 전제 조건이다.[30]

베버는 카리스마의 폭발이 지속 가능한 제도가 되도록 해 주는 두 가지 메커니즘을 정의했다. (1) 장자가 아버지를 승계하는 군주정의 경우처럼 관습을 통하는 방식. (2) 정기적인 투표로 의회와 통치자를 교체하는 민주주의의 경우처럼 법을 통하는 방식. 푸틴은 군주정의 승계를 도모하는 것 같지 않았다. 그는 자기 딸들을 공적 정치로부터 떼어 놓았다. 물론 그렇지만 푸틴 가족은 연줄 자본주의의 혜택을 누렸다. 남아 있는 논리적 가능성은 따라서 법인데, 근대 세계에서 법은 보통 민주주의를 의미한다. 푸틴 자신은 이런 대안을 기각했다. 그리하여 남성성의 과시는 러시아의 국가적 통합성을 훼손시키면서 권력의 외관을 제공했다.[31]

이런 식으로 재앙을 자초하는 동안 남자라면 언제나 여자를 비난할 방도를 찾는다. 블라디미르 푸틴의 경우에 그 여자는 힐러리 클린턴이었다.

유럽 연합과 미국을 겨냥하다

크렘린이 처음 보인 충동적 반응이 민주적 반대파를 글로벌 남색과 결부시키는 것이었다면, 두 번째 반응은 시위대가 외부 강대국, 그것도 여성을 외교 수장으로 내세운 미국을 위해 활동한다고 주장하는 것이었다. 항의 시위가 시작되고 3일 뒤인 2011년 12월 8일, 푸틴은 힐러리 클린턴 때문에 시위가 시작되었다고 비난의 화살을 돌렸다. "클린턴이 신호를 보냈다." 12월 15일에는 시위대가 외부 세력에게 돈을 받았다고 주장했다. 증거를 제시하지는 않았지만 중요한 건 증거가 아니었다. 일린이 주장한 것처럼, 만약 투표가 외국의 영향력에 문호를 개방하는 것에 불과하다면, 푸틴이 할 일은 외국의 영향력에 관한 이야기를 만들어 내서 그것을 활용하여 국내 정치를 바꾸는 것이었다. 중요한 것은 지도자의 요구에 안성맞춤으로 들어맞는 적, 국가를 실제로 위협하지 않는 적을 선택하는 일이었다. 실제로 현실적인 위협을 거론하지 않는 게 최선이었다. 현실의 적을 논하다 보면 실제적 약점이 드러나고 예비 독재자들의 불완전성이 발각될 것이기 때문이다. 일린이 정치란 "적을 확인하고 무해하게 만드는 기술"이라고 말했을 때, 정치인은 어떤 외부 권력이 실제로 위협을 제기하는지를 확인해야 한다는 의미가 아니었다. 그가 말하고자 한 것은 정치는 어떤 외부의 반목이 독재를 공고하게 만들어 줄 것인지에 관한 지도자의 결정으로 시작된다는 점이었다. 러시아가 실제로 안고 있는 지정학적 문제는 중국이었다. 하지만 중국의 힘은 실제적이고 가까이 있었기 때문에 러시아의 현실적인 지정학을 고찰하면 우울한 결론으로 이어질 수 있었다.[32]

서구가 적으로 선택된 것은 러시아에 아무런 위협이 되지 않았기 때문이다. 중국과 달리 유럽 연합은 군대가 없고 러시아와 긴 국경을 접하지도 않았다. 미국은 군대가 있지만 유럽 대륙에서 병력의 대다수를 철수한 상태였다. 1991년에 30만 명에 달하던 유럽 주둔 미군 병력이 2012년에는 6만 명 정도였다. 북대서양조약기구는 여전히 존재했지만 동유럽의 옛 공산주의 나라들을 받아들인 상태였다. 버락 오바마 대통령은 2009년에 동유럽에 미사일 방어 시스템을 구축하려는 계획을 취소했고, 2010년에 러시아는 미국 항공기들이 러시아 영공을 가로질러 아프가니스탄에 있는 미군에 물자를 공급하는 것을 허용하고 있었다. 2011년이나 2012년에 북대서양조약기구의 침공을 두려워하거나 두려워하는 척하는 러시아 지도자는 아무도 없었다. 2012년, 미국 지도자들은 자신들이 러시아와의 관계를 "재설정"하려 한다고 생각했다. 2012년 3월에 밋 롬니Mitt Romney가 러시아를 미국의 "지정학적 적수 1순위"라고 언급했을 때 사람들은 그를 비웃었다. 미국 대중이나 언론계에서 모스크바에 관심을 기울이는 이는 거의 아무도 없었다. 러시아는 글로벌 위협과 도전에 관한 미국 일반 국민 여론 조사에서 중요하게 거론되지도 않았다.[33]

유럽 연합과 미국이 위협으로 제시된 것은 러시아 선거가 조작된 때문이었다. 2011년 겨울과 2012년 봄, 러시아 방송 채널과 신문들은 선거 조작에 항의하는 이들은 모두 서구 기관에게 돈을 받고 있다는 이야기를 만들어 냈다. 2011년 12월 8일, 클린턴이 항의 시위를 시작했다는 푸틴의 주장에 관한 보도가 그 시발점이었다. 《노비예 이즈베스티야Noviie Izvestiia》는 "푸틴, 서구 앞잡이들을 강경하게 처벌하자고 제안"이라는 헤드라인 아래 그가 공언한 믿음을 보도했다. "미 국무장관 힐러리 클린턴이 '청신호'를 보낸 뒤 러시아 반정부 세력이 대중 시위를 시작했다"는 것이었다. 반정부를 반역과 연결시키는 것은 자명한 일이었고, 그에 적합한 처벌이 무엇이냐는 질문만이 남았다. 3월 러시아 방송은 "다큐멘터리"라고 소개하면서 영화 한 편을 내보냈는데, 영화는 거리로 몰려나온 러시아 시민들은 교활한 외국인들에게 돈을 받는다고 주장했다.[34]

러시아 국가를 허약하게 만든 주인공이 바로 푸틴이기 때문에 그는 국가를 허약하게 만든 건 반정부 세력이라고 주장해야 했다. 푸틴은 "국가를 파괴해서 변화를 향한 이런 갈망을 충족시키게 내버려 두는 것은 용납하기 어렵다"고 믿었기 때문에 자기 마음에 들지 않는 견해들을 러시아에 대한 위협으로 정의할 권리는 오로지 그에게만 있었다.[35]

복종과 반역

2012년부터 현재의 개혁 정부를 통해 과거의 더 나쁜 러시아를 미래의 더 나은 러시아로 바꾸는 일을 상상하는 것은 아무 소용이 없게 되었다. 미국과 유럽 연합의 적대는 러시아 정치의 전제가 되어야 했다. 푸틴은 이미 러시아 국가를 자신의 과두 파벌과 그것의 현재로 축소해 버렸다. 미래의 붕괴라는 전망을 차단하는 유일한 길은 민주주의를 당면한 동시에 항구적인 위협으로 묘사하는 것이었다. 이미 미래를 심연으로 뒤바꾼 푸틴을 미래의 가장자리에서 마구 뒹구는 몸짓을 유도한 자처럼 보이게 만들어야 했다.

2012년, 푸틴은 민주주의를 자신에 대한 의례화된 지지로 생각한다는 점을 분명히 했다. 그해에 러시아 의회 연례 연설에서 그가 통고한 것처럼, 민주주의란 "법률, 법규, 규칙에 대한 순응이자 존중"을 의미했다. 그의 논리에 따르면, 러시아의 개인들은 정부의 반민주적인 행위에 대해 항의할 권리가 전혀 없었다. 민주주의는 그런 항의를 금지하는 법률에 영혼을 맡길 것을 요구하기 때문이다. 푸틴은 선거와 법률에 관한 일련의 이해를 되풀이하고 있었다. 따라서 "자유"란 자의적인 지도자의 말에 복종하는 것을 의미했다. 실제로 2012년 5월에 푸틴이 대통령직에 복귀한 뒤 러시아 국가는 일린의 제안에 부합하는 방식으로 변형되었다. 모든 중요한 조치가 일린의 헌법 관련 문헌의 요소를 부활시켰다.[36]

명예 훼손은 형사 범죄가 되었다. 종교적 감수성에 대한 모욕을 금지하는 법률 때문에 경찰은 정교회 공론장의 집행관이 되었다. 예수를 만화로 그리거나 교회에서 포켓몬 고를 하는 것은 범죄 행위가 되었다. 연방보안국의 새로운 부서 한 곳은 체카(정보총국GRU, 내무인민위원회NKVD, 국가보안위원회KGB, 연방보안국의 전신) 창설자인 펠릭스 제르진스키Felix Dzerzhinsky의 이름을 물려받았다. 반역의 정의가 확장되어 러시아 이외의 비정부 기구에 정보를 제공하는 행위도 반역죄가 되었는데, 따라서 전자 우편으로 진실을 말하는 것은 중범죄가 되었다. 제대로 규정조차 되지 않은 채 "극단주의"가 불법이 되었다. "러시아의 국익에 위배되는" 활동을 한다고 여겨지는 비정부 기구는 금지되었다. 회의 개최를 비롯해 모든 형태의 국제적 협력을 포함하는 일반적 개념으로서의 자금 지원을 해외로부터 받은 이들은 "외국 대리인"으로 등록해야 했다.[37]

"외국 대리인" 법률이 시행된 날 아침, 모스크바 전역에 있는 비정부 기구 본부 건물에 '미국 외국 대리인Foreign Agent USA'이라는 낙서가 그려졌다. 표적이 된 한 곳은 20세기 러시아 역사에 관한 자료들을 모아 놓은 저장고인 메모리얼Memorial이었다. 러시아의 과거 자체가 외국의 위협이 된 것이다. 메모리얼은 스탈린 시기 동안 러시아인을 비롯한 소비에트 시민들이 겪은 고통을 기록해 두고 있었다. 물론 러시아의 모든 문제가 외부로부터 온 것이라면 그런 문제를 깊이 생각할 이유가 없었다. 영원의 정치학은 역사를 파괴한다.[38]

외부자의 잘못

영원의 정치학에서 과거는 순결의 상징들을 발견해 제공하고, 지배자들은 이 상징들을 활용해서 조국의 화합과 나머지 세계의 불화를 보여 준다. 2011년과 2012년 시위에 대해 푸틴이 세 번째로 보인 반응은 일린식의 영원의 정치학을 공공연하게 지지하고 전파하면서 외국의 침투라는 위협으로만 고통을 받는 순결한 유기체로 러시아를 상상하는 것이었다.

선거 조작에 항의하는 시위가 시작되고 열흘 뒤이자 소련이 해체되고 20년이 지난 2011년 12월 15일, 푸틴은 역사적 갈등은 문학의 문제가 되어 버린 러시아를 상상했다. 파시스트 작가인 알렉산드르 프로하노프Alexander Prokhanov와 함께 라디오 스튜디오에 앉은 푸틴은 소비에트 시민들을 겨냥한 테러, 특히 체카와 그 창설자 펠릭스 제르진스키의 기념물을 기리는 러시아에 관해 곰곰이 숙고했다. 러시아 역사에서 뭔가 잘못이 있었다면, 그것은 소련의 해체라고 그는 말했다. 푸틴의 후원자인 옐친이 핵심적인 역할을 하고 푸틴의 경력을 가능케 했던 역사적 사건은 이제 국가적 질병으로 이어진 원인 불명의 통로가 되었다. 푸틴은 이제 러시아는 'revolution'이라는 단어의 다른 의미, 즉 거듭해서 같은 장소로 되돌아오는 순환이라는 의미를 필요로 한다고 말했다.[39]

푸틴은 라디오 청취자 수백만 명에게 물었다. "소련이 붕괴되고 나서 우리한테 극적인 사태들이 벌어진 뒤로 우리 나라가 완전히 회복되고 치유되었다고, 그리고 이제 우리에게는 튼튼하고 건강한 국가가 있다고 말할 수 있습니까? 아닙니다. 물론 우리 나라는 지금도 매우 아픕니다. 하지만 여기서 우리는 이반 일린을 상기해야 해요. '그래, 우리 나라는 여전히 병들었지만, 우리는 병든 어머니의 침대에서 도망치지 않았다.'" 이 발언을 보면 푸틴이 일린의 전집을 꽤 깊이 있게 읽었음을 알 수 있지만, 이 구절에 대한 그의 해석은 이상했다.

일린이 보기에 러시아가 입은 상처는 소련의 창건이지 해체가 아니었다. 일린은 실제 어머니와 계속 함께 있고 싶었지만 체카에 의해 소련에서 추방된 탓에 그렇게 할 수 없었다. 일린은 체카 심문관에게 말했다. "나는 소비에트 권력은 여러 세기 동안 러시아에서 거대하게 자라난 사회적, 정신적 질병이 역사적으로 불가피하게 낳은 결과라고 봅니다."[40]

국가보안위원회 요원 출신인 푸틴은 러시아인들이 지금도 말하는 것처럼 체카 요원Chekist이었고, 러시아 정교회를 통해 러시아를 통치하기를 원했다. 그는 자신의 표현대로 하면 적과 백, 공산주의와 정교회, 테러와 하느님의 전통을 화해시키기를 바랐다. 역사 인식이 있다면 러시아 역사의 두 측면 모두와 어느 정도 대결해야 했을 것이다. 하지만 영원의 정치학 덕분에 푸틴은 적과 백둘 다를 외부의 위협에 대한 순결한 러시아의 반응으로 받아들일 자유를 얻었다. 만약 모든 충돌이 외부자의 잘못이라면, 러시아인들과 그들이 내린 선택, 그들이 저지른 범죄에 주의를 기울일 필요가 없었다. 그 대신 극우파와 극좌파를 머리가 두 개 달린 상징처럼 한데 모아야 했다. 푸틴은 모순을 추방해 버렸다. 그는 일린 저작의 부흥을 감독했는데, 이 과정에서 일린의 소련 비판은 무시되었다. 일린이 소비에트 이후post-Soviet 러시아의 정치에서 체카 요원들을 숙청할 것을 권고했다고 말한다면 눈치 없는 발언이 될 것이다.[41]

2005년 푸틴은 소비에트 비밀 국가 경찰이 대공포 시기에 처형한 러시아인 수천 명의 사체를 화장한 수도원에 일린의 주검을 이장했다. 일린이 이장되던 바로 그 순간 러시아 정교회 수장은 소련 시절에 국가보안위원회 요원을 지낸 인물이었다. 이장식에서 군악대가 러시아 국가를 연주했는데, 소련 국가와 동일한 곡조였다. 푸틴에게 일린 저작을 접하게 해 준 것으로 보이는 인물인 영화감독 니키타 미할코프Nikita Mikhalkov가 두 국가를 만든 작곡가의 아들이었다. 미할코프는 그의 정치적 선언문에서 드러나는 것처럼 열렬한 일린 연구자였다. 러시아는 "정신적-물질적 통일체"이자 "3000년에 걸쳐 여러 민족과 부족이 이룬 연합"으로 "특별하고 초민족적인 제국의 의식"을 보여 주었다. 러시아는 "독립적인 문화-역사적 대륙이자 유기체적이고 민족적인 통일체, 지정학적이고 신성한 세계의 중심"인 유라시아의 중심이었다.[42]

2009년에 푸틴이 일린의 무덤에 꽃을 바쳤을 때 그가 좋아하는 정교회 사제 티혼 솁쿠노프Tikhon Shevkunov가 함께했다. 솁쿠노프는 소비에트의 사형 집행인들을 기꺼이 러시아 애국자로 보았다. 푸틴 자신은 몇 년 뒤 한 발언에서 공산주의의 가치를 성경의 내용과 동일시하는 데 거리낌이 없었다. "소련을 지배한 일정한 이데올로기는 그에 대한 우리의 감정과 무관하게 어떤 뚜렷하고 실제로 유사 종교적인 가치에 근거를 두었습니다. 공산주의 건설자의 도덕규범은 실제로 읽어 보면 성경을 서투르게 베낀 것에 불과합니다." 일린의 많은 동시대인들이 일린을 "하느님을 위해 일하는 체카 요원"이라고 불렀다. 그는 그런 자격으로 이장되었고, 체카 요원들과 사제들, 체카 요원인 사제들, 사제인 체카 요원들에게 기림을 받았다.[43]

일린의 몸과 영혼은 자신을 쫓아낸 러시아로 돌아왔다. 그리고 사실에 대한 무시와 모순으로 뒷받침된 바로 그 귀환은 일린의 전통에 대한 존중을 보여 주는 가장 순수한 표현이었다. 분명 일린은 소비에트 체제에 반대했다. 하지만 그 체제가 더는 존재하지 않는 지금 그것은 역사였다. 그리고 일린에게 과거의 사실들은 순결의 신화를 축조하기 위한 원료에 불과했다. 일린의 견해를 조금만 수정하면 소련을 그가 목도한 대로 러시아에 가해진 외부의 강요가 아니라 순결한 러시아로 보는 게 가능했다. 그리하여 러시아인들은 소비에트 체제를 세계의 적대에 맞서는 순결한 러시아의 대응으로 상기할 수 있었다. 러시아 통치자들은 소련의 적을 이장하는 식으로 소비에트의 과거를 기렸다.

소련의 위대한 소설가이자 민족사회주의와 스탈린주의가 자행한 범죄의 기록자인 바실리 그로스만Vasily Grossman은 이렇게 썼다. "모든 것은 흐르고 변화한다. 우리는 같은 열차에 두 번 탈 수 없다." 푸틴이 개작한 일린의 감수성에서 보면, 시간은 앞으로 흘러가는 강물이 아니라 신비로운 러시아의 완성을 향해 안쪽으로 잔물결치는 차갑고 둥근 못이었다. 새로운 일은 아무것도 생기지 않았고, 어떤 새로운 일도 생길 수 없었다. 서구는 러시아의 순결을 거듭해서 공격했다. 과거의 탐구라는 의미의 역사는 거부되어야 했다. 그런 역사는 질문을 제기하기 때문이다.

미할코프는 2014년 영화 〈일사병Sunstroke〉에서 유대인 여성 비밀경찰 요원으로부터 사형 선고를 받은 러시아 종족을 그림으로써 모든 부당한 살인은 민족이나 성별로 볼 때 외부인으로 여겨질 수 있는 사람들이 벌인 것임을 시사했다. 러시아가 어떤 식으로든 볼셰비키 혁명 100주년을 다뤄야 했던 2017년, 러시아 방송은 레온 트로츠키에 관한 다부작 드라마를 방송함으로써 혁명에 유대인 코드를 붙였다. 드라마 마지막 부분의 주인공은 다름 아닌 이반 일린이었다. 그리하여 러시아는 러시아인들은 과거를 순결의 순환이라는 관점에서 생각해야 한다고 말한 반혁명 철학자를 소중히 모시는 것으로 혁명 100주년을 기념했다. 하나의 교훈을 배운 셈이었다.**44**

영원한 동거

푸틴은 일린의 영원의 정치학을 지지하면서 러시아 민족에 관한 일린의 정의를 받아들였다. 총선 직후이자 대통령 선거를 코앞에 둔 2012년 1월 23일, 푸틴은 민족 문제에 관한 일린의 이해를 발전시킨 논설을 발표했다. 그는 이미 정치적 반대는 성적이고 외래적인 것이라고 주장함으로써 러시아가 안고 있는 문제들의 책임을 모조리 러시아의 대속자나 러시아 유기체 외부로 돌린 바 있었다. 푸틴은 러시아는 본래 순결한 "문명"이라고 주장하면서 논리의 순환을 종결했다. 러시아는 그 본성상 화합의 생산자이자 수출업자이기 때문에 자신이 가진 다양한 평화를 이웃들에게 가져다 줄 수 있어야 했다.[45]

이 글에서 푸틴은 러시아 연방의 법적 국경선을 폐지했다. 미래의 대통령 자격으로 글을 쓰면서 그는 하나의 국가가 아니라 정신적 상태로 러시아를 묘사했다. 일린의 이름을 거론하면서 그는 러시아는 민족들 사이에 아무런 갈등이 없고 실제로 러시아에는 민족이 존재할 수 없다고 주장했다. 일린에 따르면, 러시아의 "민족 문제"는 적들이 고안해 낸 문제이고, 러시아에는 적용될 여지가 전혀 없는 수입된 개념이었다. 일린과 마찬가지로, 푸틴 역시 러시아 문명이 형제애를 이끌어 낸다고 설명했다. "대러시아의 임무는 문명을 통합하고 한데 묶는 것이다. 이런 국가-문명에서는 소수 민족이란 존재하지 않으며, '친구냐 적이냐'라는 인식의 원리는 공통된 문화에 근거해서 규정된다." "친구냐 적이냐"에서 시작되는 정치는 파시즘의 기본 개념으로 나치의 법학 이론가 카를 슈미트가 정식화하고 일린이 승인, 전파한 것이다.[46]

하나의 문명으로서의 러시아에 관해 쓰면서 푸틴이 염두에 둔 것은 그 문명의 일부라고 여기는 모든 사람이었다. 러시아가 주권과 영토 보전과 국경을 공식적으로 인정하는 우크라이나 국가에 관해 말하는 대신, 푸틴은 자신이 "카르파티아 산맥부터 캄차카 반도에 이르는" 러시아 영토이자 따라서 러시아 문명의 한 요소로 규정하는 넓은 공간에 흩어져 사는 사람들로 우크라이나인들을 상상하는 쪽을 선호했다. 만약 우크라이나인들이 "타타르인, 유대인, 벨라루스인"처럼 러시아를 이루는 또 하나의 집단일 뿐이라면, 우크라이나의 국가 지위는 무의미한 것이었고, 러시아 지도자인 푸틴은 우크라이나 사람들을 대변할 권리가 있었다. 그는 도발적인 외침으로 글을 맺으면서 러시아인과 우크라이나인은 절대 분리되지 않을 것이라고 세계에 알리고 이 점을 이해하지 못하는 이들과는 전쟁을 불사하겠다고 으름장을 놓았다. "우리는 수백 년 동안 함께 살았다. 우리는 수많은 무시무시한 전쟁에서 함께 승리했다. 그리고 우리는 앞으로도 계속 함께 살 것이다. 그리고 우리를 갈라놓으려 하는 이들에게 나는 한 가지 말만 할 수 있다. 그날은 절대 오지 않을 것이다."[47]

2012년 1월 푸틴이 이렇게 도전장을 내밀었을 때, 서구에서는 아무도 눈길을 주지 않았다. 헤드라인을 장식한 쟁점은 러시아 유권자들과 그들이 표출한 불만이었다. 유럽이나 미국, 우크라이나의 어느 누구도 러시아와 우크라이나의 관계를 고찰하지 않았다. 그렇지만 푸틴은 날쌔게 움직이면서 영원의 정치학을 정식화한 상태였고, 그 덕에 선거 조작에 대한 러시아인들의 항의를 유럽과 미국의 대러시아 공세로 전환할 수 있었고 그 전장은 우크라이나가 되었다. 푸틴에 따르면, 표가 제대로 집계되지 않았기 때문에 개별 러시아인들이 부당한 대우를 받은 게 아니었다. 서구가 우크라이나가 러시아라는 것을 이해하지 못했기 때문에 하나의 문명으로서 러시아가 부당한 대접을 받은 것이었다. 푸틴이 국가의 승계 원리를 훼손함으로써 러시아 국가를 약하게 만든 게 아니었다. 유럽인과 미국인들이 우크라이나를 인정함으로써 러시아 문명에 도전하고 있는 것이었다. 2012년 러시아 의회를 상대로 대통령으로서 처음 한 연설에서 푸틴은 이런 문명-국가 개념을 확인했다.[48]

국경을 가진 하나의 주권 국가인 러시아 연방을 갈라놓으려고 하는 이는 아무도 없었다. 하지만 우크라이나 역시 국경을 가진 주권 국가였다. 우크라이나가 러시아와 다른 주권 국가라는 사실은 캐나다가 미국이 아니고, 벨기에가 프랑스가 아닌 것처럼, 국제법의 기본적인 문제였다. 이런 진부한 법적 현재 상태를 흠 하나 없이 순결한 러시아 문명에 대한 침해로 제시함으로써 푸틴은 문화에서 나온 특정한 권리 주장을 위해 지난 20년 동안 러시아가 준수한 일반적인 법 개념을 뒤집어엎은 셈이었다. 그의 논리에 따르면, 러시아는 순결할 뿐만 아니라 관대했다. 우크라이나인들은 오직 러시아 문명을 통해서만 자신들이 진짜로 누구인지를 알 수 있기 때문이다.

제 아무리 비굴한 우크라이나 지도자라도 우크라이나 사회에 관한 푸틴의 설명을 받아들이기는 곤란했을 것이다. 당시 우크라이나 대통령 빅토르 야누코비치Viktor Yanukovych는 러시아에서 잘 알려진 인물이었고 전혀 위협이 되지 못했다. 야누코비치는 그를 위해서 대통령 선거 부정이 벌어진 2004년에 망신을 당했고, 푸틴은 선거가 다시 치러져서 다른 사람이 승리하자 당황했다. 미국에서 러시아의 영향력을 높이기 위한 계획을 짜던 미국의 정치 전략가 폴 매너포트가 야누코비치를 돕기 위해 키예프로 파견되었다. 매너포트가 지도하는 가운데 야누코비치는 몇 가지 기술을 습득했다. 그리고 경쟁자들이 부패한 덕분에 그는 두 번째 기회를 얻었다.[49]

야누코비치는 2010년 선거에서 합법적으로 승리했고, 러시아 해군이 2042년까지 우크라이나 크림반도에 주둔할 권리를 비롯해 사실상 우크라이나가 줄 수 있는 모든 것을 러시아에 제공하는 식으로 임기를 시작했다. 당시 우크라이나인, 러시아인, 미국인이 이해한 것처럼, 그 때문에 우크라이나는 적어도 30년 동안 북대서양조약기구 동맹에 합류할 수 없었다. 러시아는 군함, 호위함, 잠수함, 상륙함, 신형 해군 항공기 등을 추가하는 식으로 흑해 주둔 군사력을 늘릴 계획이라고 발표했다. 러시아의 한 전문가는 러시아군이 자국의 흑해 항구들에 "영원히" 남아 있을 것이라고 선언했다.[50]

2012년 푸틴이 새롭게 내세운 공식 정책은 우크라이나와 러시아가 조약을 체결할 수 있는 법적으로 동등한 주체라는 통념 자체에 도전했다. 2013년과 2014년, 러시아는 야누코비치를 비굴한 부하에서 무기력한 꼭두각시로 탈바꿈시킴으로써 우크라이나인들이 자국민의 권리를 차단하고 억압적인 러시아 법률을 그대로 베끼며 폭력을 가하는 정부에 대항해 반란을 일으키도록 유도할 것이었다. 푸틴의 러시아 문명 개념과 야누코비치 못살게 굴기는 우크라이나에 혁명을 가져오게 된다.[51]

영원의 환상을 조성하다

역사학 연구자들에게 역사학의 권위자를 한 명 꼽아 달라는 요청을 받았을 때 푸틴이 생각할 수 있는 이름은 이반 일린 한 명뿐이었다. 일린이 많은 역할을 했지만 그래도 역사학자는 아니었다. 만약 일린의 영원한 불변의 규칙이 역사적 시간을 대체하고, 정체성이 정책을 대신할 수 있다면, 아마 승계 문제를 뒤로 미루는 게 가능할 것이다.[52]

2012년 러시아 의회를 상대로 한 첫 연설에서 푸틴은 러시아의 시간 풍경에서 자신이 차지하는 자리를 영원한 순환의 실현으로 묘사했다. 러시아인들이 '블라디미르Vladimir'라고 부르는 고대 키예프의 군주가 돌아왔다는 것이었다. 영원의 정치학은 현재가 순환해서 회귀할 수 있는 과거의 시점들을 필요로 한다. 그래야 조국의 순결함과 지도자의 통치권, 미래에 관한 사고의 무의미함을 보여 줄 수 있기 때문이다. 푸틴이 처음 돌아간 그런 시점은 988년이었다. 그의 이름의 기원이 된, 당대에 볼로디미르Volodymyr, 일명 발데마르Valdemar라고 알려진 중세 초기의 군벌이 기독교로 개종한 해다. 푸틴의 과거 신화에서 볼로디미르/발데마르는 러시아인이고, 그의 기독교 개종은 오늘날의 러시아와 벨

라루스, 우크라이나 땅을 영원히 이어 주는 고리다.⁵³

　푸틴의 친구인 대수도사제 티혼 솁쿠노프는 "러시아를 사랑하고 러시아의 안녕을 비는 사람이라면 하느님의 뜻에 따라 러시아의 수장이 된 블라디미르를 위해 기도를 할 수 있을 뿐"이라고 주장했다. 이 정식화에서 '블라디미르' 푸틴은 역사 너머에서 "하느님의 뜻에 따라" 나타나는 러시아의 대속자이며, 단지 어떤 이름을 가졌다는 이유만으로 러시아의 천년 과거를 불가사의하게

900년경 동유럽

자신의 것으로 통합시킨다. 시간은 사실과 동떨어진 신비로운 원형 고리가 되었다. 모스크바에서 현대 러시아 철자법으로 "블라디미르"로 표기되는 볼로디미르/발데마르상像 제막식이 열렸을 때, 러시아 언론은 볼로디미르/발데마르가 통치할 때는 모스크바시가 아예 존재하지도 않았다는 이야기를 삼갔다. 대신에 러시아 방송은 새로운 기념물이 루시족Rus 지도자에게 바쳐진 첫 번째 공물이라는 말을 되풀이했다. 이 말은 사실이 아니었다. 실제로 볼로디미르/발데마르상은 1853년 이래 계속 키예프에 있었다.[54]

역사에서 해당 인물은 볼로디미르(키예프 통치자로 불린 이름)와 발데마르(그의 스칸디나비아 친척들에게 알려진 이름)로 알려졌다. 그는 루시족이라고 알려진 바이킹의 한 씨족에 속했는데, 남쪽에 있는 항구들에서 노예를 팔기 위해 드네프르강을 따라 남쪽으로 내려왔다. 루시족은 키예프를 교역 거점으로, 그리고 결국에는 수도로 삼았다. 바이킹 군벌이 사망할 때마다 유혈 투쟁이 벌어졌다. 볼로디미르/발데마르는 노브고로드Novgorod의 공후公侯였는데, 아랍의 자료에 따르면 이곳에서 그는 이웃에 있는 무슬림 불가르족Bulgars과 교역을 하기 위해 이슬람으로 개종한 상태였다. 볼로디미르/발데마르는 키예프를 획득하기 위해 스칸디나비아로 가서 형제들에 대항하는 군사 원조를 얻으려고 애썼다. 그리고 전쟁에서 승리하여 루시족을 장악했다. 볼로디미르는 키예프의 이교도 의례를 공식화하고 지역의 기독교도들을 천둥신에게 제물로 바쳤다. 어느 시점에서 볼로디미르는 비잔티움 황제의 누이와 결혼을 했는데, 이 결혼이 정치적 성공을 거두려면 기독교로 개종해야 했다. 그런 뒤에야 공식 종교인 이교 대신 기독교가 키예프 통치자의 정당성의 원천이 되었다.[55]

기독교는 부모, 형제, 자식끼리 서로 죽이는 전쟁을 막아 주지 못했다. 승계 원리를 제공하지 않았기 때문이다. 볼로디미르는 1015년에 사망할 당시 이미 아들 스뱌토폴크Sviatopolk를 투옥하고 다른 아들 야로슬라프Yaroslav를 향해 진군하는 중이었다. 볼로디미르가 죽은 뒤 스뱌토폴크는 형제 세 명을 죽이고 형 야로슬라프에게만 전장에서 패배했다. 그러자 스뱌토폴크는 야로슬라프를 물리치기 위해 폴란드 왕과 군대를 끌어들였고, 야로슬라프는 그를 처부수려고 페체네그족Pechenegs(전에 야로슬라프 할아버지의 두개골로 컵을 만들어 술을 마신 사람들) 군대를 충원했고 스뱌토폴크는 전장에서 살해되었다. 그러자 또 다른 형제 므스티슬라프Mstislav가 야로슬라프를 향해 진격해서 그를 물리침으로써 두 형제가 휴전을 하고 공동 지배를 할 수 있는 여건을 조성했다. 1036년 므스티슬라프가 사망하자 야로슬라프 혼자서 통치했다. 그리하여 볼로디미르에서 아들 야로슬라프로 이어지는 승계는 17년이 걸렸고, 볼로디미르의 아들 열 명이 사망한 뒤에야 마무리되었다. 키예프의 볼로디미르/발데마르의 삶과 통치는 영원의 정치학 안에서가 아니라 역사로 본다면 분명 하나의 교훈을 제공한다. 승계 원리의 중요성이 바로 그것이다.[56]

한동안 러시아 국가가 선거 비상사태와 선별적인 전쟁으로 유지될 수 있다는 점은 분명하다. 승계 원리가 부재한 탓에 생겨난 불안 자체는 해외로 투사해서 실질적 적대 관계를 조성함으로써 전체 과정을 새롭게 시작할 수 있다. 2013년, 러시아는 이웃 유럽 나라들을 꾀거나 겁박해서 그들 자신의 제도와 역사를 포기하게 만들기 시작했다. 만약 러시아가 서구가 될 수 없다면 서구가 러시아가 되게 하라. 미국 민주주의가 가진 결함을 활용해서 러시아의 피보호자를 선출시킬 수 있다면, 푸틴은 외부 세계가 러시아보다 별로 나을 게 없다는 사실을 입증할 수 있다. 푸틴은 자신이 사는 동안 유럽 연합이나 미국이 해체된다면 영원의 환상을 조성할 수 있다.

CHAPTER THREE

통합인가 제국인가

아무리 많은 결점과 악행이 있더라도 유럽은 더없이 소중한, 그 값을 헤아릴 수 없는 기술과 노하우를 획득했으며, 오늘날 어느 때보다도 더 생존을 위해 이런 기술과 노하우가 필요한 지구상의 나머지 나라들과 이것들을 공유할 수 있다.

- 지그문트 바우만, 2013

승계 원리를 가진 국가는 시간 속에 존재한다. 대외 관계를 조정하는 국가는 공간 속에 존재한다. 20세기의 유럽인들에게 핵심적인 질문은 다음과 같은 것이었다. 제국 이후에 무엇이 오는가? 유럽 강대국들이 많은 영토를 지배하는 게 이제 더는 불가능하다면, 나머지 조각들은 어떻게 국가로서 존재를 유지할 수 있을까? 1950년대부터 2000년대까지 몇 십 년 동안 그 답은 자명해 보였다. 국가들의 통합이라고 할 수 있는 유럽 연합을 창설해서 심화, 확대하는 것이었다. 유럽 제국들은 최초의 세계화뿐만 아니라 제1차 세계 대전과 대공황, 제2차 세계 대전, 홀로코스트로 이어지는 그 파국적 종말도 가져왔다. 유럽 통합은 두 번째 세계화의 토대를 마련했는데, 이 세계화는 적어도 유럽에서는 다른 미래를 약속해 주었다.

유럽 통합은 충분히 오래 지속되었기 때문에 유럽인들은 이것을 당연하게 받아들이면서 다른 정치적 모델들의 반향과 힘을 잊을 수 있었다. 그렇지만 역사는 결코 끝나지 않으며 언제나 다른 대안들이 등장한다. 2013년 러시아 연방은 "유라시아"라는 이름 아래 통합의 대안을 제시했다. 러시아는 제국으로 만들고 다른 모든 나라는 민족 국가로 두자는 것이었다. 이 제안의 한 가지 문제는 유럽에서 민족 국가가 지탱되기 어렵다는 사실이 입증되었다는 것이다. 유럽 강대국들의 역사를 보면, 제국주의가 통합과 뒤섞이면서 민족 국가는 거의 나타나지 않았다. 유럽 주요 강국들은 민족 국가였던 적이 없었다. 제2차 세계 대전 이전에는 제국으로서 시민과 신민들이 불평등한 대우를 받았고, 이후에는 제국 지위를 잃으면서 각국이 주권을 공유하는 유럽 통합 과정에 합류했다. 그렇게 세워진 동유럽 민족 국가들은 1930년대와 1940년대에 붕괴했다. 2013년, 더 커다란 유럽 체제가 부재한 가운데 유럽 각국 역시 점점 해체될 것이라고 의심할 만한 이유가 충분했다. 해체의 한 형태인 유럽 연합의 해체는 또 다른 해체, 즉 유럽 각국의 해체로 이어질 공산이 컸다.

　러시아 지도자들은 이러한 점을 이해하는 듯 보였다. 유럽 지도자들과 달리 그들은 1930년대에 관해서 공공연하게 논의했다. 러시아의 유라시아 기획은 1930년대에 그 뿌리가 있었는데, 당시는 유럽의 민족 국가들이 바야흐로 전쟁으로 빠져들던 때였다. 러시아 지도자들이 자국민들에 대해 통합을 불가능한 것으로 만들었기 때문에 유라시아는 그럴듯한 기획이 되었다. 그와 동시에 크렘린은 그 시대의 파시스트 사상가들을 복권시키는 한편, 파시즘 사상을 상기시키는 현대의 러시아 사상가들을 장려했다. 알렉산드르 두긴, 알렉산드르 프로하노프, 세르게이 글라지예프Sergei Glazyev 등 2010년대의 주요 유라시아론자들은 나치의 사상을 러시아의 상황에 맞게 부활시키거나 개조했다.

　이반 일린이 미래는 과거와 마찬가지로 제국의 것이라고 믿었을 때 그의 시대에 그는 주류에 속했다. 1930년대에 주요한 문제는 새로 세워지는 제국들이 극우나 극좌 가운데 어느 쪽일 것인가 하는 점이었다.[1]

　제1차 세계 대전은 유럽의 노후한 지상地上 제국들을 무너뜨렸다. 일린의 러시아만이 아니라 합스부르크 왕정, 독일 제국, 오스만 제국 등이 모두 붕괴했다. 그 후 옛 제국들의 영토에서 민족 국가를 창설하는 실험이 이루어졌다. 프랑스는 이 새로운 국가체들을 지원하려고 했지만 대공황이 벌어지는 중에 중부와 동부 유럽에서 파시스트 이탈리아와 나치 독일에 영향력을 내주었다. 폴란드의 한 주지사나 루마니아의 어느 파시스트가 자유민주주의의 시대가 끝났다고 선언했을 때, 그들은 유럽의 전반적인 확신을 대변한 셈이었다. 대서양 건너편에서도 이런 확신을 널리 공유하고 있었다. 1930년대에 미국은 많은 수의 아메리카 원주민과 아프리카계 미국인 신민들이 온전한 시민이 아니라는 의미에서 제국이었다. 미국이 민주주의가 될지 여부는 열린 문제였다. 미국의 영향력 있는 많은 사람들은 민주주의가 될 것이라고 생각하지 않았다. 훗날 독보적인 전략 사상가가 되는 외교관 조지 케넌George Kennan은 1938년에 미국이 "헌법 개정을 통해 권위주의 국가로 이어지는 길을 걸어야 한다"고 제안했다. 유명한 비행기 조종사 찰스 린드버그는 "미국 우선America First"이라는 슬로건을 내세워 나치에 대한 공감을 호소했다.[2]

제2차 세계 대전은 또한 유럽인들에게 파시즘과 공산주의, 극우의 제국과 극좌의 제국 사이에서 선택해야 한다고 가르쳐 주었다. 전쟁은 막을 수 없는 두 극단의 동맹, 즉 1939년 8월 독일과 소련이 체결한 공세적인 군사 조약으로 시작되었다. 이 조약은 국가들 전체를 없애 버림으로써 순식간에 유럽 체제를 파괴했다. 독일은 이미 오스트리아와 체코슬로바키아를 파괴한 상태였다. 독일 국방군Wehrmacht과 소련 붉은 군대는 함께 폴란드를 침략해서 파괴했고, 이후 소련은 리투아니아, 라트비아, 에스토니아를 점령하고 병합했다. 소련이 경제적 지원을 하는 가운데 독일은 1940년에 프랑스를 침략해서 무너뜨렸다. 전쟁의 2단계는 1941년 6월에 시작되었는데, 당시 히틀러는 스탈린을 배신해서

1930년경 유럽

독일이 소련을 침략했다. 이제 두 극단은 서로 반대편에 서게 되었다. 베를린의
전쟁 목표는 제국 건설이었다. 히틀러는 소비에트 우크라이나(우크라이나 소비
에트 사회주의 공화국)의 비옥한 땅을 장악하면 독일이 자급자족 경제를 건설해
서 세계 강국이 될 수 있다고 생각했다. 동맹이든 적이든 간에 극우와 극좌가
유일한 선택지인 것 같았다. 나치 지배에 맞선 저항조차도 대개 공산주의자들
이 이끌었다.[3]

1945년 나치 독일이 패배하면서 일반적으로 파시즘이 신뢰를 잃었다. 유럽인들이 파시즘을 도덕적 재앙으로 여기게 되었거나 파시즘이 승리가 코앞에 있다고 주장하다가 패배했기 때문이다. 붉은 군대가 국방군을 소련과 동유럽에서 몰아낸 뒤, 에스토니아와 라트비아, 리투아니아에서 다시 소비에트 권력이 세워졌고, 루마니아, 폴란드, 헝가리에서는 공산주의 정권이 수립되었다. 모두 몇 년 전만 해도 우익 권위주의가 운명의 과업처럼 보였던 나라들이었다. 1950년에 이르면 제1차 세계 대전 이후 형성된 민족 국가 지대의 거의 전역에 공산주의가 확대되었다. 제2차 세계 대전의 여파 속에서, 제1차 세계 대전 이후와 마찬가지로 유럽 민족 국가는 지속 불가능하다는 점이 입증되었다.[4]

미국의 경제력이 전쟁의 추이를 바꾸는 데 결정적인 역할을 했다. 미국은 유럽의 군사 충돌에 늦게 끼어들긴 했지만 연합국인 영국과 소련에 물자를 공급했다. 전후 유럽에서 미국은 정치적 중도파를 지원하고 극단 세력의 토대를 허물어서 장기적으로 자국의 안정된 수출 시장을 창조하기 위해 경제 협력 원조를 제공했다. 시장이 존재하려면 사회적 토대가 필요하다는 이런 인식은 미국 국내 정책과 비슷했다. 전후 30년 동안 미국에서 부자와 빈자의 간극은 좁혀졌다. 1960년대에는 아프리카계 미국인까지 투표권이 확대되어 미국 정치의 제국적 성격이 약해졌다. 소련과 동유럽 위성국들은 전쟁 이후 미국의 원조를 거부했지만, 서유럽 각국은 미국의 재정적 지원 아래 법치와 민주적 선거 등의 새로운 실험을 수행했다. 나라마다 정책은 상당히 달랐지만, 대체로 이 30년 동안 유럽은 나중 세대들이 당연하게 여기게 될 보건 의료와 사회 보험 시스템을 확립했다. 서유럽과 중유럽에서 국가는 이제 제국에 의존하지 않았고, 통합을 통해 구조를 받을 수 있었다.[5]

유럽 통합은 1951년에 시작되었다. 일린은 불과 3년 뒤 세상을 떠났다. 반세기 뒤에 그를 부활시킨 러시아 사상가나 지도자들과 마찬가지로 그 역시 결코 유럽 통합을 진지하게 받아들이지 않았다. 일린은 마지막 순간까지 마니교적인 이원론적 정치관을 견지했다. 그가 보기에 러시아 제국은 구원을 의미했고, 다른 모든 체제는 악마 숭배로 이어지는 미끄러운 경사로의 여러 지점을 뜻했다. 일린이 전후의 유럽을 보았을 때 그가 눈길을 돌린 것은 우익 독재자들이 다스리는 해상 제국인 스페인과 포르투갈이었다. 그는 프란시스코 프랑코Francisco Franco와 안토니우 드 올리베이라 살라자르António de Oliveira Salazar가 파시즘의 유산을 보전했으며 유럽의 파시즘 규범을 재건할 것이라고 믿었다. 전후 영국과 프랑스에서 일린은 입헌 군주정과 공화국이 아니라 제국을 보았고, 제국적 요소가 내구력이 있다고 생각했다.[6]

만약 유럽 각국이 제국이라면 러시아 역시 제국이고 계속 제국으로 남아 있어야 한다고 일린은 말했다. 제국은 자연스러운 현상이고, 파시스트 제국은 가장 성공적일 것이며, 러시아는 완벽한 파시스트 제국이 될 터였다.

유럽 통합과 러시아

일린의 사망과 복권 사이 반세기 동안 통합의 유럽이 제국의 유럽을 밀어냈다. 독일이 이런 패턴을 시작했다. 전쟁에서 패배하고 그 후 분단을 겪은 독일인들은 이웃 나라 프랑스의 제안을 받아들였고, 벨기에, 네덜란드, 룩셈부르크, 이탈리아 등과 함께 1951년에 유럽석탄철강공동체ECSC: European Coal and Steel Community를 설립했다. 서독의 지도자들, 특히 콘라트 아데나워Konrad Adenauer는 국가 주권과 통일로 가는 길이 유럽 통합을 통해 이어진다고 보았다. 다른 유럽 제국들 역시 식민지 전쟁에 패배해 식민지 시장을 상실하자 이 프로젝트는 더욱 확대되었다. 제국적 초강대국인 영국조차 1973년에 덴마크, 아일랜드와 나란히 이 사업에 합류했다. 포르투갈과 스페인은 식민지 상실의 새로운 양상을 세우면서 권위주의를 의회민주주의로 대체하고는 유럽 프로젝트에 합류했다. 둘 다 1986년의 일이다. 유럽은 제국 이후의 연착륙이었다.[7]

1980년대에 이르러 유럽 많은 곳에서 통합을 통한 민주주의가 규범으로 자리를 잡았다. 당시 유럽 공동체EC라고 불린 연합의 구성원은 모두 민주주의 국가였고, 그 대부분은 동쪽에 있는 공산주의 정권들보다 뚜렷하게 번영을 누렸다. 1970년대와 1980년대에 서유럽과 동유럽의 생활 수준 격차가 벌어졌고, 교통과 통신상의 변화 때문에 이런 사실을 숨기기 어려웠다. 미하일 고르바초프가 소비에트 경제를 구조하기 위해 소비에트 국가를 바로잡으려고 할 때 서유럽 국가들은 경제 협력을 중심으로 새로운 정치적 틀을 세우고 있었다. 소련이 종언을 고하고 몇 달 뒤인 1992년, 유럽 공동체는 유럽 연합EU으로 모습을 바꿨다. 유럽 연합은 법률 조정, 공동 최고 법원 수용, 무역과 이동의 자유 지대를 실현했다. 훗날 대다수 회원국에게 유럽 연합은 공동 국경과 공동 통화를 가진 지대가 되었다.[8]

동유럽 공산주의 국가들 대부분에게도 유럽 연합은 비록 경로는 다르지만 제국 이후의 안전한 종착지임이 드러났다. 제1차 세계 대전이 독일 제국이나 소비에트 제국, 또는 양자 모두의 먹잇감이 된 뒤 1930년대와 1940년대에 동유럽 국가들이 수립되었다. 1989년 혁명 이후 소비에트의 지배에서 벗어난 동유럽 각국에서 새로 선출된 지도자들은 유럽 프로젝트에 합류하고 싶다는 열망을 표현했다. 이러한 "유럽으로의 복귀"는 1918년과 1945년의 교훈, 즉 모종의 더 큰 구조가 없이는 민족 국가를 유지하기가 어렵다는 교훈에 대한 반응이었다. 1993년 유럽 연합은 동유럽 국가들과 연합 협정*을 체결하기 시작하면서 법적 관계를 개시했다. 1990년대에 세 가지 회원국 가입 원칙이 확립되었다. 경쟁을 관리할 수 있는 시장 경제, 민주주의와 인권, 유럽 법률과 규제를 실행할 수 있는 행정 역량이 그것이다.[9]

2004년과 2007년, 탈공산주의 국가 7개국(폴란드, 헝가리, 루마니아, 불가리아, 체코 공화국, 슬로바키아, 슬로베니아)과 구소비에트 공화국 3개국(리투아니아, 라트비아, 에스토니아)이 유럽 연합에 가입했다. 2013년에는 크로아티아도 가입했다. 1918년과 1945년 이후에 실패한 종류의 작은 정치 단위가 이제 존속할 수 있었다. 주권을 지탱해 주는 유럽의 질서가 존재했기 때문이다. 2013년 현재, 유럽 연합은 제2차 세계 대전 이후 해체된 옛 해상 제국들의 수도들뿐만 아니라 제1차 세계 대전 중이나 이후에 해체된 지상 제국들의 옛 변경들도 아우른다.[10]

2013년까지 유럽 연합이 하지 못한 일은 1922년 수립된 소련의 원래 국경선 안에 있던 영토로 확장하는 것이었다. 2013년, 서쪽 이웃 나라들보다 20년 늦게 우크라이나가 유럽 연합과 연합 협정을 교섭하고 있었다. 나중에 어느 시점에서 우크라이나의 유럽 연합 가입은 이 마지막 장벽을 극복할 수 있었다. 우크라이나는 새로운 통합의 유럽과 낡은 제국의 유럽을 가르는 축이었다. 유라시아라는 이름 아래 제국을 복원하기를 바라는 러시아인들은 우크라이나부터 시작할 것이었다.

통합의 정치는 제국의 정치와 근본적으로 달랐다. 유럽 연합은 넓은 경제 공간이라는 점에서 하나의 제국과 흡사했다. 한편 그 조직 원리가 불평등보다는 평등이라는 점에서 제국과 달랐다.

• 유럽 연합 가입 협정을 의미한다.

1956년경 유럽

　　제국 권력은 자신이 식민 영토로 간주하는 땅에서 마주치는 정치체를 인정하지 않으며, 따라서 그런 정치체는 존재하지 않는다고 주장하면서 파괴하거나 전복한다. 아프리카에 진출한 유럽인들은 이 대륙에는 정치 단위가 존재하지 않기 때문에 국제법에 종속되지 않는다고 주장할 수 있었다. 서부로 팽창하는 미국인들은 원주민 국가들과 조약을 체결하고는 이내 그 국가들은 주권체가 아니라는 논리로 조약을 무시할 수 있었다. 1939년에 폴란드를 침략한 독일인들은 폴란드 국가는 존재하지 않는다고 주장했고, 이 나라 한가운데서 그들과 만난 소련인들도 똑같은 주장을 폈다. 모스크바는 1940년에 리투아니아, 라트비아, 에스토니아를 점령해서 병합할 때 이웃 나라들의 주권적 지위를 부정했고, 심지어 과거에 이 나라들에서 복무한 것은 범죄 행위라고 주장하기까지 했다. 1941년에 소련을 침략한 독일은 자신이 한 국가를 침략한다는 사실을 부인하면서 소련 국민들을 식민지 신민으로 다루었다.[11]

유럽 제국주의 역사를 통틀어 유럽 강대국들은 국제법이 다른 유럽 국가들을 다루는 데 적용된다고 가정했다. 그렇지만 자신들이 권력과 부를 축적하는 대상인 식민지 영토에는 적용되지 않는다고 보았다. 제2차 세계 대전에서 유럽인들은 서로에게 식민주의 원리를 적용했다. 전후의 통합은 법률에 따라 유럽인들 사이의 관계가 정해진다는 관념으로 돌아간 것이었다. 이제 유럽인들은 유럽, 그리고 뒤이어 세계 각지에서 식민지를 상실했기 때문이다. 유럽 연합에서 조약이란 경제학을 바꾸기 위한 것이었고, 그다음에는 경제학에 따라 정치학이 바뀔 것이었다. 주권의 인정은 이 기획 전체를 뒷받침하는 조건이었다. 유럽 통합은 국가 경계선이 고정돼 있고, 국경선 변경은 침략을 통해서가 아니라 국가들 내부와 사이에서 진행되어야 한다는 가정을 바탕으로 진행되었다. 유럽 연합의 각 회원국은 법치 국가여야 했고, 통합은 법치를 받는 국가들이 진행하는 사업이었다.[12]

2013년에 이르러 나타난 결과물은 취약하기는 해도 만만찮은 창조물이었다. 유럽 연합의 경제는 미국이나 중국 경제보다 규모가 크고, 러시아 경제보다는 여덟 배 정도 컸다. 민주적 절차와 복지 국가, 환경 보호를 갖춘 유럽 연합은 미국과 러시아, 중국의 불평등에 대한 대안적 모델을 제시했다. 세계에서 가장 부패가 덜하다고 간주되는 국가들이 대부분 유럽 연합에 속해 있었다. 통일된 군대와 확실한 대외 정책 기관이 없는 유럽 연합은 내부 기능만이 아니라 외교를 위해서도 법률과 경제학에 의존했다. 유럽 연합의 암묵적인 대외 정책은 유럽 시장에 접근하기를 바라는 지도자와 사회를 설득해서 법치와 민주주의를 받아들이게 만드는 것이었다. 유럽의 시장이나 가치를 원하는 비회원국의 시민들은 유럽 연합과 교섭하도록 자국 정부를 압박하고, 그렇게 하

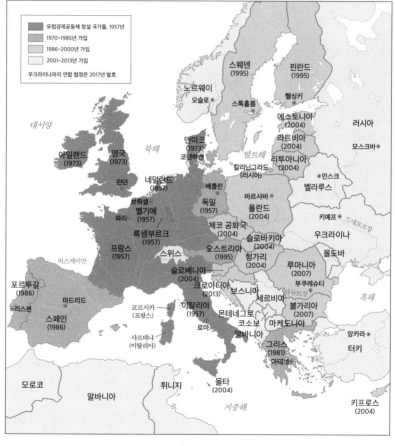

2013년경 유럽 연합

지 않는 지도자들을 투표로 몰아낼 것이었다. 1980년대와 1990년대, 2000년대에는 이런 압력이 통하는 것 같았다.

유럽 연합의 약점은 유럽의 필연의 정치학, 즉 '현명한 민족의 우화'였다. 서유럽 회원국의 시민들은 자기네 민족이 오래전부터 존재했으며 역사로부터 배운 대로 더 나은 선택을 했다고 생각했다. 특히 유럽에서 전쟁을 겪으면서 평화가 좋은 것임을 배웠다고 생각했다. 유럽 제국들이 어쩔 수 없이 식민지를 포기하고 통합 과정에 참여했을 때, 이런 현명한 민족의 우화 덕분에 이 과정이 순조롭게 진행되었다. 식민지 전쟁에서 겪은 패배와 패배 과정에서 자신들이 저지른 잔학 행위로부터 유럽인들이 눈길을 돌릴 수 있었기 때문이다.

역사에는 민족 국가의 시대 같은 건 존재하지 않았다. 핀란드 같은 예외가 있긴 하지만 일반적으로 통합이 시작되는 동안 제국은 끝이 났고, 그 사이에 막간 같은 건 없었다. 독일, 프랑스, 영국, 이탈리아, 네덜란드, 스페인, 포르투갈 등의 필수적인 사례에서 고립된 상태에서 민족이 주권을 얻고 국가가 번성한, 제국과 통합 사이의 순간은 없었다. 이 나라들의 시민들이 자기네 나라는 민족 국가로 존재한 역사가 있다고 경솔하게 믿는 것은 사실이다. 하지만 잠깐 곰곰이 생각해 보면 대체로 그들은 사실은 그렇지 않다는 것을 깨닫는다. 보통은 이런 성찰이 이루어지지 않는다. 유럽 각지의 역사 교육이 민족사 교육이기 때문이다. 제국 시대 자국의 과거에 관한 진지한 교육이 부족하고 여러 양상을 나란히 볼 수 있게 해 주는 비교 지식이 부족하기 때문에 유럽인들은 허구적 역사에 만족하고 만다. 어린 시절에 배운 현명한 민족의 우화 덕분에 어른들은 역사의 진정한 난점들을 잊어버리고 위안을 얻는다. 지도자들과 사회마다 현명한 민족의 우화를 읊으면서 자신들이 유럽을 선택했다고 자화자찬한다. 사실은 제국 이후 유럽이 실존적인 필요였는데도 말이다.[13]

2010년대에 이르러 동유럽 각국 시민들도 비록 그 방식은 다르지만 똑같은 실수를 범하게 되었다. 공산주의에 반기를 든 대다수 반체제 인사들은 1989년 이후 "유럽으로 복귀할" 필요성을 인정했지만, 2004년이나 2007년 이후 실제로 유럽 연합에 가입하자 그런 생각을 잊어버릴 수 있었다. 제1차 세계 대전과 제2차 세계 대전 이후 위기가 발생하면서 그와 같은 민족 국가가 유지될 수 없음이 입증되자 전쟁 경험은 자기 민족이 희생된 독특한 순간으로 다시 인식되었다. 동유럽 젊은이들은 1930년대와 1940년대에 국가가 실패한 이유를 성찰하도록 배우지 않았다. 그들은 자신들을 오로지 독일과 소비에트 제국의 무고한 희생자로 보면서 동유럽 땅에서 민족 국가들을 발견할 수 있었던 짧은 전간기를 찬양했다. 그들은 이 국가들이 악의만이 아니라 구조 때문에도 무너질 운명이라는 사실을 잊어버렸다. 이 국가들은 유럽의 질서가 없이는 살아남을 가능성이 거의 없었다.

유럽 연합은 유럽인들을 위한 공동 역사 교육을 확립하려고 한 적이 없다. 그 결과, 현명한 민족의 우화 때문에 유럽에 들어가기로 선택한 민족 국가는 또한 유럽을 떠나기로 선택할 수도 있는 것처럼 보였다. 상상된 과거로 다시 돌아가는 것이 가능하고, 심지어 바람직해 보일 수 있었다. 그리하여 필연의 정치학은 영원의 정치학을 위한 열린 공간을 창조했다.

2010년대에 유럽 연합에 반대하는 민족주의자와 파시스트들은 유럽인들에게 상상적인 민족사로 돌아가자고 약속했지만, 반대편에 선 사람들은 진짜 문제를 제대로 보지 못했다. 모두들 현명한 민족의 우화를 받아들였기 때문에 유럽 연합은 그 지지자들과 반대자들 모두에 의해 민족적 필요성보다는 민족적 선택으로 정의되었다. 가령 영국 나이절 패라지Nigel Farage의 영국독립당UKIP: United Kingdom Independence Party과 프랑스 마린 르펜Marine Le Pen의 국민전선Front National,* 오스트리아 하인츠-크리스티안 슈트라헤Heinz-Christian Strache의 자유당Freiheitliche Partei 등은 하나같이 영원의 정치학에 안주했다. 유럽 연합 회원국인 헝가리의 지도자들은 2010년을 시작으로 유럽 연합 내부에 우익 권위주의 정권을 세웠다. 또 다른 유럽 연합 회원국인 그리스는 2008년 세계 금융 위기 이후 금융 붕괴에 직면했다. 그리스 유권자들은 극우나 극좌로 이동했다. 헝가리와 그리스 지도자들은 중국과 러시아의 투자를 미래로 향하는 대안적 길로 바라보기 시작했다.

유럽의 미래에 대한 러시아의 공공연한 거부는 새로운 현상이었다. 러시아는 제국 이후의 유럽 강국 중에서 유럽 연합을 자국을 위한 안전한 착륙지로 간주하지 않은 첫 번째 나라일 뿐만 아니라 다른 나라들이 주권, 번영, 민주주의를 누릴 가능성을 부정하기 위해 통합을 공격한 첫 번째 나라였다. 러시아의 공세가 시작되자 유럽의 여러 약점이 노출되고 포퓰리스트들이 번성했으며 유럽의 미래가 어두워졌다. 러시아의 몇 가지 가능성이 닫히자 유럽 역사의 커다란 질문이 다시 제기되었다.[14]

민족의 대속자

푸틴 치하의 러시아는 승계 원리와 법치를 갖춘 안정된 국가를 창조할 수 없었다. 실패를 성공으로 포장하기 위해 러시아는 유럽을 본보기로 삼는 대신 오히려 자신을 유럽의 본보기로 제시해야 했다. 그러려면 번영과 자유가 아니라 성애와 문화의 측면에서 성공을 정의하고, 유럽 연합과 미국이 한 행동이

• 2018년 6월 국민연합RN: Rassemblement national으로 이름을 바꾸었다.

아니라 그들이 표상한다고 여겨지는 가치를 이유로 그들을 위협으로 규정해야 했다. 푸틴은 2012년에 대통령직에 복귀하자 놀라울 정도로 신속하게 이런 책략을 실행했다.

2012년까지만 해도 러시아 지도자들은 유럽 통합에 관해 우호적으로 발언했다. 옐친은 적어도 수사학적으로는 유럽을 본보기로 받아들였다. 푸틴 또한 유럽 연합이 러시아 국경으로 접근하는 것을 협력의 기회로 설명했다. 1999년 북대서양조약기구가 동쪽으로 확대한 것 역시 그는 위협으로 보지 않았다. 대신에 미국이나 북대서양조약기구를 러시아의 협력자로 끌어들여 자신이 생각하는 공동의 안보 문제를 해결하려고 했다. 2001년 미국이 이슬람 테러리스트들의 공격을 받은 뒤, 푸틴은 러시아와 국경을 접한 지역에서 북대서양조약기구와 협력하겠다고 제안했다. 푸틴은 2004년 유럽 연합의 확대를 위협으로 제시하지 않았다. 오히려 그는 그해에 우크라이나의 향후 유럽 연합 가입에 대해 우호적으로 발언했다. 2008년 푸틴은 부쿠레슈티에서 열린 북대서양조약기구 정상 회담에 참석했다. 2009년에 메드베데프는 미국 항공기가 아프가니스탄에 있는 병력에 물자를 공급하기 위해 러시아 상공을 비행하도록 허용했다. 2010년 북대서양조약기구 주재 러시아 대사인 급진 민족주의자 드미트리 로고진Dmitry Rogozin은 북대서양조약기구가 아프가니스탄에서 철수할 것이라는 우려를 표명했다. 로고진은 북대서양조약기구가 투쟁 정신이 부족하다면서 "항복 분위기"를 풍긴다고 불만을 토로했다. 그는 북대서양조약기구 군대가 러시아 국경에 주둔하기를 원했다.[15]

2011년 내내 러시아 대외 정책의 기준선은 유럽 연합과 미국이 위협이 아니라는 것이었다. 유럽 연합과 미국은 러시아와 동등한 입장에서 협력해야 했다. 2000년대 10년은 그와 같이 간주될 수 있는 러시아 국가를 창조하지 못

한 잃어버린 기회였다. 러시아는 행정 권력의 민주적인 변화를 전혀 이루지 못

했다. 1990년대를 지배한 경쟁하는 파벌들의 과두제는 도둑 정치로 바뀌었고,

여기서 국가 자체가 단일한 과두적 파벌이 되었다. 푸틴 치하의 러시아는 법률

을 독점하는 대신 부패를 독점했다. 물론 2000년대에 국가는 천연가스와 석유

수출 덕분에 시민들에게 어느 정도의 안정을 제공했다. 그렇지만 국가는 대다

수 러시아인들에게 사회적 향상의 약속을 제공하지 않았다. 사업체를 설립한

사람들은 언제든지 근거 없이 추정된 법률 위반으로 체포될 수 있었고, 실제로

그런 일이 빈번했다.[16]

모스크바는 또한 평화와 전쟁의 문제에서 취한 여러 행동 때문에 유럽인

들이 러시아를 동등한 국가로 간주하기 어렵게 만들었다. 2007년 4월, 에스토

니아는 대규모 사이버 공격으로 몇 주 동안 국가가 마비되었다. 당시에는 온

통 혼란스러웠지만, 훗날 러시아가 유럽과 미국을 상대로 벌인 첫 번째 사이

버전 공격으로 파악되었다. 2008년 8월, 러시아는 이웃 나라 조지아를 침공해

서 영토 일부를 점령했다. 재래전 공격과 동시에 사이버전도 벌어졌다. 조지아

대통령은 자기 웹 사이트의 관리권을 잃었고, 조지아 통신사들이 해킹당했으

며, 인터넷 트래픽이 대대적으로 봉쇄되었다. 러시아는 이웃 나라가 추진하는

유럽 통합을 불가능하게 만들기 위해 침략한 것이었지만, 사실상 자국의 유럽

통합을 포기한 셈이었다.[17]

2010년대에 이르러 러시아 연방의 과두제는 개혁을 불가능할 뿐만 아니

라 아예 생각조차 하지 못하게 만들어 놓았다. 2010년 11월에 독일 언론에 기

고한 글에서 푸틴은 양다리를 걸치려고 하면서 유럽 연합은 러시아가 어떤 식

으로든 바뀌기를 기대하지 않은 채 러시아와 통합해야 한다고 주장했다. 그의

논리에 따르면, 러시아 연방은 유럽의 원칙을 따를 수 없기 때문에 유럽은 그

런 원칙을 잊어버려야 했다. 푸틴은 유럽 국가들이 러시아와 비슷한 쪽으로 바뀌는 역통합을 상상하는 것이었는데, 이런 상상은 유럽 연합의 종말을 의미할 터였다.[18]

제국의 유럽과 통합의 유럽을 가르는 두드러진 차이는 법률에 대한 태도였다. 이 문제에 관해 정치인 푸틴은 철학자 일린의 방침을 따르고 있었다. 법률에 대한 초기의 믿음은 무법성을 애국적인 것으로 받아들이는 태도에 길을 내주었다. 혁명 이전에 러시아 젊은이로서 일린이 큰 관심을 기울인 문제는 법의 정신이었다. 그는 러시아인들이 법의 정신을 흡수할 필요가 있다고 믿었지만 그 방법을 알지는 못했다.[19]

그로부터 한 세기 뒤 따분한 유럽 연합이 이 문제를 해결했다. 유럽 연합의 지루한 가입 과정에는 법의 정신 수출도 포함되었다. 유럽 통합은 법치 개념이 순조롭게 작동하는 곳에서 제대로 작동하지 않는 곳으로 이 개념을 전파하는 수단이었다. 1990년대에 유럽 연합과 가입 지원국들이 체결한 연합 협정에 따라 더 심화된 법적 관계, 즉 온전한 회원국 지위를 암묵적으로 약속하는 것을 포함한 법적 관계가 시작되었다. 향후에 회원국이 될 수 있다는 기대 때문에 법치의 혜택이 분명해졌고, 개별 시민들이 그 혜택을 이해할 수 있었다.

후기의 일린은 법치를 거부하고 그 대신 파시즘의 자의성proizvol을 선호했다. 러시아가 법으로 다스려질 수 있다는 희망을 포기한 그는 무법성proizvol을 애국적 덕목으로 제시했다. 푸틴도 같은 궤적을 따르면서 일린을 근거로 인용했다. 2000년에 처음 대통령 후보로 출마했을 때 그는 "법의 독재"가 필요하다고 말했다. 하지만 법과 독재라는 개념은 서로 모순되었고, 하나가 떨어져 나갔다. 2012년에 대통령에 출마할 때는 유럽의 러시아라는 개념을 거부했는데, 법치를 선호하는 외부의 유인을 무시한다는 뜻이었다. 그 대신 'proizvol'이 대속적 애국주의redemptive patriotism로 제시될 것이었다. 오늘날 러시아어로 표현되는 작동 개념은 'bespredel', 즉 무경계성인데, 지도자가 어떤 행동이든 할 수 있다는 뜻이다. 이 단어 자체가 범죄자들의 은어에서 나온 것이다.[20]

이 논리에서 보면, 푸틴은 실패한 정치인이 아니라 민족의 대속자였다. 유럽 연합의 시각으로는 통치의 실패가 될 수 있는 현상이 만발한 러시아의 순결함으로 경험될 것이었다.

러시아가 꿈꾸는 유럽의 모습

푸틴은 통합 대신 제국을 선택했다. 2011년과 2012년, 푸틴은 만약 유럽 연합이 자국과 통합하자는 러시아의 제안을 받아들이지 않는다면 러시아는 유럽이 유라시아가 되도록, 즉 자신과 더욱 흡사해지도록 도울 것이라고 설명했다. 푸틴이 총리이던 2010년 1월 1일, 러시아는 이웃한 포스트소비에트 독재국가인 벨라루스, 카자흐스탄과 유라시아관세동맹Eurasian Customs Union을 창설했다. 2011년 말과 2012년 초에 대통령 후보 푸틴은 더욱 야심 찬 "유라시아 연합Eurasian Union"을 제안했다. 유럽 연합 회원국을 포괄함으로써 유럽 연합의 소멸을 도울 대안적 국가 연합이었다. 그는 유라시아 구상이 세계를 위한 새로운 이데올로기와 지정학의 시작이라고 설명했다.

2011년 10월 3일 신문《이즈베스티야Izvestiia》에 기고한 글에서 푸틴은 원대한 유라시아 기획을 발표했다. 러시아는 유럽 연합의 합당한 회원국으로 검증되지 못한 나라들과 암묵적으로 미래에 무너지는 유럽 연합에서 빠져나오는 나라들을 하나로 묶을 것이었다. 이것은 현재와 미래의 독재를 의미했다. 2012년 1월 23일《네자비시마야가제타Nezavisimaia Gazeta》에서 푸틴은 일린의 말을 인용하면서 통합은 유럽인들이 생각하는 것처럼 공동의 성취를 위한 것이 아니라 자신이 말하는 "문명"을 위한 것이라고 주장했다. 푸틴의 논리에서 보면, 법치는 일반적인 열망이기를 멈추고 이제 이질적인 서구 문명의 한 측면이 되었다. 푸틴이 생각하는 통합은 다른 이들과 협력하는 게 아니라 자화자찬하는 것, 행동이 아니라 존재였다. 러시아를 유럽과 흡사하게 만드는 어떤 일도 할 필요가 없었다. 유럽이 러시아와 흡사해져야 했다.[21]

물론 유럽 연합에게 러시아와 비슷해진다는 것은 연합의 해체를 의미했을 것이다. 2012년 2월 27일 《모스콥스키예노보스티Moskovskie Novosti》에 기고한 세 번째 논설에서 푸틴은 바로 그런 결론을 끌어냈다. 러시아는 "세계 정치 지도에서 러시아가 차지하는 독특한 위치, 지금까지 역사와 문명 발전에서 행한 역할" 때문에 절대 유럽 연합 회원국이 될 수 없었다. 따라서 유라시아는 유럽 연합과 관련된 곤란한 부담이 전혀 없이 미래의 회원국들을 러시아와 "통합"할 것이었다. 어떤 독재자도 물러날 필요가 없고, 자유선거를 치르지 않아도 되며, 어떤 법률도 지지할 필요가 없었다. 유라시아는 국가들이 유럽 연합에 합류하는 것을 막고 그런 생각 자체를 방지하기 위해 고안된 방해 장치였다. 푸틴에 따르면, 결국 유라시아가 대서양에서 태평양 사이, "리스본부터 블라디보스토크까지 아우르는 공간"인 더 거대한 "유럽의 연합Union of Europe"에서 유럽 연합을 압도할 것이었다. 유라시아에 합류하지 않는 것은 "이 단어의 가장 넓은 의미에서 분리주의를 장려하는 행동"이 될 것이라고 푸틴은 말했다.[22]

2011년과 2012년 대통령 후보로 나선 푸틴은 러시아를 일반적 기준에서 해방시키고 러시아의 특이성을 다른 나라들에까지 확장하겠다고 약속했다. 만약 러시아를 다른 나라들이 잃어버린 문명적 가치의 원시적 원천으로 묘사할 수 있다면, 러시아 도둑 정치의 개혁이라는 문제는 무의미해질 것이었다. 러시아를 바꾸는 게 아니라 다른 나라들을 인도하는 횃불로 찬미해야 한다. 푸틴은 러시아인들이 유럽 통합을 터무니없는 것으로 생각하게 만들었기 때문에 말과 행동을 일치시키고 있었다. 그가 대통령직을 맡은 방식 때문에 이제 유라시아로의 전환은 되돌릴 수 없는 일이 되었다. 2011년과 2012년에 민주적 절차를 포기한 것은 유럽 연합 가입의 기본 기준을 조롱한 셈이었다. 시위대를 폭력으로 거리에서 내쫓고 유럽의 첩자들이라고 비방한 것은 유럽 연합을 적으로 규정한 행동이었다.[23]

러시아에는 합당한 승계 원리가 없고 러시아 국가의 미래는 불확실했지만, 이런 말을 입 밖에 낼 수는 없었다. 푸틴은 국가를 통제하면서도 개혁은 미룰 수 있었다. 그리하여 대외 정책이 국내 정책을 대신해야 했고, 외교는 안보보다는 문화를 중심에 두어야 했다. 사실상 이는 러시아의 질서를 운운하면서 러시아의 혼돈을 수출한다는 것을 의미했다. 통합이라는 이름 아래 해체를 확산시키는 것이었다. 2012년 5월 대통령에 취임하자마자 푸틴은 제국들끼리 영역을 놓고 경쟁할 수 있도록 세계 질서를 단순화하기 위해 유럽 연합을 해체하는 도구로 유라시아를 제시했다. 그가 제시한 체계의 중심부에 있는 블랙홀은 채워질 수 없었지만 이웃 나라들을 끌어들일 수는 있었다. 취임식에서 푸틴은 러시아가 "유라시아 전체의 지도자이자 무게 중심"이 되어야 한다고 제안했다. 그해 12월에 의회에서 연설할 때는 식민지 자원 전쟁의 새 시대를 개시하게 될 재앙이 다가오고 있다고 말했다. 그런 순간에 개혁을 제안하거나 진보를 상상하는 것은 경솔한 짓이 될 터였다. 이런 항구적인 비상사태 중에 러시아는 "러시아의 거대한 공간" 안에서 토착적인 정신에 의존할 것이라고 푸틴은 선언했다.[24]

나치의 법학 사상가 카를 슈미트에게서 빌려온 개념인 "거대한 공간"을 언급한 것조차도 연설에서 가장 눈길을 끄는 순간이 아니었다. 푸틴은 "열정성passionarity"이라는 이상한 단어를 써 가면서 러시아는 전 지구적인 혼돈의 와중에도 번성할 수 있는 특별한 능력이 있음을 환기시켰다. 푸틴에 따르면, 이런 "열정성"에 따라 "앞장서는 나라들과 외부자로 남은 채 필연적으로 독립을 잃게 될 나라들"이 결정될 것이었다. 이 야릇한 용어는 러시아 사상가 레프 구밀료프Lev Gumilev가 고안한 것이었다. 재발견되어야 했던 일린과 달리, 구밀료프는 소비에트 시민이었다. 그의 대표적 용어인 "열정성"은 다른 나라에서는 간과될지언정 러시아인들은 알아볼 수 있었다. 러시아인들이 익히 아는 것처럼, 구밀료프는 유라시아 사상의 현대적 전범이었다.

유라시아주의

푸틴이 유라시아 정책을 발표하기 오래전부터 유라시아 사상은 유럽을 지배하고 변형시키겠다는 러시아 특유의 계획을 대표했다. 이런 중요한 지적 경향은 이전에 "슬라브주의자"와 "서구화론자"로 갈라진 러시아의 상황에 대한 반응으로 1920년대에 발생한 것이었다. 19세기의 서구화론자들은 역사는 일원적이며 진보로 가는 길은 하나뿐이라고 믿었다. 그들이 보기에 러시아가 안고 있는 문제는 후진성이었고, 따라서 러시아를 근대적인 유럽의 미래로 밀고 나가려면 개혁이나 혁명이 필요했다. 슬라브주의자들은 진보는 환상이고 러시아는 특별한 자질을 타고났다고 믿었다. 기독 정교회와 대중적 신비주의는 서구에서는 알지 못하는 깊은 정신을 나타낸다고 그들은 주장했다. 슬라브주의자들은 러시아 역사가 1000년 전 키예프에서 이루어진 기독교 개종과 더불어 시작되었다고 상상했다. 일린은 서구화론자로 출발해서 결국 슬라브주의자가 되었는데 많은 이들이 같은 궤적을 따랐다.[25]

최초의 유라시아론자는 일린의 동시대인들로 1920년대에 망명한 러시아

학자들이었는데, 그들은 슬라브주의자와 서구화론자의 태도 둘 다를 거부했다. 그들은 서구가 쇠퇴기에 접어들었다는 점에서는 슬라브주의자들과 생각이 같았지만, 고대 키예프와 기독교의 연속성에 관한 슬라브주의의 신화는 거부했다. 유라시아론자들은 볼로디미르/발데마르의 고대 루시와 현대 러시아 사이에 어떤 유의미한 연계도 없다고 생각했다. 그러면서 대신 1240년대 초에 루시의 잔재를 쉽게 물리친 몽고인들에게 초점을 맞췄다. 그들이 생각하는 역사에서 보면, 몽고 지배의 만족스러운 관습 덕분에 그리스와 로마의 고전 유산, 르네상스와 종교 개혁, 계몽주의와 같은 유럽의 부패로부터 안전한 환경 속에서 새로운 도시 모스크바의 토대가 만들어졌다. 현대 러시아의 운명은 유럽을 몽고로 바꾸는 것이었다.[26]

1920년대의 유라시아론자들은 금세 뿔뿔이 흩어졌고, 일부는 예전에 가졌던 견해를 포기했다. 그들에게는 소련 내에 재능 있는 복사服事가 한 명 있었다. 레프 구밀료프(1912~1992)가 그 주인공이다. 구밀료프는 범상치 않은 집안에서 태어나 상상하기 힘들 정도로 비극적이고 화려한 소비에트의 삶을 살았다. 부모는 시인 니콜라이 구밀료프Nikolai Gumilev와 안나 아흐마토바Anna Akhmatova였다. 레프가 아홉 살이던 해에 아버지가 체카에 의해 처형당했고, 이후 어머니는 현대 러시아에서 손꼽히게 유명한 시를 한 편 썼다. "사랑한다. 핏방울을 사랑한다. 러시아의 대지는." 이런 부모 밑에서 자란 레프는 1930년대에 좀처럼 대학 공부에 전념할 수 없었다. 비밀경찰이 밀착 감시를 했고, 동료 학생들은 그를 헐뜯었다. 1938년 대공포 시기에 그는 교정 노동 수용소(굴라크Gulag) 5년형을 선고받고 노릴스크Norilsk에 있는 수용소로 보내졌다. 어머니는 아들의 수용소행에 영감을 받아 유명한 시《진혼곡Requiem》을 썼다. "나의 아들아, 나의 공포야." 1949년 구밀료프는 다시 한번 수용소행을 선고받았는데, 이번에는 카라간다Karaganda 근처에서 10년을 살아야 했다. 1953년 스탈린이 사망한 뒤 풀려났지만 수용소에서 보낸 시절은 짙은 흔적을 남겼다. 구밀료프는 억압에서 영감의 가능성을 보았고, 극단적인 환경에서 삶의 기본적인 생물학적 사실이 드러난다고 믿었다.[27]

1960년대부터 1980년대까지 소련에서 학자로 글을 쓰면서 구밀료프는 유라시아 전통을 살려 냈다. 그는 몽고가 러시아적 특성의 원천이자 서구의 쇠퇴로부터 안전한 피난처라는 스승들의 견해에 동의했다. 1920년대의 국외 망명 학자들과 마찬가지로, 그 역시 유라시아를 태평양에서부터 서쪽 끝에 있는 무의미하고 병든 유럽 반도까지 뻗은 자랑스러운 심장 지대로 묘사했다.[28]

초기의 유라시아론자들은 러시아 제국 여러 대학에서 학문적 훈련을 받은 진지한 학자들이었던 반면, 구밀료프는 소련의 전형적인 독학자로서 여러 분야에 열정적으로 몰두하는 아마추어였다. 가령 그는 유라시아와 유럽의 경계를 정하기 위해 기후에 의지했다. 그는 1월 평균 기온을 기준으로 독일을 관통하는 선을 그었다. 한쪽 편은 유라시아이고, 반대쪽은 유럽이었다. 구밀료프가 이런 주장을 펼 때 동독이 소비에트 지배로 편입되고 서독은 빠진 것은 우연의 일치였다.

유라시아주의에 구밀료프가 기여한 것은 그의 종족 기원ethnogenesis 이론, 즉 민족들이 어떻게 생겨나는지에 관한 설명이었다. 이 이론은 천체 물리학과 인간 생물학에 대한 특수한 이해에서 시작되었다. 구밀료프는 인간의 사회성은 우주선cosmic ray에 의해 만들어진다고 주장했다. 몇몇 인간 유기체는 남들보다 공간 에너지를 흡수해서 다시 전달하는 능력이 뛰어났다. 이런 특별한 지도자들은 푸틴이 2012년 연설에서 언급한 "열정성"을 갖고 있기 때문에 종족 집단의 창건자가 되었다. 구밀료프에 따르면, 각 민족의 기원은 따라서 우주 에

교정 노동 수용소

1938년 당시의 국경선
■ 노동 수용소, 1938~1956년

캄차카
콜리마
동시베리아
소비에트 사회주의 공화국연방
노릴스크
서시베리아
카라간다
모스크바
핀란드
에스토니아
라트비아
리투아니아
폴란드
독일
루마니아
흑해
티키
이라크
바그다드
페르시아
테헤란
카스피해
볼가강
아프가니스탄
카불
중국
신장
몽골 (소비에트 위성국)
만주 (1931~1945)
탄누투바 (1921~1944)
카잔
북극해
백해
발하슈호
황허강

너지의 폭발로 추적할 수 있다. 이 폭발에서 1000년 이상 지속되는 순환이 시작되었다. 서구 민족들에 활기를 불어넣은 우주선은 먼 과거에 방출되었기 때문에 이제 서구는 목숨이 다했다. 러시아 민족은 1380년 9월 13일 우주선 방출에서 생겨났으며 따라서 젊고 활력이 넘쳤다.[29]

구밀료프는 또한 유라시아 전통에 특별한 형태의 반유대주의를 추가했는데, 이 덕분에 러시아인들은 자신들의 실패를 유대인과 서구 양쪽의 탓으로 돌릴 수 있었다. 러시아인 같은 건강한 민족은 우주선이 아니라 다른 집단들로부터 생명을 끌어내는 "키메라 같은" 집단을 조심해야 한다고 구밀료프는 경고했다. 여기서 그가 말한 것은 유대인이었다. 구밀료프가 보기에, 루시족의 역사는 러시아가 고대부터 존재했음을 보여 주는 게 아니라 유대인이 영원한 위협임을 보여 주었다. 그는 중세 루시에서 노예를 거래하면서 "군사-상업적 문어발"로 자리를 잡은 것은 유대인들이라고 주장했다. 구밀료프에 따르면, 이 유대인들은 루시를 약화시키고 비방하려 하는 영원한 적인 서구 문명의 첩자들이었다. 그는 또한 루시는 유대인들에게 피의 공물을 바쳐야 한다고 주장했다. 따라서 구밀료프는 현대 반유대주의의 세 가지 기본 요소를 제시했다. 영혼 없는 상인인 유대인, 기독교도의 피를 마시는 유대인, 외래 문명의 첩자인 유대인이 그것이다.[30]

수용소 생활을 했음에도 구밀료프는 조국 러시아인 소련과 자신을 동일시하게 되었다. 그는 친구를 사귀었고 학생들을 가르쳤으며, 1992년에 세상을 떠난 뒤에도 상당한 영향력을 행사했다. 옐친과 푸틴의 조언자인 경제학자 세르게이 글라지예프Sergei Glazyev는 구밀료프를 언급하고 그가 구사한 개념을 사용했다. 글라지예프는 "유라시아주의 철학에 근거한" 국가 계획을 갖춘 경제 연합에 관해 이야기했다. 구밀료프는 철학자 유리 보로다이Yuri Borodai와 그의 아들 알렉산드르Alexander와 친했다. 아들 보로다이는 "무장한 열정가", 즉 "유라시아 영역 전체"를 해방시키는 "강력한 운동의 촉매제"가 될 사람들을 꿈꾸었다.[31]

대통령이 된 블라디미르 푸틴은 유라시아 기획에 관해서 구밀료프의 말을 인용할 뿐만 아니라 세르게이 글라지예프를 유라시아 문제 고문으로 임명하기도 했다. 오래지 않아 알렉산드르 보로다이는 러시아의 우크라이나 침공에서 중요한 역할을 하게 된다.

알렉산드르 두긴

2010년대 러시아에서 "유라시아"에 관해 이야기하는 것은 두 지점에서 중첩되는 서로 다른 두 사고 경향을 언급하는 것이었다. 서구의 부패와 유대인이라는 악이 그것이다. 2010년대의 유라시아주의는 러시아의 젊은 파시스트 알렉산드르 두긴(1962년생)을 중간자로 삼아 구밀료프가 발전시킨 러시아 전통과 나치 사상을 거칠게 섞은 것이었다. 두긴은 초기 유라시아론자들의 추종자도 아니고 구밀료프의 제자도 아니었다. 그는 그냥 나치 사상을 좀 더 러시아적으로 포장하기 위해 "유라시아"와 "유라시아주의"를 거론했을 뿐이다. 구밀료프보다 반세기 뒤에 태어난 두긴은 1970년대와 1980년대 소련의 반체제 젊은이로 기타를 치면서 수백만 명을 오븐에 넣어 구워 죽이자고 노래했다. 그의 필생의 사업은 러시아를 파시즘으로 이끄는 것이었다.[32]

소련이 종언을 고하자 두긴은 지적 동맹자를 찾아 서유럽으로 떠났다. 유럽이 통합되는 가운데서도 극우파에는 나치 사상을 간직하고, 민족의 순수성을 찬미하며, 경제·정치·법적 협력을 모종의 전 지구적 음모의 일환이라고 조롱하는 변두리 사상가들이 있었다. 두긴은 이런 사람들과 대화를 나누었다.

초기에 영향을 준 이는 《히틀러: 최후의 화신Hitler: The Last Avatar》의 저자인 미겔 세라노Miguel Serrano인데, 그는 아리아 인종의 우월성은 지구 바깥에 기원이 있다고 주장했다. 구밀료프와 마찬가지로 두긴 역시 지구 바깥에서 일린의 러시아 대속자를 찾았다. 만약 지도자가 어떤 사건과도 무관하게 당도해야 한다면, 그는 역사 바깥의 어딘가에서 와야만 했다. 일린은 성적 신비주의의 순간적인 허구로부터 구속자가 나타난다고 제시함으로써 이 문제를 해결했다. 성숙한 구밀료프와 젊은 두긴은 별들로 눈길을 돌렸다.[33]

1990년대 초, 두긴은 프랑스 음모론자 장 파르뷜레스코Jean Parvulesco와 가까워졌다. 파르뷜레스코는 그에게 고대 해양족(대서양인)과 육상족(유라시아인)의 충돌에 관해 이야기해 주었다. 파르뷜레스코가 보기에, 미국인과 영국인은 해상 경제 때문에 인간 경험에 관한 지상의 진실에서 멀어진 탓에 추상적인 유대적 사고에 넘어갔다. 신우파Nouvelle Droite라는 이름의 프랑스 네오파시즘 운동을 이끄는 알랭 드 브누아Alain de Benoist는 이런 기획에서 미국이 차지하는 중심성이야말로 대표적인 추상적(유대적) 문화라고 두긴에게 설명했다. 두긴이 제대로 이해한 것처럼, 이런 견해는 나치 사상의 최신판이었다. 당시에 두긴은 "지페르스Sievers"라는 필명으로 글을 썼는데, 1947년에 전쟁 범죄로 처형당한 독일 나치 볼프람 지페르스Wolfram Sievers에서 따온 이름이었다. 지페르스는 학살당한 유대인의 뼈를 수집했다고 알려진 인물이다.[34]

두긴은 유럽에서 접촉한 인물들 덕분에 나치의 개념들을 러시아에 들여올 수 있었다. 1993년 두긴은 자신을 "파시즘의 성 키릴로스와 성 메토디우스"•라

• 메토디우스와 키릴로스 형제는 비잔티움 제국의 선교사로 9세기에 슬라브족을 기독교화하는 데 큰 역할을 했으며, 동생 키릴로스는 슬라브족 선교를 위해 키릴 문자를 발명했다고 전해진다.

고 지칭한 에두아르트 리모노프Eduard Limonov와 민족볼셰비키당National Bolshevik Party을 창설했다. 당원들은 죽음을 찬양하면서 주먹을 치켜들었다. 1997년 두긴은 "경계 없는 붉은 파시즘"을 건설하자고 호소했다. 그는 파시즘의 표준적인 견해를 제시했다. 민주주의는 공허하고, 중간 계급은 사악하며, 러시아인들은 "운명의 인간Man of Destiny"의 통치를 받아야 하고, 미국은 악의적이며, 러시아는 순결하다는 것이다.[35]

두긴은 일린처럼 카를 슈미트에게 빚을 졌다. 법률과 국가가 존재하지 않는 세계 정치, 그 대신 끊임없이 더 많은 땅을 바라는 문화 집단들의 주관적인 욕망에 바탕을 둔 세계 정치의 전망을 정식화한 것은 바로 슈미트였다. 슈미트는 "국가 영토라는 공허한 개념"을 기각하고 민족을 "기본적으로 하나의 유기체"로 간주했다. 그가 보기에 광대한 유라시아 대륙은 능력 있는 자라면 누구든지 정복해야 하는 "거대한 공간"이었다. 슈미트는 영국이나 미국 같은 해상 강국은 추상적이고 유대적인 법률 개념의 소유자라고 주장했다. 그는 세계를 몇 개의 "거대한 공간"으로 나누고 "공간적으로 이질적인 강대국"들은 각각의 공간에서 배제하는 국제법 개념을 정식화했다. 미국은 유럽에 영향력을 행사해서는 안 된다는 말이었다. 두긴은 이런 사고를 이어받는 한편 유대인과 미국, 법률에 의해 위협받는다고 여겨지는 실체만을 바꾸었다. 이제 나치 독일이 아니라 현대 러시아가 그 실체였다.[36]

두긴은 일린을 푸틴 체제에서 "기술적 기능"을 했을 뿐인 조악한 철학자로 치부했다. 그렇다 하더라도 두긴이 쓴 저술의 상당 부분은 일린을 패러디한 것처럼 읽힌다. 두긴은 전형적인 훈계조 서술에서 이렇게 주장했다. "서구는 루시퍼가 떨어진 곳이다. 그리고 글로벌 자본주의라는 문어발의 중심부다." 계속 그의 말을 들어 보자. "서구는 썩어 빠진 문화적 도착과 사악함, 기만과 냉소, 폭력과 위선의 모체다." 서구는 너무도 타락한 나머지 언제든 무너질 것이지만, 그래도 끝없는 위협이었다. 민주주의는 서구의 부활이 아니라 다가오는 격변의 징후였다. 두긴은 2012년 버락 오바마가 미국 대통령으로 재선된 것을 다음과 같이 보았다. "그가 이 나라를 망치게 하자. 마침내 정의가 승리하게 하자. 진흙 발로 선 이 거대한 괴물, 가증스러운 경제·정치 권력을 전 세계에 퍼뜨리면서 모두에 맞서 모두와 싸우려는 이 새로운 카르타고가 한시바삐 사라질 수 있도록." 서구에 대한 이런 규정은 관찰 결과가 아니라 공리다. 과거의 사실들이 무의미한 것처럼 현재의 사실들도 무의미하다. 일린과 마찬가지로, 두긴에게도 과거는 그가 "원형들"이라고 말하는 상징들의 저장소로만 의미가 있다. 과거는 두긴에게 러시아인들이 "영적 자원"이라고 부르는 것을 제공했다. 현재를 바꾸는 데 사용해야 하는 이미지들의 원천이었다.[37]

21세기 초에 글을 쓴 두긴은 제국 이후에 국가들을 구조한 초법적 실체인 유럽 연합의 성공에 직면했다. 두긴은 그 이름을 한 번도 입 밖에 내지 않았다. 유럽 연합에 관해 코멘트를 해 달라는 요청을 받았을 때는 실패할 운명이라고 주장했다. 푸틴이 우크라이나를 러시아 문명의 한 요소로 반드시 포함해야 하는 유라시아에 관해 말하기 한참 전에 두긴은 독립된 우크라이나를 러시아의 유라시아적 운명을 가로막는 장벽으로 규정했다. 2005년 두긴은 국가의 지원을 받으면서 우크라이나 해체와 러시아화를 촉구하는 청년 운동을 창시했다. 2009년에는 "크림반도와 우크라이나 동부를 위한 싸움"을 예견했다. 두긴이 보기에, 우크라이나의 존재는 "유라시아 전체에 거대한 위험"을 나타냈다.[38]

푸틴이 2012년 스스로 러시아에 야기한 딜레마에서 빠져나오려고 하는 가운데 러시아 파시즘으로 합류하는 세 경향, 즉 일린의 기독교 전체주의, 구밀료프의 유라시아주의, 두긴의 "유라시아" 나치즘에서 나온 개념들이 그의 담론에서 나타났다. 오바마 행정부가 러시아 연방과의 관계를 "재설정"하려고 시도하는 와중에 파시즘 사상이 러시아 공론장에 난입했다. 러시아가 지향하는 방향에서 나타난 극적인 변화는 외부에서 가해지는 그 어떤 적대적인 행동과도 아무 관계가 없었다. 서구의 적의는 서구의 어떤 행위자가 하는 '행동'의 문제가 아니라 서구라고 규정되는 '존재'의 문제였다.

이즈보르스크클럽

2012년, 파시즘 사상가들이 필요하다고 생각하는 듯 보이는 러시아 대통령은 그들을 러시아의 주류에 올려놓았다. 이미 일린은 국가가 철학자에게 베풀 수 있는 최고의 부활을 누리고 있었다. 구밀료프는 푸틴의 가장 중요한 연설에서 인용되었다. 두긴은 러시아 최대의 텔레비전 채널에 자주 출연하는 초대 손님이 되었다. 유라시아라는 개념은 새로 설립된 싱크탱크인 이즈보르스크클럽Izborsk Club이 몰두하는 주제였다. 두긴과 글라지예프, 푸틴이 좋아하는 사제이자 일린의 묘지에 동행한 인물인 티혼 셉쿠노프 등이 회원이었다. 셉쿠노프는 푸틴이 루시의 볼로디미르/발데마르가 환생한 인물이라는 순환론적 사고를 창시한 인물이자 2012년 러시아에서 베스트셀러가 된 책의 저자였다.[39]

이즈보르스크클럽의 설립자이자 중심인물은 파시스트 소설가 알렉산드르 프로하노프인데, 2011년 12월 푸틴이 라디오 프로그램에 나가서 일린의 말을 들먹였을 때 같이 출연한 사람이다. 두긴과 마찬가지로 프로하노프가 사용한 유라시아 개념 역시 소비에트 권력이 파시즘의 형태로 부활하는 것을 의미했다. 또한 두긴처럼 그도 카를 슈미트의 사상을 되풀이했다. 프로하노프에게 어떤 핵심적인 믿음이 있다면 그것은 공허하고 추상적인 해양족과 건강하고 정의로운 육상족이 끝없이 싸운다는 것이었다. 아돌프 히틀러처럼 프로하노프 역시 세계의 유대인 집단이 자신의 조국을 노예화한 사상을 발명했다고 비난했다. 그는 또한 홀로코스트에 대해서도 유대인을 비난했다. 두긴과 마찬가지로 프로하노프도 정치적 허구를 공공연하게 신봉하면서 사람들이 스스로 생각할 기회를 갖기 전에 의미를 발산하는 격렬한 이미지를 창조하려고 했다. 그가 창의적 사고를 가졌음을 보여 주는 한 사례는 버락 오바마가 미국 대통령으로 당선된 데 대해 보인 반응이다. 오바마가 러시아인들과 가진 회동에 관해 이야기하면서 프로하노프는 "마치 그 사람들 전부 검정 젖꼭지라도 하나씩 받은 것 같았는데, 욕망을 참지 못해 포유류처럼 쪽쪽 빨아 댔다. …… 결국 나는 이 모습을 보고 모욕을 느꼈다."**40**

프로하노프가 끝없이 쏟아 낸 출간물 가운데 유라시아와 가장 관련이 있는 것은 이즈보르스크클럽을 개설하기 직전인 2012년 8월 31일 우크라이나 키예프에서 한 인터뷰다. 그해 3월 우크라이나와 유럽 연합은 연합 협정을 개시했고, 우크라이나 정부는 이듬해 협정을 조인할 준비를 하기 위한 행동 계획에 착수한 상태였다. 인터뷰어는 유럽에 대한 프로하노프의 태도에 당황해서 몇 가지 질문을 던졌는데, 이를 통해 유라시아주의의 기본적인 논지가 드러났다. 사실에 대한 허구의 우위, 유럽의 성공은 악의 징후라는 확신, 유대인의 전지구적 음모에 대한 믿음, 우크라이나는 결국 러시아에 통합될 운명이라는 신념 등이 그것이다.

유럽 연합의 높은 생활 수준에 관해 질문을 받자 프로하노프가 대답했다. "드네프르강을 헤엄쳐서 건너고 태양 아래 무럭무럭 자라는 버섯을 찾아봐요!" 수십 년 동안 수억 명의 사람들을 위해 노력해서 만든 항구적인 생활 방식보다는 원초적인 슬라브족의 경험에 관한 순간적인 비전이 더 중요했다. 프로하노프가 다음으로 취한 행동은 사실성은 위선이라고 주장하는 것이었다. "유럽은 악랄하고 혐오스러운 것들을 아름답다고 부르는 법을 배운 해충입니다."
유럽인들이 무슨 행동이나 말을 하는 것처럼 보이든 간에 "가면 뒤에 숨은 그
들의 얼굴은 보이지 않아요." 어쨌든 유럽은 죽어 가고 있었다. "백인종은 소
멸하는 중이에요. 게이 결혼과 남색이 도시를 지배하고, 여자들은 남자를 찾을
수가 없다고요." 그리고 유럽은 러시아를 죽이고 있었다. "우리가 에이즈에 감
염된 게 아니라, 그들이 고의적으로 우리를 감염시킨 겁니다."[41]

이 인터뷰에서 프로하노프는 근본적인 문제는 유대인들이라고 말했다.
"반유대주의는 유대인이 코가 비뚤어지거나 'R' 발음을 제대로 하지 못한다는
사실 때문에 생긴 게 아닙니다. 유대인들이 세계를 장악하고, 자기들의 권력을
이용해서 악을 행한다는 사실 때문에 생긴 거예요." 전형적인 러시아 파시스트
들처럼 프로하노프는 홀로코스트 상징을 이용해서 세계의 유대인들을 집단
가해자로, 다른 모든 사람들을 피해자로 묘사했다. "유대인들은 인류를 자유
주의 질서의 용광로로 던져 넣기 위해 인류를 단합하는데, 이 질서는 현재 재
앙을 겪는 중입니다." 국제적인 유대인의 음모에 맞서는 유일한 방어책은 러시
아의 대속자였다. 유라시아주의는 인류를 대속하는 러시아의 메시아적 사명이
었다. 그것은 "전체 세계를 아울러야 합니다."[42]

이런 원대한 대속 기획은 러시아와 우크라이나, 벨라루스가 통합되면서
시작될 것이라고 프로하노프는 말했다. "러시아에 관해 말할 때 나는 우크라
이나와 벨라루스에 사는 사람들을 염두에 둡니다." 우크라이나 앞에는 "거대
한 메시아적 사명"이 놓여 있었다. 키예프의 운명은 모스크바에 머리를 조아리
면서 러시아의 세계 정복을 시작하는 것이었기 때문이다. 프로하노프는 1000
년 전의 루시를 염두에 두고 말했다. "만약 첫 번째 제국이 여기서 수립되었다
면 미래의 제국은 이미 푸틴에 의해 선포됐습니다. 그것이 바로 유라시아 연합

이고, 이 제국에 우크라이나가 기여할 수 있는 바는 아주 큽니다." 그러면서 질문을 던졌다. 결국 "유라시아의 중심이 될 수 있는데 런던의 변두리에 만족할 이유가 뭡니까?" 프로하노프는 우크라이나 대통령 빅토르 야누코비치가 이 과제를 완수하지 못할 것을 걱정했다. 아마 우크라이나 정부를 바꿔야 할 것이라고 그는 곰곰이 생각했다.[43]

새로운 러시아 민족주의의 지적 중추인 이즈보르스크클럽은 그로부터 며칠 뒤인 2012년 9월 8일에 개관식을 진행했다. 클럽 선언문은 일린에서부터 익숙한 주장, 즉 사실성은 러시아를 겨냥하는 서구의 무기라는 주장으로 포문을 열었다.[44]

러시아 국가는 다시 한번 자유주의 중심부가 제기하는 치명적 위협에 노출되고 있다. 이 위협은 러시아 사회 내부로부터만이 아니라 국경 너머로부터도 나타난다. "백색" 로마노프 제국의 모든 기초와 가치를 파괴하고 계속해서 "붉은" 소비에트 제국의 토대까지 모조리 깨부순 치명적인 이데올로기·정보 "기구"는 모든 곳에서 작동한다. 이 제국들이 몰락하면서 유라시아의 거대한 공간은 유혈의 땅 위에서 교전하는 민족과 신앙, 문화들의 혼돈으로 바뀌었다. 이 자유주의 "기구"는 인류학자들과 역사학자들, 사회과학자들과 "카오스 이론" 전문가들, 경제학자들과 정보 전쟁 대가들의 도움을 받아 세워졌다. 이 기구는 통일된 유라시아 국가를 건설하는 근본 원리를 해체한다. 그리고 민족이 역사에서 승리하고 그 존재를 확대하기 위해 필요로 하는 민족의식의 기본적인 규범을 억누른다. 이 난타 "기구"는 민족의 영적 토대인 정교회를 사정없이 두드린다. 국가 안보 기구의 건설을 가로막아서 군사적 충돌이 고조되는 시기에 러시아를 무장 해제 상태로 만든다. 그리고 러시아의 주요한 종교 신조들의 조화 한가운데에 불화의 씨앗을 뿌린다. 또한 러시아의 역사적 시대들의 화해를 가로막으며, 러시아의 황폐한 고난의 시대를 연장시키면서 러시아 지도자와 모든 권력 기관을 악마화한다.

선언문에서는 유럽이나 미국의 어떤 특정한 정책도 거론하지 않았다. 문제는 유럽인들이나 미국인들이 하는 행동이 아니라 유럽 연합과 미국이 존재한다는 사실 자체였다. 프로하노프가 분명히 밝힌 것처럼, 서구 행위자들이 러시아에 우호적인 정책을 추구할 때에도 서구의 적대를 당연한 것으로 여겨야 했다. 선언문 작성자들은 역사를 영원으로 대체했다. 역사란 서구의 배반과 러시아의 순결함이 순환하는 양상인 것이다. 선언문에 따르면, 예전의 유라시아 제국들은 다음과 같은 상황에 있었다.[45]

과거의 어떤 제국도 누리지 못한 번영을 누리다가 어느 순간 "블랙홀"과 충돌했다. 이 블랙홀로부터 돌아오는 길은 없어 보였다. 하지만 국가는 다른 역사적 중심과 더불어 또 다른 형태로 다시 태어났고, 다시 부상해서 번성하다가 쇠퇴하고 사라졌다. 이런 순환성, 즉 국가의 죽음과 죽음에 맞선 승리 덕분에 러시아는 부활의 특징을 얻으며, 이를 통해 러시아 문명은 죽은 자들로부터 필연적으로 다시 살아난다. 첫 번째 제국은 키예프-노브고로드 제국이다. 두 번째는 모스크바 대공국이다. 세 번째 제국은 로마노프 왕조의 제국이다. 네 번째는 소련이다. 오늘날 러시아 국가는 거대한 영토를 잃긴 했지만 여전히 제국의 흔적이 남아 있다. 유라시아 대륙의 지정학은 과거에 잃어버린 공간을 다시 한번 강하게 끌어 모은다. 바로 이것이 푸틴이 착수한 "유라시아 기획"의 정당한 근거다.

유라시아는 러시아 역사를 이용해서 러시아 사회 안에서 이해관계를 확고히 하거나 관점들을 평가하는 대신 과거의 유혈 사태로부터 서정적인 통일을 만들어 내기 위해 시적 발화를 제공했다. 1930년대에 소비에트의 테러로 무수히 많은 러시아 정교회 사제들이 학살되었다 하더라도 모든 게 좋았다. 그들의 정신이 1940년대에 되살아나서 붉은 군대를 축복했기 때문이다.

두 역사 시대의 통일, 즉 자유주의의 위협에 직면한 "적색"과 "백색"의 전략적 동맹, 이것이야말로 진정한 정치인들의 거대한 세계관적 사명이다. 이러한 동맹은, "붉은" 체제가 교회가 박해를 받은 시절에 살해된 모든 성인들의 신앙심 깊은 지원을 받고 "붉은 승리"의 문장紋章이 신성한 러시아의 문장이 된 1945년 러시아의 불가사의한 승리에 비춰 볼 때 가능하다. 향후에 러시아가 승리하려면 "적색"과 "백색"이 연합해야 한다. 이런 승리를 거두려면 V. V. 푸틴이 말한 것처럼 "적색" 인민 위원들이 "백색" 장교들과 함께 살 수 있는 상태를 조성해야 한다.

과거의 극좌파와 극우파를 두루 찬미함으로써 러시아가 현재 직면한 문제가 무시되었다. 중도파, 정치적 구심점, 승계 원리가 부재한 탓에 권력이 왼쪽에서 오른쪽으로, 또는 오른쪽에서 왼쪽으로 이동하는 가운데서도 국가는 유지되었다. 모든 정치 활동이 외래적인 것으로 배제되기 때문에 견해의 차이나 반대 행동은 러시아의 흠 하나 없는 순결함에 분개하는 유럽인들과 미국인들의 악의적인 의도가 낳은 결과여야만 했다.

"지상 낙원"의 가르침, 이상적인 존재, 신성한 정의에 관한 정교회의 꿈에 토대를 둔 러시아의 메시아적 의식, 이 모든 것은 세계관의 수준에서 러시아에 대한 부정, 러시아의 믿음과 문화와 역사적 규범에 대한 공격을 불러일으킨다. 러시아에 대한 군사적 침략은 그러한 불관용과 심대한 적대감이 낳은 결과다. 그리하여 러시아의 무기라는 주제는 러시아를 위한 신성한 주제가 된다. 러시아의 무기는 도시와 영토, 지구의 끝없는 부를 보호해 줄 뿐만 아니라 러시아의 종교·문화 질서 전체, 러시아의 세속적이고 신성한 성지 전체도 보호해 준다.

이 구절들은 새로운 군비 증강 프로그램이 한창인 가운데 출판되었는데, 이 프로그램 덕분에 2011년과 2013년 사이에 러시아의 연간 무기 조달 예산은 두 배가 되었다. 선언문 작성자들은 전체 인구를 항구적으로 동원하고 오로지 희생만을 약속하는 군사화된 전체주의적 러시아를 꿈꾸었다.

러시아는 정치 개혁을 서두를 필요가 없다. 러시아에 필요한 건 무기 공장과 제단이다. "붉은" 제국이 파괴되고 난 뒤의 역사적 기회의 상실, "자유주의적" 서구와 비교되는 전략적 후진성 때문에 러시아에는 발전의 도약이 요구된다. 이런 도약을 위해서는 주권을 보호하고 국민을 방어하는 데 국가의 모든 자원을 집중시키는 "동원 기획"이 필요하다.

이런 최초의 일제 사격이 있은 뒤, 이즈보르스크클럽의 회원들은 추가로 논설을 써서 클럽의 입장을 정교하게 다듬었다. 한 회원은 사실성을 낳은 자유주의 질서는 "시온주의 지도자들이 핵심에 자리한 막후 세계"의 작품이라고 말했다. 클럽의 다른 회원들은 푸틴의 유라시아 연합이 "러시아를 유라시아 제국으로 복원하는 기획"이라고 설명했다. 그들은 유럽 연합이 러시아의 존재 자체에 대한 위협이라고 말했다. 유럽 연합은 법률을 강제하고 번영을 창출했기 때문이다. 따라서 러시아의 대외 정책은 프로하노프가 무아지경 상태에서 예견한 것처럼 유럽 연합이 붕괴해서 "유럽 파시스트 국가들의 집합체"로 바뀔 때까지 유럽 연합 회원국들 내의 극우파를 지지해야 했다. 이즈보르스크클럽의 한 전문가가 말한 것처럼, 우크라이나는 "전부 우리 것이고, 결국 모조리 우리한테 돌아올 것"이었다. 두긴에 따르면, 러시아의 우크라이나 영토 병합은 유라시아 제국 기획의 "필수 조건"이었다.[46]

이즈보르스크클럽의 유라시아론자들이 보기에, 사실들은 적이고, 우크라이나도 적이며, 우크라이나에 관한 사실들은 최고의 적이었다. 이즈보르스크클럽의 지적 과제는 그런 사실들 전부를 망각의 영역으로 보내 버리는 서사를 만들어 내는 것이었다. 실제로 클럽의 임무는 사실성에 대한 장벽 역할을 하는 것이었다. "이즈보르스크"를 싱크탱크 이름으로 선택한 것은 이즈보르스크시市가 모스크바 공국의 역사적인 요새가 있던 자리이기 때문이다. 클럽의 웹 사이트에서 상기시키는 것처럼, 이 요새는 "리보니아인, 폴란드인, 스웨덴인"들에 맞서 저항한 근거지였다. 그리고 오늘날 침략자는 사실성이라는 "자유주의의 기구"였다.[47]

러시아의 장거리 폭격기 중 하나로 미국에 원자 폭탄을 투하하기 위해 만들어진 투폴레프 Tu-95는 이 클럽을 기리기 위해 "이즈보르스크"라고 개명되었다. 크렘린이 지지한다는 이런 징후를 확실히 보여 주기 위해 프로하노프는 군의 초청을 받아 이 항공기의 조종실에 앉아 비행을 했다. 그 후 이 항공기를 비롯한 Tu-95들이 걸핏하면 유럽 연합 회원국들의 영공에 접근하면서 그들로 하여금 방공 시스템을 활성화하고 다가오는 폭격기를 에스코트해 쫓아내게 만들었다. Tu-95 "이즈보르스크"는 2015년에 시리아 폭격에 동원되어 많은 난민이 유럽으로 도망치게 만들었다.[48]

러시아의 대외 정책

푸틴의 조언자이자 구밀료프의 애독자, 슈미트 추종자, 이즈보르스크클럽 회원인 세르게이 글라지예프는 유라시아 이론을 실천과 연결했다. 1993년 옐친 행정부에서 부패 혐의로 해고된 뒤 글라지예프는 자신과 비슷한 견해를 가진 미국의 음모론자 린던 라로슈Lyndon LaRouche로부터 도움의 손길을 받았다. 1999년 라로슈는 글라지예프가 쓴 소책자 《종족 학살: 러시아와 신세계 질서Genocide: Russia and the New World Order》의 영어 번역본을 출간했다. 1990년대에 유대인 신자유주의자 음모단이 러시아를 고의로 파괴했다고 단정하는 책이었다. 여느 러시아 파시스트들처럼 글라지예프 또한 유대인들이 진짜 가해자이고 러시아인들은 진짜 피해자라고 암시하기 위해 홀로코스트와 연관된 표현(가령 "종족 학살")을 사용했다. 그는 1999년에 공산주의자로 의회에 입성했는데, 2003년에는 급진 민족주의 정당 조국당Rodina을 창설하는 데 조력했다. 언뜻 보이는 것처럼 모순된 일은 아니었다. 러시아의 "관리 민주주의"에서 조국당은 공산당의 표를 푸틴이 신뢰하는 집단으로 유도하기 위해 만들어진 당이었다. 글라지예프는 계획 경제는 러시아 민족의 이익에 기여해야 한다고 생각했는데, 그가 이야기하는 러시아 민족에는 우크라이나도 포함되었다. "우리는 리틀 러시아Little Russia(우크라이나)가 우리에게 갖는 역사적 중요성을 잊어서는 안 된다. 우리는 마음속에서 러시아와 우크라이나를 분리한 적이 전혀 없다."[49]

러시아의 대외 정책은 "유라시아주의 철학을 기반으로" 생겨난다고 글라지예프는 말했다. 슈미트를 따라서 그는 국가들이 이미 쇠퇴했다고 주장했다. 유라시아 기획은 "근본적으로 다른 공간 개념에 기초한" 것이었다. 강대국이 지배하는 "거대한 공간"에 관한 슈미트의 사고가 그것이다. 글라지예프는 미국은 유라시아라는 거대한 공간의 일부가 아니기 때문에 상관하지 않아야 한다고 선언했다. 유럽 연합은 국가 주권의 요새이기 때문에 무너져야 하며, 회원국 시민들은 그들이 갈망하는 파시즘적 전체성을 부여받아야 한다. "유럽인들은 방향 감각을 상실했다. 그들은 모자이크, 즉 어떤 관계도 공유하지 않는 파편화된 세계에 살고 있다." 다행히도 러시아가 가진 힘은 글라지예프가 생각하는 "현실"로 그들을 되돌릴 수 있다.[50]

글라지예프는 유럽 연합 내에서 사는 사람들의 선호에 관해서는 논의하지 않았다. 유럽인들은 과연 2012년 기대 수명이 세계에서 111위이고, 경찰의 신뢰도가 바닥이며, 뇌물과 갈취가 일상생활에서 횡행하고, 중산층이 툭하면 교도소를 경험하는 러시아 체제의 밑바닥을 직접 발견할 필요가 있었을까? 러시아는 부의 분배로 볼 때 세계에서 가장 불평등한 나라인 반면, 유럽의 훨씬 거대한 부는 또한 그 시민들이 한결 공평하게 공유하고 있었다. 글라지예프는 주제를 번영에서 가치, 즉 푸틴이 말하는 "문명"으로 바꿈으로써 그의 주인이 러시아의 도둑 정치를 지속하는 것을 도와주었다.

2013년을 시작으로 유라시아의 원리가 러시아 연방의 대외 정책을 이끌었다. 블라디미르 푸틴이 특별히 승인한 가운데 외무장관 세르게이 라브로프가 그해 2월 18일에 발표한 공식적인 '대외 정책 구상Foreign Policy Concept'에는 해마다 변경되지 않는 틀에 박힌 문구에 둘러싸인 가운데 일린과 유라시아론자들, 그리고 그들의 파시즘 전통에 상응하는 일련의 변화들이 포함되었다.

'대외 정책 구상'은 소용돌이치는 혼돈과 자원 강탈이라는 푸틴의 미래

규정을 되풀이했다. 국가들이 약해짐에 따라 거대한 공간이 다시 나타날 것이었다. 이런 세계에서는 "전 지구적 소요"를 피할 "오아시스" 같은 건 존재할 수 없으며, 따라서 유럽 연합은 실패할 운명이었다. 법률은 문명들의 대결에 길을 내줄 것이었다. "현대사에서 최초로 전 지구적 경쟁은 문명의 차원을 필요로 한다." 러시아는 자국 시민들의 안녕이 아니라 국경 너머에 있는 정체불명 "동포들"의 안전을 책임졌다. 유라시아는 옛 소련 공화국들뿐만 아니라 현 유럽 연합 회원국들에게도 열려 있는 "통합의 모델"이었다. 그 협력의 토대는 "공동의 문화·문명 유산의 보전과 확대"였다.[51]

'대외 정책 구상'은 유럽 연합을 유라시아로 대체하는 과정이 즉각 시작될 것임을 분명히 했는데, 2013년은 우크라이나가 연합 협정의 조건을 둘러싸고 유럽 연합과 교섭하는 시기였다. '구상'에 따르면, 만약 우크라이나가 유럽 연합과 교섭을 원한다면 모스크바를 중개자로 받아들여야 했다. 유라시아에서는 러시아의 지배가 사물의 질서였다. 장기적으로 보면, 유라시아가 유럽 연합을 극복하면서 "대서양에서 태평양까지 통일된 인도주의적 공간을 창조"할 터였다. 라브로프는 훗날 이런 열망을 되풀이하면서 일린을 전거로 들었다.[52]

후원자들

유럽 연합은 합의체 조직이기 때문에 감정을 불러일으키는 캠페인에 취약했다. 또한 민주주의 국가들로 구성되었기 때문에 유럽 연합을 탈퇴할 것을 주장하는 정당들에 의해 약해질 수 있었다. 그리고 유럽 연합이 과거에 한 번도 유의미한 반대를 경험하지 못했기 때문에 유럽인들은 인터넷에 관한 논쟁이 적대적인 의도를 가지고 외부 세력에 의해 조작되는지를 물으려는 생각을 하지 못했다. 유럽 연합을 파괴하려는 러시아의 정책은 그에 부합하는 몇 가지 형태를 띠었다. 유럽을 해체하려는 러시아의 이해관계를 대변하는 유럽 지도 자들과 정당들을 발탁하고, 유럽 연합에 대한 불신을 퍼뜨리기 위해 인터넷과 방송을 통해 공공 담론에 침투하며, 유라시아를 대중적으로 홍보하기 위해 극단적 민족주의자와 파시스트를 발탁하고, 온갖 종류의 분리주의를 지지한 것이다.

푸틴은 러시아의 이해관계를 기꺼이 옹호하는 유럽 정치인들과 사귀고 그들을 지원했다. 그중 하나가 은퇴한 독일 총리로 러시아의 가스 회사 가스프롬Gazprom에서 재직하는 게르하르트 슈뢰더Gerhard Schröder였다. 두 번째 인물인 밀로시 제만Miloš Zeman은 2013년 러시아 석유 회사 루크오일Lukoil의 재정 지원을 일부 받아 선거 운동을 치른 뒤 체코 공화국 대통령으로 당선되고 2018년에는 정체불명의 재정 지원을 받아 재선에 성공했다. 세 번째 인물인 실비오 베를루스코니Silvio Berlusconi는 2011년에 이탈리아 총리직에서 물러나기 전후로 푸틴과 함께 휴가를 보냈다. 2013년 8월, 베를루스코니는 조세 포탈 혐의로 유죄를 선고받고 2019년까지 공직 출마가 금지되었다. 푸틴은 베를루스코니의 진짜 문제는 이성애자를 박해하는 것이라고 넌지시 말했다. "만약 그가 게이라면 아무도 그에게 손가락질을 하지 않을 것이다." 여기서 푸틴은 자신이 말하는 유라시아 문명의 기본 원리를 선언한 셈이다. 불평등이 주제가 되면 섹슈얼리티로 주제를 바꾸라는 것이었다. 2018년 베를루스코니는 정계 복귀를 시작했다.[53]

체코 공화국이나 슬로바키아, 헝가리, 폴란드 같은 포스트공산주의 동유럽의 유럽 연합 회원국들에서 러시아는 유럽 연합 회원국 지위의 가치에 의문을 던지기 위해 여러 인터넷 토론장에 재정을 지원하고 조직했다. 이 사이트들은 원래 다양한 주제에 관한 뉴스를 제공하는 장을 표방했지만, 하나같이 유럽 연합이 쇠퇴기에 접어들었거나 안전하지 않다고 이야기했다. 더 규모가 큰 서유럽 언론 시장에서는 영어, 스페인어, 독일어, 프랑스어 방송을 내보내는 국제적 텔레비전 네트워크인 RT가 더 중요했다. RT는 영국독립당의 나이절 패라지나 프랑스 국민전선의 마린 르펜 같이 유럽 연합에 반대하는 유럽 정치인들이 근거지로 삼는 언론이 되었다.[54]

패라지와 르펜은 유럽인들이 이민자 없이 민족 국가를 이루어 살았던, 존재한 적 없는 과거로 돌아가자고 제안했다. 두 사람은 영원의 정치인으로서 동료 시민들에게 1930년대를 황금기로 다시 생각해 볼 것을 촉구했다. 과거에 영국과 프랑스 둘 다 자국 식민지들이 독립을 획득했을 때 유럽 통합 프로젝트에 합류한 해상 제국이었다. 근대사에서 어느 쪽도 세계로부터 분리된 민족 국가였던 적이 없다. 현명한 민족의 우화 덕분에 두 나라 시민들은 대체로 자신들의 역사를 이해하지 못했으며, 따라서 유럽 연합 가입을 둘러싼 논쟁에 무엇이 걸려 있는지를 제대로 알지 못했다. 영국과 프랑스는 민족 국가로서 근대사를 경험하지 못했기 때문에 유럽 연합 탈퇴는 민족주의가 약속하는 편안한 귀향이 아니라 미지의 상태로 들어가는 걸음이 될 터였다. 유럽 연합 탈퇴는 유럽 통합의 범위를 넘어서는 유럽 제국의 잔여 국가로서 러시아에 합류함을 의미했다. 그리하여 패라지와 르펜은 절멸을 역사에 대한 접근법으로 삼는 러시아에게 자연스러운 파트너였다.[55]

2013년, 러시아와 프랑스의 영원의 정치인들은 동성애에 대한 집착으로 하나로 뭉쳤다. 그해 5월, 프랑스 의회는 동성 커플에게도 권리를 확대했다. 그러자 마린 르펜과 국민전선은 러시아 활동가들과 손을 잡고 이른바 전 지구적인 남색 음모에 저항했다. 6월에 르펜은 러시아를 방문해서 "문명"을 추구하는 러시아의 새로운 캠페인에 열정적으로 가세했다. 르펜은 이른바 동성애자 권리는 순결한 민족들에 맞선 전 지구적인 신자유주의 음모의 최첨단이라는 러시아의 주장을 더욱 밀어붙였다. 그의 말에 따르면, "동성애호증homophilia은 세계화의 요소들 중 하나"이며, 러시아와 프랑스는 "상업화의 바이러스에 감염된 새로운 국제적 제국"에 함께 저항해야 했다. 그런 독특한 표현 방식은 러시아 민족주의자들 사이에서 흔한 믿음, 즉 러시아인들은 지극히 순결해서 에이즈에 걸릴 리가 없고, 따라서 러시아에 에이즈가 존재하는 것은 생물전의 결과라는 믿음에 보내는 몸짓이었다. 르펜은 러시아인들이 "유럽 연합이 현재 러시아를 상대로 벌이고 있는 새로운 냉전"의 피해자라는 데 기꺼이 동의했다. 르펜의 대외 정책 조언자인 애메릭 쇼프라드Aymeric Chauprade는 러시아 청중들에게 국민전선이 집권하면 유럽 연합을 무너뜨리겠다고 약속했다.[56]

바로 그 순간 믿음직한 몇몇 미국인들도 러시아의 새로운 젠더 정치를 옹호하기 위해 초청되었다. RT는 미국의 으뜸가는 백인 우월주의자 리처드 스펜서Richard Spencer를 상대로 미국-러시아 관계 문제에 관해 인터뷰했다. 공교롭게도 스펜서의 부인은 두긴의 책을 번역한 니나 쿠프리아노바Nina Kouprianova였다. 스펜서는 푸틴을 존경하고 러시아가 "세계에서 유일한 백인 권력"이라고 믿었기 때문에 그가 러시아의 남색 근절 캠페인에 대해 "냉전"을 개시한다는 이유로 오바마 행정부를 서둘러 비난한 것도 놀랄 일은 아니다. 그로부터 3년 뒤, 스펜서는 추종자들을 이끌고 나치의 구호를 살짝 바꿔서 외쳤다. "트럼프 만세hail Trump, 우리 민족 만세, 승리 만세."[57]

공교롭게도 도널드 트럼프는 그해 여름, 그러니까 러시아가 이성애의 수호자 역할을 공식적으로 선언하면서 비난을 자초한 그 순간에 푸틴을 지지한 두 번째로 유명한 미국인이었다. 당시만 해도 트럼프는 미국에서는 정치인으로 간주되지 않았지만, 러시아의 인터넷 사업가로서 후에 수르코프와 가까워지는 인물인 콘스탄틴 리코프Konstantin Lykov는 이미 트럼프를 차기 미국 대통령으로 홍보하고 있었다. 당시 트럼프는 버락 오바마가 미국 태생이 아니라는 그릇된 주장을 펼치면서 자기 나라 대통령의 정통성을 부정하는 장기 캠페인에 한창 몰두하고 있었다. RT는 이 통념을 그럴듯하게 포장하려고 노력했다. 하지만 트럼프는 다른 나라 대통령에게 아부하는 데 열심이었다. 2013년 6월 18일, 트럼프는 푸틴이 "새롭게 가장 좋은 친구가 될" 것인지 궁금해 하는 트윗을 올렸다.[58]

전 지구적 이성애global heterosexuality에 트럼프가 기여한 것은 미인 대회를 모스크바 교외로 유치한 일, 또는 러시아인들이 유치할 때 수수방관한 일이었다. 원칙적으로 트럼프가 주관자였지만 사실 그는 러시아 동료들의 작업을 감독하는 대가로 2000만 달러를 받았다. 그때까지 오래전부터 확립된 러시아인과 트럼프의 관계는 이런 양상이었다. 트럼프는 돈과 권력에 밝은 러시아인들을 돕기 위해 자기 이름을 빌려주고 돈을 받았다. 불과 몇 주 전인 2013년 4월, 미연방수사국은 트럼프타워Trump Tower에서 도박장 두 곳을 운영한 혐의로 29명을 체포했다. 수사관들에 따르면, 도박장 사업을 감독한 것은 알림잔 토흐타후노프Alimzhan Tokhtakhounov였는데, 러시아인인 그는 또한 트럼프 바로 밑에서 콘도를 근거로 돈세탁 사업도 운영했다. 연방수사국이 토흐타후노프를 찾는 동안 그는 미스유니버스 대회에 참석해서 트럼프와 바로 몇 자리 떨어진 곳에 앉아 있었다. (트럼프타워 일제 검거를 승인한 미국 검사는 프릿 바라라Preet Bharara였다. 트럼프는 대통령이 되자마자 바라라를 해임했다.)[59]

러시아의 부동산 개발업자 아라스 아갈라로프Aras Agalarov는 미인 대회를 러시아에 유치하는 과정에서 트럼프의 파트너였다. 구소련 아제르바이잔의 국가보안위원회 수장 출신을 장인으로 둔 아갈라로프는 다른 올리가르히들과의 관계를 전문으로 삼는 올리가르히였다. 그는 쇼핑몰과 빗장 단지gated community*를 건설하고, 나중에는 푸틴이 2018년 월드컵을 주최할 수 있도록 축구 경기장 두 곳도 지었다. 미스유니버스 대회 유치 작업도 도맡았다. 대회는 그가 소유한 장소에서 열렸고, 그의 부인이 심사 위원이었으며, 그의 아들이 노래를 불렀다. 트럼프는 대회 중에 자신이 "모든 고위층 인사들과 함께 있었다"고 말했다. 그건 그렇다 치고 트럼프와 아갈라로프 가족의 관계는 계속되었다. 트럼프는 아갈라로프의 아들인 팝스타 에민Emin의 생일에 축하 동영상을 보냈다. 아갈라로프 가족은 트럼프가 대통령에 출마하기로 결심할 때 도움을 주었다. 트럼프 선거 운동 진영과 저명한 러시아인들이 접촉한 여러 사례 가운데 하나는 2016년 6월 트럼프타워 회동인데, 당시 러시아 연방 검찰 총장의 브리핑을 받은 러시아의 한 변호사는 트럼프 선거 운동 진영에 힐러리 클린턴에 관한 자료를 제공했다. 처음에 접촉을 시작하고 그룹을 한데 모은 것이 바로 아갈라로프 가족이었다. 도널드 트럼프 2세는 해외 강대국과 협력해서 클린턴 선거 운동을 약화시킬 수 있다는 이야기를 듣자 이렇게 대꾸했다. "그거 좋은 생각이군."[60]

연애는 2013년 여름에 시작되었다. 아갈라로프는 미스유니버스 대회가 열리기 직전에 푸틴으로부터 명예 훈장을 받았다. 트럼프가 푸틴이 "새롭게 가장 좋은 친구"가 될 것인지 궁금해 하던 그날, 르펜은 러시아 의회를 돌아보는 중이었다. 이후 르펜과 트럼프는 각자 상대방의 대통령 욕심을 지원하게 된다. 2013년 두 사람이 모스크바를 방문한 것은 표면적으로는 동성애, 이성애와 관

• 외부인의 출입을 엄격히 차단하는 부유층 주택 단지.

련된 일이었지만 이를 계기로 러시아에 대한 정치적, 재정적 채무가 심화되었다. 2013년 말과 2014년 초, 마린 르펜과 국민전선의 창건자인 아버지 장-마리 르펜Jean-Marie Le Pen은 국민전선이 러시아의 자금 지원을 받는다고 선언했다. 러시아와 국민전선 사이에서 자금 거래를 중개한 것은 애메릭 쇼프라드였는데, 그 자신이 러시아의 한 은행에서 장-마리 르펜에게 대출을 주선하는 대가로 40만 유로를 받을 수 있었다.[61]

국민전선은 크렘린의 남색 근절 캠페인에 기꺼이 가세했지만, 프랑스 국내에서 주요 쟁점으로 삼은 것은 이민과 이슬람이었다. 따라서 러시아의 행위자들은 이슬람 테러리즘에 대한 공포를 퍼뜨리는 식으로 프랑스 유권자들을 국민전선 쪽으로 몰려고 했다. 2015년 4월, 러시아 해커들이 이슬람 테러 집단 ISIS를 가장해 프랑스 한 방송국의 송출을 가로채서는 프랑스 유권자들을 겁주려고 만든 메시지를 방송했다. 그해 11월 파리에서 실제로 일어난 테러 공격으로 130명이 사망하고 368명이 부상당했을 때, 프로하노프는 테러리즘 때문에 유럽이 파시즘과 러시아에 가까워질 것이라고 예상했다.[62]

2017년 프랑스 대통령 선거 운동에서 마린 르펜은 후원자 푸틴을 칭찬했다. 그는 그해 4월 1차 투표에서 2위를 차지하면서 전통적인 정당의 모든 후보를 물리쳤다. 러시아는 2차 투표의 상대자인 에마뉘엘 마크롱Emmanuel Macron에 대해 "게이 압력 집단"이 내세운 게이 후보라고 은근히 몰아 대는 선전 공세를 펼쳤다. 2차 투표에서 르펜은 34퍼센트를 얻었다. 마크롱에게 패배하긴 했지만, 전후戰後 프랑스 역사상 극우파 후보 중 가장 많은 표를 얻었다.[63]

협력자들

국민전선에 대한 지지는 유럽 연합에 대한 공격이었다. 프랑스는 독일 다음으로 유럽 연합에서 중요한 회원국이었고, 르펜은 유럽 연합의 가장 강력한 비판자였다. 2013년, 국민전선에 대한 러시아의 자금 지원은 나이절 패라지와 영국을 유럽 연합에서 빼내려는 그의 기획인 "브렉시트Brexit"에 대한 지지보다 훨씬 더 유럽 연합의 미래를 바꾸는 것처럼 보였다. 패라지는 르펜이나 스펜서, 트럼프처럼 유라시아로 방향을 전환하는 푸틴을 지지했다. 2013년 7월 8일, 패라지는 RT에 출연해서 "유럽 프로젝트는 사실상 죽음으로 접어들고 있다"고 주장했다.[64]

영국에서 러시아 대외 정책이 우선적으로 추구한 과제는 사실 스코틀랜드 분리주의였다. 스코틀랜드민족당Scottish National Party은 스코틀랜드인들에게 국민 투표에서 독립에 찬성표를 던지라고 촉구하고 있었다. 당수인 앨릭스 새 먼드Alex Salmond는 푸틴을 존경하는 사람이었다. 2014년 9월 18일 국민 투표가 치러지기 몇 주 전, 러시아 언론은 스코틀랜드가 영국에 그대로 남으면 의료 보험과 축구팀을 잃게 될 것이라는 허위 정보를 퍼뜨렸다. 스코틀랜드 유권자의 과반수가 영국에 남는 쪽에 표를 던진 뒤, 투표의 유효성에 의심을 던지는 동영상이 인터넷에 속속 올라왔다. 그중 한 영상에는 러시아에서 실제로 일어난 개표 부정이 스코틀랜드에서 벌어진 것처럼 담겨 있었다. 이 영상들은 러시아에 있는 계정들을 통해 트위터로 퍼져 나갔다. 그러자 러시아의 한 관리는 선거 결과가 "완전한 위조"라고 선언했다. 실제 부정행위는 하나도 보고되지 않았지만, 스코틀랜드 유권자의 3분의 1가량은 뭔가 부정한 일이 벌어졌다는 인상을 받았다. 스코틀랜드가 영국에서 분리했더라면 러시아에는 승리가 되었을 것이다. 하지만 영국 주민들이 자국의 제도를 의심하게 되더라도 러시아에는 승리였을 것이다. 새먼드는 RT에서 프로그램을 하나 진행하는 식으로 이런 시도에 힘을 보탰다. 2015년 5월 영국 총선에서 보수당이 승리한 뒤, RT는 영

국 선거 제도가 부정 조작되었다고 주장하는 논설을 웹 사이트에 게재했다.[65]

영국 보수당은 선거 이후에 혼자 힘으로 정부를 형성할 수 있었지만, 유럽 연합 회원국 지위 여부를 놓고 분열되었다. 데이비드 캐머런David Cameron 총리는 당내 논쟁을 종식시키기 위해 이 문제에 관해 구속력 없는 국민 투표를 실시하는 데 동의했다. 깜짝 놀랄 일은 아니었지만 모스크바에는 아주 좋은 뉴스였다. 러시아는 이미 한동안 이런 가능성을 대비하고 있었다. 2012년 러시아 정보기관은 영국에서 '러시아의 보수주의자 친구들Conservative Friends of Russia'이라는 이름의 위장 조직을 설립했다. 창립 회원 중 한 명인 영국의 로비스트 매슈 엘리엇Matthew Elliott은 유럽 연합 탈퇴를 주장하는 공식 단체인 '탈퇴에 투표를Vote Leave'의 사무총장이었다. 유럽 연합 탈퇴를 정강으로 내걸고 창설된 정당의 지도자인 나이절 패라지는 계속 RT에 출연하면서 푸틴에 대한 존경을 나타냈다. 그리고 그의 고위 직원 중 한 명은 푸틴을 비판하는 리투아니아 대통령을 겨냥한 비방 캠페인에 참여했다.[66]

RT를 포함한 러시아의 주요 방송 채널은 2016년 6월 23일 영국 국민 투표를 앞둔 몇 주 동안 하나같이 유럽 연합 탈퇴 투표를 지지했다. 비록 당시에는 주목을 끌지 않았지만 인터넷상에서 벌어진 설득 캠페인이 아마 더 중요했을 것이다. 러시아 인터넷 트롤troll들, 즉 영국 유권자들을 상대로 논쟁에 참여하는 실제 사람들과 러시아의 트위터 봇bot들, 즉 정해진 대상을 겨냥해 수백만 개의 메시지를 발송하는 컴퓨터 프로그램들이 탈퇴 캠페인을 지원하는 대대적인 활동을 했다. 브렉시트에 관한 글을 게시한 트위터 계정 419개가 러시아의 인터넷 리서치 에이전시Internet Research Agency에 적을 두고 있었다. 나중에 이 계정 전부가 또한 도널드 트럼프의 대통령 선거 운동을 위한 글을 게시했다. 트위터에서 브렉시트에 관해 이루어진 논의의 3분의 1 정도가 봇에 의해 작성된 것이었고, 정치적 내용을 트위터에 올리는 봇의 90퍼센트 이상이 영국 바깥에 소재한 것이었다. 선택을 놓고 숙고한 영국인들은 당시에는 자신들이 봇이 살포하는 내용을 읽고 있다는 것을 전혀 알지 못했고, 또 이 봇들이 영국을 약화하기 위한 러시아 대외 정책의 일환이라는 것도 꿈에도 몰랐다. 득표수를 보면 탈퇴 찬성 52퍼센트, 반대 48퍼센트였다.[67]

이번에는 러시아의 어떤 목소리도 결과에 의문을 던지지 않았다. 아마 모스크바가 바라던 대로 투표 결과가 나왔기 때문일 것이다. 브렉시트는 러시아 대외 정책의 승리였고, 모스크바가 지휘한 사이버 캠페인이 현실을 바꿀 수 있음을 보여 주는 징후였다.

한동안 러시아 정치인들은 영국이 유럽 연합에서 탈퇴해야 한다고 촉구한 바 있었다. 2015년, 두마Duma 국제 문제 위원회 의장 콘스탄틴 코사체프Konstantin Kosachev는 영국인들에게 유럽 연합이 "절대 오류가 없고 무너지지 않는다는 신화"에 관해 가르침을 주었다. 국민 투표가 치러진 뒤 블라디미르 푸틴은 유럽 연합 해체에 찬성하는 주장을 내놓으면서 영국인들을 안심시켰다. 영국인들이 다른 나라들에게 이용만 당했다는 것이었다. 실제로 유럽 연합의 보조금을 가장 많이 받는 영국의 많은 지역이 탈퇴 쪽에 표를 던졌다. 푸틴은 상황이 결딴나게 만든 오해와 편견들을 점잖게 지지했다. "허약한 경제를 보조금으로 먹여 살리고, 다른 나라들과 모든 민족을 지원하기를 바라는 사람은 없습니다. 이건 명백한 사실입니다." 모스크바는 현명한 민족의 우화를 무기화한 상태였다. 사실 영국은 다른 나라를 지원하기로 결정한 나라였던 적이 없고, 오히려 유럽 통합으로 국가 지위를 구원받은 무너지는 제국이었다. 러시아 제일의 방송국인 채널원(페르비카날Pervyi Kanal)은 영국은 언제나 그랬던 것처럼 독자 생존할 수 있다는 신화를 확인하면서 안심시켜 주었다. "이 나라에게는 어떤 연합이나 약속도 구속력을 지우지 않는 게 중요하기 때문이다."
영국인들(주로 잉글랜드인들)은 자신들에게 민족 국가로서의 역사가 있다는 그
릇된 인상에 사로잡힌 가운데 러시아가 기다리고 있는 심연으로 뛰어드는 쪽
에 표를 던졌다.[68]

유럽 연합에 반대하는 오스트리아의 집단들에 대한 러시아의 지원은 노골
적이었다. 영국이나 프랑스와 마찬가지로 오스트리아 또한 통합 과정에 합류
한 옛 유럽 제국의 수도였다. 오스트리아는 합스부르크 군주국의 심장부였고,
1920년대와 1930년대에 실패한 민족 국가였다가 7년 동안은 나치 독일의 일
부였다. 오스트리아 자유당의 일부 지도자들은 나치 시기의 가문이나 이데올
로기, 또는 둘 다와 연결되어 있었다. 모스크바에서 공부해서 러시아어를 구사
하는 요한 구데누스Johann Gudenus가 바로 이런 경우였다.[69]

2016년 오스트리아 대통령 선거 운동 중에 자유당은 러시아의 푸틴 정
당과 협력 협정을 교섭했는데, 자신들이 내세운 후보 노르베르트 호퍼Norbert
Hofer가 당선되리라는 기대가 뚜렷했다. 호퍼는 당선 일보 직전까지 갔다. 4월에
1차 투표에서 승리했다. 2차 투표에서는 아깝게 졌는데, 선거법 위반이 있었다
는 주장이 제기된 뒤 다시 2차 투표가 실시되었다. 2016년 12월, 호퍼는 2차
투표에서 다시 패배했다. 전체 투표의 46퍼센트를 차지했는데, 오스트리아 전
국 선거에서 자유당 후보가 얻은 것으로는 가장 많은 득표였다.[70]

프랑스의 경우와 마찬가지로 러시아가 미는 후보는 승리하지 못했지만
러시아가 유럽 연합을 파괴하려는 캠페인을 시작했을 때 예상된 것보다는 훨
씬 많은 표를 얻었다. 2016년 12월 자유당 지도자들은 푸틴의 정당과 교섭한
협력 협정에 서명하러 모스크바로 날아갔다. 2017년 10월, 자유당은 오스트리
아 총선에서 26퍼센트를 얻어서 그해 12월에 연립 정부에 참여했다. 모스크바

와 공공연하게 손을 잡은 극우 정당이 유럽 연합 회원국을 통치하는 데 협력하게 된 셈이었다.[71]

필연인가 영원인가

통합인가 제국인가? 과연 러시아의 새로운 유라시아 제국주의는 유럽 연합을 파괴할 것인가? 아니면 1922년 소련의 일부였던 영역까지 유럽 통합이 다다를 것인가? 2013년에 유럽에 던져진 질문이었다. 모스크바가 그해에 유럽 연합을 무너뜨리려고 계속 노력하는 가운데 키예프는 유럽 연합과 연합 협정을 마무리 짓는 중이었다. 무역 협정은 우크라이나에서 인기가 있었다. 올리가르히들은 유럽 연합 시장에 대한 접근권을 원했고, 중소기업주들은 그런 올리가르히들과 경쟁하기 위해 법치를 원했으며, 학생과 젊은이들은 유럽의 미래를 기대했다. 빅토르 야누코비치 대통령은 선택을 직시하지 않으려 애를 썼지만 선택에 직면하고 있었다. 만약 우크라이나가 유럽 연합과 연합 협정을 조인한다면, 푸틴의 유라시아에는 참여할 수 없을 터였다.[72]

유라시아론자들 스스로는 분명한 입장을 취했다. 두긴은 오래전부터 우크라이나를 파괴할 것을 촉구했다. 프로하노프는 2013년 7월에 야누코비치를 제거해야 할 수도 있을 것이라고 시사한 바 있었다. 2013년 9월 글라지예프는 우크라이나가 유라시아에 참여하지 않으면 러시아가 우크라이나 영토를 침략할 수 있다고 말했다. 2013년 11월, 야누코비치는 모든 이의 기대를 저버렸다. 완성된 연합 협정에 서명하지도 않고 유라시아에 우크라이나를 참여시키지도 않은 것이다. 2014년 2월, 러시아는 우크라이나를 침공했다. 러시아의 영원의 정치학이 유럽의 필연의 정치학과 교전을 벌이는 셈이었다. 유럽인들은 어떻게 해야 할지 몰라 갈팡질팡했다. 유럽 연합은 싸움은커녕 저항도 겪어 본 적이 없었다. 통합에 대한 공격은 또한 자신들의 허약한 국가에 대한 공격이기도 하다는 것을 깨달은 이는 거의 없었다. 모스크바는 고분고분한 우크라이나의 영토가 될 것으로 간주하는 땅을 놓고 유럽 연합을 상대로 계속 군사 행동을 벌였다.[73]

유럽인들은 우크라이나 충돌에 어떤 이해관계가 걸려 있는지를 알지 못하기 때문에 우크라이나인들보다 러시아의 공격에 더 취약하다는 사실이 드러났다. 우크라이나인들은 자신들의 국가가 허약하다는 것을 알았기 때문에 많은 이들이 유럽 연합을 법과 번영을 누리는 미래를 위한 선결 조건으로 보는데 아무 문제가 없었다. 그들은 러시아의 개입을 애국적 혁명을 위한 대의로 보았다. 유럽 연합 가입을 우크라이나 국가 건설의 한 단계로 이해했기 때문이다. 다른 유럽인들은 이런 연관성을 이미 잊은 상태였기 때문에 러시아의 우크라이나 전쟁이 제기하는 정치적 문제를 문화적 차이로 경험했다. 유럽인들은 우크라이나 문제는 이 나라가 유럽의 주류와 멀리 떨어져 있음을 보여 준다고 말하는 러시아의 최면성 선전에 취약함이 드러났다.

러시아의 영원의 정치학은 유럽의 필연의 정치학의 한가운데에 있는 맹점을 쉽게 발견했다. 러시아인들은 2014년과 2015년에 그런 것처럼 우크라이나인이 현명한 민족이 아니라고 말하기만 하면 되었다. 우크라이나인은 제2차 세계 대전의 교훈을 배우지 못했다는 것이었다. 점잖은 척 고개를 끄덕이면서 아무것도 하지 않은 유럽인들은 자신들의 역사에 대한 기본적인 오해를 강화했고, 결국 그들 자신의 국가의 주권을 위험에 빠뜨렸다.

필연이냐 영원이냐 하는 양자택일에서 벗어나는 유일한 출구는 역사였다. 역사를 이해하든지 아니면 역사를 만들어야 했다. 자신들이 처한 상황을 있는 그대로 직시하는 우크라이나인들은 새로운 행동에 나서야 했다.

CHAPTER FOUR

새로움인가 영원인가

시작은, 그것이 역사적 사건이 되기 전에 인간이 가진 최상의 능력이다.
정치적으로 시작은 인간의 자유와 동일한 것이다.
- 해나 아렌트, 1951

러시아의 영원의 정치학은 신비로운 순결의 순간을 찾기 위해 1000년 전으로 거슬러 올라갔다. 블라디미르 푸틴은 키예프의 볼로디미르/발데마르가 세례를 받은 일을 자신이 천년 만에 마음속에 그려 본 덕분에 러시아와 우크라이나가 단일 민족이 되었다고 주장했다. 2013년 7월 키예프를 방문했을 때 푸틴은 영혼을 읽으면서 하느님의 지정학을 입에 올렸다. "우리의 영적 통일성은 1025년 전에 성 루스Holy Rus의 세례와 더불어 시작됐습니다. 그 후로 우리 민족의 삶에서 많은 일이 일어났지만, 우리의 영적 통일성은 워낙 튼튼해서 어떤 권력의 어떤 행동에도 굴하지 않습니다. 정부 권력, 아니 이렇게까지 말해도 된다면, 종교 권력에도 굴하지 않습니다. 기존의 권력이 제아무리 사람들 위에 군림할지라도 주님의 권력보다 강한 것은 있을 수 없기 때문입니다. 그 어떤 권력도 주님의 권력보다 강하지 않습니다. 그리고 바로 이 주님의 권력이야말로 우리 민족의 영혼 속에 있는 우리의 통일성을 떠받히는 가장 견고한 토대입니다."[1]

2013년 9월 대통령 주관 공식 정상 회담인 발다이에서 푸틴은 세속적인 언어로 자신의 전망을 표현했다. 그는 러시아 국가에 관한 일련의 "유기체 모델"을 거론했는데, 여기서 우크라이나는 러시아라는 순결무구한 육체에서 분리 불가능한 기관이었다. "우리에게는 공통의 전통과 심성, 공통의 역사와 문화가 있습니다. 우리의 언어는 아주 흡사합니다. 이런 점에서 나는 우리가 한 민족이라고 거듭 말하고 싶습니다." 두 달 뒤 유럽 연합과 우크라이나가 연합 협정을 조인할 예정이었다. 러시아는 자신의 영적인 영향권, 푸틴이 쓰기 시작한 말로는 "러시아 세계" 안에서는 어떤 새로운 일도 일어나서는 안 된다는 이유로 이 과정을 중단시키려고 했다. 그런데 국경 너머에까지 러시아의 영원의 정치학을 적용하려는 그의 시도는 의도치 않은 결과를 낳았다. 우크라이나인들이 새로운 종류의 정치학을 창조하는 식으로 대응한 것이다.[2]

민족은 오래된 것을 언급하는 새로운 것이다. 그런데 어떻게 언급하는지가 중요하다. 지금까지 러시아 지도자들이 하는 것처럼, 국내에서 현상태status quo를 강화하고 해외에서 제국을 정당화하기 위해 고안된 의례적 주문呪文을 발설하는 것은 가능하다. "루시"가 "러시아"라거나 980년대 루시의 볼로디미르/발데마르가 2010년대 러시아 연방의 블라디미르 푸틴이라고 말하는 것은 역사적 사고와 정치적 판단을 가능케 하는, 해석 가능한 자료의 여러 세기를 지워 버리는 일이다.[3]

키예프의 볼로디미르/발데마르가 세례를 받은 이후의 천년 속에서 영원의 이야기가 아니라 하나의 역사를 보는 것도 가능하다. 역사적으로 사고한다는 것은 하나의 민족적 신화를 다른 것으로 교환하는 것, 즉 러시아가 아니라 우크라이나가 루시의 후계자라거나 볼로디미르/발데마르가 러시아인이 아니라 우크라이나인이라고 말하는 것이 아니다. 이런 주장을 하는 것은 러시아의 영원의 정치학을 우크라이나의 영원의 정치학으로 대체할 뿐이다. 역사적으로 사고한다 함은 러시아 같은 게 가능할 수 있는 것처럼 우크라이나 같은 게 어떻게 가능할 수 있는지를 살펴보는 것이다. 역사적으로 사고한다는 것은 구조들의 한계, 불확정성의 공간들, 자유의 가능성들을 살펴보는 것이다.[4]

오늘날 우크라이나를 가능케 하는 지형은 중세와 근대 초기에서 볼 수 있다. 볼로디미르/발데마르의 루시는 1240년대 초 그 군벌들이 몽골인에게 패배하기 한참 전에 조각이 났다. 몽골의 침략 이후 루시의 영토 대부분은 13세기

1054년경 동유럽

와 14세기에 리투아니아 대공국에 흡수되었다. 루시의 기독교도 군벌들은 이후 이교 국가인 리투아니아의 주요 인물들이 되었다.[5]

리투아니아 대공국은 법률과 궁정에서 루시의 정치 언어를 받아들였다. 1386년부터 리투아니아 대공들은 폴란드도 전반적으로 통치했다.

고대 루시의 땅 일부를 가리키는 "우크라이나"라는 개념은 리투아니아와 폴란드의 정치적 관계가 바뀐 1569년 이후에 등장했다. 그해에 폴란드 왕국과 리투아니아 대공국은 연방국, 즉 두 영역의 연합을 이루었다. 교섭 중에 오늘날 우크라이나 영토의 대부분이 새로운 공동 국가체에서 리투아니아의 일부에서 폴란드의 일부로 이전되었다. 이로써 점화된 충돌을 통해 우크라이나라는 정치적 개념이 생겨났다.

1569년 이후 오늘날 우크라이나 영토에서는 한창 풍요로운 변화를 겪는 서방 기독교가 루시의 동방 기독교 전통에 도전했다. 폴란드의 가톨릭·개신교 사상가들은 인쇄기의 도움을 받아 루시의 땅에서 동방 기독교의 장악력에 도전했다. 루시의 정교 신자 군벌 몇 명은 신교나 가톨릭으로 개종하고 자기들끼리 소통하는 언어로 폴란드어를 받아들였다. 이 지방 실력자들은 폴란드의 본보기와 동쪽으로 옮겨간 폴란드 귀족들의 사례를 따라 비옥한 우크라이나 스텝 지대를 대규모 농장으로 바꾸기 시작했다. 그리하여 지역 주민들의 노동력을 착취하기 위해서 그들을 농노로 땅에 묶어 두어야 했다. 농노 신세에서 도망치려 한 우크라이나 농민들은 종종 또 다른 형태의 예속을 발견했다. 오늘날 우크라이나의 최남부에서 이웃한 무슬림들에 의해 노예로 팔릴 수 있었기 때문이다. 타타르인이라고 알려진 이 무슬림들은 오스만 제국의 종주권 아래 있었다.[6]

농노들은 코사크인들에게로 도망을 쳤는데, 그들은 폴란드와 오스만의 권력이 미치지 않는 무인 지대인 스텝 지대 동남쪽 가장자리에서 습격, 사냥, 물고기 잡이 등으로 살아가는 자유민이었다. 그들은 드네프르강 가운데에 있는 섬에 요새Sich를 건설했다. 이 강의 이름을 딴 오늘날의 도시에서 멀지 않은 곳이다. 전시에는 코사크 수천 명이 폴란드군에서 계약 병사로 싸웠다. 코사크인들이 보병을 맡고 폴란드 귀족이 기병으로 싸울 때, 폴란드군은 지는 법이 없었다. 17세기 초 폴란드-리투아니아 연방국은 유럽에서 가장 큰 국가였고, 잠깐이나마 모스크바를 차지하기도 했다. 모든 귀족이 의회에서 대표권을 갖는 귀족들의 공화국이었다. 물론 실제로는 일부 귀족이 다른 귀족보다 더 힘이 셌고, 우크라이나의 부유한 실력자들은 연방국에서 가장 유력한 시민들에 속했다. 코사크인들은 귀족이 되거나 적어도 연방국 내에서 확고한 법적 권리를 갖기를 원했다. 그렇지만 그런 대접을 받지 못했다.[7]

1648년, 이런 긴장이 반란으로 이어졌다. 폴란드-리투아니아 연방국은 이제 막 오스만 제국을 상대로 군사 행동에 나설 참이었다. 오스만인들에 맞서 싸울 준비를 하던 코사크인들은 그 대신 지도자 보흐단 흐멜니츠키Bohdan Khmelnyts'kyi를 찾아냈다. 흐멜니츠키는 폴란드화된 지역 지주들에 맞서 반란을 일으키자고 코사크인들을 설득했다. 동맹 세력이 필요하다는 것을 안 그는 타타르인들을 끌어들였고, 그들에게 지역 우크라이나 기독교도들을 노예로 제공했다. 타타르인들이 배신을 하자 그는 새로운 동맹자가 필요했는데, 모스크바 대공국이 유일하게 찾을 수 있는 동맹자였다. 이 동맹에서 운명적인 것은 전혀 없었다. 코사크인들과 모스크바인들은 둘 다 자기가 루시의 후계자라고 생각했지만, 공통의 언어가 없기 때문에 의사소통을 위해 통역자가 필요했다. 흐멜니츠키는 반란자이긴 해도 르네상스와 종교 개혁, 반종교 개혁이 낳은 인물로서 우크라이나어와 폴란드어, 라틴어를 구사했다(하지만 러시아어는 하지 못

칼마르 동맹
리보니아 기사단
리가
노브고로드
노브고로드
볼가강
모스크바 대공국
모스크바
발트해
사모기티아
드비나강
비쳅스크
스몰렌스크
스몰렌스크
단치히
게르만 기사단
빌뉴스
폴라츠크
민스크
랴잔
랴잔
비스와강
포즈난
바르샤바
대폴란드
폴란드
브레스트
리투아니아
체르니히우
체르니히우
브로츠와프
크라쿠프
볼히니아
돈강
보헤미아-모라비아
산(샌)강
리비우
갈리치아
키예프
페레야슬라우
빈
부다
포돌리아
드네스트르강
드네프르강
헝가리
몰다비아
볼가강
금장한국 (킵차크한국)
아조프해
왈라키아
다뉴브강
흑해

1054년 키예프 루시의 영역

1386년경 폴란드-리투아니아

했다). 코사크인들은 양 당사자를 구속하는 법적 계약에 익숙한 상태였다. 모스크바 쪽이 차르에 대한 영원한 복종이라고 본 것을 그들은 일시적인 합의라고 생각했다. 1654년 모스크바 대공국은 폴란드-리투아니아 연방국을 침략했다. 1667년 지금의 우크라이나 땅이 드네프르강을 따라 분할되어 코사크의 요새들이 모스크바 대공국으로 넘어갔다. 키예프의 지위는 처음에는 확실하지 않았지만 이곳 또한 모스크바에 양도되었다.[8]

모스크바는 이제 아시아에서 오랜 이력을 쌓은 끝에 서쪽으로 고개를 돌렸다. 키예프시는 이제까지 모스크바와 정치적 연계 없이 800여 년 동안 존재했다. 키예프는 유럽의 대도시로 중세, 르네상스와 바로크 시대, 종교 개혁과 반종교 개혁 등을 거쳤다. 모스크바와 연결되자 키예프의 대학은 1721년 이후에 러시아 제국이라 불리게 되는 이 영역에서 주요한 고등교육 기관이 되었다. 키예프의 식자층이 모스크바에 이어 상트페테르부르크의 전문직 학교를 채웠다. 코사크인들은 러시아 제국 군대에 동화되었다. 예카테리나 여제는 코사크인 애인을 얻었고 코사크인들을 활용해서 크림반도를 정복했다. 18세기 말, 러시아 제국은 프로이센과 합스부르크 군주국의 도움을 받아 폴란드 - 리투아니아 연방국을 분할해서 없애 버렸다. 그리하여 루시의 옛 영토 거의 전부가 새로 세워진 러시아 제국의 일부로 편입되었다.[9]

19세기에 러시아 제국으로 통합되자 우크라이나에서 애국적 반발이 일었다. 하르키우Kharkiv의 러시아 제국 대학은 지역 농민과 농민 문화를 이상화한 낭만주의 경향의 첫 번째 중심지였다. 세기 중엽 키예프에서 오랜 귀족 가문의 성원 몇 명이 러시아나 폴란드의 권력이 아니라 우크라이나어를 쓰는 농민들과 일체감을 갖기 시작했다. 처음에 러시아 통치자들은 이런 경향들 속에서 "남러시아"나 "소러시아" 문화에 대한 관심을 발견하고 기특하게 여겼다. 1853~1856년 크림 전쟁에서 러시아가 패배하고 1863~1864년 폴란드 봉기가 일어난 뒤, 러시아 제국 당국은 우크라이나 문화를 정치적 위협으로 규정하고 우크라이나어로 된 출판물을 금지했다. 리투아니아 대공국의 법령은 옛 루시 법률의 메아리와 함께 힘을 잃었다. 동방 정교회의 중심지였던 키예프의 전통적인 장소는 모스크바의 차지가 되었다. 1596년 동방의 전례와 서방의 성직자 계급 제도를 결합해 만들어진 동방귀일교회Uniate Church는 폐지되었다.[10]

1569년경 흑해의 경쟁자들

　루시의 땅 중 러시아 제국으로 편입되지 않은 한곳은 갈리치아였다. 18세기 말에 폴란드-리투아니아 연방국이 분할되어 사라졌을 때, 갈리치아는 동방귀일교회 같은 루시 문명의 일정한 특징을 유지했다. 합스부르크 군주국은 이 교회를 "그리스 가톨릭"으로 개명하고 빈에서 사제들을 교육시켰다. 이 사람들의 자녀와 손자들은 우크라이나 민족 활동가, 신문 편집자, 의원 후보 등이 되었다. 러시아 제국이 우크라이나 문화를 금지하자 우크라이나 작가와 활동가들은 갈리치아로 옮겨 갔다. 1876년 이후 합스부르크 군주국에는 관대한 헌법과 언론의 자유가 있었기 때문에 이 정치적 이민자들은 우크라이나 활동을 계속할 자유를 누렸다. 오스트리아는 민주 선거를 치렀기 때문에 정당 정치는 군주국 전체에서 전국적인 정치가 되었다. 러시아 제국 출신 난민들은 우크라이나 정치와 역사를 제국적 권력이 아니라 지속적인 문화와 언어의 문제로 규정했다. 농민들 자체를 보자면, 우크라이나어를 쓰는 주민의 절대 다수가 주로 토지 소유에 관심을 기울였다.[11]

　1917년 11월 볼셰비키 혁명*이 일어난 뒤 우크라이나 정부는 독립을 선언했다. 그렇지만 여느 동유럽 민족들과 달리 우크라이나인들은 국가를 형성할 수 없었다. 제1차 세계 대전 승전국 가운데 어느 나라도 우크라이나의 독립 주장을 인정하지 않았다. 키예프는 붉은 군대와 백러시아 반군, 우크라이나 군대, 폴란드 군대 등 10여 차례나 주인이 바뀌었다. 포위 공격에 시달리는 우크라이나 당국은 신생 독립국 폴란드와 동맹을 맺었고, 1920년 5월 폴란드와 우크라이나 군대가 힘을 합쳐 키예프를 차지했다. 붉은 군대가 반격을 가하자 우크라이나 병사들은 폴란드 군대와 나란히 싸우면서 바르샤바까지 후퇴했다. 하지만 폴란드와 볼셰비키 러시아가 1921년 리가에서 강화 조약을 체결하자 우크라이나 활동가들이 자기 땅이라고 여긴 영토가 분할되었다. 러시아 제국에 속했던 땅의 거의 전부가 신생국 소련의 차지가 된 반면, 갈리치아와 또 다른 서부 지역인 볼히니아는 폴란드의 몫으로 돌아갔다. 이례적인 일이 아니

• 러시아 10월 혁명은 양력으로 계산하면 11월 7일에 일어났다.

라 아주 전형적인 결과였다. 우크라이나 민족 국가는 몇 달간 지속된 반면 서쪽 이웃 나라들은 몇 년 동안 지속되었지만, 그 교훈은 똑같았고 우크라이나의 사례에서 가장 절실하게 체감되었다. 민족 국가는 만드는 것 자체가 쉽지 않고 대부분의 경우에 지키기 힘들다는 것이다.[12]

우크라이나가 원하는 것

우크라이나 역사를 보면 유럽 근대사의 핵심적인 문제가 뚜렷이 드러난다. 제국 이후에 무엇이 등장하는가? 현명한 민족의 우화에 따르면, 유럽의 민족 국가들은 전쟁에서 교훈을 얻고 통합하기 시작했다. 이 신화가 타당하려면 실제로는 존재하지 않았던 시기까지 거슬러 올라가서 민족 국가들이 존재했다고 상상해야 한다. 유럽의 20세기 한가운데서 벌어진 근본적인 사건, 즉 유럽 자체 내부에 제국을 세우고자 한 유럽인들의 시도는 없애 버려야 한다. 결정적으로 중요한 사례는 1941년 우크라이나를 식민화하려다가 실패한 독일의 시도다. 우크라이나의 비옥한 흑토는 20세기 유럽의 양대 신제국주의 기획인 소련과 나치 기획의 핵심을 차지했다. 이 점에서도 우크라이나의 역사는 대단히 전형적이며 따라서 외면할 수 없다. 유럽 내에서 다른 어떤 땅도 그만큼 식민주의의 관심을 끌지 못했다. 그리하여 규칙이 드러난다. 유럽의 역사는 식민화와 탈식민화를 중심으로 전개된다는 규칙이 그것이다.[13]

요제프 스탈린은 소비에트 기획을 자기 식민화로 이해했다. 소련은 해외에 소유한 영토가 없었기 때문에 자신의 배후지를 착취해야 했다. 그리하여 우크라이나는 1928~1933년 제1차 5개년 계획에서 소비에트의 중앙 계획가들에게 자기 땅의 풍부한 농산물을 내주어야 했다. 농업에 대한 국가 통제 때문에 소비에트 우크라이나 주민 300만~400만 명이 굶어 죽었다. 아돌프 히틀러는 우크라이나를 독일을 세계 강국으로 바꿔 줄 비옥한 영토로 보았다. 우크라이나의 흑토를 장악하는 게 그가 벌인 전쟁의 목표였다. 그리하여 1941년 시작된 독일의 점령 때문에 소비에트 우크라이나 주민 300만 명 이상이 죽임을 당했다. 그중에는 독일인들과 현지 경찰과 민병대에 살해된 유대인 160만 명도 있었다. 이런 인명 손실 외에도 소비에트 우크라이나 주민 300만여 명이 붉은 군대 병사로 전쟁에서 싸우다가 죽었다. 모두 합하면 두 강대국이 같은 우크라이나 영토를 경쟁적으로 식민화한 결과로 10년 만에 1000만 명 정도가 목숨을 잃었다.[14]

1945년 붉은 군대가 독일 국방군을 물리친 뒤, 소비에트 우크라이나의 경계선은 서쪽으로 확장되어 폴란드에서 빼앗은 지역뿐만 아니라 체코슬로바키아와 루마니아에서 떼어 낸 자투리 영토까지 아우르게 되었다. 1954년, 크림반도가 소련의 러시아 사회주의 연방 공화국에서 떨어져 나와 소비에트 우크라이나에 편입되었다. 두 소비에트 공화국 사이에 이루어진 일련의 국경 조정의 마무리 작업이었다. 크림반도는 육지로 우크라이나에 연결되기 때문에, 그리고 러시아의 관점에서 보면 하나의 섬이기 때문에 관건은 이 반도를 우크라이나의 수도 공급과 전력망에 연결하는 것이었다. 소비에트 지도부는 이 기회를 활용해 우크라이나와 러시아의 통일은 운명이라고 설명했다. 1954년은 코사크인들과 모스크바 대공국이 폴란드-리투아니아 연방국에 대항해 결합한 협정의 300주년이었기 때문에 소비에트 공장들은 '300주년' 로고가 새겨진 담뱃갑과 잠옷을 생산했다. 소비에트의 영원의 정치학, 즉 현재의 업적이나 미래의 약속이 아니라 향수를 자극하는 어림수의 순환으로 지배를 정당화하는 정치학을 보여 주는 초기 사례였다.[15]

소비에트 우크라이나는 소비에트 러시아에 이어 소비에트 사회주의 공화국 연방에서 인구가 두 번째로 많은 공화국이었다. 제2차 세계 대전 전에는 폴란드의 일부였던, 소비에트 우크라이나의 서부 지역에서 우크라이나 민족주의자들은 소비에트 지배를 강요하는 데 저항했다. 1940년대 말과 1950년대 초 잇따라 벌어진 강제 이송에서 민족주의자들과 그 가족들은 수십만 명씩 소비에트 강제 수용소인 굴라크로 보내졌다. 가령 1947년 10월에는 '서부 작전Operation West'이라는 이름 아래 불과 며칠 만에 우크라이나인 7만 6192명이 굴라크로 이송되었다. 1953년 스탈린이 사망할 때 아직 살아 있던 이들은 대부분 그의 후계자 니키타 흐루쇼프에 의해 석방되었다. 1960년대와 1970년대에 우크라이나 공산주의자들은 러시아 동지들과 손을 잡고 세계에서 가장 큰 나라를 통치했다. 냉전 중에 우크라이나 동남부는 소비에트의 군사 중핵 지대였다. 코사크인들이 한때 요새를 세웠던 곳에서 멀지 않은 드니프로페트로우스크Dnipropetrovsk에서는 로켓이 만들어졌다.[16]

소비에트 정책은 우크라이나인들에게 치명적인 결과를 낳았지만, 소비에트 지도자들은 우크라이나가 하나의 민족임을 절대 부정하지 않았다. 각 민족이 소비에트 지배 아래서 잠재력을 한껏 실현하고, 공산주의가 달성되기만 하면 민족이 해체될 것이라는 게 지배적인 사고였다. 소련 초기 수십 년 동안 요제프 로트Joseph Roth의 저널리즘에서부터 유엔의 통계에 이르기까지 우크라이나 민족의 존재는 당연시되었다. 1932~1933년의 기근은 마을들의 사회적 응집을 결딴내고 우크라이나 민족 활동가들의 유혈 숙청과 동시에 벌어졌다는 점에서 또한 우크라이나 민족을 겨냥한 전쟁이기도 했다. 그렇지만 우크라이나 민족의 미래가 사회주의일 것이라는 모호한 사고는 여전히 남았다. 실제로 1970년대 브레즈네프 치하에 이르러서야 소비에트 정책은 이런 겉치레를 공식적으로 포기했다. 그가 내세운 "대애국전쟁"의 신화 속에서 러시아인과 우크라이나인은 파시즘에 대항하는 병사로서 통합되었다. "현존 사회주의"를 위해 유토피아를 포기했을 때 브레즈네프는 비러시아 민족들의 발전이 완료되었다고 암묵적으로 말한 셈이었다. 그는 러시아어가 모든 소비에트 엘리트들이 소통하는 언어가 되어야 한다고 촉구했고, 그의 부하 한 명이 우크라이나 문제를 관리했다. 학교는 러시아화되고, 대학도 그 뒤를 따랐다. 1970년대에 소비에트 체제에 반기를 든 우크라이나인들은 감옥이나 정신 병원에 갇히는 위험을 무릅쓰면서 우크라이나 문화를 지키기 위해 항의했다.[17]

분명 우크라이나 공산주의자들은 소비에트 기획에 진심을 다해 많은 수가 참여하면서 러시아 공산주의자들을 도와 소련의 아시아 지역들을 통치했다. 1985년 이후 고르바초프가 공산당을 무시하려 하면서 이런 공산주의자들이 소외되긴 했지만, 그가 추진한 글라스노스트glasnost(개방) 정책은 소련 시민들에게 민족적 불만을 표출하도록 장려했다. 1986년, 체르노빌에서 핵 재앙이 터진 뒤 고르바초프가 침묵으로 일관하면서 많은 우크라이나인들은 그를 불신하게 되었다. 소비에트 우크라이나 주민 수백만 명이 고도의 방사능에 노출된 것은 말할 나위도 없다. 죽음의 구름이 드리운 가운데 노동절 행진을 진행하라고 특별 명령을 내린 그의 처사는 용서하기 어렵다. 1986년의 무의미한 인명 손실을 겪은 우크라이나인들은 이제 1933년의 무의미한 대량 기아에 관해 말하기 시작했다.[18]

1991년 여름, 고르바초프에 맞선 쿠데타가 무위로 돌아가자 보리스 옐친이 러시아를 소련에서 끌어내는 길이 열렸다. 우크라이나 공산주의자들과 반정부 세력은 자국 역시 러시아의 선례를 따라야 한다는 데 뜻을 같이했다. 소비에트 우크라이나 주민의 92퍼센트가 국민 투표에서 독립에 찬성했고, 모든 주에서 과반수가 찬성했다.

마이단 광장

신생 러시아와 마찬가지로 신생 우크라이나에서도 1990년대는 소비에트 자산의 탈취와 영리한 차익 거래 계획을 특징적으로 보여 주었다. 러시아와 달리 우크라이나에서는 신흥 올리가르히 계급이 내구성 좋은 파벌들로 뭉쳤는데, 그중 어느 파벌도 한 번에 2, 3년 넘게 국가를 지배하지 못했다. 그리고 러시아와 달리 우크라이나에서는 민주적 선거를 통해 권력의 주인이 바뀌었다. 러시아와 우크라이나 모두 2008년 세계 금융 위기 이전 상대적인 호시절에 경제 개혁을 할 기회를 놓쳤다. 그리고 러시아와 달리 우크라이나에서는 유럽 연합이 사회 진보와 공평한 부의 분배를 가로막는 부패의 치료책으로 여겨졌다. 우크라이나 지도자들은 적어도 말로는 유럽 연합 가입을 일관되게 장려했다. 2010년부터 우크라이나 대통령을 맡은 빅토르 야누코비치는 유럽적 미래의 가능성을 갉아먹는 정책을 추진하면서도 그런 미래 개념을 장려했다.[19]

야누코비치의 경력은 우크라이나의 과두제적 다원주의와 러시아의 도둑 정치적 중앙 집권주의의 차이를 극명하게 보여 준다. 그는 2004년 처음으로 대통령 선거에 출마했다. 그의 후원자인 퇴임하는 대통령 레오니드 쿠치마Leonid Kuchma는 그에게 유리하게 최종 집계를 조작했다. 러시아의 대외 정책 또한 출마를 지지하고 그의 승리를 선언하는 것이었다. 키예프 독립 광장(마이단 광장)에서 3주 동안 시위가 이어지고 우크라이나 대법원이 판결을 내려서 새로 선거를 실시한 끝에 야누코비치는 패배를 받아들였다. 민주주의를 승계 원리로서 확인한, 우크라이나 역사에 있어서 중요한 순간이었다. 최상위 정치에서 법치가 기능하는 한, 언젠가는 일상생활까지 법치가 확대될 것이라는 희망이 언제나 존재했다.

선거에서 패배한 뒤 야누코비치는 이미지를 개선하기 위해 미국의 정치 컨설턴트 폴 매너포트를 영입했다. 매너포트는 뉴욕의 트럼프타워에 주거지를 유지하면서도 우크라이나에서 상당히 많은 시간을 보냈다. 매너포트의 지도 아래 야누코비치는 머리 모양과 양복을 가다듬고 손짓을 써가며 이야기하기 시작했다. 매너포트는 공화당이 미국에서 활용한 방식을 상기시키는, 우크라이나를 위한 "남부 전략"을 추구하도록 야누코비치를 도왔다. 문화적 차이를 강조하고, 정치를 행동이 아니라 존재의 문제로 삼은 것이다. 미국에서 이런 방식은 백인이 다수이고 전체 부를 거의 독점하고 있는데도 백인들의 불만에 영합하는 것을 의미했다. 우크라이나에서는 러시아어가 이 나라 정치와 경제의 주요 언어이고 나라의 자원을 장악한 이들의 으뜸 언어인데도 러시아어 사용자가 겪는 곤란을 과장하는 것을 의미했다. 매너포트의 다음 의뢰인인 도널드 트럼프와 마찬가지로 야누코비치 또한 한 과두 지배자가 과두제에 맞서 국민을 지켜 줄 수 있다는 희망과 문화적 불만을 뒤섞은 선거 운동을 통해 권력을 잡았다.[20]

2010년 대통령 선거에서 승리한 뒤 야누코비치는 개인적 부를 축적하는 데 집중했다. 그는 과두제 파벌의 교대를 허용하는 대신 항구적인 도둑 정치 엘리트 집단을 창출하는 식으로 러시아의 관행을 수입하는 듯 보였다. 치과 의사인 그의 아들은 우크라이나에서 손꼽히는 부자가 되었다. 야누코비치는 가령 자신의 범죄 기록을 은폐한 판사를 대법원장에 임명하는 식으로 정부 부문들 사이의 견제와 균형을 훼손했다. 또한 민주주의를 러시아식으로 운영하려고 했다. 그는 주요 야당 인사 두 명 중 한 명을 투옥하고, 나머지 한 명의 대통령 출마 자격을 박탈하는 법안을 통과시켰다. 그리하여 직접 고른 민족주의자 야당 인사를 상대로 재선에 도전할 수 있었다. 야누코비치의 승리가 확실했고, 당선 이후 그는 유럽인들과 미국인들에게 우크라이나를 민족주의로부터 구했

다고 말할 수 있었다.[21]

　신생 국가 우크라이나에는 커다란 문제가 산적했는데, 그중에서도 부패가 두드러졌다. 야누코비치가 조인을 약속한 유럽 연합과의 연합 협정은 우크라이나 내에서 법치를 뒷받침하는 수단이 될 터였다. 유럽 연합의 역사적 기능이 바로 제국 이후의 유럽 국가를 구제하는 것이었다. 야누코비치는 이 점을 이해하지 못했겠지만 많은 우크라이나 시민들은 제대로 꿰뚫어 보았다. 시민들로서는 오직 연합 협정에 대한 기대 때문에 야누코비치 정권을 참을 수 있었다. 그리하여 2013년 11월 21일 야누코비치가 갑자기 우크라이나가 연합 협정에 서명하지 않겠다고 선언하자 그는 참을 수 없는 존재가 되었다. 야누코비치는 푸틴과 이야기를 나눈 뒤 이런 결정을 내린 것이었다. 그때까지 대다수 우크라이나인들이 무시한 러시아의 영원의 정치학이 갑자기 눈앞에 닥친 셈이었다.[22]

　과두제와 불평등을 가시적으로 드러내는 것은 바로 탐사 언론인들이다. 당대의 연대기 작성자인 그들은 영원의 정치학에 처음으로 반응한다. 21세기의 과두적 우크라이나에서 기자들은 동료 시민들에게 자기방어의 기회를 주었다. 무스타파 나이옘Mustafa Nayyem은 이런 탐사 언론인 중 하나인데, 11월 21일 나이옘은 인내심이 다했다. 자신의 페이스북 페이지에 쓴 글에서 친구들에게 거리로 나가 항의할 것을 촉구했다. "'좋아요'는 중요하지 않습니다." 사람들이 직접 거리로 나가야 했다. 그래서 사람들은 거리로 나갔다. 처음에는 키예프와 전국 각지에서 학생과 젊은이 수천 명이 나섰는데, 얼어붙은 미래에서 잃을 게 가장 많은 사람들이었다.[23]

　마이단 광장에 모인 사람들은 꿋꿋하게 그 자리를 지켰다. 그리고 이 과정에서 그들은 새로운 것, 즉 한 민족의 창조에 참여했다.

품위와 용기

우크라이나 정치 체제의 결함이 무엇이든 간에 1991년 이후 우크라이나 인들은 폭력 사태 없이 정치 논쟁을 해결하는 것을 당연시하게 되었다. 2000년 인기 있는 탐사 보도 기자 게오르기 곤가제Georgiy Gongadze가 살해된 것처럼 예외적 사건이 생기면 그때마다 항의 시위가 벌어졌다. 20세기에 다른 어느 나라보다도 많은 폭력을 목도한 나라에서 21세기의 시민적 평화는 자랑스러운 성취였다. 정기적으로 선거가 치러지고 전쟁이 사라진 것과 나란히 평화 집회의 권리는 우크라이나인들 스스로 러시아와 자기 나라를 구별하는 하나의 잣대였다. 따라서 11월 30일 전투 경찰이 마이단 광장 시위대를 공격한 것은 충격으로 다가왔다. "우리 아이들"이 구타를 당했다는 뉴스가 키예프 전역에 퍼졌다. "첫 번째 핏방울"이 흐르자 이에 자극 받은 시민들이 행동에 나섰다.[24]

우크라이나 시민들이 폭력에 시달리는 학생들을 도우러 키예프로 모여들었다. 그중 한 명인 세르게이 니호얀Sergei Nihoyan은 러시아어를 쓰는 아르메니아계로 돈바스Donbas라고 알려진 우크라이나 동남부 지역 출신이었다. 그 자신이 노동자인 니호얀은 "학생들, 우크라이나 시민들"과 연대를 표명했다. 유럽을 상실할 것이라는 두려움 때문에 학생들의 마음속에서 촉발된, 미래를 지켜야 한다는 반사적인 반응은 독립 우크라이나에서 자라난 한 세대를 잃을지 모른다는 두려움 때문에 다른 이들에게서도 촉발되었다. 학생들을 보호하기 위해 마이단 광장으로 달려온 나이 든 세대의 대표자들 가운데는 "아프간인들", 즉 붉은 군대의 아프가니스탄 침공 당시 참전 군인들도 있었다. 2013년 12월 항의 시위에서 주목한 것은 유럽 문제보다는 우크라이나의 적절한 정치 형태, "품위"나 "위엄"의 문제였다.[25]

2013년 12월 10일, 마이단 광장에서 시위대를 몰아내기 위해 두 번째로 전투 경찰이 동원되었다. 이번에도 역시 소문이 퍼졌고, 각계각층의 키예프 시민들은 경찰봉 앞에 몸을 던지기로 결심했다. 한 젊은 여성 사업가는 자기 친구들이 "그날 밤 목숨을 잃을 경우를 대비해서 면도를 하고 깨끗한 옷을 꺼내입었다"고 기억했다. 중년의 한 문예사학자는 노인 부부인 출판업자, 의사와 함께 과감히 앞에 나섰다. "내 친구는 예순이 훌쩍 넘은 노약자이고 그의 아내도 비슷한 또래였다. 부부 옆에 선 나는 비교적 젊고 튼튼해 보였다(나는 쉰세 살 먹은 여자고, 물론 내 나이에 무장한 남자들을 육체적으로 이길 수 있다고 생각하는 건 어렵다). 내 친구들은 둘 다 유대인이고 나는 폴란드 시민이지만, 우리는 우크라이나의 애국자로서 함께 거리를 걸었다. 지금 시위가 진압되면 우리 목숨은 아무 쓸모가 없게 될 것이라고 확신했기 때문이다. 우리는 마이단 광장까지 갈 수 있었지만 난관이 없지는 않았다. 내 친구인 의사 레나Lena는 세상에서 가장 순한 사람인데 키가 1미터 50센티미터밖에 되지 않는다. 그녀가 전투 경찰 가까이에 가지 않게 막아야 했다. 왜냐하면 그녀가 자기 생각을 그대로 전경들한테 말하면 어떤 사태가 벌어질지 알았기 때문이다." 12월 10일 전투 경찰은 군중을 막을 수 없었다.[26]

2014년 1월 16일, 야누코비치는 시위를 소급 적용해서 범죄로 규정하고 무력 사용을 합법화했다. 의회 공식 기록에는 시위대가 "독재법"이라고 지칭하는 입법안이 다수 포함되었다. 이 조치들은 표현의 자유와 집회의 자유를 심각하게 제한하면서 막연하게 규정된 "극단주의"를 금지하고 해외로부터 돈을 받는 비정부 기구들은 "외국 대리인"으로 등록할 것을 요구했다. 이 법들은 러시아와 연결된 의원들이 도입했으며 러시아 입법의 복사판이었다. 공청회나 의회 토론, 아니 실제 투표조차 없었다. 전자식 계수 대신 거수라는 부적절한 방식이 사용되었는데, 손을 든 의원은 과반수에 미치지 못했다. 그런데도 이 법안

들은 공식 입법되었다. 시위자들은 자신이 체포되면 범죄자 취급을 받을 것임을 알았다.[27]

그로부터 6일 뒤 시위자 두 명이 총을 맞아 죽고, 또 한 명이 납치되었다가 살해된 채로 발견되었다. 가령 훨씬 더 폭력적 사회인 미국이나 러시아의 관점에서 볼 때, 우크라이나인들에게 이 두 사람의 죽음이 갖는 무게를 제대로 가늠하기는 어렵다. 4주 뒤 저격수의 사격으로 대규모 학살이 일어나자 최초에 죽은 두 사람은 어느새 잊혔다. 그로부터 5주 뒤 러시아가 우크라이나를 침공하기 시작하자 한층 더 많은 유혈 사태가 벌어져 애초에 죽음이 어떻게 시작되었는지 기억을 떠올리기도 불가능해 보인다. 그렇지만 실제 당사자인 사회의 입장에서는 인간이라면 누구나 존중받아 마땅한 존엄을 참을 수 없이 해치는 것처럼 보이는 특정한 순간들이 있었다. 1월 마지막 주에 이르러 전에는 마이단 광장 시위를 지지하지 않았던 우크라이나 시민들이 전국 각지에서 속속 도착하기 시작했다. 야누코비치가 자기 손에 피를 묻힌 게 분명해 보이자 이제 우크라이나의 많은 사람들은 그가 계속 통치를 하는 것을 상상조차 할 수 없었다.[28]

시위대는 이 순간을 우크라이나 정치 사회가 굴절되는 때로 경험했다. 유럽적 미래를 지키기 위해 시작된 시위가 이제 우크라이나의 현재에서 그나마 존재하는 성과를 지키려는 싸움으로 바뀐 상태였다. 2월에 이르러 마이단 광장은 유라시아에 대항하는 필사적인 저항의 장이었다. 그때까지 우크라이나 사람들은 러시아의 영원의 정치학에 관해 거의 생각해 본 적이 없었다. 하지만 시위대는 자신들이 목격한 현실을 보여 주고 싶지 않았다. 현실의 가능성들이 조각조각 흩어진 가운데 폭력과 미래 없는 삶으로 나아가는 모습을.

2월이 시작됐을 때 야누코비치는 여전히 대통령이었고, 워싱턴과 모스크바는 그가 어떻게 하면 권좌를 유지할 수 있는지에 관해 생각했다. 미국 국무부 차관보와 키예프 주재 미국 대사가 나눈 전화 통화가 러시아 비밀 정보부에 도청되어 2월 4일에 유출됐는데, 이를 통해 미국의 정책은 야누코비치를 중심으로 형성되는 새로운 정부를 지지하는 것임이 드러났다. 이 계획은 마이단 광장에서 나온 요구와 일치하지 않았고, 실제로 전혀 무관했다. 적어도 2014년 1월 22일 학살 이후 마이단 광장에서 목숨을 걸기로 선택한 사람들의 마음속에서는 야누코비치의 통치는 이미 끝난 상태였다. 여론 조사에서 드러난 결과를 보면, 시위대 중에 야누코비치를 권좌에 남겨 두는 정치적 타협안을 받아들이겠다는 쪽은 1퍼센트에 불과했다. 2월 18일, 의회 토론이 시작되면서 일정한 타협점을 찾을 수 있다는 희망이 생겼다. 그렇지만 이튿날 유혈 사태가 벌어지면서 야누코비치 정권이 지속될 가능성은 한층 줄어들었다.[29]

2013년 11월부터 2014년 2월까지 마이단 광장의 역사는 차가운 돌바닥에 몸을 던진 100만 명이 넘는 사람들이 만든 작품인데, 시위를 진압하려 한 실패한 시도의 역사와는 다르다. 전에 우크라이나 내의 시위대에게 유혈 사태는 생각조차 할 수 없는 일이었고, 미국인들과 유럽인들은 유혈 사태가 벌어진 뒤에야 이 나라에 주목했으며, 또 모스크바는 이 사태를 논거로 삼아 러시아군을 보내 훨씬 많은 유혈 사태를 일으켰다. 그리하여 외부에서 바라본 것처럼 우크라이나의 기억을 떠올리려는 유혹이 강하다. 총알의 궤적을 따라 이야기의 궤적을 구성하려는 유혹이다.

마이단 광장에 참여한 사람들이 보기에 자신들이 벌인 시위는 여전히 가능하다고 여겨지는 것, 즉 우크라이나의 번듯한 미래를 지키는 문제였다. 그들에게 폭력은 참을 수 없는 한도의 표지로서 중요한 것이었다. 폭력은 몇 초 혹은 몇 시간의 분출로 일어났다. 11월 21일과 12월 10일에 구타가 벌어지고,

1월에는 납치와 살해, 2월 6일에는 폭탄 공격, 그리고 마지막으로 2월 20일에 대규모 총격이 벌어졌다. 하지만 사람들은 몇 초나 몇 시간이 아니라 며칠, 몇 주, 몇 달 동안 마이단을 찾았고, 그들이 보여 준 불굴의 용기는 새로운 시간 감각, 새로운 형태의 정치로 드러났다. 마이단 광장을 계속 지킨 이들이 그렇게 할 수 있었던 것은 오직 그들이 스스로 조직하는 새로운 방법을 찾아냈기 때문이다.[30]

법률을 따르라

마이단 광장은 네 가지 형태의 정치를 가져왔다. 시민 사회, 증여의 경제, 자생적인 복지 국가, 마이단 광장의 우정이 그것이다.

수도 키예프에서는 두 가지 언어가 혼용되었는데, 유럽에서도 색다르고 러시아와 미국에서는 상상도 하기 힘든 곳이다. 유럽인, 러시아인, 미국인들은 일상적인 이중 언어 사용이 정치적 성숙의 징표일 수 있다는 생각을 좀처럼 하지 않았으며, 오히려 두 언어를 쓰는 우크라이나는 두 집단 사이에 나라가 반으로 쪼개진 게 분명하다고 생각했다. "종족적 우크라이나인"들은 하나의 방식으로 행동하는 한 집단이고 "종족적 러시아인"들은 또 다른 집단일 게 분명했다. 이런 생각은 "종족적 미국인"들은 공화당에 투표를 한다고 말하는 것과 마찬가지로 사실이다. 또한 종족에 따라 사람들을 규정하면서 미래의 정치보다는 불만의 영원성을 제시하는 정치의 요약에 더 가깝다. 우크라이나에서 언어는 구분하는 선이라기보다는 스펙트럼이다. 또는 설령 언어가 선이라 할지라도 그것은 사람들 사이가 아니라 사람들 안에 그어지는 것이다.

마이단 광장에 모인 우크라이나 시민들은 일상생활에서처럼 편의에 따라 우크라이나어와 러시아어를 사용했다. 혁명을 시작한 어느 언론인은 사람들한테 어디에 카메라를 놓을지를 말할 때는 러시아어를 쓰고, 카메라 앞에서 이야기할 때는 우크라이나어를 썼다. 그의 유명한 페이스북 게시물 "'좋아요'는 중요하지 않습니다"는 러시아어로 쓴 글이었다. 마이단 광장에서는 누가 어떤 언어를 쓰는가 하는 문제는 중요하지 않았다. 시위자 이반 수렌코Ivan Surenko가 러시아어로 쓴 글에서 기억하는 것처럼, "마이단에 모인 군중은 언어 문제에 관대하다. 나는 이 문제에 관해 논쟁하는 것을 들은 적이 없다." 한 여론 조사에서는 마이단 광장에 모인 사람의 59퍼센트는 자신을 우크라이나어 사용자로, 16퍼센트는 러시아어 사용자로, 25퍼센트는 이중 언어 사용자로 정의했다. 사람들은 상황에 따라 언어를 바꿔 썼다. 마이단 광장에 세워진 무대에서 발언할 때는 정치의 언어인 우크라이나어를 썼다. 하지만 연사가 군중 속으로 돌아가면 친구들하고는 러시아어로 대화했다. 새로운 정치적 민족의 일상 행동은 이런 식이었다.[31]

이 민족의 정치는 법치의 문제였다. 처음에는 유럽 연합과의 연합 협정으로 부패를 줄일 수 있다는 희망이 있었고, 그다음에 국가 폭력의 물결 속에서 법치가 완전히 사라지는 것을 막겠다는 결의가 이어졌다. 여론 조사에서 시위자들은 "법치의 방어"를 가장 자주 주요 목표로 꼽았다. 정치 이론은 간단했다. 국가는 유럽으로 이끌어 줄 시민 사회를 필요로 하며, 또 국가는 부패에서 벗어나게 인도해 줄 유럽을 필요로 한다는 것이었다. 일단 폭력이 시작되자 이 정치 이론은 더욱 시적인 형태로 자신을 표현했다. 철학자 볼로디미르 예르몰렌코Volodymyr Yermolenko는 이렇게 말했다. "유럽은 또한 터널 끝에 보이는 빛이기도 하다. 그런 빛이 필요한 건 언제인가? 사방이 칠흑 같은 어둠일 때다."[32]

그 사이에 시민 사회는 어둠 속에서 일을 해야 했다. 우크라이나 사람들은 정당과 아무런 관계가 없는 수평적 네트워크들을 형성하는 식으로 활동을 했

다. 시위자인 이호르 비훈Ihor Bihun이 상기한 것처럼, "고정된 회원 같은 건 없었
다. 위계도 전혀 없었다." 2013년 12월부터 2014년 2월까지 마이단 광장에서
벌어진 정치적, 사회적 활동은 의지와 기술에 근거한 일시적 결사체를 바탕으
로 생겨났다. 이와 같이 교육(도서관과 학교), 안전(자위Samoobrona), 대외 활동(마
이단협의회), 폭력 피해자와 실종 가족이나 연인을 찾는 사람들에 대한 지원(유
로마이단 SOS), 선전 공세 대응(인포리지스트InfoResist) 등이 생겨났다. 시위자 안
드리 본다르Andrij Bondar가 기억하는 것처럼, 자기 조직화는 제 기능을 못하는
우크라이나 국가에 대한 도전이었다. "마이단 광장에서는 엄청난 자기 조직화
와 연대로 무장한 우크라이나 시민 사회가 번성하는 중이다. 한편에서 이 사회
는 이데올로기, 언어, 문화, 종교, 계급 등에 따라 내적으로 분화되어 있지만, 다
른 한편으로는 일정한 기본적 정서로 뭉쳐 있다. 우리는 당신들의 허가 따위는
필요 없다! 우리는 당신들에게 뭔가를 요청하지 않는다! 우리는 당신들이 무
섭지 않다! 우리는 무엇이든 우리 스스로 할 것이다."[33]

　　마이단 광장의 경제는 증여의 경제였다. 나탈리야 스텔마흐Natalya
Stelmakh가 상기하는 것처럼, 처음 며칠 동안 키예프 사람들은 대단한 인심을 베
풀었다. "이틀 만에 다른 자원 활동가들과 나는 키예프의 소박한 사람들에게
서 4만 달러에 해당하는 흐리브냐*를 모금할 수 있었다." 그는 어느 노인 연금
생활자가 월 수령액의 절반을 기부하는 것을 막으려 했지만 막지 못했다고 회
상했다. 현금 기부금 외에도 사람들은 음식, 의복, 땔감, 의약품, 철조망, 헬멧
등을 제공했다. 이곳을 찾은 사람이라면 언뜻 보이는 혼돈 속에서도 심층적인

• 우크라이나의 화폐 단위.

질서를 발견하고서 놀랄 테고, 처음에 이례적인 환대라고 생각했던 것이 실은 자생적인 복지 국가임을 깨달을 것이다. 폴란드의 정치 활동가 스와보미르 셰라콥스키Sławomir Sierakowski는 당연히 깊은 인상을 받았다. "마이단 광장을 가로질러 걷다 보면 여기저기서 음식과 의복, 잠자리, 치료 등을 제공받는다."[34]

2014년 초, 시위대의 절대 다수, 그러니까 시위에 참여한 수십만 명 중에서 88퍼센트 정도는 키예프 이외 지역 출신이었다. 3퍼센트만이 정당 대표자로 참여했고, 13퍼센트만이 비정부 기구 회원이었다. 당시 수행된 조사에 따르면, 시위대의 거의 전부인 약 86퍼센트가 스스로 결심해서 참여했으며, 개인이나 가족, 또는 친구 모임으로 마이단에 왔다. 그들은 미술 큐레이터 바실 체레파닌Vasyl Cherepanyn이 말한 이른바 "신체 정치corporeal politics"에 참여하고 있었다. 화면에서 얼굴을 돌려 다른 몸들 사이에 자기 몸을 집어넣고 있었던 것이다.[35]

점차 위험이 높아지는 가운데 끈기 있게 시위가 이어지자 공통의 시련을 겪으면서 믿게 된 사람이라는 "마이단 친구"라는 개념이 생겨났다. 역사학자 야로슬라프 흐리짝Yaroslav Hrytsak은 새로운 친구를 사귀는 과정을 설명했다. "마이단 광장에 가면 당신은 하나의 픽셀이 된다. 픽셀은 그룹을 이루어 작동한다. 그룹은 대개 자생적으로 형성되었다. 당신이나 당신 친구가 우연히 아는 사람을 만난다. 그런데 그 사람은 행진 대열에서 혼자 걷는 게 아니다. 그 역시 친구와 함께 있다. 이런 식으로 함께 걷기 시작한다. 어느 날 밤 나는 좀처럼 보기 힘든 '용병' 그룹과 함께 걸었다. 내 친구인 철학자와 내가 아는 사업가 한 명하고 걸은 것이다. 사업가는 슬픈 눈을 가진 작은 남자와 동행 중이었다. 그는 마치 슬픈 광대 같았는데, 알고 보니 그는 정말 소아암 환자들을 돕는 자선 단체를 만든 직업 광대였다."[36]

마이단 광장에 개인으로 온 우크라이나 시민들은 새로운 단체에 합류했다. 그들은 신체 정치를 실천하면서 자기 몸을 위험에 내던졌다. 철학자 예르몰렌코의 말을 들어 보자. "지금 우리가 말하는 혁명은 사람들이 자신을 선물로 주는 혁명이다." 사람들은 종종 이 운동을 일종의 개인적 변화, 여느 선택들과는 다른 선택이라고 표현했다. 흐리짝을 비롯한 이들은 반란이란 굴종 대신죽음을 택하는 순간이라고 말한 프랑스 철학자 알베르 카뮈를 떠올렸다. 마이단 광장에 붙은 포스터들은 미국 건국의 아버지 벤저민 프랭클린이 1755년에쓴 편지를 인용했다. "작은 일시적인 안전을 손에 넣기 위해 본질적인 자유를포기하려는 이들은 자유도 안전도 누릴 자격이 없다."[37]

일군의 우크라이나 변호사들이 날마다 '마이단 광장의 변호사들'이라는푯말을 들고 광장에서 대기했다. 구타를 당하는 등 당국에 인권 침해를 입은사람들은 이 범죄를 신고하고 소송을 시작할 수 있었다. 변호사들을 비롯한광장의 사람들은 러시아 정치 철학의 지속적인 문제, 즉 독재 정치에서 어떻게법의 정신을 창출하는지의 문제에 관해 생각하지 않았다. 그렇지만 그들은 법의 시각을 대표하는 행동을 통해 일린을 끈질기게 따라다닌 바로 그 문제를다루고 있었다.[38]

100년 전 러시아 제국이 기울던 시절에 일린은 러시아가 법으로 통치되기를 바랐지만 법의 정신이 사람들에게 어떻게 다다를지는 알 수 없었다. 볼셰비키 혁명 이후 그는 극좌파의 무법성에 극우파의 무법성으로 맞서야 한다는 생각을 받아들였다. 푸틴이 일린의 법 개념을 러시아에 적용하던 바로 그 순간,우크라이나인들은 권위주의적인 손쉬운 방법에 저항할 수 있음을 보여 주었다. 우크라이나인들은 타인과 협조하고 스스로 위험을 무릅씀으로써 법에 대한 애착을 보여 주었다.

만약 우크라이나인들이 유럽과 연대에 호소함으로써 일린의 법의 난문을 풀 수 있다면 러시아인들도 분명 그 문제를 풀 수 있지 않을까? 러시아 지도자들은 자국 시민들이 바로 이런 생각을 품게 내버려 둘 수 없었다. 그리하여 모스크바 시위 2년 뒤, 러시아 지도자들은 키예프에도 동일한 전술을 적용했다. 시위를 동성애화하여 영원한 문명에 대한 인식을 불러일으키고, 더 나아가 변화가 불가능함을 보이기 위해 폭력을 동원한 것이다.

본질을 흐리는 방법

2011년 말, 러시아인들이 선거 조작에 항의했을 때, 러시아 지도자들은 시위대를 동성애와 연결 지었다. 2013년 말, 우크라이나 마이단 광장 사태에 직면하자 크렘린 사람들은 똑같은 조치를 취했다. 러시아 연방에서 반동성애 선전이 나타난 지 2년 뒤, 이데올로그들과 엔터테이너들은 자신만만했다. 그들이 출발점으로 삼은 것은 유럽 연합은 동성애적이며, 따라서 우크라이나가 유럽을 향해 움직이는 것도 동성애적이라는 주장이었다. 이즈보르스크클럽은 유럽 연합은 "LGBT 로비의 지배를 견디지 못하고 신음한다"고 주장했다.[39]

2013년 11월과 12월, 마이단 광장을 다루는 러시아 언론은 매번 별 관계도 없는 동성애 주제를 소개했다. 연합 협정에 찬성하는 우크라이나 학생들이 벌인 시위 첫날을 다룰 때, 러시아 언론은 우크라이나 정치를 잘생긴 남자들이나 동성애와 뒤섞는 식으로 독자의 흥미를 끌려고 했다. 우크라이나의 한 정당을 이끄는 헤비급 권투 선수 비탈리 클리츠코Vitali Klitschko의 소셜 미디어 페이지가 해킹을 당해 동성애 자료가 공개된 일이 있었다. 그러자 주요 텔레비전 방송인 NTV에서 수백만 러시아인에게 이 사건을 뉴스 기사로 소개했다. 러시아인들은 이웃 나라에서 친유럽 시위가 벌어지고 있다는 사실을 알기도 전에 금기된 성에 관해 숙고하도록 유도되었다.[40]

학생들이 마이단 광장에서 시위를 시작한 직후, 러시아 방송 채널 NTV 는 우크라이나의 "호모 독재homodictatorship"에 대해 경고했다. 빅토르 셰스타코 프Viktor Shestakov는《오드나로디나Odna Rodina》(한 조국)에 기고한 글에서 이렇게 주장했다. "마이단 광장에 유령이 어슬렁거리고 있다. 동성애라는 유령이. 우크 라이나에서 가장 열성적인 통합론자들이 현지 성 도착자들이라는 사실은 오 래전부터 익히 알려져 있다."[41]

러시아 텔레비전 언론에서 대표적 인물인 드미트리 키셀료프Dmitry Kiselev는 이 문제에 열중했다. 2013년 12월 그는 새로운 언론 복합 기업 로시야 세고드냐Rossiia Segodnia(러시아의 오늘) 사장에 임명됐다. 이 기업이 추구하는 목 표는 러시아 국가 언론의 흔히 말하는 뉴스 추적 활동을 유용한 허구라는 새 로운 활동으로 녹여 버리는 것이었다. 그는 "객관성은 허구다"라는 말로 새로 운 직원들을 맞이하고 "러시아 사랑"을 새로운 편집 방침으로 정했다.[42]

2013년 12월 1일, 세계 언론은 전날 밤 우크라이나 전투 경찰이 학생들 을 구타한 사건을 보도했다. 우크라이나 학생들이 상처를 치료하러 어느 교회 에 모여들자 키셀료프는 그들의 시위를 성적 지정학으로 정식화할 방법을 찾 아냈다. 그날 저녁 〈베스티네델리Vesti Nedeli〉(주간 뉴스)에서 그는 시청자들에게 18세기 초 벌어진 대북방전쟁을 상기시키면서 유럽 연합을 러시아에 대항하 는 새로운 동맹으로 묘사했다. 하지만 이번에는 스웨덴과 폴란드, 리투아니아 의 적들이 성도착 전사들이라고 키셀료프는 주장했다. 폴란드와 리투아니아 는 사실 대북방전쟁에서 러시아의 적이 아니었다. 자국의 역사를 왜곡하는 것 이야말로 영원의 정치학의 본질이다.[43]

또 다른 방송에서 키셀료프는 10년 전 클리츠코가 찍은 누드 사진이 실린 잡지를 발견하고 흡족한 기분을 표현했다. 세트장에서 키셀료프는 카메라가

줌인하는 가운데 우크라이나 경찰이 착용하는 검은색 진압 장비를 휘둘렀다. 한편 신문《세고드냐Segodnia》는 클리츠코와 우크라이나 게이 작가가 함께 있는 사진을 게재한 것을 자화자찬했다. 우크라이나의 상황에서는 이 두 사람이 기자 회견에 참석한 두 활동가였다. 반면 러시아 언론에서는 한 명의 성적 지향과 다른 한 명의 남성적 아름다움이 기삿거리였다.[44]

러시아 정치인들은 유럽 통합이 동성간 동반자 관계(우크라이나가 유럽 연합과 맺은 연합 협정의 요소가 아니었다)의 합법화이며 따라서 동성애의 확산을 의미한다고 해석했다. 12월 4일 독일 외무장관이 키예프를 방문했을 때,《콤소몰스카야 프라우다Komsomol'skaia Pravda》는 이 회동을 "마이단에서 일어난 화재에 동성애라는 장작을 더하는 것"이라고 규정하는 헤드라인을 내보냈다.[*][45]

꼭두각시 세우기

푸틴 정권은 2011년과 2012년에 국내에서 항의 시위를 진압했으면서도 정치를 행동보다는 순결로 재정의하고자 했다. 러시아인들은 현재의 개혁가들이 과거의 경험으로부터 어떻게 미래를 위한 가능성을 배울 수 있는지를 묻는 대신, 그들 자신의 순결함에 관해 가르쳐 주는 24시간 뉴스 방송에 사고방식을 맞춰야 했다. 러시아 문명의 영원한 진실 한 가지는 성적 불안임이 드러났다. 일린이 말한 것처럼, 만약 러시아가 정말로 이해할 수 없는 세계의 적의에 위협받는 순결한 생명체라면, 러시아의 폭력은 침투에 맞선 정당한 방어였다. 일린과 마찬가지로 푸틴에게도, 우크라이나는 그런 민족적 신체의 일부였

• 기도 베스터벨레Guido Westerwelle는 자유민주당 소속 정치인으로 2009년부터 2013년까지 독일 외무장관을 지냈으며 독일 각료 중 처음으로 동성애자임을 공개했다.

다. 유라시아가 형성되려면 우크라이나 국내 정치가 러시아 국내 정치와 더욱 비슷해져야 할 것이었다.

2013년 11월 야누코비치가 유럽 연합 연합 협정에 서명하지 않겠다고 발표했을 때, 러시아 정부는 승리를 거두었다며 축하했다. 하지만 야누코비치는 사실 유라시아 합류에 동의하지 않았다. 우크라이나인들 사이에서 훨씬 더 인기가 없는 조치였기 때문이다. 2013년 12월과 2014년 1월, 크렘린은 야누코비치가 시위를 진압해서 유럽 연합에서 유라시아로 방향을 전환하는 것을 마무리할 수 있게 도와주려고 했다. 야누코비치는 유럽과 러시아 모두 우크라이나를 원하며 양쪽 다 대가를 지불할 필요가 있다고 주장했다. 유럽 연합은 거절한 반면 푸틴은 야누코비치에게 기꺼이 돈을 제공하려고 했다.[46]

2013년 12월 17일, 푸틴은 야누코비치에게 150억 달러 상당의 채권 매입을 제시하면서 천연가스 가격을 인하해 주었다. 이 원조는 조건부인 듯 보였다. 키예프의 거리에서 시위대를 일소해 달라는 러시아의 요청과 나란히 주어졌기 때문이다. 그때까지 우크라이나 전투 경찰은 11월 30일과 12월 10일 이미 두 차례 이 임무에서 실패했다. 전투 경찰은 또한 지도자로 간주되는 시위자를 개별적으로 납치해서 구타하고 있었다. 이런 행동이 효과가 없었기 때문에 러시아인들이 도와주러 왔다. 연방보안국 요원과 내무부 교관 등 러시아의 시위 진압 전문가 27명이 키예프에 도착했다. 2014년 1월 9일, 우크라이나 주재 러시아 대사는 코앞에 닥친 마이단 광장 진압 작전을 끝내면 우크라이나 전투 경찰들에게 러시아 시민권을 주겠다고 야누코비치에게 통보했다. 이 경찰들이 자기 행동의 결과를 두려워할 필요가 없음을 의미했기 때문에 아주 중요한 약속이었다. 결국 반정부파가 승리한다 할지라도 그들은 안전을 보장받을 터였다.[47]

2014년 1월에 모스크바 당국은 폭력을 더 유능하게 행사하면 시위를 분쇄하고 야누코비치를 꼭두각시로 만들 수 있으리라고 계산한 게 분명하다. 그런데 러시아는 우크라이나 시민들이 그들 나름의 애국적인 이유에서 마이단 광장에 나왔다는 사실을 미처 계산하지 못했다. 2014년 1월 16일, 야누코비치 정권이 러시아식 독재법을 도입하자 대대적인 폭력 진압이 예고되었다. 그렇지만 러시아식 법률은 우크라이나에서 러시아와 동일한 결과를 가져오지 못했다. 우크라이나 시위대는 이 법을 외국에서 이식된 공세로 보았다. 1월 22일 시위자 두 명이 살해당하자 마이단 광장 시위대는 어느 때보다도 더욱 규모가 커졌다. 원격 조종 반혁명은 실패로 돌아갔다. 모스크바 당국은 야누코비치가 반정부 세력을 탄압하는 것을 돕는 식으로 우크라이나를 유라시아로 움직일 수 없었다. 이제 전략을 바꿀 때였다. 2014년 2월 초에 이르러 이제 모스크바는 야누코비치와 우크라이나를 유라시아로 교묘하게 유도하려는 시도를 포기한 것 같았다. 대신에 우크라이나 전국 각지에서 혼돈을 일으키려는 군사 행동에서 야누코비치는 희생양이 될 터였다.

시위대를 향한 폭력

새로운 정책을 떠맡은 주역은 콘스탄틴 말로페예프Konstantin Malofeev가 발탁한 러시아군 정보총국GRU 대령 이고리 기르킨Igor Girkin이었다. 러시아에서 "정교회 올리가르히"로 알려진 말로페예프는 반동성애 활동가이자 노골적인 러시아 제국주의자였다. 그가 보기에 "우크라이나는 러시아의 일부다. 나는 우크라이나인을 도저히 비러시아인이라고 생각할 수 없다." 러시아는 유럽으로부터 우크라이나를 구해야 했다. 그렇지 않으면 우크라이나 시민들은 "전통적인 우크라이나 사회에 하나의 규범으로 남색을 확산시켜야 했을 것"이기 때문이다. 사실을 어떻게 해석하더라도 이것은 진실이 아니다. 말로페예프는 러시아 정책의 방향성을 표현한 셈이었다. 유럽을 문명의 적으로 묘사하고, 동성애는 전쟁으로, 우크라이나는 전장으로 묘사하는 정책이었다.[48]

말로페예프가 채용한 기르킨은 비정규전 경험이 있었다. 그는 유고슬라비아 전쟁에서 러시아 지원병으로 세르비아 편에서 싸우면서 종족 청소와 대량 강간이 벌어진, 유엔이 선포한 "안전지대"와 보스니아 소도시들에서 교전에 참여했다. 또한 러시아가 트란스니스트리아Transnistria와 체첸에서 벌인 전쟁에도 참전했으며, 파시스트 알렉산드르 프로하노프가 편집장인 언론에 이 경험들에 관해 글을 쓴 바 있었다. 기르킨은 2014년 1월 22일부터 2월 4일까지 키예프에 체류했으며, 이후 크렘린에 우크라이나를 침공해서 분할하자고 권고한 것으로 보인다.[49]

2014년 2월 초 러시아 대통령 행정실에서 회람된 한 비망록은 기르킨의 활동에 근거한 게 분명한데, 러시아 정책 방침의 변화를 예고했다. 비망록은 "야누코비치 정권은 완전히 파산했다"는 전제에서 출발했다. "러시아 국가가 외교, 재정, 선전 차원에서 이 정권을 지원하는 것은 이제 무의미하다." 우크라이나에 대한 러시아의 이해관계는 우크라이나 동남부의 군산 복합체와 나라 전체에 있는 "가스 수송 시스템에 대한 지배권"으로 정의되었다. 러시아의 주된 목표는 "우크라이나 국가의 해체"가 되어야 했다. 제안된 전술은 폭력 사태를 통해 야누코비치와 반정부 집단 양쪽 모두를 불신하게 만드는 한편, 우크라이나 남부를 침공해서 국가 자체를 불안정하게 만드는 것이었다. 비망록에는 러시아의 이런 개입에 대해 구실을 제공하기 위한 선전 전략 세 가지도 들어 있었다. (1) 우크라이나가 이른바 억압받는 소수 러시아계를 위해 연방 국가로 전환할 것을 요구한다. (2) 러시아의 침공에 반대하는 이들을 파시스트로

규정한다. (3) 침공을 서구가 부추긴 내전으로 규정한다.[50]

이즈보르스크클럽은 2014년 2월 13일자 정책 문서에서 크렘린 비밀 비망록의 내용을 그대로 되풀이했다. 마이단 광장은 러시아인들로 하여금 행동에 나서게 만들었기 때문에 용납할 수 없고, 야누코비치는 몰락했으며, 따라서 러시아는 우크라이나를 침공해서 얻을 수 있는 성과를 챙겨야 한다는 것이었다. 대통령 비망록의 경우와 마찬가지로, 이즈보르스크클럽 정책 문서를 지배하는 구상 또한 러시아가 우크라이나의 영토 일부를 차지한 다음에 국가가 붕괴하기를 기다려야 한다는 것이었다. 이즈보르스크클럽은 또한 러시아 방송국이 "파시스트 쿠데타가 임박했다"는 사전에 조정된 의도적인 허구를 근거로 우크라이나 개입을 정당화해야 한다고 제안했다. 일단 전쟁이 시작되자 실제로 이런 주장이 러시아 측 선전의 주요 내용이 되었다.[51]

이즈보르스크클럽이 이런 전반적인 구상을 퍼뜨리던 바로 그날, 푸틴의 천재적 선전가인 블라디슬라프 수르코프가 우크라이나의 남부 지역인 크림반도에 도착했다. 다음 날 수르코프는 크림반도에서 키예프로 날아갔다. 외무장관 라브로프는 러시아 문명이 도착적 서구에 맞서 자신을 지키는 순결한 신체라는 관념을 공식화하기 위해 바로 이날(2014년 2월 14일)을 선택한 것이었다. 《코메르산트Kommersant》 신문에서 라브로프는 "사회는 살아 있는 유기체"이며 "전통적 가치를 거부하는" 유럽의 쾌락주의로부터 이 유기체를 보호해야 한다는 일련의 관념을 되풀이했다. 그는 유럽적 법 개념을 얻기 위해 투쟁하면서 그 시점에서 죽어 나가고 있던 우크라이나인들을 유럽의 성 정치학의 먹잇감으로 묘사했다. 러시아 군대가 우크라이나를 침공해서 정부를 전복하려는 순간에도 그는 러시아를 희생자로 그렸다. 라브로프에 따르면, 진짜 침략자는 "자기들 나라 내에서뿐만 아니라 이웃 나라들과의 관계에서도 선교사처럼 집요하게 퍼져 나가는" 국제적인 게이 로비스트들이었다. 수르코프는 2월 15일에 키예프를 떠났다. 2월 16일에 우크라이나 전투 경찰에 실탄이 지급되었다. 2월 18일, 우크라이나인들은 국회 의원들이 헌법 개정 타협을 논의하는 과정을 기다리고 있었다. 그런데 타협은커녕 마이단 광장의 시위대는 대대적이고 치명적인 폭력에 기습을 당했다.[52]

이제 마침내 유럽의 관계자들이 움직이기 시작했다. 시위는 처음부터 친유럽 성향이었지만, 그때까지 유럽 연합이나 그 회원국들, 또는 유럽의 어떤 행위자도 시위를 의미심장하게 지지하지 않았다. 유럽의 여론은 폭력 사태가 발발하기 전에는 마이단 광장에 거의 주목하지 않았다. 정치인들은 양쪽 모두에 폭력 사태를 피하라는 무미건조한 호소만을 했을 뿐이다. 일단 폭력이 시작되자 외교관들은 공식적으로 우려를 표명했다. 목숨을 걸고 싸우는 사람들이 외로이 고립되는 가운데 외교적 담론은 마이단 광장에서 조롱거리가 되었다. 폭력이 고조되자 조롱은 비탄으로 바뀌었다. 마이단 광장의 우크라이나 시위대는 강대국들이 무관심이나 적대감을 공유한다는 생각을 표현하기 위해 "러시아 합중국United States of Russia" 깃발을 만들어 내걸었다.[53]

가장 중요한 선도적인 제안은 유럽의 한 외교관으로부터 나왔다. 폴란드 외무장관 라도스와프 시코르스키Radosław Sikorski는 프랑스와 독일의 동료들에게 2월 20일 키예프에 모여 야누코비치와 대화를 나누자고 설득했다. 러시아의 외교관 한 명도 대화에 참여했다. 하루 동안의 힘들고 긴 교섭을 진행한 끝에 야누코비치는 임기가 끝나기 전인 2014년 말에 대통령직에서 사임하는 데 동의했다. 이런 외교적 해법이 인상적으로 보였을지는 몰라도 서명이 되기도 전에 이미 때늦은 대책이 되어 버렸다. 러시아 당국은 이미 야누코비치가 끝장났다고 결론을 내린 상태였고, 러시아 침공군이 벌써 진군하는 중이었다. 4일 뒤 이어진 러시아의 침공으로 합의안에 서명한 배경이 된 상황이 완전히 바뀌었음에도 서명 자체 덕분에 러시아는 다른 나라들 때문에 합의안이 실행되지 않았다고 비난할 수 있었다.[54]

우크라이나 시위대가 야누코비치를 대통령으로 받아들일 수 있는 순간은 이미 지나간 상태였다. 2월 20일 아침에 야누코비치가 사임해야 한다는 사실에 조금이라도 의심이 있었다 할지라도 그날이 끝날 때쯤이면 모든 의심이 사라져 버렸다. 2월 20일 키예프에는 블라디슬라프 수르코프가 이끄는, 연방보안국 장군 세르게이 베세다Sergei Beseda를 포함한 또 다른 러시아 대표단이 있었다. 이 러시아인들은 그곳에 교섭을 하러 간 것이 아니었다. 다른 이들이 교섭을 하는 동안 마이단 광장 근처에 숨어 있는 저격수들이 총을 쏴서 100여 명을 살해했다. 대부분이 시위대였고 우크라이나 전투 경찰도 몇 명 사망했다. 우크라이나 정부가 일부분이라도 이 총격에 관여했는지의 여부는 불분명했다.[55]

대량 학살이 벌어진 뒤 야누코비치를 지지하던 의원단과 그를 보호해 주던 경찰이 등을 돌렸다. 야누코비치는 각종 자료를 팽개친 채 화려한 관저를 빠져나와 도망쳤다. 자료 가운데는 고문인 폴 매너포트에게 거액의 현금을 지불했다는 기록도 있었다. 매너포트는 2년 뒤 도널드 트럼프의 선거 대책 본부장으로 모습을 드러낸다.[56]

크림반도의 바람

저격수 학살과 야누코비치의 도주는 러시아의 1차 유라시아 계획이 2차 계획으로 넘어가는 분기점이 되었다. 러시아 지도자들은 이미 야누코비치가 아무 쓸모가 없음을 인정했다. 모스크바 당국이 보기에, 그가 유혈 사태로 몰락하면서 생긴 혼돈 상태는 2차 전략, 즉 우크라이나 국가 전체를 해체하기 위한 군사 개입을 실행하기 위한 구실로 작용했다. 2월 20일에 벌어진 학살부터 2월 24일 러시아가 우크라이나를 침공하기까지 며칠 동안 우크라이나가 크림반도에서 저지른 잔혹 행위와 반도에서 탈출해 긴급한 원조를 필요로 하는 난민들에 관한 충격적이지만 허구적인 보도들이 등장했다. 러시아군 정보부는 인터넷에서 가공의 인물을 창조해 이런 이야기들을 퍼뜨렸다. 인터넷 리서치 에이전시라는 이름으로 알려진, 상트페테르부르크의 인터넷 트롤 집단이 우크라이나와 국제 여론을 혼란시키기 위해 활동했다. 이 집단은 이제 실제 전쟁을 수반하는 사이버전이라는 러시아 대외 정책의 상징이 되었다.[57]

야누코비치가 러시아에서 모습을 드러낼 무렵이면 이미 러시아의 우크라이나 침공이 진행 중이었다. 우크라이나 남쪽 반도로 조약에 따라 러시아가 해군 기지를 보유한 크림 지역이 시작점이었다. 세바스토폴Sevastopol에만 해군 보병 2000명 정도가 상시 주둔하고 있었다. 앞서 12월에 러시아 연방에서 병사들이 도착해서 이 병력이 더 증강된 상태였다. 러시아에서 보낸 병력 2만 2000명은 27777, 73612, 74268, 54607 등의 부대였다. 기르킨은 앞서 1월에 크림반도를 방문했었다. 2월에 그는 친구 알렉산드르 보로다이와 동행했다. 보로다이는 유라시아론자이자 구밀료프 숭배자, 프로하노프의 언론에 기고하는 작가이자 말로페예프의 홍보 책임자였다.[58]

2014년 2월 24일을 시작으로 1만 명에 달하는 러시아 특수 부대원들이 표식 없는 군복 차림으로 크림반도를 관통해 북쪽으로 이동했다. 기지를 나서는 순간 그들은 우크라이나 불법 침공을 벌이는 셈이었다. 키예프는 지휘 계통이 불분명하고 추가적인 폭력 사태를 피하는 데 집중하던 바로 그 순간 기습을 당했다. 우크라이나 임시 정부는 크림반도에 있는 군에 저항하지 말라는 지시를 내렸다. 2월 26일 밤에 이르러 러시아 병사들이 심페로폴Simferopol*에 있는 주의회 건물을 장악하고 러시아 국기를 내걸었다. 기르킨에 따르면, 동시에 벌어진 심페로폴 공항 접수 작전은 그가 지휘했다. 2월 27일, 푸틴의 유라시아 고문인 세르게이 글라지예프가 크림에 전화를 걸어서 신정부 수립을 조율했다. 조직범죄와 관련된 세르게이 악시오노프Sergei Aksionov라는 이름의 사업가가 크림의 총리로 선포되었다. 보로다이는 그의 언론 보좌관이었다. 2월 28일, 러시아 의회는 우크라이나 영토를 러시아 연방에 통합하는 것을 승인했다. 그날 미국 대통령은 "러시아 연방이 우크라이나 내에서 취한 군사적 움직임을 보고받고 심각하게 우려한다"고 말했다. 우크라이나 사태에 관해 버락 오바마가 처음 공개적으로 발언한 것이었다.[59]

러시아 침공의 대중적인 스펙터클은 푸틴 정권의 준군사·선전 부문 노릇을 하는 폭주족인 나이트울브스Night Wolves가 보여 주었다. 러시아 의회가 병합 표결을 한 2월 28일, 나이트울브스가 크림반도로 급파되었다. 폭주족들은 그 전부터 여러 해 동안 크림반도에서 경주를 조직하고 있었는데, 2012년에는 푸틴이 직접 참가하기도 했다. (푸틴은 오토바이를 타지 못하기 때문에 세발 오토바이를 탔다.) 이제 러시아는 나이트울브스가 제공하는 겉모습을 스스로 보여 주기로 마음먹은 것이었다. 몇 달 전 나이트울브스의 회원 한 명은 자신들의 세계관을 이렇게 설명한 바 있었다. "일상의 이면에서 벌어지는 성전聖戰을 보는 법을 배워야 합니다. 민주주의는 실패한 국가예요. '좌파'와 '우파'를 나누는 건 분리하는 겁니다. 하느님의 왕국에서는 위와 아래만 있습니다. 모든 게 하나죠. 바로 그 때문에 러시아의 영혼은 성스러운 겁니다. 이 영혼은 모든 걸 통합

• 크림주 주도.

할 수 있습니다. 성상처럼요. 스탈린과 하느님은 하나죠." 이 몇 마디 말 속에 일린의 철학과 수르코프의 지정학, 푸틴의 문명이 나타났다.[60]

나이트울브스는 성적 불안을 지정학으로 뒤바꾸고 다시 후자를 전자로 뒤바꾸는 간단한 방법을 찾아냈다. 검은 가죽옷만 입는 남성 전용 클럽인 나이트울브스는 자연스럽게 동성애에 대해 강경한 입장이었다. 유럽과 미국의 공격으로 규정한 것이다. 1년 뒤 러시아의 침공을 기리는 자리에서 최고 지도자 알렉산드르 잘도스타노프Alexander Zaldostanov는 크림반도 곳곳을 자랑스럽게 행진한 일을 이런 식으로 기억했다. "우리는 세계적 악마 숭배와 서유럽에서 고조되는 야만성, 모든 영성을 부정하는 소비주의의 돌진, 전통적 가치의 파괴, 이 모든 동성애 어쩌고저쩌고, 이따위 미국식 민주주의에 처음으로 저항을 보여 주었다." 잘도스타노프에 따르면, 러시아가 우크라이나를 상대로 벌인 전쟁의 슬로건은 "호모들에게 죽음을"이 되어야 했다. 민주주의를 게이 악마와 결합시킨 것은 법과 개혁을 고려할 가치가 없는 외래적인 것으로 만드는 방편이었다.[61]

우크라이나를 침공한 러시아 지도자들은 이 이웃 나라가 주권 국가가 아니라는 입장을 취했다. 전형적인 제국의 언어였다. 3월 4일, 푸틴은 그전까지 우크라이나 문제는 권력상의 변화로 이어지는 민주적 선거였다고 설명했다. 이런 기능적인 선거는 이질적인 미국의 이식물이라는 것이었다. 그는 우크라이나의 상황은 1917년 볼셰비키 혁명이 벌어지던 러시아 상황과 흡사하다고 말했다. 러시아는 시간을 거슬러 올라가서 과거의 잘못을 바로잡을 수 있었다. 3월 8일 알렉산드르 두긴은 이렇게 말했다. "지난 23년 역사 속의 우크라이나는 이제 사라졌다." 바로 그 23년 동안 영토 경계선과 국가 주권을 존중할 필요성에 강박적으로 관심을 기울였던 러시아의 국제 변호사들은 우크라이나 국가가 사라졌기 때문에, 다시 말해 러시아의 침공으로 야기된 혼란 때문에 침공과 병합이 정당하다고 주장했다. 두긴이 생각하기에 우크라이나 국가를 깨뜨리기 위한 전쟁은 유럽 연합에 대항하는 전쟁이었다. "우리는 유럽을 장악해서 파괴해야 한다."[62]

3월 16일 크림반도에 사는 우크라이나 시민들 일부가 러시아 점령자들이 국민 투표라고 부른 가짜 선거에 참여했다. 투표에 앞서 모든 공적 선전이 똑같은 방향을 강조했다. 러시아와 나치즘 사이에서 선택을 해야 한다고 선언하는 포스터들이 나붙었다. 유권자들은 국제 언론이나 우크라이나 언론을 전혀 접할 수 없었다. 투표용지에는 두 가지 선택지가 있었는데, 둘 다 러시아의 크림반도 병합을 지지하는 내용이었다. 첫 번째 선택지는 러시아의 크림반도 병합에 찬성하는 것이었다. 두 번째는 크림주 행정 당국의 자치권을 회복하는 것이었는데, 러시아가 직전에 설치한 이 당국은 러시아의 병합을 요청한 상태였다. 러시아 대통령 행정실의 내부 정보에 따르면, 투표율은 약 30퍼센트였고, 투표는 두 선택지 사이에서 팽팽하게 갈렸다. 한편 공식 결과에 따르면, 투표율은 약 90퍼센트였고, 거의 모든 투표자가 가장 직접적으로 병합으로 이어지는 식으로 변형된 항목을 선택했다. 세바스토폴에서는 공식 투표율이 123퍼센트였다. 모스크바 당국이 공식 결과를 승인받기 위해 유럽의 몇몇 극우파 정치인을 초청하긴 했지만, 자격 있는 참관인은 없었다. 국민전선은 애메릭 쇼프라드를 크림반도로 보냈고, 마린 르펜은 투표 결과를 직접 나서서 승인했다. 러시아 대통령 행정실 내에서는 사람들에게 "프랑스인들에게 감사"하라고 상기시켰다.[63]

모스크바에서 거대하게 열린 기념식에서 푸틴은 이른바 크림반도 사람들의 "바람"을 받아들이면서 러시아 연방의 경계선을 확대했다. 국제법과 유엔

헌장, 독립국 우크라이나와 독립국 러시아 사이에 체결된 모든 조약에서 기본적으로 합의된 원리뿐만 아니라 과거에 러시아가 국경 보호에 관해 우크라이나에 보장해 주었던 수많은 약속까지 위반한 것이었다. 이런 약속 중 하나인 1994년 부다페스트 메모랜덤Budapest Memorandum에서 러시아 연방은 영국 및 미국과 나란히 우크라이나가 핵무기를 전부 포기하는 데 동의하자 국경을 보장해 주었다. 이것은 아마 역사상 가장 규모가 큰 핵 무장 해제 행위였을 텐데, 당시 우크라이나는 1300개에 달하는 대륙 간 탄도 미사일을 양도했다. 완전한 핵 무장 해제에 가담한 나라를 침략함으로써 러시아는 전 세계에 핵무기를 확보해야 한다는 교훈을 준 셈이다.[64]

3월과 4월, 러시아 언론은 2월에 대통령 행정실과 이즈보르스크클럽에서 논의된 선전 주제들을 부지런히 전달했다. 우크라이나의 "연방화"에 대한 열정적인 환호가 나타났다. 크림반도가 "자발적으로" 분리하면 키예프가 다른 주들에도 비슷하게 행동의 자유를 주어야 한다는 논리가 그 근거였다. 러시아 외무부는 "연방화"는 러시아에 적용될 수 있는 일반적인 원리가 아니라 우크라이나 국가를 해체하기 위한 러시아의 특수한 안이라고 신중하게 설명했다. 3월 17일, 러시아 외무부는 "우크라이나 국가의 심각한 위기"를 고려할 때 러시아는 우크라이나를 "다민족" 국가로 규정하고 이 나라에 "새로운 연방 헌법"을 제안할 권리가 있다고 선언했다. 4월에 러시아 주요 텔레비전에서 "연방화"라는 단어가 1412회 등장했다. 하지만 국가적인 도취의 분위기에서도 러시아 지도자들은 금세 "연방화"의 위험을 간파했다. 러시아 국가의 이름이 "러시아 연방"이고 여러 단위로 나뉘어 있었다. 하지만 이 단위들에는 제한된 법적 의미만이 있었고, 대통령이 임명한 사람들이 통치했다. 3개월 만에 "연방화"라는 단어가 러시아의 공론장에서 거의 사라져 버렸다.[65]

블라디미르 푸틴은 크림반도 병합을 신비로운 개인적 변화로, 의기양양하게 영원성으로 넘어가는 변화로 제시했다. 크림반도는 러시아의 일부여야 한다고 푸틴은 설명했다. 그가 블라디미르라고 부르는 고대 루시의 지도자 볼로디미르/발데마르가 1000년 전에 그곳에서 세례를 받았기 때문이다. 푸틴은 같은 이름으로 이루어진 그 행동을 "러시아와 우크라이나, 벨라루스 사람들을 하나로 통일시키는 문화, 문명, 인간 가치의 전체적인 토대의 방향을 예정하는" 영원한 초인적 영웅의 강력한 몸짓으로 상기했다(당시에는 존재하지 않은 개념들이다). 만약 우리 시대의 사건들이 1000년 전의 신화에 따라 "예정된다면", 과거에 관한 지식은 전혀 필요하지 않고 인간의 선택 또한 중요하지 않다. 블라디미르는 볼로디미르이고, 러시아는 루시이며, 정치는 소수 부유층의 영원한 기쁨이다. 그 밖에 더 말하거나 할 것이 없다.[66]

국회 의원 타티야나 사옌코Tatiana Saenko는 일린의 말을 인용하면서 크림반도 병합은 러시아의 "부활과 거듭남"을 의미한다고 주장했다. 그러면서 서구가 러시아의 우크라이나 침공에 반대하는 것은 "이중 기준"의 문제라고 주장했다. 러시아에서 흔히 볼 수 있는 이런 주장에서는 법을 일반적인 원리가 아니라 비러시아 민족들 사이에 자리한 문화적 인공물로 보았다. 이 논리에 따르면, 서구 국가들이라고 항상 모든 법을 따르는 것은 아니기 때문에 법은 전혀 타당성이 없었다. 러시아 역시 법을 위반할 수 있다. 하지만 러시아는 법치를 받아들이지 않기 때문에 이것은 위선적이지 않다. 러시아는 위선적이지 않기 때문에 순결하다. 계속 논리를 따라가면, 만약 기준이라는 게 존재하지 않는다면 이중 기준도 없다. 유럽인들이나 미국인들이 우크라이나 침공 때 같이 러시아가 순결한 시기에 국제법을 운운한다면 그들은 영적 위협이 된다. 그리하여 국제법을 언급하는 것은 서구의 배반을 증명할 뿐이다.[67]

바로 이것이 일린이 말한 영원의 정치학이었다. 과거로의 순환이 시간의 전진 운동을 대체하고, 법은 러시아 지도자가 말하는 대로 의미를 가지며, 러시아는 하느님의 실패한 세계를 폭력으로 고치는 중이다. 푸틴은 시간을 바꾸기 위해 역사 너머로부터 나타난 대속자였다. 4월 17일 푸틴 자신이 이 주제를 거론하면서 러시아의 우크라이나 침공은 서구의 항구적인 공격에 맞선 영적 방어라고 규정했다. "러시아와 우크라이나를 갈라놓으려는, 여러 면에서 본질적으로 단일한 민족을 분리하려는 의도야말로 여러 세기 동안 국제 정치의 쟁점이었다." 말로페예프가 볼 때, 러시아의 침공은 영원한 악에 대항하는 전쟁이었다. "그곳에서 싸우는 사람들에게 이 전쟁은 적그리스도의 깃발 아래 사탄의 구호를 외치며 싸우는 무리들에 맞선 싸움처럼 보인다." 소돔에 맞선 싸움보다 더 영원한 게 무엇이 있겠는가?[68]

크림반도의 함락에 용기를 얻은 러시아 지도자들은 우크라이나 남부와 동부에서도 똑같은 시나리오를 되풀이했다. 3월 1일, 글라지예프는 우크라이나 남부와 동남부의 각 주도에 있는 동맹자들에게 전화를 걸어 쿠데타 계획을 도와주었다. 푸틴의 유라시아 고문은 우크라이나의 다른 지역에서도 크림반도의 시나리오를 그대로 적용하라고 지시했다. 군중이 "주정부 청사에 구름처럼 몰려들면" 새로 구성된 모종의 의회는 독립을 선언하고 러시아에 도움을 요청할 수밖에 없었다. 하르키우에서는 현지인들과 러시아 시민들(러시아에서 버스를 타고 몰려왔다)이 실제로 착각해서 오페라하우스로 쳐들어갔다가 주정부 청사에 난입했다. 이 사람들은 청사를 지키려고 모여든 우크라이나 시민들을 구타하고 모욕했다. 우크라이나 작가 세르히 자단Serhiy Zhadan은 굴복을 거부해서 머리통이 깨졌다.[69]

4월, 푸틴은 2월 비망록에서 개요가 마련된 러시아의 정책 목표를 공개적으로 발설했다. 주된 구상은 여전히 러시아를 위해 우크라이나 국가를 "해체"한다는 것이었다. 우크라이나 국가 기관과 기업 수십 곳이 갑자기 사이버 공격을 받았고, 유럽 연합의 핵심 기관들도 사이버 공격에 직면했다. 우크라이나 동남부의 도네츠크Donetsk 주에서는 5월 1일에 파벨 구바레프Pavel Gubarev라는 러시아 네오나치가 "우크라이나는 존재한 적이 없다"는 논리를 내세우며 자신을 "인민 주지사"로 선포했다. 크림반도에 파견된 말로페예프 부하 이인조인 이고르 기르킨과 알렉산드르 보로다이는 4월에 우크라이나로 돌아갔다. 보로다이는 우크라이나 동남부에 자신이 상상한 새로운 인민 공화국의 총리를 자임하게 된다. 그가 내세운 논거도 비슷했다. "이제 우크라이나 같은 건 존재하지 않는다." 그의 친구 기르킨은 전쟁장관을 자임하면서 러시아에 돈바스를 침공해서 군사 기지를 세워 달라고 요청했다.[70]

스키조파시즘

러시아의 돈바스 개입은 "러시아의 봄Russian Spring"이라고 불렸다. 확실히 러시아 파시즘에는 봄날이었다. 2014년 3월 7일, 알렉산드르 두긴은 "해방의 이데올로기가 미국인들로부터 유럽으로 확산되는" 것을 기뻐했다. "그것이야말로 리스본부터 블라디보스토크에 이르는 유럽, 완전한 유라시아주의의 목표다." 이 파시스트는 바야흐로 파시스트 연방fascist commonwealth이 나타나고 있다고 큰소리쳤다. 그로부터 며칠 뒤 두긴은 역사는 이미 끝장났다고 선언했다. "근대modernity는 언제나 본질적으로 그릇된 것이었고, 이제 우리는 근대의 종착역에 서 있다. 근대와 자신의 운명을 동일시한 사람들, 또는 근대가 생겨나게 무의식적으로 내버려 둔 사람들에게 이것은 '끝'을 의미할 것이다." 다가오는 투쟁은 "열린사회와 그 수혜자들에게서 벗어나는 진정한 해방"을 의미할 것이었다. 두긴에 따르면, 유대 혈통의 미국 외교관은 "더러운 돼지"였고, 유대 혈통의 우크라이나 정치인은 "시체를 파먹는 악귀"이자 "후레자식"이었다. 우크라이나의 혼돈은 "모사드"가 만들어 낸 작품이었다. 알렉산드르 프로하노프 역시 3월 24일 러시아 텔레비전에서 예벨리나 자캄스카야Evelina Zakamskaia와 이야기하면서 러시아가 우크라이나를 침공한 이유를 우크라이나의 유대인과 홀로코스트 탓으로 돌렸다.[71]

이런 사고는 스키조파시즘schizofascism(정신 분열 파시즘)이라고 부를 법한 새로운 종류의 파시즘이었다. 실제 파시스트들이 자신들의 적을 "파시스트"라고 부르고, 홀로코스트를 유대인 탓으로 돌리며, 제2차 세계 대전을 더 많은 폭력을 행사하기 위한 논거로 들이대는 것이다. 러시아는 순결하기 때문에 러시아인은 절대 파시스트가 될 수 없다고 여기는 러시아의 영원의 정치학에서 자연스럽게 도출되는 다음 단계였다. 제2차 세계 대전 중에 소련의 선전은 적을 "파시스트"와 동일시했다. 소비에트 이데올로기에 따르면, 파시즘은 자본주의에서 생긴 것이었다. 나치 독일에 맞선 전쟁 중에 러시아인들은 소련의 승리는 자본주의가 사라져서 모든 사람이 형제가 되는 더 원대한 역사적 전환의 일부라고 상상할 수 있었다. 전쟁이 끝난 뒤, 스탈린은 소련보다는 러시아의 민족적 승리를 찬양했다. 이런 태도에는 "파시스트"라는 적이 자본가보다는 외부자라는 의미가 담겨 있었고, 따라서 더욱 항구적인 충돌이 예상되었다. 1970년대에 스탈린의 상속자 브레즈네프는 소비에트와 러시아 역사의 의미를 제2차 세계 대전 당시 붉은 군대가 거둔 승리에 자리매김했다. 이렇게 함으로써 브레즈네프는 "파시즘"이라는 단어의 의미를 결정적으로 바꾸었다. 이제 파시즘은 극복할 수 있는 자본주의의 한 단계가 아니었다. 역사가 변화를 가져올 것으로 기대되지 않았기 때문이다. "파시즘"은 제2차 세계 대전으로 대표되는 서구

의 영원한 위협을 의미했다.[72]

그리하여 2010년대의 지도자들과 선전가들을 비롯해 1970년대에 교육을 받은 러시아인들은 "파시스트"는 "반러시아"를 의미한다고 배웠다. 러시아어에서 러시아인이 파시스트가 될 수 있다고 상상하는 것은 사실상 문법적 오류다. 현대 러시아 담론에서는 비파시스트가 러시아 파시스트를 "파시스트"라고 부르는 것보다 실제 러시아 파시스트가 비파시스트를 "파시스트"라고 부르는 게 더 쉽다. 그리하여 두긴 같은 파시스트는 파시즘의 언어로 파시즘의 승리를 찬양하면서도 자신의 적수들을 "파시스트"라고 비난할 수 있다. 자기 나라를 방어하는 우크라이나인들은 "우크라이나 파시스트 돼지놈들 대열에서 보낸 군사 정부 용병"이었다. 마찬가지로, 프로하노프 같은 파시스트는 파시즘을 러시아의 순결을 위협하기 위해 서구에서 흘러든 신체 물질로 묘사할 수 있었다. 6월에 프로하노프는 파시즘을 "유라시아의 황금 여신들"을 위협하는 "시커먼 정액"이라고 설명했다. 인종적, 성적 불안에 관한 그의 정교한 표현은 완벽한 파시즘 교과서였다. 글라지예프 역시 스키조파시즘의 규약을 따랐다. 그는 나치의 지정학에 찬성하는 한편 러시아의 적들을 "파시스트"라고 부르기 위한 기준을 정했다. 2014년 9월에 이즈보르스크클럽을 위해 쓴 글에서 글라지예프는 우크라이나를 "과학적으로 밝혀진 파시즘의 모든 징후를 보여 주는 파시즘 국가"라고 지칭했다.[73]

스키조파시즘은 2014년 봄에 나타난 수많은 모순 가운데 하나였다. 러시아의 선전에 따르면, 우크라이나 사회는 민족주의자들로 가득 차 있지만 하나의 민족은 아니었다. 또한 우크라이나 국가는 억압적이면서도 존재하지 않았다. 그리고 우크라이나어 같은 건 존재하지 않는데도 러시아인들은 우크라이나어를 사용할 것을 강요받았다. 글라지예프는 서구를 들먹이는 것으로 모순을 극복했다. 그는 미국인들은 막대한 국가 부채 때문에 제3차 세계 대전을 일으키길 원한다고 단언했다. 원래 글라지예프가 전화 몇 통을 걸었을 때 우크라이나는 붕괴했어야 했다. 그런데 붕괴하지 않은 것은 우크라이나 정부가 미국의 고안물, 즉 "미국인들이 키예프에 설치한 나치 군사 정부"임을 보여 주는 증거일 뿐이다. 그는 자신이 미국의 점령으로 규정한 존재를 물리치려면 "그 추진력을 모조리 끊어 버릴 필요"가 있다고 주장했다. "미국 지배 엘리트, 유럽 관료 집단, 우크라이나 나치스. 첫 번째가 주된 측면이고 나머지 둘은 부차적이다." 푸틴의 유라시아 고문은 유라시아를 세우려면 미국 정치를 파괴해야 한다고 말하고 있었다. 우크라이나와 유럽을 획득하기 위한 전쟁은 워싱턴에서 승리를 거둘 것이라고 글라지예프는 생각했다.[74]

고문인 글라지예프처럼 푸틴 또한 러시아의 침공에 저항하는 우크라이나인들을 파시스트로 규정했다. 3월 18일 푸틴은 러시아가 이웃 나라를 침공하면서 야기한 혼돈에 관해 말하면서 "민족주의자, 네오나치, 러시아 혐오자Russophobe, 반유대주의자 등이 이 쿠데타를 일으켰다"고 주장했다. "바로 그 자들이 지금까지도 분위기를 좌지우지하고 있다." 이 주장에는 일정하게 스키조파시즘의 색채가 묻어 있었다. 2014년 러시아의 대외 정책은 1930년대의 악명 높은 순간들과 우연하나마 어느 정도 비슷한 점이 있었다. 법률과 국경, 국가를 순결, 정의, 거대한 공간으로 대체하는 것이야말로 파시즘의 지정학이었다. 외무장관 라브로프가 우크라이나 침공을 정당화하기 위해 내놓은 '대외 정책 구상'은 국가는 자기 문화의 성원으로 규정하는 사람을 보호하기 위해 개입할 수 있다는 원리를 되풀이했다. 이 원리는 히틀러가 1938년과 1939년에 오스트리아를 병합하고, 체코슬로바키아를 분할하고, 폴란드를 침공할 때 들먹인 주장이었고, 또 스탈린이 1939년에 폴란드를 침공하고, 1940년에 에스토

니아와 라트비아, 리투아니아를 병합하면서 거론한 논거였다.[75]

2014년 3월 14일 도네츠크에서 '우크라이나인' 한 명이 '러시아인'들에게 살해됐을 때, 라브로프는 이 사건을 러시아가 이웃 주권 국가에 개입하는 근거로 내세웠다. "러시아는 우크라이나에 있는 자국 동포와 국민의 생명을 보호할 책임을 인식하고 이 사람들을 지킬 권리를 가진다." 4월 17일에 푸틴도 같은 말을 했다. "본질적인 문제는 우크라이나 동남부에 있는 러시아인과 러시아어 사용자들의 권리와 이익을 어떻게 보장하는가 하는 것이다." 우크라이나 시민들이 러시아 시민들보다 더 많은 표현의 자유를 누린다는 사실은 전혀 언급되지 않았다. 푸틴은 후에 러시아 "동포들"을 보호하기 위해 동원할 수 있는 "모든 무기"를 사용하겠다고 약속했다.[76]

푸틴이 말하는 이른바 "러시아 세계"에서 이와 같은 "동포"의 언어 때문에 우크라이나 시민들이 외국 통치자의 변덕에 휘둘리는 인질이 되었다. 멀리 떨어진 곳에서 정의된 다른 나라 수도의 어떤 관념적인 공동체 속으로 사람이 사라져 버린다. 러시아 문명이나 "러시아 세계"라는 언어 속에서 우크라이나 시민들은 각자의 개별성을 잃고 하나의 집단이 되었다. 그리고 러시아인들이 규정하는 이 집단의 문화가 러시아의 우크라이나 침공을 정당화했다. 개인은 영원 속으로 모습을 감추었다.

진짜 파시스트

파시즘에 대항한다면서 벌인 전쟁에서 러시아의 편에 선 많은 이들이 파시스트였다. 미국의 백인 우월주의자인 리처드 스펜서, 매슈 하임바크Matthew Heimbach, 데이비드 듀크David Duke 등은 푸틴을 찬양하고 그가 벌이는 전쟁을 옹호했으며, 러시아는 미국 남부연합기와 흡사한 모양을 우크라이나 동남부

남부연합기   노보로시야기

점령 지역의 상징으로 사용하는 식으로 그들에게 보답했다. 유럽 극우파 역시 러시아가 벌이는 전쟁을 성원했다. 폴란드 파시스트 콘라트 렝카스Konrad Rękas는 푸틴의 유라시아 구상 전반과 특히 러시아의 우크라이나 침공을 지지했다. 2013년 9월, 그는 러시아가 우크라이나를 침공할 것이라고 예상했으며, 자신이 러시아가 지지하는 폴란드 정부를 이끄는 것을 꿈꾸었다. 로베르트 루시냐Robert Luśnia는 한때 폴란드 공산당 비밀경찰의 협력자로서 폴란드 우파의 주요 인물인 안토니 마치에레비츠Antoni Macierewicz의 재정 후원자였다. 그는 렝카스와 함께 우크라이나가 유대인들의 지배를 받고 있다는 러시아의 선전 방침을 퍼뜨리려고 노력했다.[77]

두긴에게 모스크바로 초청을 받은 헝가리 파시스트당 요빅Jobbik의 지도자는 유라시아를 찬양했다. 불가리아 파시스트당 지도자는 모스크바에서 선거 운동을 개시했다. 그리스 황금새벽당Golden Dawn의 네오나치들은 러시아가 "국제 고리대금업의 갈가마귀", 즉 유대인의 국제적 음모로부터 우크라이나를 지키고 있다고 러시아를 찬양했다. 이탈리아의 국민전선Fronte Nazionale은 푸틴이 "강력한 게이 로비에 맞서서 용감한 태도를 보인다"고 환호했다. 미국의 주요 백인 우월주의자인 리처드 스펜서는 부다페스트에서 유럽 극우파 모임을 조직하려고 했으나 실패했다. 초청된 사람들 가운데는 두긴과 독일의 네오나치 마누엘 오흐젠라이터Manuel Ochsenreiter도 있었다. 오흐젠라이터는 러시아 언론에서 우크라이나 침공을 옹호하는 인물이었다.[78]

프랑스 극우파 활동가 몇 명이 러시아 편에서 싸우기 위해 우크라이나에 왔다. 그들은 러시아군의 심사를 받은 뒤 야전으로 보내졌다. 100명가량의 독일 시민들도 러시아군, 준군사 조직과 함께 싸우기 위해 왔고, 유럽의 다른 많은 나라에서도 사람들이 몰려왔다. 러시아의 우크라이나 전쟁은 테러리즘의 훈련장을 조성해 주었다. 2016년 가을, 세르비아의 민족주의자 하나가 몬테네그로에서 무력 쿠데타를 기도한 혐의로 체포되었다. 그는 우크라이나에서 러시아 편에 서서 싸운 바 있었는데, 자신은 러시아 민족주의자들에게 쿠데타 음모를 위해 발탁된 것이라고 밝혔다. 2017년 1월, 러시아에서 러시아 준군사 조직들에게 훈련을 받은 스웨덴의 나치들이 예테보리에 있는 난민보호센터에 폭탄 공격을 가했다.[79]

2014년, 크렘린과 가까운 여러 기관과 개인이 러시아의 파시스트 친구들을 조직했다. 2014년 4월, 조국당의 한 지부는 "세계민족보수운동World National-Conservative Movement"을 창설했다. 이 단체는 일린의 말을 인용하면서 유럽 연합을 "전 지구적 음모", 다른 말로 국제적인 유대인 음모의 일부라고 지칭했다. 《신이여 스탈린을 지켜 주소서! 소련 대제 요제프를God Save Stalin! Tsar of the U.S.S.R. Joseph the Great》의 저자인 벨라루스인 알렉산드르 우솝스키Alyaksandr Usovsky는 말로페예프가 유럽 파시스트들의 행동을 조정하는 것을 도와주었다. 우솝스키는 우크라이나가 러시아의 침공을 당하는 바로 그 순간에 반우크라이나 시위를 벌이려는 폴란드인들에게 돈을 대 주었다.[80]

말로페예프는 유럽 극우파 지도자들을 2014년 5월 31일 빈의 한 궁전으로 직접 초청했다. 애메릭 쇼프라드와 마린 르펜의 조카인 마리옹 마레샬-르펜Marion Maréchal-Le Pen이 프랑스 대표로 이 회합에 참석했다. 두긴은 극우파가 단결해야만 유럽을 동성애자 사탄으로부터 구할 수 있다고 열정적인 주장을 펼치면서 인기를 독차지했다. 2015년, 말로페예프가 이끄는 싱크탱크는 간행물을 통해 도널드 트럼프를 지지하기 시작했다.[81]

이후의 풍경들

스키조파시즘의 갖가지 거짓말이 우크라이나 사태와 우크라이나인들의 경험을 밀어냈다. 2014년 봄의 온갖 모순적인 개념들과 환각적인 광경들이 짓누르는 가운데, 그 누가 마이단 광장에 있던 개인을, 사실과 열정, 역사에 몸을 던져 역사를 만들려 하는 그의 열망을 보거나 기억하려 했을까?

러시아인, 유럽인, 미국인들은 미래를 원한다는 이유로 쌀쌀한 11월 밤에 구타를 당한 학생들을 잊어야 했다. 그리고 "우리 자식들"을 지키기 위해 거리로 나온 부모와 조부모, 참전 군인과 노동자들을 잊어야 했다. 어느 순간 몰로토프 칵테일(화염병)을 던지게 된 변호사들과 컨설턴트들도. 텔레비전과 인터넷을 팽개치고 키예프로 달려와서 자기 몸을 위험에 내던진 수십만 명의 사람들도 지워 버려야 했다. 러시아나 지정학이나 이데올로기가 아니라 그저 다음 세대를 생각하던 우크라이나 시민들도. 혼자서 가족을 부양해야 하는 데도 저격수 학살이 벌어지는 와중에 부상당한 남자를 구하기 위해 마이단 광장으로 돌아간 젊은 홀로코스트 역사학자나 그날 저격수의 총알에 머리를 관통당한 대학 강사도 기억에서 지워야 했다.[82]

러시아의 선전이 여러 청중을 겨냥해 암시한 것과 달리, 어떤 이는 이 사람들이 파시스트나 나치가 아니며, 국제적 동성애자 음모나 유대인의 국제적 음모나 동성애자 나치 유대인의 국제적 음모의 일원이 아니었음을 기록할 수 있다. 어떤 이는 온갖 허구와 모순에 주목할 수 있다. 허나 이것으로는 충분하지 않다. 이 발언들은 논리적 주장이나 사실적 평가가 아니라 논리와 사실성을 무효화하려는 계산된 시도였다. 일단 지적 기준점이 느슨해지자 러시아인들과 유럽인들, 미국인들은 탄탄한 자금으로 텔레비전이 제공하는 이야기를 쉽게 받아들였지만, 사람들이 처한 상황에서 그들을 이해하는 데까지 나아가거나 그들이 어디에서 오는 것인지, 스스로 무엇을 한다고 생각하는지, 스스로 어떤 종류의 미래를 상상하는지를 파악하기란 불가능했다.

일단 선전 공세와 폭력이 시작되자 유럽적 미래를 옹호하는 것으로 시작한 우크라이나인들은 자신들이 어떤 과거와 현재와 미래가 있을 수 있다는 인식을 위해 싸우고 있음을 발견했다. 마이단 항쟁은 우크라이나 시민들이 우크라이나 문제의 해법을 찾으려 노력하면서 시작되었다. 그리고 우크라이나인들이 유럽인들과 미국인들에게 감정이 고조된 순간일수록 냉정한 사고가 필요하다는 점을 상기시키려고 하면서 끝이 났다. 먼 곳에 있는 관찰자들은 이 이야기의 그림자에 선뜻 달려들었지만 무지보다 더 어두운 진공 속으로 빠져들었을 뿐이다. 많은 유럽인들과 미국인들이 실제로 그랬던 것처럼, 2014년에 러시아가 어지럽게 비난을 퍼붓는 가운데 모종의 타협을 해서 마이단 사태는 "우익 쿠데타"라는 러시아의 주장을 받아들이려는 유혹이 생겨났다.[83]

우크라이나 혁명 이야기에서 "쿠데타"가 일어난 것은 그에 앞선 일로 러시아가 그 현장이었다. 2011년과 2012년 푸틴이 자국의 법률을 위반하면서 의회 다수파를 등에 업고 대통령직에 복귀한 것이 바로 쿠데타였다. 이런 수단으로 권력을 잡은 지도자는 외부의 적들에게 관심과 비난, 책임을 돌려야 했다. 푸틴에게 러시아의 우크라이나 침공은 존재 방식 자체가 죄인 유럽에 맞서 러시아가 자신을 방어하는 최근의 일화일 뿐이었다. 우크라이나에 "쿠데타"가 일어났다는 러시아의 주장은 크렘린이 내놓은 여러 정식화 중에서 가장 냉소적인 축에 속했다. 그런 주장을 하는 바로 그 러시아인들이 과거에 야누코비치를 무력으로 제거하기를 기대하면서 우크라이나 아홉 개 지역에서 실패하거나 성공한 쿠데타를 조직했기 때문이다.

우크라이나의 문제는 허약한 법치, 그리고 그와 연관된 부의 불평등과 만연한 부패였다. 시위에 나선 우크라이나인들에게는 법치야말로 올리가르히들이 쟁여 놓은 자원을 사회에 공평하게 분배하고 다른 사람들도 경제에서 성공할 수 있게 해 주는 유일한 길이라는 게 분명했다. 마이단 항쟁이 벌어지는 내내 예측 가능하고 정의로운 상태의 사회적 진전이 핵심적인 목표였다. 2013년 11월 처음 시위에 나선 이들은 우크라이나의 유럽화를 통해 법치를 향상시키는 데 관심을 기울였다. 그 뒤를 따른 이들은 모스크바의 손아귀에 들어간 부패한 과두 지도자에 맞서 보잘것없을지라도 법치를 보호하는 데 관심을 쏟았다. 2014년 1월과 2월, 시위대는 인권의 언어를 구사했다.

분명 마이단 광장에는 우파와 심지어 극우파 그룹의 대표들도 있었고, 정부가 고문과 살인에 나섰을 때 광장에서 자위를 조직하는 데 중요한 구실을 했다. 하지만 우파 정당인 자유당Svoboda은 마이단 시위 동안 지지자를 많이 잃었다. 신생 그룹인 라이트섹터Right Sector는 고작 300명 정도를 마이단 광장에 투입할 수 있었다. 새로 생긴 우파 그룹들은 러시아가 우크라이나를 침공한 뒤 동부에서 러시아군과 분리주의자들에 맞서 싸우는 과정에서 표면에 등장했다. 하지만 모든 것을 감안할 때, 이례적인 점은 전쟁 때문에 여론이 급진 민족주의로 급격하게 돌아서지 않았다는 것이다. 여론의 변화는 침공을 감행한 러시아보다도 훨씬 약했다. 극우파는 마이단 운동을 시작하지 않았고, 결코 다수를 점하지 않았으며, 결국 권력이 어떻게 바뀌는지도 그들에 의해 결정되

지 않았다.[84]

물론 참여한 사람들마다 견해가 달랐지만, 키예프와 드니프로Dnipro에서 시위는 대체로 우크라이나에서 가장 규모가 큰 유대인 집단의 지지를 받았다. 마이단 광장에서 자위 대대를 조직한 사람들 가운데는 이스라엘군의 재향 군인이 한 명 있었는데, 그는 키예프에서 자기 밑에 있던 사람들이 자신을 "형제"라고 불렀다고 기억한다. 1월 마이단에서 처음 발생한 사망자 두 명은 아르메니아계인 세르게이 니호얀과 벨라루스 국적인 미하일 지즈넵스키Mikhail Zhiznevsky였다. 2월에 벌어진 저격병 학살에서 사망한 사람들은 우크라이나 자체와 시위의 다양성을 여실히 보여 주었다. 희생자 가운데는 우크라이나 동북단에 자리한 하르키우 출신으로 러시아어를 쓰는 환경 운동가 예브헨 코틀레프Yevhen Kotlyev도 있었다. 이 학살에서 무장하지 않은 우크라이나 유대인 세 명이 살해됐는데, 그중 한 명은 붉은 군대 재향 군인이었다. 무슬림 난민 가정 출신으로 이중 언어를 구사하는 젊은이가 유럽이라는 이름으로 시작한 혁명에서 우크라이나, 러시아, 벨라루스, 아르메니아, 폴란드, 유대 문화의 사람들이 목숨을 잃었다.

쿠데타를 일으키려면 군대나 경찰, 또는 이 둘의 모종의 결합이 필요하다. 우크라이나군은 부대에 머물렀고, 전투 경찰은 최후의 순간까지 시위대를 상대로 싸웠다. 쿠데타가 일어날 때 흔히 나타나는 양상과 달리, 대통령 야누코비치가 도주한 뒤에도 군이나 경찰 같은 무력 부서의 어느 누구도 권력을 잡으려고 하지 않았다. 야누코비치가 러시아로 도망치자 우크라이나 시민들과 입법자들은 이례적인 상황에 놓이게 되었다. 나라가 침략을 당한 상황에서 국가수반이 침략국에서 항구적인 피난처를 찾은 것이다. 법적으로 전례가 없는 상황이었다. 권력 이행의 주체는 법적으로 선출된 의회였다.

대통령 권한 대행과 임시 정부 성원들은 우파 민족주의자는커녕 대개 우크라이나 동부 출신의 러시아어 사용자였다. 대통령 권한 대행으로 뽑힌 국회의장은 우크라이나 동남부 출신의 침례교 목사였다. 이행기 동안 국방부, 내무부, 국가보안부 등이 러시아어 사용자들 손에 넘어갔다. 국방장관 직무 대행은 집시계였다. 내무장관은 아르메니아인과 러시아인의 피가 반반 섞인 사람이었다. 부총리 두 명 중 한 명은 유대인이었다. 러시아의 침공 위협을 받은 동남부 주인 드니프로페트로우스크의 주지사 역시 유대인이었다. 2014년 봄 임시 정부 각료 열여덟 명 가운데 세 명이 민족주의 정당인 자유당 소속이었지만, 어떤 의미에서 보더라도 이 정부는 우파 정부가 아니었다.[85]

쿠데타를 실행하는 사람들은 행정부의 권한 축소를 요구하지 않지만, 우크라이나에서는 이런 일이 벌어졌다. 쿠데타를 벌이는 이들은 권력을 양도하기 위해 선거를 요구하는 법이 없지만, 우크라이나에서는 이런 일이 일어났다. 2014년 5월 25일 치러진 대통령 선거에서는 우크라이나 남부 출신의 중도파 러시아어 사용자인 페트로 포로셴코Petro Poroshenko가 승리했다. 초콜릿 사업가로 유명한 사람이었다. 당시 쿠데타 시도 같은 게 있었다면, 그것은 우크라이나 중앙선거관리위원회를 해킹해서 극우파 정치인이 승리했다고 선언하려 한 러시아의 시도와 그 선언을 그대로 내보낸 러시아 방송의 발표였다.[86]

2014년 5월, 극우파 정치인 두 명이 우크라이나 대통령 후보로 출마했는데, 각각 전체 투표의 1퍼센트도 얻지 못했다. 둘 다 유대교 정강을 내건 유대인 후보보다 더 적은 표를 얻었다. 승자인 포로셴코는 계속해서 총선을 요구했고, 9월에 총선이 실시되었다. 이번에도 역시 쿠데타에서 흔히 예상할 수 있는 사태 진행과 정반대였고, 또한 우크라이나에서 극우파의 인기는 매우 제한적이었다. 우크라이나의 우파 정당, 즉 자유당과 준군사 집단 라이트섹터를 바탕으로 생겨난 신생 정당 어느 쪽도 의회에 진출하는 데 필요한 기준선인 5퍼센트를 넘지 못했다. 자유당은 장관 세 자리를 잃었고, 신정부는 우파를 배제한 채 구성되었다. 새로 구성된 의회의 의장은 유대인이었는데, 그는 나중에 총리가 되었다.[87]

유럽 연합 연합 협정은 2014년 6월에 조인되고, 2017년에 발효되었다. 역사는 계속 진행되었다.

가려진 진실

젊은이들이 미래를 지키기 위해 거리로 나서는지, 아니면 미래를 진압하기 위해 탱크를 타고 도착하는지는 분명 차이가 있다.

많은 우크라이나인들에게 미래는 충분히 빠르게 오지 못했다. 마이단 광장이 가능하다면, 정치적 민족, 시민 사회, 증여의 경제, 개인의 희생도 가능하다. 그리고 다시 나타날 수 있다. 우크라이나 시민 사회가 스스로 방어를 하고 우크라이나 국가가 살아남은 이래 우크라이나 정치의 역사는 계속되었다. 우크라이나는 첫 번째 타격에 깨지지 않았기 때문에 러시아의 영원의 정치인들은 계속 와야 했다.

크림 전쟁을 지휘하기 위해 파견되었다가 계속해서 우크라이나 다른 지역들로 보내진 러시아 장교들은 러시아의 영원한 순결이라는 시간 풍경timescape에서 사는 이들이었다. 보로다이에 따르면, 우크라이나와 러시아는 "공동 문명"에 속했는데, 그는 이 문명을 "천년에 걸쳐서 형성된 거대한 러시아 세계"로 묘사했다. 따라서 우크라이나 국가의 존재는 러시아에 대한 공격의 한 형태로 여겨졌다. 외부자들이 "우리 러시아 세계에서 우크라이나를 빼내려 하기" 때문이다. 보로다이는 구밀료프의 글을 읽고 말로페예프를 위해 일했다. 그렇지만 파시즘 사상가의 저작을 읽지 않거나 남색에 중독된 투자 은행가들 밑에서 일하는 러시아인들과 우크라이나인들도 비슷한 생각을 갖고 있었다.[88]

러시아의 우크라이나 침공은 러시아의 과학 소설 장르인 "우연한 시간 여행자" 문학의 인기가 급증하는 현상과 동시에 일어났다. 이런 이야기를 보면, 개인과 집단, 무기와 군대가 시간을 앞뒤로 이동하면서 전체적인 상황을 바로잡는다. 영원의 정치학에서처럼 사실과 연속성은 사라지고 그 대신 시점에서 시점으로 도약한다. 결정적인 위기 때마다 순결한 러시아는 언제나 죄 많은 서구를 물리친다. 그리하여 스탈린은 푸틴과 접촉해서 러시아에서는 계엄령을, 미국을 상대로는 전쟁을 선포하는 것을 돕는다. 또는 러시아인들이 1941년으로 돌아가서 소련이 독일의 침공을 물리치는 것을 돕는다.[89]

소련의 공식적인 정책처럼 제2차 세계 대전이 1939년이 아니라 1941년에 시작되었다고 보는 것이 러시아의 공식 정책이 되었다. 소련이 1939년에 독일의 동맹국으로 전쟁을 시작했으며, 1939년부터 1941년 사이에 소련 역시 점령지에서 독일과 별반 다르지 않은 정책을 시행했다는 사실을 잊어버리기만 한다면, 1941년은 러시아의 순결함을 보여 주는 순간이다. 2010년까지도 푸틴은 이 시기에 소련이 저지른 가장 악명 높은 범죄인 카틴 학살에 관해 폴란드 총리에게 거리낌 없이 이야기했다. 2014년에 이르자 이런 태도는 완전히 뒤집어졌다. 푸틴은 1939년 몰로토프-리벤트로프 조약(독소 불가침 조약)을 단순한 불가침 협정이라고 그릇되게 옹호했다. 소비에트 전통을 상기시키는 행동이었다. 2014년에 푸틴이 말한 것처럼 만약 "소련이 싸움을 원하지 않았다면", 소련군은 왜 1939년에 폴란드를 침공해서 폴란드 장교들을 포로로 삼았을 것이며, 왜 1940년에 소련 비밀경찰이 카틴에서 이 수천 명을 살해했겠는가? 2014년, 러시아 법률은 소련이 폴란드를 침공했다거나, 발트 국가들을 점령했다거나,

1939년에서 1941년 사이에 전쟁 범죄를 저질렀다고 말하는 것을 범죄 행위로 규정했다. 후에 러시아 대법원은 러시아 시민이 소셜 미디어에 러시아 역사에 관한 기본적인 사실을 재게시하는 행동에 대해 유죄 선고를 내릴 수 있음을 확인했다.[90]

러시아의 완전한 순결이라는 공리 덕분에 러시아는 무한한 상상의 나래를 펼칠 수 있었다. 크림반도에서, 그리고 계속해서 러시아가 우크라이나 동남부에 개입할 때 보로다이와 협력한 이고리 기르킨 또한 여러 시간 풍경을 가로지르는 상습적인 시간 여행자였다. 그는 러시아군 정보기관 장교이자 말로페예프 밑에서 일하는 직원이었지만 어린이용 과학 소설을 쓸 시간도 있었다. 기르킨은 또한 우크라이나 침공 전에 역사 재현자reenactor, 즉 옛날 군복을 차려 입고 과거에 벌어진 전투를 재현하는 것을 즐기는 사람이기도 했다. 제1차 세계 대전과 러시아 내전 애호가였던 그는 2014년의 러시아 병사들에게 그 시대의 훈장을 달아 주고 싶었다. 붉은 군대 장교로 제2차 세계 대전을 재현하는 사람으로서 기르킨은 1941년에 스탈린이 내린 명령을 그대로 인용했다. 2014년에 러시아가 실제로 침공한 동안 실제 사람들을 처형한 것이다.[91]

러시아의 많은 젊은이들이 보기에, 우크라이나 개입은 상상 속 1941년에, 그러니까 자기 증조부들이 나치 독일에 맞서 소련을 지키던 영광스러운 기억 속에서 벌어졌다. 텔레비전은 대애국전쟁과 관련된 용어들을 끊임없이 환기시키면서 이런 관점을 강요했다. 채널원은 우크라이나 병사들과 관련하여 500차례 이상 "응징 작전"이라는 문구를 사용했다. 제2차 세계 대전 당시 독일의 행동을 가리키는 이 문구는 달력을 1941년으로 돌려놓으면서 우크라이나인들을 나치로 묘사했다. 크림반도의 러시아 병사들은 자신들이 벌인 행동에 관해 질문을 받으면 제2차 세계 대전으로 화제를 바꾸었다. 계속해서 우크라이나 동남부에 개입한 뒤 러시아인들은 포로들을 공개적으로 행진시키면서 스탈린이 독일군 병사들을 모욕적으로 행진시킨 과거를 재현했다. 러시아 편에서 싸우는 쪽을 선택한 우크라이나 시민들은 제2차 세계 대전 시기의 탱크를 기념관에서 훔쳤다. (전년도에 행진을 위해 수리를 한 터라 모터가 정상적으로 작동했다.) 이런 빨치산 중 한 명은 자신은 우크라이나의 승리를 상상할 수 없다고 말했다. 그것은 "1942년"을 의미했기 때문이다. 전투가 맹렬하게 벌어지는 한 그 순간은 언제나, 그리고 영원히 1941년이었다. 2014년 여름에 대규모 침략이 진행되는 동안 러시아의 젊은 병사들은 탱크에 페인트로 '스탈린을 위해!'라는 글귀를 썼다.[92]

러시아에서 스탈린(푸틴이 아니라 '스탈린')의 지지율은 52퍼센트까지 높아져서 사상 최고를 기록했다. 레오니트 브레즈네프의 지지율 또한 사상 최고에 도달했다. 오래전에 죽은 브레즈네프가 그보다 훨씬 오래전에 죽은 스탈린을 대애국전쟁에서 러시아를 구한 지도자로 숭배하는 문화를 조성한 주역이었다. 스탈린과 브레즈네프는 산 사람들 사이에서 인기가 올랐을 뿐만 아니라 세계에서 울리는 공명도 커졌다. 시간이 흐르면서 훨씬 더 많은 러시아인들이 죽은 지도자들에 대한 견해를 표명했다. 스탈린과 브레즈네프는 과거로 물러가는 게 아니라 영원한 현재로 되돌아오고 있었다. 실제로 21세기의 두 번째 10년 동안 러시아인들이 20세기의 지도자들에 관한 정기적인 정치 여론 조사에 응답했다는 사실 자체는 시사하는 바가 컸다. 영원의 정치학은 완전히 죽지 않은 자들에게서 흘러나오는 바람 이상이었다.[93]

우크라이나 전쟁은 역사적 기억의 경연장이 아니었다. 러시아의 침공은 그게 아니라 러시아와 우크라이나의 공동의 과거에 관한 소비에트 공동의 신화를 깨뜨리는 행동이었다. 키예프의 공식적인 전쟁 박물관 잔디밭에 2014년 전쟁에서 포획한 러시아 탱크들이 전시됐을 때, 박물관의 명칭은 "대애국전쟁"에서 "제2차 세계 대전"으로 바뀌었다.[94]

러시아의 우크라이나 전쟁은 더욱 심대한 의미가 있었다. 새로운 것에 대항하는 영원의 전쟁이었던 것이다. 새로운 것을 향한 시도는 무엇이든 힘의 상투성과 상투성의 힘으로 대항해야 했을까? 아니면 마이단 광장의 우크라이나인들과 나란히 무언가 새로운 것을 만드는 게 가능했을까?

CHAPTER FIVE

진실인가 거짓인가

속는 사람은 사물로 바뀐다.

- 미하일 바흐친, 1943

새벽의 검은 우유 우리는 마신다 저녁에 우리는 마신다

저녁에 우리는 마신다 아침에 우리는 마신다

우리는 마시고 또 마신다

우리는 공중에 무덤을 판다 거기서는 비좁지 않게 눕는다

- 파울 첼란, 1944

러시아는 영원의 정치학에 처음 도달했다. 도둑 정치는 승계, 통합, 새로움 등의 정치적 덕목을 불가능하게 만들었고, 따라서 정치적 허구를 내세워 이런 덕목을 생각조차 하지 못하게 해야 했다.

이반 일린의 사상은 영원의 정치학에 형태를 부여했다. 자신은 순결하다는 허위로 온몸을 감싼 러시아 민족은 완전한 자기애를 배울 수 있었다. 블라디슬라프 수르코프는 영원성이 어떻게 현대 미디어에 생기를 불어넣을 수 있는지 보여 주었다. 푸틴을 위해 일하던 중에 그는 일종의 정치적 고백록인 소설 《거의 제로Almost Zero》(2009)를 출간했다. 이 이야기에서 유일한 진실은 우리가 거짓말을 필요로 한다는 것, 유일한 자유는 우리가 이런 평결을 받아들이는 것이다. 더 큰 줄거리 안에 포함된 한 이야기에서 주인공은 시도 때도 없이 잠만 자는 아파트 동거인 때문에 곤란을 겪는다. 한 전문가가 보고서를 발표

한다. 전문가가 털어놓은 바에 따르면, "그가 눈을 뜨자마자 우리는 모두 사라질 것입니다. 사회의 의무, 그리고 특히 여러분의 의무는 그가 계속 꿈을 꾸게 하는 겁니다." 꿈 상태를 영속화하는 것은 수르코프의 직무 설명서였다. 유일한 진실이 진실의 부재라면, 거짓말쟁이들은 러시아의 명예로운 하인들이었다.[1]

사실성이 끝나는 곳에서 영원성이 시작된다. 만약 시민들이 모든 것을 의문시한다면, 러시아 국경 너머에 있는 대안적 모델들을 보지 못하고, 개혁에 관한 지각 있는 토론을 하지 못하며, 정치적 변화를 위해 조직하기에 충분할 정도로 서로를 신뢰하지 못한다. 그럴 듯한 미래를 꿈꾸려면 사실적 현재가 필요하다. 수르코프는 일린을 따라서 "지정학적 현실"의 전망을 가능케 하는 "전체에 대한 숙고"에 관해 이야기했다. 외국인들은 걸핏하면 러시아를 공격해서 민족적 순결에서 끌어내리려고 한다. 러시아인들은 그 무지 때문에 사랑받아야 한다. 러시아인들을 사랑한다는 것은 그 무지를 완성해 주는 것이다. 미래는 오직 더 먼 미래에 관한 더 많은 무지를 담고 있을 뿐이다. 그가 《거의 제로》에 쓴 것처럼, "지식은 지식만 줄 뿐이지만, 불확실성은 희망을 준다."[2]

선배 일린과 마찬가지로 수르코프 또한 기독교를 자신의 우월한 창조물로 이어지는 관문으로 간주했다. 수르코프의 하느님은 여러 한계가 있는 은둔한 동료, 즉 남자답게 몇 대 툭툭 쳐서 기운을 내게 해 줘야 할 동료 조물주였다. 과거에 일린이 했던 것처럼, 수르코프도 익숙한 성경 구절을 인용하면서 그 의미를 뒤집었다. 그의 소설에 등장하는 수녀는 고린도전서 13장 13절을 언급한다. "불확실성은 희망을 줍니다. 믿음. 사랑."* 만약 정기적으로 위기를

---

* 고린도전서 13장 13절은 다음과 같다. "그러므로 믿음, 소망, 사랑, 이 세 가지는 항상 있을 것인데, 그 가운데서 으뜸은 사랑입니다."

조장해서 시민들을 계속 불확실하게 만들 수 있다면, 그들의 감정을 관리하고 지휘할 수 있다. 수르코프가 인용한 성경 구절의 분명한 의미와 정반대되는 말이다. 우리가 세상을 있는 그대로 보면서 배우는 것처럼, 소망과 믿음과 사랑은 서로 연결되는 덕의 삼위일체인 것이다. 바로 앞 구절에는 다른 사람의 관점에서 보는 것이야말로 성숙이라는 유명한 말이 나온다. "지금은 우리가 거울로 영상을 보듯이 희미하게 보지마는, 그때에는 얼굴과 얼굴을 마주하여 볼 것입니다. 지금은 내가 부분밖에 알지 못하지마는, 그때에는 하느님께서 나를 아신 것과 같이, 내가 온전히 알게 될 것입니다." 우리가 다른 사람의 관점에서 볼 때 배우는 첫 번째 사실은 우리가 순결하지 않다는 것이다. 수르코프는 거울을 계속 흐릿하게 두려고 했다.

2010년대 러시아에서 흐릿한 거울은 텔레비전 화면이었다. 러시아인의 90퍼센트가 텔레비전을 통해 뉴스를 접했다. 수르코프는 이 나라에서 가장 중요한 채널인 채널원의 홍보 책임자로 일하다가 보리스 옐친과 블라디미르 푸틴의 언론 담당자가 되었다. 그는 러시아 텔레비전이 다양한 이해관계를 대변하는 참된 다원성에서 이미지는 다르지만 메시지는 똑같은 가짜 다원성으로 변형되는 과정을 감독했다. 2010년대 중반 채널원의 국가 예산은 연간 8억 5000만 달러 정도였다. 채널원을 비롯한 국영 네트워크의 직원들은 권력은 실재하지만 세계의 사실들은 실재하지 않는다고 배웠다. 러시아의 통신차관 알렉세이 볼린Alexei Volin은 방송사 직원들의 경력 경로를 이렇게 설명했다. "그들은 '그 사람'을 위해 일을 할 텐데, '그 사람'은 무엇을 쓰고 무엇을 쓰지 않아야 하는지, 이런저런 기사를 어떻게 써야 하는지를 말해 줄 것이다. 그리고 '그 사람'은 그렇게 할 권리가 있다. 그가 돈을 주기 때문이다." 사실성은 강제 사항이 아니었다. 손꼽히는 정치 기술자 글렙 파블롭스키Gleb Pavlovsky는 이렇게 설명했다. "그냥 아무 말이나 해도 된다. 현실을 창조하라." 국제 뉴스가 지역과 지방 뉴스를 대체하기에 이르렀고, 후자의 뉴스는 텔레비전에서 거의 사라졌다. 해외 보도는 서구의 부패와 위선, 적의가 영원한 흐름임을 나날이 상기시켜 주었다. 유럽이나 미국에는 모방할 만한 것이 아무것도 없었다. 진정한 변화는 불가능하다. 바로 이것이 방송이 전하는 메시지였다.[3]

해외 시청자를 대상으로 러시아 선전 방송을 내보내는 RT도 같은 목표를 추구했다. 행동을 고무할 수 있는 지식을 억누르고 감정을 구워삶아서 무기력하게 만드는 것이었다. RT는 기괴한 모순을 정색을 한 표정으로 받아들임으로써 뉴스 방송 포맷을 뒤집어 버렸다. 홀로코스트 부정론자를 발언자로 초청해서 인권 활동가로 소개하게 만들고, 네오나치를 출연시켜 중동 전문가로 내세운 것이다. 블라디미르 푸틴의 말을 빌리면, RT는 "정부 자금을 받기 때문에 러시아 정부의 공식 입장을 반영할 수밖에 없었다." 이런 입장은 사실적 세계의 부재였고 자금 지원 수준은 연간 4억 달러 정도였다. 미국인들과 유럽인들은 이 채널을 보면서 자국 지도자들의 진실성과 자국 언론의 생명력에 대한 의구심이 더욱 증폭될 수밖에 없었다. 때로 이런 의심은 완전히 정당한 것이었다. RT가 내세운 "더 많은 질문Question More"이라는 슬로건은 더 많은 의심에 대한 갈망을 부추겼다. RT 방송 내용의 사실성에 의문을 던지는 것은 무의미한 일이었다. RT가 방송하는 것은 사실성의 부정이었기 때문이다. RT 대표가 말한 것처럼, "객관적 보도 같은 건 존재하지 않는다." RT는 모든 언론은 거짓말을 하지만 오직 RT만이 진실을 말하는 척 가장하지 않기 때문에 정직하다는 점을 알리고자 했다.[4]

이제 사실성은 사라졌고, 시청자들로부터 잠자리에 들기 전 가끔 고개를 끄덕이는 것 말고는 아무것도 요구하지 않는 약삭빠른 냉소주의가 그 자리를

대신했다.[5]

그럴듯하지 않은 부인

"이제 정보전이 전쟁의 주요 유형이다." 드미트리 키셀료프는 모든 것을 아는 입장이었다. 그는 러시아 국영 국제 통신사의 책임자이자 인기 있는 일요일 저녁 프로그램으로 우크라이나를 겨냥한 정보 공세를 주도하는 〈베스티네델리〉 진행자였다.[6]

크렘린이 우크라이나에 보낸 첫 번째 인력으로 러시아 침공의 선봉에 선이들은 정치 기술자들이었다. 수르코프가 지휘하는 전쟁은 실재가 아닌 영역에서 진행된다. 그는 2014년 2월에 크림반도와 키예프에 있었고, 그 후에는 푸틴의 우크라이나 문제 고문으로 일했다. 러시아의 정치 기술자 알렉산드르 보로다이는 크림반도를 병합할 때 홍보 책임자였다. 2014년 여름, 우크라이나 동남부에서 새롭게 창안된 두 "인민 공화국"의 "총리"는 러시아 언론 관리자들이었다.[7]

우크라이나 남부에 이어 동남부를 침공한 러시아의 행동은 군사적인 면에서는 그다지 대단한 일이 아니었지만 전쟁 역사에서 가장 정교한 선전 캠페인을 수반했다. 선전은 두 수준에서 작동했다. 첫 번째는 사실성에 대한 직접적인 공격으로서 명백한 사실, 심지어 전쟁 자체를 부정하는 것이었고, 두 번째는 무조건적인 순결 선포로서 러시아가 어떤 악행에 대해서든 책임을 질 수 있다는 점을 부정하는 것이었다. 전쟁 같은 건 전혀 벌어지지 않았고, 이런 주장은 철저하게 정당화되었다.

2014년 2월 24일 러시아가 우크라이나 침공을 시작했을 때 푸틴 대통령은 고의적으로 거짓말을 했다. 2월 28일 푸틴은 이렇게 주장했다. "우리는 무력으로 위협하고 크림반도에 병력을 보낼 의도가 전혀 없다." 이미 크림반도에 병력을 보낸 상태였다. 그가 이 말을 입 밖에 내던 순간, 러시아 군대는 이미 4일째 우크라이나 주권 영토를 가로질러 행군하고 있었다. 이 문제에 관한 한, 나이트울브스는 크림반도에 진출해서 러시아 병사들을 따라다니면서 부르릉거리는 엔진 소리를 과시하고 있었다. 러시아의 존재를 확실하게 각인시키는 언론의 주목거리였다. 그런데도 푸틴은 기본적인 사실에 주목하는 기자들을 조롱하는 쪽을 택했다. 3월 4일, 푸틴은 러시아 병사들의 정체는 현지 상점에서 군복을 구입한 그 지역 우크라이나 시민들이라고 주장했다. "포스트소비에트 국가들을 한번 살펴보는 게 어떻습니까? 그 나라들에는 비슷한 군복들이 많습니다. 가게에 가서 아무 종류나 군복을 살 수 있어요."[8]

푸틴은 이 포스트소비에트 세계의 사람들에게 러시아가 우크라이나를 침공한 게 아니라고 설득하려는 것이 아니었다. 사실 그는 우크라이나 지도자들이 당연히 자신의 거짓말을 믿지 않을 것이라고 생각했다. 우크라이나 임시 정부는 자국이 러시아의 공격을 받고 있음을 알았고, 따라서 군사력으로 대항하는 대신 국제적 대응을 촉구했다. 키예프의 지도자들이 푸틴을 믿었더라면, 분명 저항을 지시했을 것이다. 푸틴이 추구하는 목표는 우크라이나인들을 기만하는 게 아니라 러시아인들과 함께 자발적인 무지의 유대를 창출하는 것이었다. 러시아인들도 푸틴이 거짓말을 하는 것을 꿰뚫어 보는 게 아니라 어쨌든 그를 믿어야 했다. 기자 찰스 클로버Charles Clover가 레프 구밀료프에 관한 연구에서 지적한 것처럼, "푸틴은 거짓말이 러시아의 정치 계급을 분할하기는커녕 오히려 통일시킨다고 제대로 가정했다. 더 크고 명백한 거짓을 말할수록 국민들은 거짓말을 받아들이는 것으로 충성을 보여 주고, 크렘린 권력의 거대하고 신성한 수수께끼에 더욱 열성적으로 참여한다."[9]

사실성을 겨냥한 푸틴의 직접적 공격은 '그럴듯하지 않은 부인implausible deniability'이라고 부를 수 있다.* 푸틴은 모든 사람이 아는 사실을 부인함으로써 국내에서는 국민을 통합하는 허구를 창조하고 유럽과 미국의 뉴스 편집실에서는 딜레마를 야기하고 있었다. 서구 언론인들은 사실을 보도하라고 배우는데, 3월 4일에 이르면 러시아가 우크라이나를 침공했다는 사실적 증거가 압도적으로 많았다. 러시아와 우크라이나의 언론인들은 러시아 군인들이 크림반도를 가로질러 행군하는 영상을 찍어 놓았다. 우크라이나인들은 이미 러시아의 특수 부대를 "외계인들"이라고 부르고 있었다. 아무 표시도 없는 군복 차림의 병사들이 외계에서 온 게 분명하다는 뜻이 담긴 농담이었다. 병사들은 우크라이나어를 할 줄 몰랐으며, 현지 우크라이나인들은 또한 러시아 도시들에서 특유하고 우크라이나에서는 사용하지 않는 러시아식 속어를 금세 눈치 챘다. 기자 예카테리나 세르가츠코바Ekaterina Sergatskova가 지적한 것처럼, "'외계인들'은 자신들이 러시아에서 왔다는 걸 숨기지 않는다."[10]

서구 언론인들은 또한 사실에 대한 다양한 해석을 보도하라고 배운다. 하

• 일찍이 1980년대에 미국인들이 만들어 낸 '그럴듯한' 부인이라는 개념은 인종 차별이라는 비난을 피할 수 있게 부정확한 방식으로 주장을 펴는 것이었다. 선거 전략가 리 애트워터Lee Atwater는 이 전략을 정식화한 것으로 유명하다. "1954년에는 '검둥이nigger, 검둥이, 검둥이' 운운하면서 시작한다. 1968년이 되면 이제 '검둥이'라는 말을 할 수 없다. 그러면 다치게 된다. 역풍이 부는 것이다. 그러면 당신들은 강제 버스 통학(1954년 공립 학교의 인종 분리가 위헌이라는 '브라운 대 교육 위원회' 판결 이후 1970년대와 1980년대에 학교의 인종 분리를 철폐하기 위해 학생들에게 다른 학교로 버스 통학을 강제한 것을 가리킨다 ― 옮긴이)이나 각 주의 권리 등등의 온갖 말을 늘어놓는다. 당신들은 이제 극히 추상적으로 바뀌어서 감세를 운운하고 있으며, 당신들이 이야기하는 이 모든 것은 완전히 경제적인 문제들인데, 그 문제들의 부산물은 흑인이 백인보다 더 많이 상처를 받는다는 것이다." 만약 누군가 이와 같은 말로 인종 차별이라고 비난을 받는다면, 그는 자신은 흑인들에 관해 이야기한 게 아니라고 그럴 듯하게 반박할 수 있다. (인터뷰 전문과 맥락에 관해서는 Rick Perlstein, "Lee Atwater's Infamous 1981 Interview on the Southern Strategy," *The Nation*, November 13, 2012를 보라.) ― 원주.

나의 이야기에는 양면이 있다는 격언은, 각각의 면을 대표하는 사람들이 세계의 사실성을 받아들이고 동일한 일군의 사실을 해석할 때 의미를 갖는다. 그럴듯하지 않은 부인이라는 푸틴의 전략은 이런 합의를 활용하면서 그 토대를 파괴한다. 푸틴은 사실성을 조롱하면서 이야기의 한 편에 자리를 잡았다. "나는 지금 당신한테 공공연하게 거짓말을 하고 있는데, 우리 둘 다 그걸 안다"는 말은 이야기의 한 면이 아니다. 그냥 함정일 뿐이다.

서구 언론사 간부들은 2014년 2월 말과 3월 초 며칠 동안 데스크에서 러시아의 침공에 관한 보고를 입수했지만 푸틴의 열렬한 부인을 대서특필하는 쪽을 택했다. 그리하여 러시아의 우크라이나 침공에 관한 서사는 미묘하지만 심대한 방식으로 바뀌었다. 이야기의 중심은 우크라이나인들에게 무슨 일이 벌어졌는가보다는 러시아 대통령이 우크라이나에 관해 무슨 말을 하기로 선택했는지의 문제가 되었다. 실제 전쟁은 리얼리티 방송이 되었고, 푸틴이 주인공 노릇을 했다. 대다수 언론은 이 드라마에서 조연 역을 받아들였다. 시간이 흐르면서 서구 언론사 간부들이 비판적으로 바뀌긴 했지만, 그들의 비판은 크렘린의 주장을 자신들이 의심한다는 큰 틀 안에서 존재했다. 후에 푸틴이 러시아가 실제로 우크라이나를 침공한 사실을 인정했을 때, 그의 발언은 서구 언론이 자신이 벌인 쇼에 배우로 참여했음을 입증해 주었을 뿐이다.[11]

그럴듯하지 않은 부인에 이어 러시아가 두 번째로 활용한 선전 전략은 순결 선언이었다. 침공은 강한 나라가 매우 취약한 순간에 처한 약한 이웃 나라를 공격한 게 아니라 억압받는 사람들이 압도적인 전 지구적 음모에 맞서 일으킨 정의로운 반란으로 이해해야 했다. 푸틴은 3월 4일에 이렇게 말했다. "나는 때로 대서양 건너편 미국에서는 사람들이 연구실에 앉아서 쥐를 갖고 하는 것처럼 각종 실험을 하면서도 자신들이 하는 일의 결과를 실제로 이해하지 못한다는 느낌이 든다." 전쟁은 벌어지고 있지 않았고, 설사 전쟁이 벌어지고 있다 할지라도 미국을 비난해야 했다. 그리고 미국은 초강대국이기 때문에 그 전능한 악의에 대응하는 것은 무엇이든 허용되었다. 만약 어쨌든 러시아가 침공하는 동시에 침공하지 않았다면 러시아인들은 그들이 한 일과 하지 않은 일이 무엇이든 정당한 셈이었다.[12]

침공에서 선택한 전술은 이런 순결 전략에 기여했다. 러시아 군복에 마크가 붙어 있지 않고 무기와 장갑, 장비, 차량에 표식이 없었지만, 우크라이나의 누구도 납득시키지 못했다. 중요한 점은 영웅적인 현지인들이 거대한 미국의 힘에 맞서서 이례적인 조치를 취하는 텔레비전 드라마의 분위기를 조성하는 것이었다. 러시아인들은 텔레비전 화면에서 보이는 병사들이 자국 군대가 아니라는 비상식적인 이야기를 믿을 것으로 기대되었다. 그들은 미국의 무한한 힘의 지원을 받는 나치 정권에 맞서 자국민의 명예를 지키는 의욕 넘치는 우크라이나 반란자들의 어중이떠중이 무리라는 것이었다. 부대 마크가 없는 것은 증거가 아니라 러시아 시청자들이 어떻게 줄거리를 따라가야 하는지를 보여주는 단서였다. 사실적 의미에서 납득시키려는 게 아니라 서사적 의미에서 인도하려는 것이었다.[13]

극적인 이유에서 현지 빨치산 행세를 하는 실제 병사들은 빨치산 전술을 활용함으로써 실제 민간인들을 위험에 빠뜨릴 수 있다. 하나의 전술로서 이것은 '역비대칭reverse asymmetry'이라고 부를 수 있다. 통상적으로 "비대칭전asymmetrical warfare"은 힘이 약한 빨치산 부대나 테러리스트 그룹이 정규군을 상대로 전통적이지 않은 전술을 구사하는 것을 의미한다. 러시아의 침공에서는 강자가 약자 행세를 하기 위해 약자의 무기인 빨치산과 테러리스트의 전술을 사용했다. 이미 불법적인 침공을 벌이는 중에 러시아군은 처음부터 의도적으로 기본적인 전시 법규를 위반했다. 푸틴은 러시아의 침공이 진행 중이라는 것을 부인하는 와중에도 이런 식의 전쟁을 승인했다. 3월 4일, 그는 러시아 병사들이 민간인들 사이로 숨어들 것이라고 예상했다. "그리고 그 [우크라이나] 군대가 우리를 뒤에 세운 채 자기네 국민들한테 총을 쏘려 할지 지켜봅시다. 앞이 아니라 뒤에 세우고 말입니다. 그자들이 여자와 아이들한테 총을 쏘게 내버려 둡시다!"[14]

노보로시야를 위하여

크림반도 획득을 위한 전투에서 러시아는 2014년 3월에 쉽게 승리를 거두었다. 이후에도 우크라이나 동남부에 대한 러시아의 개입은 계속되었다. 이 두 번째 군사 행동에서 '그럴듯하지 않은 부인'은 다시 한번 러시아인들의 진실성과 언론인들의 용기를 시험하게 된다. 그리고 '역비대칭'은 또다시 자신이 피해자라는 후광 속에서 불법적인 전쟁을 은폐하게 된다. 이 두 전술 덕분에 외국의 악의적 행동과 정당한 저항 말고는 그 어떤 일도 벌어지고 있지 않다는 주장 속으로 사실들이 사라져 버리는 영원의 정치학의 유효성이 확인되었다. 푸틴은 수르코프의 조력을 받으면서 러시아인들을 영원의 순환으로 초대했다. 이 순환에서 러시아는 언제나 그랬던 것처럼 스스로를 방어하고 있었다.

영원은 과거로부터 몇몇 시점을 끌어와서 이 시점들을 정의의 순간으로 묘사하면서 그 사이의 시간은 내팽개친다. 이 전쟁에서 러시아 지도자들은 이미 이와 같은 두 시점을 언급했다. 988년 볼로디미르/발데마르의 개종으로 우크라이나와 러시아는 영원히 하나의 민족이 되었다고 여겨졌고, 1941년 독일의 소련 침략은 어쨌든 우크라이나의 항의 운동을 파시즘의 위협으로 만들었다. 푸틴은 우크라이나 동남부에 대한 개입 확대를 정당화하기 위해 2014

년 4월에 1774년을 과거의 세 번째 참조 시점으로 추가했다. 이해는 러시아 제국이 오스만 제국을 물리치고 흑해 북쪽 연안의 영토를 병합한 때인데, 오늘날 우크라이나의 일부 지역도 포함되었다. 이 영토는 18세기에 "노보로시야Novorossiia(새로운 러시아)"라는 이름을 얻었다. 푸틴은 이 용어를 사용하면서 현존하는 러시아와 우크라이나 국가를 제쳐 두고 오래된 권리로 대화를 옮겨 간 셈이었다. "노보로시야"의 논리에서 보면, 우크라이나는 한때 러시아라고 불렸다는 이유로 영원히 러시아에 속하는 영토를 일부 점유하고 있기 때문에 침략자였다. 이 문제의 틀을 근본적으로 바꾸자 러시아인들과 관찰자들은 현재의 평범한 사실, 가령 러시아 연방과 우크라이나가 22년 동안 공존하는 동안 우크라이나에 사는 러시아인에 대한 대우를 놓고 공식적으로 불만을 표한 적이 전혀 없다는 사실을 잊어버릴 수 있었다.[15]

러시아 연방의 대다수 시민들은 수르코프와 두긴이 처음 "노보로시야"라는 말을 퍼뜨린 다음 푸틴이 국가 정책으로 삼은 2014년 3월과 4월 전에는 이런 의미로 이 단어를 들어본 적이 없었다. 18세기 제국의 영토는 푸틴과 러시아 언론이 정의하는 지역인 크림, 도네츠크, 루한스크Luhansk, 하르키우, 드니프로페트로우스크, 자포리자Zaporozhia, 미콜라이우Mikolaiv, 오데사Odessa, 헤르손Kherson 등 우크라이나의 아홉 개 주와는 달랐다. 역사적으로 보면, 이 용어에는 푸틴이 염두에 둔 것과는 다른 함의도 있었다. 예카테리나 여제는 영국 식민지 개척자들이 "뉴잉글랜드"나 "뉴사우스웨일스" 등을 입에 올리는 것처럼 걸핏하면 "새로운 러시아"에 관해 이야기했다. 제국의 시대였던 당시에 식민지 개척자들 말고 다른 사람들이 살던 지역은 식민의 관점에서 보면 "새로운" 곳이었다. "새롭다"는 것은 그 지역이 줄곧 제국에 속한 곳이 아니라는 뜻이었다. 이런 곳들은 반드시 식민 권력의 수중에 둘 필요가 없었다. 뉴잉글랜드와

2014년경 우크라이나

러시아가 "노보로시야"라는 이름으로 영유권 주장

크림
(러시아가 전격해서
영유권 주장)

뉴사우스웨일스는 영국의 일부가 아니었고, 마찬가지로 뉴러시아도 러시아의 일부가 아니었다.[16]

2014년 3월 수르코프와 글라지예프가 우크라이나 동남부에서 무장 반란을 조직하려고 하면서 각종 "노보로시야" 지도가 러시아 텔레비전 화면을 속속 채웠다. 넓게 뻗은 이 지역을 러시아가 차지하면 우크라이나를 흑해 연안의 항구들로부터 분리하고 점령한 크림반도(이 반도는 러시아와 육상으로 연결되지 않았다)를 러시아 연방 영토와 통합할 것처럼 보였다.[17]

3월에 러시아군이 우크라이나와 접한 러시아의 두 주인 벨고로드Belgorod와 로스토프Rostov에 집결했다. 그해 2월 모스크바에서 수립한 계획과 일치하는 기본 구상은 우크라이나의 여덟 개 주에서 추가로 주정부를 무력 장악하고, 러시아 추종자들이 주정부 청사에서 분리를 선언하게 해서 우크라이나를 내부로부터 해체한다는 것이었다.

그리하여 2014년 봄, 러시아의 정치 기술자들이 두 번째 임무를 띠고 우크라이나에 도착했다. 크림반도에 이어 훨씬 더 야심차고 모호하게 정의된 우크라이나 동남부를 지배한다는 임무였다. 알렉산드르 보로다이가 책임을 맡은 정치체에는 러시아가 재정 지원을 할 예정이었다. 보로다이의 설명을 빌리자면, 우크라이나를 침공하면서 "우리는 글로벌 러시아 구상을 위해 싸우는 것이다." 그의 친구인 기르킨은 동남부 군사 작전을 처리할 예정이었다. 그는 2014년 4월 슬로뱐스크Sloviansk 시에서 전면에 모습을 드러냈다. 모스크바 당국은 보로다이와 기르킨이 정부 인사라는 점이나 두 사람이 우크라이나에 있다는 사실을 부인했다. 또는 둘 다 부인했다. 우크라이나 현장에 있던 기르킨의 정보총국 요원들로서는 이런 부정이 신경이 쓰였고, 결국 감당하기 어려웠다. 4월 17일 그들이 슬로뱐스크에 현장 본부를 세웠을 때, 러시아 병사들은 자신들이 지원병이라는 러시아의 선전을 현지인들이 믿는 것을 보고 짜증을 냈다. "우리는 정보총국 소속 특수 부대입니다."[18]

그러는 사이에 우크라이나 국가는 엄청난 압력에 시달렸다. 크림반도는 러시아에 점령당한 상태이고, 러시아 군인들이 동남부에 진출했으며, 일부 시민들은 다른 이들이 반대한 혁명이 일어난 뒤 기대하는 게 많았고, 대통령 선거를 실시해야 했다. 이런 와중에 "노보로시야"를 손에 넣으려는 러시아의 시도는 여름에 이르러 실패로 돌아갔다. 3월과 4월 우크라이나 여러 주도에서 러시아가 벌인 쿠데타는 대부분 무위로 끝났다. 대체로 러시아인들과 현지 공모자들이 주정부 청사를 점거하려 했을 때 큰일은 벌어지지 않았다. 확실히 이 동남부 지역에 사는 우크라이나 시민들은 우크라이나어보다 러시아어를 제1언어로 꼽고 2010년에 야누코비치에 표를 던진 비율이 높았으며, 마이단 광장에 참여했을 가능성이 낮았다. 하지만 그렇다고 해서 그들이 러시아의 통치나 외부 세력에 의한 정권 교체를 지지했다는 말은 아니다.[19]

크림반도 병합 이후, "노보로시야"를 획득하기 위한 군사 행동은 여덟 개 주 가운데 두 군데서만 성공을 거두었고, 루한스크와 도네츠크에서도 일부에서만 성공했다. 합쳐서 돈바스 지역이라고 부르는 이 두 주는 러시아가 별로 필요로 하지 않는 석탄 산지였다. 하지만 두 주 모두 러시아 연방과 국경을 접했고, 지역 올리가르히들은 결정적인 순간에 행동을 주저했다. 러시아는 하르키우나 오데사, 드니프로페트로우스크 같이 훨씬 더 이해관계가 큰 주에서는 발판을 마련하는 데 실패했다. 하르키우와 오데사는 러시아인들이 러시아 문화의 중심부로 여기는 지역이었고, 드니프로페트로우스크는 양국이 공유하는 군산 복합체의 중추였다. 드니프로페트로우스크는 신임 주지사 이호르 콜로모이스키Ihor Kolomois'kyi가 러시아 병사들의 머리에 현상금을 내걸면서 지휘하는 가운데 러시아의 침공에 맞서는 저항의 중심지가 되었다. 하르키우에서는 건물에 기어올라 셀카를 찍는 것을 즐기는 젊은 러시아인이 잠깐 러시아 국기를 내걸기도 했지만, 같은 날 우크라이나가 주정부 청사를 되찾았다. 오데사에서도 주정부 청사를 급습하려는 초기의 시도가 실패로 돌아갔다.[20]

3월과 4월, 오데사 지역민들은 러시아의 침공에 대비했다. 지역 명사들이 푸틴에게 호소문을 보내면서 자신들은 러시아의 보호를 필요로 하지 않는다고 설명했다. 다른 이들은 러시아 특수 부대가 도착하면 저항할 수 있게 준군사 훈련에 참가했다. 러시아 방송은 매일같이 우크라이나 민족주의자들이 이 지역을 습격해서 도시를 파괴하려 한다고 주장했지만, 이런 일은 그때 당시에나 나중에나 일어나지 않았다. 일부 오데사 주민들은 몇몇 러시아 시민들과 나란히 3월 1일에 행진을 하면서 "노보로시야"를 지지한다고 연호했다. 다음 날, 친러시아 집단과 친우크라이나 집단이 거리에서 싸움을 벌였다. 양쪽 다 무장한 상태였는데 우크라이나 쪽이 수가 더 많았다. 양쪽 사람들은 서로 화염병을 던졌다. 친러시아 투사들 일부가 노동조합 회관이라고 불리는 건물로 몸을 피했는데, 그곳에서 화염병 공방전이 계속되었다. 건물에 불이 나서 친러시아 시위대가 여럿 사망했다. 우크라이나 안에서 내부 반란을 부추기려던 러시아의 시도는 이렇게 끝이 났다.[21]

프로하노프는 오데사에서 무위로 돌아간 러시아의 쿠데타를 홀로코스트에 비유했다. 반유대주의자가 공격 전쟁을 정당화하기 위해 유대인 대량 학살을 들먹인 것이다. 영원의 정치학은 과거의 내용을 소비하면서 모든 것을 정당화하는 끝없는 순결만을 남긴다.[22]

동결된 분쟁

2014년 5월에 이르자 심지어 러시아가 지배하는 루한스크주와 도네츠크주의 일부 지방에서도 러시아에 파국이 엄습하고 있었다. 우크라이나군이 아무리 규모가 작아도 슬로뱐스크에서 기르킨이 지휘하는 정보총국의 임무 수행을 욕보이기에는 충분했고, 그가 가까스로 끌어 모은 러시아 지원병들과 우크라이나 분리주의자들을 쉽게 물리쳤다. 기르킨은 현지의 도움을 호소했다. "주 전체에서 자기 도시를 위해 기꺼이 목숨을 내던질 사람을 1000명도 찾지 못하리라고는 전혀 생각하지 못했음을 인정한다." 도네츠크주와 루한스크주 전체가 금세라도 우크라이나의 손에 넘어갈 것처럼 보였다. 우크라이나의 진군에 제대로 대응하려면 러시아가 지원을 늘릴 필요가 있었다. 그리하여 체첸인이 주축이 된 보스토크 대대Vostok Battalion가 러시아로부터 우크라이나로 건너왔다. 5월 26일, 대대 병사들이 러시아에서 온 지원병들과 함께 도네츠크 공항을 급습했다. 그렇지만 우크라이나 수비대에 격퇴당하면서 상당한 손실을 보았다.[23]

이 실패한 공격에서 최소한 러시아 지원병 서른한 명이 사망했다. "노보로시야"에서 "파시즘"과 "종족 학살"이 벌어지고 있다는 언론의 허구에 속아서 러시아에 친구와 가족을 두고 떠나온 이들이었다. 그들의 죽음은 러시아 주요 언론에서 언급조차 되지 않았다. 매장을 위해 우크라이나에서 러시아로 주검을 운송할 때 동행한 러시아 언론인 마리아 투르첸코바Maria Turchenkova는 간결하게 요점을 말했다. "몇 달에 걸쳐 우크라이나 동부에서 러시아인을 겨냥한 종족 학살이 벌어지고 있다는 대중적 통념을 조성한 국내 텔레비전 방송사들 가운데 어느 한 곳도 5월 26일 도네츠크에서 러시아인 서른한 명이 사망했다는 사실은 보도하지 않았다."[24]

예브게니 코롤렌코Evgeny Korolenko도 이 서른한 명 중 하나였다. 돈이 필요했던 그는 부인에게 돈바스 지역에 "미래 전망"이 좋다고 이야기한 적이 있었다. 그런데 이제 부인은 그의 주검을 인터넷에서 보았다. 그녀가 우선 당연히 보인 반응은 자기 남편이 아니라고 스스로 부인하는 것이었다. "남편처럼 보이지 않더군요." 이윽고 그녀는 다시 사진을 들여다보았다. 남편이 차던 목걸이. 특유의 코 모양. 남편은 다른 시신들과 함께 로스토프시로 돌아왔다. 어느 장의사는 시신 접수를 거절했다. 도발로 비춰질까 우려했기 때문이다. "이해 좀 해 주세요. 이 사람은 전투에서 사망한 러시아 시민입니다. 그런데 우리 나라는 전쟁 중이 아니잖아요." 어느 당국자는 그녀가 처한 상황을 이렇게 규정했다. "당신은 성숙한 어른입니다. 러시아는 어떤 조직적인 군사 활동도 수행하고 있지 않습니다. 당신 남편은 그 거리에 자발적으로 나갔다가 총격을 당한 겁니다."[25]

2014년 6월 말에 이르자 모스크바 당국은 "노보로시야"를 입에 올리는 것을 거의 멈췄고, 자신이 점령한 돈바스의 일부 지역을 우크라이나 국가의 안정을 해치는 항구적인 위협의 원천으로 삼는 전략으로 전환했다. 보스토크에서 사망한 체첸인들 일부는 오세티아인들로 대체됐는데, 이 사람들은 자기들이 미국과 싸우러 간다고 생각한 것 같았다. 대대는 우크라이나 국가에 대항해 싸워야 할 동기가 있는 현지 우크라이나 시민들을 받아들였기 때문에 "보스토크"라는 이름은 그대로 유지되었다. 그들 중 일부는 전직 우크라이나 보안 장교로서 이데올로기적인 동기가 있었다. 알렉산드르 호다콥스키Alexander Khodakovskii 같은 이는 이렇게 말했다. "여기서 우리는 사실 우리 자신을 위해 싸우는 게 아니라 러시아를 위해 싸우는 것이다." 하지만 러시아 편에서 싸운 대다수 우크라이나 시민들은 폭력의 경험, 즉 빨치산 전쟁을 선택한 러시아가

벌인 도시 폭격 때문에 충돌에 끌려 들어간 것 같다.[26]

7월 5일, 우크라이나군에 패배 일보 직전까지 몰린 기르킨은 앞서 푸틴이 권고한 조치를 취했다. 현지 주민들을 인간 방패로 삼은 것이다. 그는 병사들을 도네츠크로 철수시켰고, 정보총국의 다른 지휘관들도 같은 명령을 내렸다. 기르킨이 언급한 것처럼, 그리하여 민간인들이 전쟁의 주요 희생자가 될 수밖에 없었다. 우크라이나측은 도시를 포격하는 식으로 러시아인들과 현지 러시아 동맹자들을 공격했으며, 러시아인들도 똑같이 대응했다. 빨치산 전쟁의 용어법으로 하면 "적극적" 동원에서 "소극적" 동원으로 전환한 것이다. 만약 빨치산의 대의 자체를 위해 싸우려는(적극적 동원) 사람이 아무도 없으면, 빨치산 사령관은 적으로 하여금 민간인을 죽이게 만드는 상황을 조성한다(소극적 동원). 기르킨은 스스로 밝힌 것처럼 바로 이런 전술을 선택했다. 기르킨을 인터뷰한 러시아인 중 한 명은 그가 군사적 목표를 달성하기 위해 여자와 어린이의 생명을 기꺼이 희생시킬 법한 사람이라고 제대로 묘사했다. 신병을 확보하기 위해 도시를 파괴한 것은 실제로 기르킨의 두드러진 업적이었다.[27]

여기저기서 폭탄이 터지는 가운데 당연히 돈바스 지역의 우크라이나 시민들은 상황을 전체적으로 보지 못했다. 많은 이들이 우크라이나군이 자국 도시를 상대로 중화기를 사용한다고 비난했다. 인터뷰에 응한 부모들은 자녀들이 포탄 소리만 듣고도 포의 종류를 식별하는 법을 배우고 있다고 이야기했다. 한 어머니는 아이가 뛰노는 마당에 포탄이 떨어진 뒤 우크라이나군에 대항하는 러시아의 전투에 가담했다. 2014년 여름에 분리주의자 대열에 가세한 우크라이나 시민들은 여자와 어린이, 노인들이 포탄에 죽어 나갔기 때문에 무기를 들 수밖에 없었다고 거듭 밝혔다. 한 여론 조사에 따르면, "분리주의"나 "러시아 민족주의" 같은 이데올로기가 아니라, 이런 경험이 우크라이나 시민들이 자

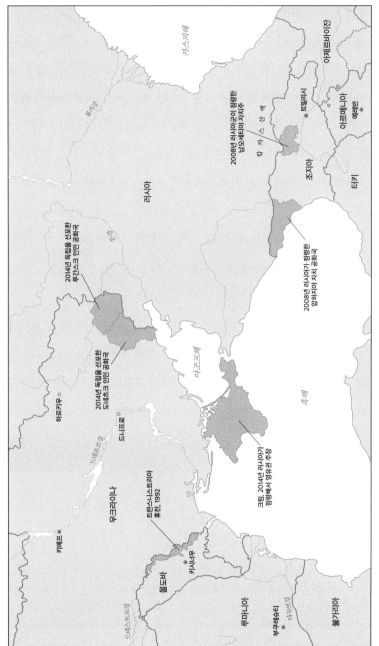

러시아의 동결된 분쟁

국군에 맞서 싸우기로 선택하게 된 주된 동기였다.[28]

사람들은 폭력적인 죽음을 보면서 이 죽음에 모종의 더 큰 의미를 부여하는 이야기들을 쉽게 받아들였다. 러시아 방송이 이런 이야기들을 퍼뜨렸다. 자기 동네에 떨어지는 포탄이 누가 쏜 건지 알기란 불가능했다. 러시아가 장악한 우크라이나 지역에서 유일하게 송출되는 러시아 방송은 우크라이나 쪽을 비난했다. 러시아 편에서 싸운 한 우크라이나 시민이 기억하는 것처럼, 우크라이나군은 종족 학살 집단이라는 가르침 때문에 우크라이나 병사 개인들을 총으로 쏠 수 있고 쏴야 하는 "인간의 형태를 한 존재"라고 생각하기가 쉬워졌다. 일단 분리주의자들이 자신들이 목격한 것과 같은 종류의 죽음을 초래하게 되자 순결의 이야기가 나무랄 데 없는 진실이 되었다. 거짓말을 위해 이미 살인을 하고 나면 그 거짓말에 저항하기란 어려운 법이다.[29]

기르킨은 2014년 여름까지 돈바스 지역을 이 지경까지 몰아 놓고 러시아로 돌아갔다. 새로운 보안 책임자 블라디미르 안튜페예프Vladimir Antyufeyev는 "동결된 분쟁frozen conflict"*이라고 알려진 지정학적 전역戰域을 관리하는 러시아의 주요 전문가였다. 동결된 분쟁에서 러시아는 1991년 이후 몰도바, 2008년 이후 조지아, 2014년 이후 우크라이나 등 이웃 나라의 작은 일부 지역을 점령하고는 이 점령을 국내 문제라고 우기면서 이웃 나라들이 유럽 연합이나 북대서양조약기구와 긴밀한 관계를 맺는 것을 가로막는다.[30]

---

* 적극적인 무력 충돌은 끝이 났지만 분쟁 당사자들이 만족할 만한 강화 조약이나 정치적 해법이 마련되지 않은 채 고착된 분쟁을 가리킨다. 따라서 법적으로는 언제든 다시 충돌이 재개되어 불안정한 환경이 조성될 수 있다. 원래 소련 붕괴 이후 구소련의 여러 지역에서 발생한 분쟁을 설명하기 위해 만들어진 말이지만, 한반도처럼 고질적인 대결 상황 일반에 두루 쓰인다.

동결된 분쟁에서 현지 주민들의 정서는 하나의 정치적 자원으로만 중요할 뿐이다. 지역민들은 상대를 죽이도록 부추김을 받을 수는 있지만 그들 자신의 열망은 결코 충족될 수 없다. 분쟁을 동결시키기 위해서는 어떤 해법도 가로막아야 하기 때문이다. 안튜페예프는 앞서 "트란스니스트리아"를 무대로 경력을 쌓았는데, 러시아 군인들이 점령한 몰도바의 이 지역에서 그는 국제 사회의 인정을 받지 못한 미니 국가의 보안 책임자로 일했다. 그가 도네츠크에 도착하면서 "도네츠크 인민 공화국"에서도 비슷한 미래가 펼쳐질 것이 예고되었다. 안튜페예프는 이 국가가 영원한 지옥의 변방으로 존재할 것이라고 발표했다. 그는 이 나라가 "독립 국가"라고 지칭했지만 또한 러시아를 포함해서 어느 누구도 독립 국가로 인정하지 않을 것이라고 말했다. 러시아와의 통일 역시 "지금 당장의 문제"는 아니었다.[31]

안튜페예프가 보기에, 돈바스 사람들의 열망은 그가 사탄 같은 서구라고 묘사하는 유럽 연합과 미국에 대항하는 훨씬 더 거대한 싸움이라는 우선권에 종속되었다. 그는 이 전 지구적 전쟁에서 흐름을 바꾸게 될 공세를 약속했다. 소련이 무너진 것은 자체의 문제 때문이 아니라 서구가 신비로운 "파괴 기술"을 동원한 때문이라고 그는 말했다. 이즈보르스크클럽 선언문의 경우처럼 이 구절은 "사실"을 의미했다. 또한 러시아의 우크라이나 침공은 순결한 러시아인들이 "유럽과 미국의 프리메이슨 세력"과 "우크라이나 파시스트들"의 동맹에 맞서 자기방어를 하는 것으로 이해해야 했다. 안튜페예프는 이미 스키조파시즘의 대가였다. 러시아는 "파시스트들"과 전쟁을 벌이고 있지만, 이 파시스트들은 어쨌든 국제적인 "프리메이슨 세력"과 동맹자였다. 프리메이슨의 전 지구적 음모라는 사고는 파시즘이다. 안튜페예프는 이렇게 세계를 파시즘적으로 묘사하면서 자신을 반파시스트로 내세웠다.[32]

우크라이나는 러시아에 대항하는 전 지구적 음모 시도의 핵심이기 때문에 여기서 승리하면 세계를 바꿀 수 있다고 안튜페예프는 생각했다. 그의 설명에 따르면, 러시아의 우크라이나 개입은 자국의 천연가스와 깨끗한 물을 탐욕스러운 미국으로부터 지키려는 시도였다. 그것은 하나의 투쟁일 뿐이지만 승리할 수 있었다. 안튜페예프가 보기에, "우크라이나는 해체 중인 국가다. 미국하고 완전히 똑같다." 미국의 파괴는 바람직한 동시에 필연적이었다. "만약 미국 같은 악마의 구조물로부터 세계를 지킨다면 모든 사람이 더 편하게 살게 될 것이다. 그리고 조만간 그렇게 될 것이다."[33]

죄책감을 덜다

우크라이나군에 대한 러시아의 반격은 2014년 7월 러시아 연방 영토에서 시작되었다. 러시아 쪽 국경에서 시작된 대규모 포격이 신호탄이었다. 루한스크주에서 길게 뻗은 국경을 정리하던 우크라이나 병사 예브게니 주코프Evgeny Zhukov는 7월 11일 러시아의 첫 번째 포격이 어떤 결과를 낳았는지를 기록했다. 그날 저녁 페이스북 담벼락에 쓴 글에서 그는 자신과 동료 병사들이 전투 중이라는 보도를 바로잡고 싶었다. 사실은 그렇지 않았다. 그가 정확하게 언급한 것처럼, 그들은 "꼼꼼하게 준비되고 정밀한 리허설까지 거친 뒤 러시아 쪽에서 루한스크 국경에 있는 우리 군사 기지에 성공적으로 가한 포격"의 표적이 된 것이었다. 그는 사망자 숫자를 79명까지 셀 수 있었다. 글을 마무리하면서 그는 희생자들을 애도하며 "깊이 머리를 숙였다."[34]

주코프가 설명한 것은 러시아가 우크라이나군을 겨냥해 벌인 대규모 포격의 첫 번째 공격이었다. 이 공격은 4주 동안 계속되었다. 8월 8일까지 러시아 포대는 자국 국경에 있는 최소 66개 진지에서 정기적으로 포격을 가했다. 주코프가 속한 부대를 포함한 우크라이나 군대는 무기력했다. 우크라이나는 정보전에서 영원히 불리한 위치에 있었다. 유럽과 미국의 일부 전문가들은 전쟁이 진행 중인지, 또는 러시아가 침략자인지 여전히 확신하지 못했다. 이처럼 모호한 상황 속에서 우크라이나가 러시아 영토를 공격한다면 정치적으로 재앙이 될 터였다. 그리하여 야전의 전쟁 상황은 정보전에 따라 결정되었다. 러시아는 결과와 상관없이 자국 영토에서 우크라이나에 포탄을 날릴 수 있었지만, 우크라이나는 똑같이 대응하는 것을 고려할 수 없었다. 포격을 받은 우크라이나 병사들 일부는 심지어 국경을 넘어 러시아로 도망쳤다. 러시아 영토가 안전하다는 것을 알았기 때문이다. 한편 러시아-우크라이나 국경에 있는 러시아 언론인들은 "러시아가 자국 영토에서 우크라이나를 포격하고 있다"는 사실을 어렵지 않게 간파했다. 국경 지대에 있는 러시아 시민들은 전투 중인 러시아 군인들을 동영상으로 찍었다. 러시아의 마트베예프쿠르간Mateiovo Kurgan에 주둔해 있던 러시아 병사 바딤 그레고리예프Vadim Gregoriev는 "우리는 밤마다 우크라이나를 사정없이 포격했다"고 자랑스럽게 글을 올렸다.[35]

군대는 보통 적의 대응 사격으로 사망하는 일이 없도록 포 사정거리 안에 있는 민간인들을 철수시킨다. 러시아 당국은 그런 지시를 전혀 내리지 않았다. 아마 우크라이나가 반격하지 못할 것을 확신했기 때문일 것이다. 러시아 쪽 국경에 사는 아이들은 우크라이나 쪽 국경의 아이들과 달리 포격 중에도 잠자는 법을 배웠다. 포격이 그들을 겨냥하지 않았기 때문이다. 현지의 일부 러시아인들은 이런 일방적 전쟁이 불편했다. 자기네 농장을 이용해서 자기들하고 별반 다르지 않은 사람들에게 죽음을 퍼부어 댔기 때문이다. 하지만 자신들은 안전하다는 의식과 텔레비전 선전이 결합되면서 죄책감이 덜어졌다. "끔찍한 일이기는 하지만, 우리는 포격이 우리를 겨냥한 게 아니라 우리 편이 쏘는 거라는 사실을 이미 이해했다." 그리고 만약 포격이 "우리 편이 쏘는 거라면" 그건 옳고 정당한 게 분명했다. "우리 쪽 사람들이 국경에서 파시스트들을 일소하는 중이다." 현지의 한 러시아인이 말한 것처럼, 어쨌든 우크라이나 쪽에서 "나치들이 종족 학살을 벌이고 있다면" 이런 이례적인 조치가 정당화되어야 했다.[36]

포격을 보도한 러시아 언론인들은 위험에 몸을 던지고 있었다. 그중 한 명인 옐레나 라체바Elena Racheva는 매일 포격이 진행되자 쿠이비셰보Kuibyshevo에 있는 연방보안국 요원들에게 말을 걸었다. 포탄 특유의 굉음을 듣느라 모두들 숨을 죽인 뒤 라체바가 물었다. "저거 그라트Grad˙죠?" 한 명이 대꾸했다. "아뇨. 천둥소립니다." 다른 한 명은 이렇게 말했다. "아무 소리도 안 들리는데요." 세 번째 요원은 농담을 했다. "아내가 부르는 소리예요." 마지막으로 들은 농담은 "예포" 소리라는 것이었다. 라체바가 말했다. "이 일을 기사로 쓸 수도 있는데요." 그러자 위협적인 대꾸가 돌아왔다. "그러면 우리 동료들이 와서 이게 예포라는 걸 더 설득력 있게 설명해 줄 겁니다."[37]

우크라이나군은 러시아에 포격을 할 수 없었지만, 국경 안으로 들어온 러시아 군인들과 그 동맹자들에게는 포격을 가할 수 있었다. 러시아의 포격은 기르킨이 부하들과 함께 도네츠크시로 철수하고 겨우 6일 뒤에 시작되어 그 후 3주 동안 계속되었다. 러시아 쪽에서 쏘는 그라트에 우크라이나 군인들의 사지가 찢기자 그 동료들은 러시아 군인과 지원병, 현지 동맹자들이 숨어 있는 우크라이나 도시에 자국의 그라트를 겨냥하는 것을 주저하지 않았다. 기르킨은 "지금까지 도네츠크가 받은 포격은 내 책임"이라고 인정했다. 러시아 언론

• 1960년대 초 소련에서 개발한 122밀리미터 트럭 탑재 다연장 로켓 BM-21의 별칭.

인 나탈리야 텔레기나Natalya Telegina는 영웅적인 병사들이 민간인을 지켜 주는 텔레비전의 허구와 자신이 실제로 본 포격전의 차이를 생생하게 설명했다. "하지만 그런 현실은 여러분 주변이 아니라 텔레비전 화면에만 존재합니다. 여러분 주변에서는 그냥 전쟁, 그러니까 양쪽이 서로 총과 포를 쏘고 민간인이라고 절대 봐주지 않는 전쟁이 벌어지는 거죠."[38]

그게 사실이었다.

텔레비전의 역할

러시아가 우크라이나 포격을 시작하고 하루 뒤, 러시아 텔레비전은 순결을 향한 경쟁을 한껏 고조시켰다. 2014년 7월 12일, 채널원은 슬로뱐스크에서 세 살짜리 러시아 남자애가 우크라이나 군인들에게 십자가 처형을 당했다는 자극적인, 그리고 완전히 허구적인 이야기를 내보냈다. 제시된 증거는 하나도 없었고, 러시아의 독립 언론인들은 이 보도의 문제점을 지적했다. 기사에 등장하는 사람들은 존재하지 않고, 잔학 행위가 일어났다고 하는 "레닌 광장"도 존재하지 않는다는 것이었다. 러시아의 통신부 차관 알렉세이 볼린Alexei Volin은 이런 반론에 대해 중요한 것은 시청률이라고 대꾸했다. 사람들은 허구의 십자가 처형cruci-fiction을 지켜보았고, 그러면 아무 문제가 없다는 것이었다.[39]

알렉산드르 두긴이 이 십자가 처형 이야기를 직접 날조한 것 같다. 그의 소셜 미디어 계정에 비슷한 이야기가 이미 등장했기 때문이다. 살해당한 무고한 아이의 이미지 덕분에 러시아는 민족들의 그리스도가 되고, 침략 전쟁은 잔인한 악마에 대한 응징으로 바뀌었다. 러시아가 개입한 목적은 명목적으로 러시아어 사용자들, 또는 푸틴의 말을 빌면, "러시아 세계"를 보호한다는 것이었다. 충돌에 관련된 모든 쪽의 모든 사람이 러시아어를 썼기 때문에 러시아의 개입은 러시아어 사용자를 보호하기는커녕 죽이는 짓이었다. 이처럼 불편한 사실은 두긴이 즐겨 말하는 "원형archetype", 즉 예수의 죽음에 의해 극복되었다. 러시아어 사용자 수천 명을 죽인 결함 있는 러시아 지도자들이 시작한 유혈적이고 혼란스러운 전쟁은 어느새 러시아의 순결한 신체의 순교가 되어 버렸다.[40]

러시아 텔레비전은 그럴듯하지 않은 부인의 도구였다. 방송은 러시아 특수 부대, 첩보 기관, 사령관, 지원병, 무기 등의 존재를 부인했다. 기르킨이나 보로다이, 안튜페예프 같은 저명한 러시아인들이 방송 화면에 나와 "노보로시야" 활동가나 "도네츠크 인민 공화국" 행정가라고 소개되었다. 러시아 군인들은 사실 우크라이나 지원병들이라고 주장한 바로 그 방송 채널들은 이 남자들이 러시아의 것이 확실한 첨단 무기 시스템을 가지고 우크라이나에서 전쟁을 벌이고 있는 영상을 내보냈다. 해외에 판매되지 않아서 러시아 바깥에서는 절대 볼 수 없었던 최신식 러시아 탱크들이 우크라이나 영토에 나타났다. 러시아인들은 자국 군대가 우크라이나에 있는 것이 분명한 사실인데도, 그런 사실적 질문의 답을 찾아서는 안 되었다. 그들은 텔레비전 드라마에 등장하는 단서를 좇으려고 했다. 만약 해설자의 목소리가 러시아인들과 그들이 사용하는 무기가 그 지역의 것이라고 설명하면, 이제 그 이야기를 그대로 따라야 했다.[41]

항공기 격추 사건

러시아 군인들이 자국에서 가져와서 배치한 결정적인 러시아 무기 시스템은 대공 포대였다. 이 포대 때문에 2014년 5월과 6월에 전쟁의 추이가 바뀌었다. 우크라이나군은 비록 규모는 작아도 공중을 계속 장악하는 한 러시아인들과 현지 동맹자들을 패주시키고 있었다. 5월에 러시아는 대공 무기와 그 운용

팀을 배치하기 시작했고, 우크라이나 공군은 금세 무력이 소모되었다. 헬리콥터 네 기가 격추된 것이다. 6월에는 고정익 항공기 두 기가 격추당했고, 7월에는 네 기가 더 격추되었다. 우크라이나 사령부는 돈바스 지역 저공비행을 중단해야 했고, 그에 따라 러시아인들은 기회를 얻었다.[42]

2014년 6월 23일, 러시아군의 수많은 호송대 중 하나가 쿠르스크Kursk 기지를 나섰다. 러시아 제53방공여단 파견대는 332라는 식별 번호가 붙은 부크Buk 대공 미사일 시스템을 가지고 도네츠크로 향했다. 7월 17일 아침, 이 부크 시스템은 도네츠크에서 스니즈네Snizhne로 견인되었고, 그다음에는 자체 동력으로 스니즈네시 남쪽에 있는 한 농장으로 이동했다. 그사이에 쿠알라룸푸르에서 암스테르담으로 향하던 말레이시아항공 17편이 우크라이나 동남부 상공을 가로지르고 있었다. 승인된 항로를 정상 고도로 비행 중이었고, 관제사들과도 주기적으로 접촉했다. 갑자기 날아온 지대공 미사일에 산산조각이 날 때까지는.[43]

오후 1시 20분, 말레이시아항공 17편은 고출력 금속 발사체 수백 개에 강타당했다. 스니즈네에 배치된 그 러시아제 부크 발사 장치에서 날아간 미사일에 탑재된 9N314M 탄두가 폭발하면서 쏟아져 나온 발사체들이었다. 발사체들은 조종실을 관통해서 곧바로 조종사들의 목숨을 앗아갔다. 후에 조종사들의 주검에서 금속 조각이 일부 나왔다. 비행기는 지표면 10킬로미터 상공에서 산산조각으로 흩어졌고, 승객과 짐들은 반경 50킬로미터에 걸쳐 흩뜨려졌다. 기르킨은 자기 부하들이 "우리 영공"에서 또 다른 비행기를 격추시킨 적이 있다고 자랑했고, 다른 사령관들도 비슷한 발언을 했다. 알렉산드르 호다콥스키는 러시아제 부크가 당시 전역에서 기동 중이라고 언론에 밝혔다. 부크는 우크라이나에서 러시아로 서둘러 철수했는데, 미사일 발사대가 텅 빈 채로 움직이는 사진이 찍혔다. 무슨 일이 벌어졌는지 의심의 여지가 없었고, 네덜란드가 이끄는 공식 조사 결과에서도 확인되었다.[44]

적어도 2014년 7월 17일 오후 몇 시간 동안은 중력의 법칙이 영원의 법칙에 도전한 듯 보였다. 분명 미사일을 발사한 러시아 군인들이 아니라 목숨을 잃은 승객들이 피해자였다. 유엔 주재 러시아 대사조차 잠시 동안 당황한 나머지 러시아 무기가 어떻게 민간 여객기를 격추했는지를 설명하면서 "혼동했다"는 변명을 내놓았다. 하지만 수르코프가 이끄는 조직은 러시아의 순결 의식을 회복시키기 위해 신속하게 대응했다. 러시아 방송은 전술적 명민함을 전형적으로 보여 주기라도 하듯 실제 벌어진 사건의 진행, 즉 우크라이나 침공에 참여한 러시아 군인들이 발사한 러시아 무기에 말레이시아 여객기가 격추되었다는 사실은 전혀 부정하지 않았다. 명백한 사실을 부정하면 오히려 그것을 인정하는 셈이며, 분명한 사실을 물리치려면 측면에서 그것을 공격해야 한다. 러시아 언론은 압박을 받는 가운데서도 실제 벌어진 일을 허구적으로 재구성함으로써 주제를 바꾸려 노력할 만큼 평정심을 유지했다.[45]

비행기가 격추되던 바로 그날 러시아 주요 방송 채널들은 모두 "우크라이나 미사일"이나 "우크라이나 항공기"가 MH17을 격추했다고 비난하면서 "실제 공격 목표"는 "러시아 대통령"이었다고 주장했다. 러시아 언론에 따르면, 우크라이나 정부는 원래 푸틴을 암살할 계획이었는데, 우연히 엉뚱한 비행기를 격추했다는 것이었다. 이런 주장은 어느 하나 약간의 개연성도 없었다. 두 비행기는 서로 근처에 있지도 않았다. 암살 시도 실패 이야기는 워낙 황당한 시나리오였던지라 RT는 해외 시청자에게 좀 시험해 보다가 포기했다. 하지만 러시아 내에서는 도덕적 계산이 거꾸로 뒤집어졌다. 러시아가 우크라이나를 침공한 와중에 러시아 군인들이 외국인 민간인 298명을 죽인 날이 끝날 때쯤 어

느새 러시아가 피해자로 변해 있었다.[46]

이튿날인 2014년 7월 18일, 러시아 방송은 새로운 사건 설명을 이것저것 던져 놓았다. 소설 같은 여러 이야기에 무수히 많은 날조가 덧붙여졌는데, 이야기에 일관성을 부여하기 위함이 아니라 단순하고 현실성 있는 설명에 대해 의심을 부추기기 위한 것이었다. 그리하여 러시아 방송 채널 세 곳은 우크라이나 항공관제사들이 MH17 조종사들에게 고도를 낮출 것을 요청했다고 주장했다. 거짓말이었다. 한 방송국은 우크라니아 유대계 올리가르히로 드니프로 페트로우스크 주지사였던 이호르 콜로모이스키가 직접 항공관제사들에게 지시를 내렸다고 거짓 주장을 폈다. 다른 방송국은 콜로모이스키의 얼굴을 보면 그가 범인임이 증명된다고 주장하는 "관상학 전문가"를 출연시켰다. 나치의 인종 차별 관행을 상기시키는 짓이었다.[47]

한편 항공관제사 운운하는 이야기를 퍼뜨린 곳을 포함해서 러시아 방송사 다섯 곳은 우크라이나 전투기가 사고 현장에 있었다고 주장했다. 그런데 이 전투기가 어떤 기종인지는 분명히 밝히지 못하면서 여러 제트기의 사진(각기 시간과 장소가 다른 곳에서 찍힌 사진)을 보여 주고 해당 기종과는 아예 무관한 고도를 제시했다. 전투기의 존재에 관한 주장은 거짓이었다. 사고 1주일 뒤, 러시아 방송은 MH17의 격추에 관한 세 번째 이야기를 만들어 냈다. 우크라이나군이 훈련 중에 여객기를 격추했다는 것이었다. 이 주장 역시 아무런 사실적 근거가 없었다. 그 후 기르킨은 네 번째 이야기를 추가했는데, 러시아가 실제로 MH17을 격추했다는 주장이었다. 하지만 미 중앙정보국이 러시아를 도발하기 위해 이 비행기에 시체를 채워서 우크라이나 상공으로 보낸 것이기 때문에 러시아가 범죄를 저지른 건 아니라고 그는 주장했다.[48]

소설 같은 이 이야기들은 러시아 대외 정책 고위 부서까지 올라갔다. 러시아 외무장관 세르게이 라브로프는 MH17에 관해 질문을 받자 항공관제사나 우크라이나 전투기 등에 관해 러시아 언론이 날조한 내용을 되풀이했다. 그의 주장은 어느 하나 뒷받침하는 증거가 없었고 둘 다 사실이 아니었다.[49]

러시아 언론의 설명은 저널리즘만이 아니라 문학으로서도 불가능한 것이었다. 러시아 방송에 나오는 주장들을 하나씩 받아들이다 보면, 이렇게 구축된 허구적 세계가 불가능해진다. 다양한 요소들이 공존할 수 없기 때문이다. 비행기가 지상과 공중으로부터 동시에 공격을 받아서 격추되는 일은 있을 수 없었다. 공중 공격을 받아서 격추되었다 할지라도 미그와 수호이25의 공격을 동시에 받아서 격추될 수는 없었다. 또 지상 공격을 받아서 격추되었다면 훈련 사고와 암살 시도가 동시에 작용한 결과일 수는 없었다. 사실 푸틴 암살 이야기는 러시아 언론이 주장한 다른 모든 이야기와 모순되었다. 우크라이나 항공관제사들이 러시아 대통령 전용기를 격추하려는 음모의 일환으로 MH17을 조종하는 말레이시아 조종사들과 교신했다는 이야기는 터무니없는 소리였다.

하지만 이 모든 거짓말을 가지고 일관된 하나의 이야기를 만들 수 없다 할지라도 적어도 실제로 벌어진 한 이야기를 허물어뜨릴 수는 있었다. 분명 개인적으로 실제로 벌어진 일을 파악하고 사죄한 러시아인들이 있기는 했지만, 러시아 국민 전체는 자국의 전쟁 책임과 범죄를 성찰할 기회를 박탈당했다. 신뢰할 만한 러시아의 사회학 연구 기관이 실시한 여론 조사에 따르면, 2014년 9월에 러시아인의 86퍼센트가 MH17 격추 사건의 책임을 우크라이나 탓으로 돌렸고, 실제 사건의 추이가 조사되어 분명하게 드러난 시점인 2015년 7월에도 85퍼센트가 그렇게 믿었다. 러시아 언론은 자국이 비난을 받고 있다면서 국민들에게 분노할 것을 촉구했다.[50]

무지는 순결을 낳았고, 영원의 정치학은 계속되었다.

오토바이 공연

　2014년 여름에 텔레비전을 본 러시아인들은 러시아 포병대가 우크라이나 진지에 끊임없이 포격을 가한 사실이나 러시아 침공 부대가 우크라이나 국경에 집결한 사실을 전혀 알지 못했다. 2월에 크림반도에서 그랬던 것처럼, 여름 공세 당시 전쟁을 벌이는 러시아의 얼굴은 폭주족이었다. 우크라이나군이 러시아의 포격에 밀려 국경에서 패주한 다음 날인 2014년 8월 9일, 나이트울브스는 앞서 러시아가 크림 지역과 함께 병합한 우크라이나 도시인 세바스토폴에서 오토바이 시범 공연을 열었다. RT는 유럽인과 미국인들에게 이 공연을 "나이트울브스의 전설적인 바이커 랠리"라고 소개했다. 사실 오토바이 묘기는 평범한 데다가 주요 프로그램도 아니었다. 가장 중요한 것은 긴 시간에 걸쳐 방송된 소개였는데, 이를 통해 수많은 러시아인들에게 파시즘의 주제가 전달되었다.[51]

　세바스토폴 "바이크쇼"는 거대한 회관에서 어둠 속에서 시작되었다. 스포트라이트가 켜지면서 나타난 나이트울브스의 지도자 알렉산드르 잘도스타노프는 화물 엘리베이터를 타고 서까래로 올라갔다. 꽉 끼는 검정색 옷에 반다나와 가죽조끼를 걸친 그가 읊조리기 시작했다. "내 모국이 파시즘의 텁수룩한 몸체에 스탈린주의의 주먹을 열 대 날렸다. 이 땅에 아직도 3000만 영웅의 무덤이 있고, 타다 남은 마을에서 지금도 불길이 피어오르고 있는데, 스탈린은 과수원을 가꾸라는 지시를 내렸다. 그리고 꽃이 만발한 과수원들 사이로 우리는 황폐화된 도시를 재건했으며, 그 꽃은 절대 지지 않으리라고 생각했다." 잘도스타노프는 알렉산드르 프로하노프가 몇 달 전에 내놓은 선언문 〈우리의 새로운 전승일Our New Victory Day〉을 낭송했다.

　선언문에서 프로하노프는 스탈린주의를 제2차 세계 대전 승전과 연결하면서 복권하는 한편 러시아의 우크라이나 침공은 나치 독일에 맞선 소련의 방어와 흡사하다고 주장하면서 정당화했다. 이제 우크라이나는 독일에 침략당한 소비에트 공화국이 아니고, 히틀러의 식민지 계획의 주요 표적도 아니며, 제2차 세계 대전의 주요 전장도 아니고, 독일의 점령으로 군인 300만 명과 민간인 300만 명을 잃은 땅도 아니라 갑자기 러시아의 전시의 적이 되었다. 프로하노프는 선언문에서 러시아의 순결과 서구의 타락 사이에 벌어진 전쟁을 성적 전쟁으로 만들면서 영원히 지지 않는 꽃을 꿈꿨다. 잘도스타노프가 바로 이 구절을 낭송하는 순간 무대 조명이 켜지면서 러시아의 수태 처녀들이 드러났다. 한 무리의 여자들이 옷 속에 베개를 넣어 배가 부른 것처럼 만들었고, 다른 여자들은 빈 유모차를 밀고 있었다.[52]

프로하노프는 러시아가 직면한 문제들을 이른바 "악몽 같은 1990년대"에 개입한 외국인들 탓으로 돌렸다. 그러면서 러시아인들에게 그들 주변의 사실들을 무시하고 그 대신 "붉은 꽃"의 "성상" 앞에서 무아지경에 빠지라고 간청했다. 그가 한 말은 제2차 세계 대전에서 소련이 승리를 거둔 덕분에 러시아인들은 영원히 모든 악행으로부터 결백해졌다는 것이었다. 우크라이나를 해체하는 러시아인들은 관능적인 예배를 드리면서 꽃에 절을 해야 했다. "그리고 이 성상 위에 다시 한번 진홍색 꽃이 피면서 불가사의한 진홍색 싹이 트기 시작했다. 우리는 그 향기를 들이마시고, 그 기이한 즙을 마셨다." 크림반도 침공은 클라이맥스였다. "우리의 인내와 금욕, 우리의 노동과 믿음에 대한 선물로 하느님이 우리에게 크림반도를 보내 주셨다. 한때 적들 손에 분열되었던 러시아 민족은 승리의 포옹 속에 다시 통일되었다."[53]

계속해서 프로하노프는 현장에 모인 수만 명과 텔레비전으로 시청하는 수백만 명에게 낭송하는 라이더 잘도스타노프의 목소리를 통해 외부 세력의 침투에 대한 두려움을 자세히 설명했다. 러시아의 목가적 삶을 위협하는 적은 사탄의 거대하고 시커먼 남근이었다. (당시 버락 오바마가 미국 대통령이었다.) 프로하노프는 키예프가 러시아의 동정녀 탄생이 이루어진 장소라는 신화를 당연하게 받아들이면서 키예프 대성당을 러시아의 지성소로 상상했다. 그러고는 악마의 오르가슴에 관한 공상에 빠졌다. "파시즘의 시커먼 정액이 러시아 모든 도시의 어머니인 키예프에 흩뿌려졌다. 여러 사원과 성지 가운데서도 성소피아 대성당의 황금색 아프시스apse*에서는 교회 프레스코화에 그려진 악마처럼 텁수룩한 얼굴에 시커먼 뿔이 달린 기형 태아가 잉태되었다."

이와 같이 프로하노프의 환상 속에서 파시즘은 이데올로기나 미학이 아니었다. 만약 파시즘이 그런 것이라면, 검정 가죽옷 차림의 남자가 자기 민족은 아무 죄가 없고 전쟁이 필연적이라는 메시지를 낭송하는 광경은 그 완벽한 사례일 것이다. 스키조파시스트들에게 파시즘은 순결한 러시아의 유기체를 위협하는 방탕한 외부 세계에서 나온 물질이었다. "마치 부패한 반죽처럼 파시즘은 키예프의 그릇을 넘쳐흘러서 우크라이나 전역에 퍼져 나갔다." 결국 입에 담기도 힘든 이런 침략의 책임은 "살이 타는 냄새를 풍기는" 버락 오바마와 앙겔라 메르켈이었다. 프로하노프가 마지막으로 보인 이런 몸짓은 스키조파시즘의 산문을 마무리 짓는 통상적인 장식적 문체였다. 반유대주의자가 침략 전쟁을 정당화하려고 쓴 파시즘 문서는 비난의 화살을 다른 이들에게 돌리기 위해 아우슈비츠-비르케나우의 시체 소각실 같은 홀로코스트의 상징들을 활용한다. 이런 희화화는 의도적인 것이었다. 프로하노프가 "시커먼 정액" 운운

• 로마 건축에서 유래한, 기독교 성당 제단 뒤편의 반원형 공간.

한 것은 홀로코스트에 관한 가장 유명한 시인 파울 첼란의 〈죽음의 푸가Death Fugue〉에 대한 신성모독이었다.

프로하노프 선언문의 모든 구절에서 우크라이나의 사회와 역사는 간단히 처리되거나 억압되었다. 우크라이나 땅에서 러시아 포탄이 터지고, 러시아 군인들이 우크라이나 국경을 넘을 준비를 하면서 휴대 전화를 반납하고 무기를 점검하는 동안 잘도스타노프는 이 선언문을 읽었다. 키예프는 제 아무리 우크라이나 수도라 할지라도 우크라이나 도시가 아니었다. 제2차 세계 대전에서 우크라이나인들이 러시아인들보다 더 많은 고통을 받았다 할지라도 우크라이나는 적이었다. 또한 마이단 광장은 시민의 시위가 아니라 시커먼 사탄이 처녀 러시아를 강간해서 태어난 악마의 사생아였다. 법이 지배하는 미래를 원하는 사람들의 무미건조한 현실을 강렬한 이미지로 압도해야 했다.[54]

"바이크쇼"의 정치적 준비 행동은 끊임없이 계속되었다. 잘도스타노프는 "파시즘에 맞서는 새로운 전투가 불가피하다"고 선언했다. "스탈린주의의 열한 번째 주먹은 피할 수 없다." 뒤이어 확성기에서 오바마와 메르켈의 녹음된 목소리가 울려 퍼졌다. 히틀러의 목소리도 들렸다. 무대 위 방수포 아래에서 이 목소리들에 불려 나온 어떤 형체가 움직이기 시작했다. 그릇 위로 넘쳐흐르는 반죽이었다. 방수포 아래에서 검정색 사람들이 나타나서 스와스티카 형태를 이루어 춤을 췄다. 이윽고 무대 위에서 거대한 기계 팔이 나왔는데, 한 손가락에는 독수리가 새겨진 반지가 끼워져 있었다. 꼭두각시를 놀리는 미국이었다. 검정색 사람들이 우크라이나 시위대로 바뀌어 무기력한 전투 경찰을 공격했다. 잘도스타노프는 "유럽의 영원한 하인들, 정신적 노예들"을 비난했다. 그러자 검정색 시위대의 지도자가 린치를 당했다.

이 모든 프로그램이 진행되는 동안 러시아 밴드 13소즈베즈디13 Sozvezdie는 민족주의적인 내용의 인기 스카ska 음악 〈왜 우크라이나 사람들은 자기들끼리 죽이나?Why Do Ukrainians Kill Other Ukrainians?〉를 준비했다. 노래 가사는 왜 옛날 루시가 유럽에 팔렸는지 물었다. 이상한 질문이었다. 왜냐하면 루시는 중세 유럽의 영역이었기 때문이다. 13소즈베즈디가 보여 준 것처럼, 대중문화는 영원의 정치학에 호소할 수 있다. 러시아는 루시였고, 역사는 절대 그렇지 않았으며, 침략은 자기방어인 것이다. 결연하기는 하나 예술적이지는 않은 밴드의 공연 속에서 오늘날의 우크라이나인들은 유럽을 선택할 수 없었다. 우크라이나는 루시이고 루시는 러시아였기 때문이다. 우크라이나 사람들은 조작당한 게 분명했다. "우크라이나여, 지금 누가 당신한테 거짓말을 했을까?" 노래를 신호로 우크라이나 식별 표지가 붙은 장갑차 두 대가 무대 중앙에 나타나서 사람들을 불태워 죽일 것처럼 위세를 부렸다. 영웅적인 러시아 지원병들이 기관총 수천 발을 장갑차에 퍼붓는 가운데 서까래에서 하강용 줄이 내려왔다. 승리를 거둔 러시아 지원병들이 장갑차를 차지하고 "도네츠크 인민 공화국" 깃발을 흔들었다.

잘도스타노프가 다시 말을 이었다. 그는 "국가의 부름에 응하여 전심전력으로 루시를 방위한 뒤 집단 무덤에 잠들어 있는" 붉은 군대 병사들에게 용서를 빌면서 우크라이나의 존재를 독일의 소련 침공과 연결했다. 그 붉은 군대 병사들 가운데 아주 많은 수가 우크라이나인이었다는 사실은 전혀 중요하지 않았다. 러시아는 순교자 지위를 독점할 필요가 있었다. 그런 독점을 유지하기 위해 러시아는 훨씬 더 큰 고통의 기록을 가진 민족(우크라이나인)을 상대로 전쟁을 벌이는 한편, 한결 더 큰 희생의 기록을 가진 사람들(유대인)의 기억을 오용하려 했다. 랩 그룹 오파스녜Opasnye가 자신들의 노래 〈돈바스Donbas〉에서 설명한 것처럼, 우크라이나인들은 큰형 러시아의 "형제적 지원"을 받을 필요가 있었다. "형제적 지원"은 브레즈네프가 다른 나라들에서 공산주의 정권을 유지하기 위해 군사적 개입을 벌이면서 만들어 낸 말이었다.

이 노래가 끝나자 잘도스타노프는 러시아가 더 많은 우크라이나 영토를 정복해야 한다고 호소했다. 마침내 오토바이 시범 공연이 시작되었다. 앞서 진행된 스카와 랩 공연과 마찬가지로 스턴트 묘기도 북아메리카 예술 형식의 평범한 사례였다. "바이크쇼"는 오래전에 신뢰성을 잃은 어떤 유럽적 예술 형식을 복원했다는 점에서만 이례적이었다. 세계를 세계관으로 대체하고, 역사를 영원으로 바꿔 놓으려 한 나치의 종합 예술Gesamtkunstwerk이 바로 그것이다.

전투와 휴전

허구의 십자가 처형(7월 10일), MH17 격추 사고를 둘러싼 불협화음(7월 17일), "바이크쇼"(8월 9일) 등은 2014년 여름에 러시아인들이 접한 선전 방송의 세 사례에 불과하다. 이런 창의적인 무지는 러시아인들을 순결 의식으로 이끌었다. 이 모든 것이 러시아 시민 전체에게 어떤 영향을 미쳤는지는 알기 어렵다. 그렇지만 확실히 일부 남자들은 여기에 설득되어 우크라이나로 싸우러 갔다.

러시아 포병대가 8월 8일에 이르러 국경 지역에서 우크라이나 병력을 일소한 뒤, 러시아 지원병과 무기를 한층 대규모로 배치할 수 있는 길이 열렸다. 러시아 신병 모집자들이 말한 것처럼(하지만 러시아 대변인들은 해외에 이 사실을 부정했다), 러시아 정부는 식별 표시가 없는 흰색 트럭(정부는 "인도주의" 트럭이라고 지칭했다)을 사용해서 병력을 수송했다. 러시아 지원병들은 우크라이나에서 벌어지는 전쟁에 관해 러시아 방송에서 본 내용 때문에 여정을 시작했다. 특수부대 고참병인 한 신병 모집자는 이렇게 설명했다. "우리 신문과 방송은 극적인 사실들을 보여 준다."[55]

이 러시아 지원병 중 일부는 우크라이나가 존재하지 않는다고 생각했다. 멀리 떨어진 아시아 지역, 즉 러시아가 중국, 몽골, 카자흐스탄과 만나는 지역에서 온 어떤 이는 러시아인과 우크라이나인은 단일 민족이라고 선언했다. 이와 대조적으로 이 사람들에게 "노보로시야"는 실재하는 것이었다. 그런데 지원병들이 우크라이나에 도착하는 순간에는 이 개념적 구성물은 러시아 방송 화면에서 사라지고 있었다. 일부 지원병들은 자신들이 미국이 세계 대전을 개시하는 것을 막고 있다고 생각했으며, 다른 이들은 전 지구적 남색을 가로막고 있다고 상상했다. 러시아 지원병들은 전장에서 싸우는 이유가 뭐냐고 질문을 받자 "파시즘"과 "종족 학살"을 거론했다. 허구의 십자가 처형은 기억에 각인되어 사라지지 않았다. 젊은 남자들은 어린이들을 구하라는 "심장의 외침"을 들었다고 이야기했다.[56]

국경 지방에 도착한 러시아 지원병의 수는 러시아 정규 부대에 비해 초라한 규모였다. 2014년 7월과 8월, 러시아 장교들은 우크라이나 국경 근처에 세워진 23개 주둔지에 있는 병사들에게 명령을 내리고 있었다. 8월 초에 이르러 러시아군 30개 부대 정도가 국경 지방에 주둔하면서 우크라이나 침공을 준비하는 중이었다. 러시아 마을 사람들은 포격 소리에 익숙해진 것처럼 전국 각지에서 온 젊은 신병들의 존재에도 익숙해졌다.[57]

가끔 군인들이 관심을 끄는 경우도 있었다. 이제 막 적군의 사격을 뚫고 전진해야 하는 젊은이들은 며칠 전부터 평소와 달리 행동할 수 있다. 가령 8월 11일 밤, 러시아 쪽 국경에 접한 쿠이비셰보 마을 사람들은 낯선 춤을 목격했다. 춤추는 이들은 다게스탄의 부이나스크Buinask에 주둔한 제136차량화보병여단의 병사들이었다. 다게스탄은 체첸과 국경을 맞댄 러시아 연방 캅카스의 지역으로 무슬림이 다수이며 러시아인은 전체 인구의 5퍼센트도 되지 않았다.

죽고 죽이기 위해 우크라이나로 보내진 러시아 연방의 병사들이 대개 그렇듯이, 이 병사들도 비러시아계 소수 종족 성원이었다. 그들의 죽음은 언론 시장에서 제대로 기록되지 않을 터였다. 8월 11일에서 오래지 않아 136보병여단은 러시아-우크라이나 국경을 넘어서 우크라이나군과 교전했다. 8월 22일이 되자 춤을 추던 병사들의 시체가 다게스탄에 속속 도착했다.[58]

체첸에 기지를 둔 제18차량화보병독립여단은 여름 침공 당시 첫 번째로 국경을 넘은 러시아 부대 중 하나였다. 이 부대는 러시아가 체첸에서 여러 차례 벌인 전쟁에서 발생한 난민이 주축이었고, 방금 전에 크림반도에서 벌어진 군사 행동을 목격한 바 있었다. 러시아가 MH17을 격추하고 6일 뒤인 7월 23일, 부대원들은 체첸에 있는 기지로 복귀하라는 명령을 받았다. 그로부터 3일 뒤 부대원들은 러시아-우크라이나 국경에 있는 주둔지로 향했다. 8월 10일, 부대원 중 한 명인 안톤 투마노프Anton Tumanov는 어머니에게 "지금 우크라이나로 파견되는 중"이라고 말했다. 다음 날 그는 탄약과 수류탄을 받았다. 그는 러시아판 페이스북인 브콘탁테VKontakte에 글을 올렸다. "휴대 전화를 거둬 갔고, 나는 우크라이나로 갔다." 투마노프는 8월 12일에 우크라이나에 진입한 제18차량화독립여단의 1200명 전우 중 하나였다.[59]

8월 13일, 제18차량화독립여단 병사들은 스니즈네에 있었다. 4주 전에 러시아군이 MH17을 격추한 도시였다. 우크라이나 쪽의 포격으로 임시 탄약 창고에 불이 나서 120명이 사망하고 450명이 부상을 입었다. 안톤 투마노프의 가족은 통지서를 한 장 받았다. 전사 장소는 "부대 소재지"로 적혀 있었고, 사망 시기는 "군 복무 중", 사망 원인은 "양쪽 다리 절단 후 출혈"로 되어 있었다. 투마노프의 전우 한 명이 위험을 무릅쓰고 사실을 말해 준 덕분에 어머니는 아들의 죽음에 관해 더 많이 알게 되었다. "이해가 가지 않는 건 아이가 무엇

때문에 죽었는가 하는 겁니다. 도대체 왜 우크라이나 사람들이 스스로 일을 처리하게 내버려 둘 수 없는 거지요?" 어머니는 자기 아들이 공식적으로는 벌어지고 있지 않은 전쟁에서 사망했다는 사실이 가슴이 아팠다. "그자들이 우리 군인들을 그곳에 보냈다면 그 사실을 인정하게 만들어야죠." 아들의 전사 소식을 소셜 미디어에 올리자 그녀는 반역자라고 비난을 받았다.[60]

제18차량화독립여단의 또 다른 병사인 콘스탄틴 쿠즈민Konstantin Kuzmin도 아마 같은 시간에 죽었을 것이다. 그는 8월 8일에 부모님에게 다급하게 전화를 걸었다. "엄마, 아빠, 사랑해요. 다들 인사 전해 주세요! 딸내미한테도 대신 뽀뽀해 주세요." 그로부터 9일 뒤 그의 어머니는 러시아군 전령에게서 아들이 우크라이나 국경에서 훈련 중에 사망했다는 소식을 들었다. 그녀가 "지금 하는 말을 당신은 믿어요?"라고 묻자 그는 양심적이게도 자기도 믿지 않는다고 대답했다.[61]

쿠즈민의 전우 중 한 명인 전차 조종수 루파트 오로니야조프Rufat Oroniiazov는 8월 13일 포격에서 살아남았다. 그의 여자 친구는 소셜 미디어를 통해 그의 부대가 움직이는 것을 추적할 수 있었고, 포격과 사상자 발생 소식을 들었다. 다음 날 그는 여자 친구에게 전화를 걸어 "우리 병사들이 내 눈앞에서 여럿 죽었다"고 말했다. 8월 14일 이후 다시는 그에게서 전화가 오지 않았다. 여자 친구가 기억을 떠올렸다. "우리는 결혼을 기다리는 중이었어요. 내가 무슨 말을 해도 걔는 웃기만 했답니다."[62]

2014년 8월 17일이나 그 무렵에 프스코프Pskov에 주둔한 제76공중강습사단 소속 분대들이 우크라이나로 넘어갔다. 우크라이나군에 맞서 배치된 2000명 정도의 병력 가운데 100명가량이 전사했다. 프스코프의 장례식은 8월 24일에 시작되었다. 사람들이 무덤을 촬영하려고 하자 군이 쫓아냈다. 8월 19일, 라

잔에 주둔한 제106공수사단의 137강하연대가 침공에 가세했다. 세르게이 안드리아노프Sergei Andrianov는 그 후 오래지 않아 전사했다. 그의 어머니는 이렇게 말했다. "아들아, 이 사악한 전쟁에서 너를 지켜 주지 못한 나를 용서해 다오." 한 친구는 브콘탁테에 글을 올렸다. "너를 외국 땅의 전장으로 내몬 자에게 저주가 내리기를."[63]

울리야놉스크Ulyanovsk에 주둔한 제31공중강습여단은 8월 3일에 훈련 소집령이 내려졌다. 소속 병사들은 우크라이나로 파견될 것을 알았다. 모든 상황이 최근에 크림반도에 배치되던 양상과 똑같았다. 당시 니콜라이 코즐로프Nikolai Kozlov는 우크라이나 경찰복을 입고 크림반도에서 시간을 보냈는데, 러시아의 기만 작전의 일환임이 분명했다. 8월 24일에 이르러 제31공중강습여단은 우크라이나 영토에 진입한 상태였다. 그날 코즐로프는 우크라이나의 공격으로 한쪽 다리를 잃었다. 최소한 전우 두 명, 니콜라이 부신Nikolai Bushin과 일누르 킬첸바예프Il'nur Kil'chenbaev가 전사했다. 우크라이나군은 루슬란 아흐메도프Ruslan Akhmedov와 아르세니 일미토프Arseny Il'mitov를 포함해 이 부대의 병사 열 명을 포로로 잡았다.[64]

거의 같은 시기에, 그러니까 8월 14일이나 그 전후로 니제고로드Nizhegorod 주에 주둔한 러시아의 제6독립전차여단이 우크라이나 전투에 합세했다. 여단 소속 병사들은 우크라이나 도로 표지판 앞에서 사진을 찍었다. 블라디슬라프 바라코프Vladislav Barakov는 전차 안에서 전사했고, 최소한 그의 전우 두 명이 우크라이나군에 포로로 잡혔다.[65]

2014년 8월 어느 시점에 페첸가Pechenga에 주둔한 제200차량화보병여단이 (도네츠크에 이어) 돈바스 지역 제2의 도시인 루한스크시를 장악하기 위해 전투를 개시했다. 200차량화여단의 젊은이들은 탱크에 페인트로 '스탈린을 위하여!', 'USSR' 등의 문구와 소련 국기를 그렸고, 곡사포에는 '파시즘에 죽음을!'이라는 문구를 썼다. 한 자주포에는 '스탈린의 주먹'이라는 별명이 붙었는데, 스탈린주의의 열한 번째 주먹을 날리겠다고 한 프로하노프의 선언을 빗댄 것이었다. 한 그라트에는 병사들이 '어린이와 어머니들을 위하여'라고, 다른 곳에는 '도네츠크의 아이들'이라고 적어 놓았다. 우크라이나군의 도시 포격에 희생된 민간인 사상자들은 바로 그 무기, 그라트에 목숨을 잃은 것이었다. 아마 '어린이와 어머니들을 위하여'라는 문구가 붙은 러시아제 그라트가 그에 대한 보복으로 어린이와 어머니들을 죽였을 것이다.[66]

200차량화여단의 예브게니 트룬다예프Evegeny Trundaev는 우크라이나에서 전사해서 사후에 러시아 영웅Hero of Russia 훈장을 받았다. 그의 동료들은 승리를 거둔 루한스크 공항 확보전에 참가한 후 다른 러시아 부대들에 합세해서 결정타가 된 일로바이스크Ilovaisk 전투를 치렀다. 이 전투에서 우크라이나군 대부대가 러시아 기갑부대에 포위되어 괴멸당했다. 러시아 기갑부대는 안전한 통과를 약속했지만, 포위된 고립 지대를 빠져나가려 한 우크라이나 병사들은 살해되었다.[67]

러시아의 이 승리는 9월 5일 민스크 휴전으로 이어졌다. 휴전 협정은 "외국 군대"의 철수만을 명시했다. 모스크바는 러시아 군대가 우크라이나에 존재한다는 사실을 부인했기 때문에 이 조항을 아무런 행동도 필요 없다는 뜻으로 해석했다. 러시아 병사들은 민스크 휴전 협정 후에도 우크라이나에 그대로 남았고, 새로운 병사들이 배치되었다. 8월 침공 중에 전투를 목격한 일부 부대는 러시아-우크라이나 국경에 있는 주둔지나 원래 기지로 순환 복귀했는데, 몇달 뒤 우크라이나 전쟁으로 다시 돌아왔다.

2015년 초, 러시아군은 우크라이나 영토에 대해 세 번째 대규모 공세를 가했다. 첫 목표는 도네츠크 공항이었다. 8개월 동안 전투와 포위가 벌어진 끝에 공항 자체가 사라져 버렸다. 하지만 우크라이나 병사들과 준군사 민병대원들이 오랫동안 공항을 방어한 것은 국경 양쪽 모두에서 상징적으로 받아들여졌다. 우크라이나인들은 방어군을 "사이보그 집단"이라고 불렀다. 온갖 역경을 무릅쓰고 생존한 것 같았기 때문이다. 그리하여 모스크바에서는 이 군인들을 죽여야 한다는 결정이 내려졌다. 마침내 2월 중순에 압도적으로 수가 많은 러시아군이 공항을 장악하자 우크라이나군 포로들은 처형되었다.[68]

2015년 1월 러시아가 벌인 공세의 두 번째 목표는 데발체베Debaltseve였다. 도네츠크주와 루한스크주를 잇는 철도 교차점이었다. 이 도시는 "도네츠크 인민 공화국"과 "루간스크 인민 공화국"*이라고 알려진, 러시아가 뒤를 봐주는 유사 국가들이 제대로 움직이는 데 중요한 곳이었다. 데발체베에서 싸우는 러시아 부대 가운데는 2014년 8월 침공에 참여한 200차량화여단도 있었다. 우크라이나에서 6000킬로미터 떨어진 러시아-몽골 국경에 있는 지역으로 부랴트인(대다수가 불교도다)이 거주하는 부랴트Buriatia에 주둔한 부대 두 개도 전투에 참여했다. 캬흐타Kiakhta에 주둔한 제37차량화보병여단과 울란우데Ulan-Ude에 주둔한 제5독립전차여단이 그 주인공이다.[69]

37차량화여단 소속 병사 바토 담바예프Bato Dambaev는 부대가 부랴트에서 우크라이나까지 갔다가 돌아온 여정에 관한 사진을 소셜 미디어에 올렸다. 도네츠크주 현지인들은 "돈바스 토착 부랴트인"에 관해 농담을 했다. 전쟁에 관해 어떻게 생각하든 간에, 돈바스 사람이라면 누구든 러시아군이 관여하고 있

• '루간스크'는 '루한스크'의 러시아식 표기이다.

음을 알았다. 그런 농담을 하는 사람들은 러시아 편일 수도, 우크라이나 편일 수도, 또는 어느 쪽이든 무관심할 수도 있었다. 우크라이나에서 강아지를 껴안거나 축구를 하는 부랴트인들의 사진이 널리 퍼졌다. 부랴트인들은 자기들 부대가 우크라이나에 진출했다는 사실을 부인하는 러시아의 선전에 코웃음을 쳤다. 하지만 다른 선전은 사실로 받아들였다. 그들은 자신에게 주어진 임무를 러시아 언론에서 그려진 대로 받아들였다. "어린이 살해자들"을 물리치라는 것이었다.[70]

2015년 2월 12일 민스크에서 두 번째 휴전 협정이 이뤄졌지만, 러시아는 데발체베 공격을 계속했다. 이번에도 역시 협정은 "외국 군대"를 거론했고, 러시아는 자국 군인들이 우크라이나에 있다는 사실을 부인했다. 데발체베가 파괴되고 우크라이나군이 패주할 때까지 전투가 계속되었다. 어느 러시아군 전차 지휘관이 회고한 것처럼, "그들은 포위된 고립 지대를 빠져나가고 있었고, 도로를 치우고 도망치려고 하기 때문에 그들을 분쇄해야 한다." 발언의 주인공은 제5독립전차여단의 전차 조종수인 도르지 바토문쿠예프Dorzhy Batomunkuev였다. 그는 전투 중에 전차가 공격을 당해 심각한 화상을 입었다. 러시아 편에서 싸운 다른 러시아인들과 우크라이나 시민들도 데발체베 확보전에서 전사하거나 부상을 당했다. 하지만 사상자의 절대 다수는 포위당한 우크라이나 군인들이었다. 그리하여 최근에 러시아가 돈바스 지역에 대대적으로 진행한 개입은 당연히 승리로 끝이 났다.[71]

러시아군 부대들은 우크라이나에 남아서 현지인들을 훈련시키고 전투를 벌였다. 가령 정보총국 산하의 제16독립특전여단은 2015년에 우크라이나에 주둔했다. 이 부대원 가운데 최소한 세 명, 안톤 사벨리예프Anton Saveliev, 티무르 마마유수포프Timur Mamaiusupov, 이반 카르도폴로프Ivan Kardopolov가 5월 5일에 우크라이나에서 전사했다. 카르도폴로프의 고향 출신인 한 여자는 당시 상황을 이렇게 설명했다. "모르겠어요. 텔레비전에서는 우리가 전쟁을 벌이지 않고 있다고 말하는데 친구들이 계속 죽어서 고향으로 돌아왔어요."[72]

이 이웃은 자기 눈으로 직접 본 현실과 텔레비전에서 본 모습을 대조할 수 있었다. 대다수 러시아인들에게 전쟁의 본질적인 요소들은 수르코프의 흐릿한 거울 뒤에 있어서 잘 보이지 않았다. 러시아인들은 "도네츠크 인민 공화국"과 "루간스크 인민 공화국"은 독립적인 국가체라고 언론에서 들은 반면 두 지역의 분리주의자들은 자신들이 러시아 납세자에게 의존한다는 사실을 인정했다. 한 분리주의 지도자가 말한 것처럼, 이것은 결국 "모스크바에서 걸려 오는 전화는 주 하느님의 사무실에서 걸려 오는 전화와 마찬가지"임을 의미했다. 여기서 "모스크바"란 수르코프를 뜻했다. 두 "공화국"의 언론은 모스크바의 지침을 따라서 미국을 파시즘이라는 악의 원천으로 묘사하고, 두긴과 글라지예프의 의견을 들었으며, 유럽 파시스트들에게 기자증을 내주었다. 우크라이나 시민들의 고통은 계속되어 1만 명가량이 살해되고 200만 명이 피난길에 올랐다.[73]

새로운 형태의 전쟁

러시아의 우크라이나 전쟁은 "하이브리드 전쟁"이라고 불렸다. "전쟁"이라는 명사를 "하이브리드" 같은 형용사로 꾸미는 조어법의 문제는 이 표현이 실제로는 "전쟁 플러스"를 뜻하는데 "전쟁 마이너스"처럼 들린다는 것이다. 러시아의 우크라이나 침공은 우크라이나 시민들에게 자국 군대에 맞서 싸우도록 유도한 빨치산 군사 행동일 뿐만 아니라 정규전이기도 했다. 게다가 우크라이나를 겨냥한 러시아의 군사 행동은 역사상 가장 광범위한 사이버 공격이

기도 했다.

2014년 5월, 우크라이나 중앙선거관리위원회 웹 사이트가 해킹을 당해 어느 민족주의자(실제로는 전체 투표의 1퍼센트도 득표하지 못한 후보였다)가 대통령 선거에서 승리했다는 내용의 이미지가 올라왔다. 우크라이나 당국은 마지막 순간에 해킹당한 사실을 간파했다. 러시아 방송은 해킹이 발각된 것을 알지 못한 채 그 민족주의자가 우크라이나 대통령에 당선되었다는 가짜 뉴스를 보도하면서 바로 그 이미지를 송출했다. 2015년 가을에는 해커들이 우크라이나 미디어 기업들과 철도 시스템을 공격했다. 그해 12월, 해커들이 우크라이나 전력망의 송전소 세 곳을 두절시켜 50개 소형 송전소를 정지시키고 25만 명에게 가는 전기 공급을 끊었다. 2016년 가을에는 우크라이나 철도, 항만 당국, 국고, 재무부, 기반 시설, 방위 시설 등을 공격했다. 또 우크라이나 전력망을 겨냥한 두 번째이자 한층 더 정교한 공격을 감행해서 키예프의 송전소 한 곳을 정지시켰다.[74]

이 사이버전은 당시 서구에서는 전혀 주요 기사로 다뤄지지 않았지만, 전쟁의 미래를 상징적으로 보여 주었다. 2014년 말을 시작으로 러시아는 백악관, 국무부, 합동참모본부, 그밖에 수많은 미국 비정부 기구의 전자 우편 네트워크에 침투했다. 우크라이나에서 정전 사태를 야기한 맬웨어가 미국 전력망에도 심어졌다. 그리하여 미국 정치에 좀 더 세련되게 개입하려는 러시아인들을 도와줄 미국인들을 찾아냈다. 데이터마이닝 업체 케임브리지어낼리티카Cambridge Analytica의 부회장인 스티브 배넌Steve Bannon이라는 사람이 2014년과 2015년에 러시아 석유 회사 중역들을 만났다. 그는 미국 대중을 상대로 푸틴에 관한 메시지를 시험해 보라고 회사에 지시했다. 또한 "그 장벽을 건설한다"라든가 "오물 청소를 하겠다" 같은 구절도 시험했다.* 2016년 8월 배넌은 도널

드 트럼프의 선거 대책 본부장이 되었다. 그때가 되어서야 일부 미국인들이 관심을 기울이기 시작한다.[75]

2014년 러시아의 우크라이나 침공에서 가장 주목할 만한 요소는 사실성을 훼손하면서도 순결을 주장하기 위해 고안된 정보전이다. 정보전은 미국에서도 계속되었는데, 우크라이나에 비해 한층 더 정교하게 진행되고 인상적인 결과를 낳았다. 2014년 여름, 사이버 공세를 준비하기 위해 러시아의 한 선발대가 미국에 파견되었다. 다른 나라들이 우크라이나가 처한 곤경을 파악하지 못했다는 점에서 우크라이나는 정보전에서 러시아에 패했다. 대체로 우크라이나 시민들은 곤경을 이해했다. 하지만 미국인들의 경우는 달랐다.[76]

사실성을 파괴하라

우크라이나 전쟁 내내 러시아 지도부는 그럴듯하지 않은 부인에 몰두하면서 빤한 거짓말을 하고는 뻔뻔하게도 서구 미디어에 사실을 추구하라고 도발했다. 2014년 4월 17일, 푸틴은 우크라이나 동남부에 러시아가 진출해 있다는 사실을 이런 말로 단호하게 부정했다. "터무니없는 소리요. 우크라이나 동부에는 러시아 부대가 하나도 없습니다. 특수 부대도, 전술 고문도 없어요. 이 모든 것은 현지 주민들이 하는 일이고, 그 증거는 그 사람들이 말 그대로 마스크를 벗었다는 겁니다." 이 주장에서 흥미로운 점은 4월 17일이 슬로뱐스크에 있는 러시아 특수 부대가 실제로 마스크를 벗고 정반대의 말을 한 날이라는 것이다. "우리는 러시아 정보총국 소속 특수 부대다." 여름 공세가 최고조에 달

• "장벽 건설"이나 "오물 청소" 등은 트럼프가 선거 운동 과정에서 내세운 대표적인 문구다.

한 8월 23일, 러시아 부대들이 일로바이스크에서 우크라이나 군인들을 완전히 포위하기 시작했을 때 외무장관 라브로프는 이렇게 말했다. "우리는 [러시아 부대의 존재에 관한] 이 모든 이야기를 정보전의 일환으로 간주합니다." 8월 29일, 라브로프는 러시아 군인들이 찍힌 사진은 "컴퓨터 게임에서 가져온 이미지들"이라고 주장했다.[77]

라브로프는 실제 사실은 겉으로 보이는 것과 다르다는 말을 한 게 아니었다. 그가 한 말은 사실성은 적이라는 것이었다. 이즈보르스크클럽이 선언문에서, 그리고 여름 침공 전에 러시아 사령관 안튜페예프가 편 주장이 바로 이런 것이었다. 사실이란 서구에서 만든 "정보 기술"이고, 사실성을 파괴하면 서구를 파괴하는 셈이라는 것이었다. 여론 조사를 보면 사실성을 부정함으로써 실제로 러시아인들 사이에서 책임감이라는 개념이 사라지고 있다는 사실을 알 수 있다. 2014년 말, 러시아인의 8퍼센트만이 우크라이나 사태에 대해 조금이라도 책임감을 느꼈다. 절대 다수인 79퍼센트는 "러시아가 어떤 행동을 하든 서구는 만족하지 않을 것이기 때문에 그들의 주장에 관심을 기울여서는 안 된다"는 명제에 동의했다.[78]

이처럼 러시아인들을 선동해서 우크라이나의 전장으로 내몬 뒤, 돌아오는 주검들을 맞이한 것은 침묵의 테러였다. 전사자와 부상자 가족들은 언론을 상대로 입을 열면 국가로부터 보상을 받지 못할 것이라는 말을 들었다. 러시아 전사자 명단을 보관하고 있던 병사어머니위원회Soldiers' Mothers Committee는 러시아 정부에 의해 "외국 첩자"라는 판정을 받았다. 73세의 고령으로 당뇨병 환자인 퍄티고르스크Piatigorsk의 병사어머니위원회 대표는 체포되었다. 러시아 사상자에 관해 보도한 언론인들은 대다수가 구타를 당했다. 2014년 말에 이르러 러시아 기자들은 이 이야기를 다루지 않았다. 아니 다룰 수 없었다. 전사자 명

단은 점점 줄어들었다. 전쟁은 계속되었지만 불빛은 꺼져 버렸다.[79]

승리인가 패배인가

러시아가 우크라이나, 유럽, 미국을 상대로 벌인 전쟁의 밑바탕에 깔린 논리는 '전략적 상대주의'였다. 러시아 특유의 도둑 정치와 상품 수출 의존을 감안할 때, 이 나라의 국력은 커질 수 없었고, 기술 역시 유럽이나 미국과의 격차를 메우지 못했다. 하지만 다른 나라들을 약화시키면 상대적인 힘을 얻을 수 있었다. 우크라이나를 유럽과 떼어 놓기 위해 침공하는 식이었다. 동시에 일으킨 정보전은 유럽 연합과 미국을 약화시키기 위한 것이었다. 유럽인들과 미국인들이 가진 것 중 러시아인들에게 없는 것은 통합된 무역 지대와 승계 원리가 존중받는 예측 가능한 정치였다. 이 두 가지에 타격을 줄 수 있다면, 러시아가 손실을 입어도 괜찮을 것이었다. 적의 손실이 훨씬 더 클 것이었기 때문이다. 전략적 상대주의에서 관건은 국제 정치를 네거티브섬 게임negative-sum game•으로 변형시켜 능숙한 선수가 다른 모든 이들보다 손해를 덜 보게 만드는 것이다.[80]

어떤 면에서 보면 러시아는 우크라이나 전쟁에서 실제로 패배했다. 자기들보다 러시아어를 더 유창하게 구사하는 우크라이나인들을 죽이려고 수백, 수천 킬로미터를 이동한 캅카스와 시베리아 사람들은 러시아 문화를 뚜렷하게 증명하지 못했다. 크림반도를 병합하고 "루간스크 인민 공화국"과 "도네츠크 인민 공화국"을 후원한 러시아의 행동은 우크라이나의 대외 관계를 오히려 복잡하게 만들었다. 그렇다 하더라도 동결된 분쟁은 러시아의 대외 정책 문서

• 이득보다 비용이 커서 전체적으로 손실이 누적되는 게임.

에서 논의된 우크라이나 "해체"나 "노보로시야"로 대표되는 대대적인 팽창과는 거리가 먼 것이었다. 우크라이나는 군대를 배치하면서도 자유롭고 공정한 선거를 치른 반면 러시아는 그런 선거의 대체물로 군대를 배치했다.

우크라이나 사회는 러시아의 침공으로 똘똘 뭉쳤다. 우크라이나 최고 랍비가 말한 것처럼, "우리는 러시아라는 외부의 위협에 직면했다. 그 때문에 모두가 하나로 뭉쳤다." 이런 과장된 발언에는 중요한 진실이 담겨 있다. 우크라이나 역사상 처음으로 여론이 러시아에 반기를 들었다. 2001년 우크라이나 인구 조사에서 전체 주민의 17.3퍼센트가 종족적으로 러시아인이라고 생각했는데, 2017년에 이르면 그 수치가 5.5퍼센트로 떨어졌다. 이렇게 감소한 데에는 크림반도와 일부 돈바스 지역을 조사하지 못한 사실도 작용했다. 하지만 상당 부분은 러시아의 침공이 낳은 결과였다. 러시아어 사용자를 지키기 위한 침공으로 그런 사람들을 수천 명 죽임으로써 수백만 명이 이제 자신은 우크라이나인이라고 생각하게 된 것이다.[81]

우크라이나를 침공하고, 크림반도를 병합하고, MH17을 격추함으로써 러시아는 유럽 연합과 미국이 대응하게 만들었다. 라브로프의 말처럼, 유럽 연합과 미국의 제재는 "세계 질서"를 개조하겠다는 러시아의 발표에 비하면 그래도 온건한 대응이었다. 하지만 유럽 연합과 미국은 러시아를 주요 파트너들로부터 고립시키고 러시아의 경제 위기를 심화시켰다. 푸틴은 중국이 대안인 척 가장했지만, 베이징은 러시아산 탄화수소에 낮은 값을 쳐줌으로써 러시아의 약점을 드러냈다. 러시아의 힘은 서구와 동구 사이에서 균형을 맞추는 능력에 좌우된다. 그런데 우크라이나 침공으로 러시아는 중국인들에게 아무 대가도 강요하지 못하면서 중국에 의존하게 되었다.[82]

러시아의 유라시아 이데올로그들은 미국이 러시아의 자원을 훔치려고 작정했다고 주장했다. 가령 안튜페예프는 러시아의 우크라이나 전쟁은 미국이 러시아의 천연가스와 깨끗한 물을 훔쳐 가려는 것을 막기 위한 방어전이라고 설명했다. 이런 설명은 미국의 에너지 생산 실패를 제대로 이해하지 못한 상태에서 일어난 왕성한 상상력을 반영한 것이었다. 실제로 자원에 대한 이런 관심은 일종의 바꿔치기처럼 보였다. 천연가스와 깨끗한 물이 부족한 것은 미국이 아니라 러시아의 이웃인 중국이었다. 모스크바는 국제법은 국경선을 보호해 주지 않는다고 주장하면서 베이징이 원하는 경우에 중국-러시아 국경에 관해 비슷한 주장을 할 수 있는 길을 열어 주었다. 러시아, 우크라이나, 유럽 연합, 미국 등 거의 모든 나라가 러시아-우크라이나 전쟁에서 패배했다. 유일한 승자는 중국이었다.[83]

독일의 문제

라브로프가 러시아의 우크라이나 전쟁을 컴퓨터 게임에 비유한 날인 2014년 8월 29일, 러시아, 유럽의 파시스트들과 극우 정치인들이 우크라이나에게서 빼앗은 영토에 모여 현재 진행 중인 러시아의 침공을 부정하는 동시에 찬양했다.

세르게이 글라지예프는 "반反파시즘"이라는 표제를 내걸고 얄타에서 국제회의를 개최했다. 회의 프로그램에 따르면 알렉산드르 두긴과 알렉산드르 프로하노프 같은 러시아의 동료 파시스트들이 가세할 예정이었다. 이탈리아의 로베르토 피오레Roberto Fiore, 벨기에의 프랑크 크레엘만Frank Creyelman과 뤽 미셸Luc Michel, 불가리아의 파벨 체르네프Pavel Chernev, 헝가리의 죈죄시 마르톤 Gyöngyös Márton, 영국의 닉 그리핀 등 초대 손님은 유럽 극우파 지도자들이었다. 러시아와 유럽의 파시스트들은 "반파시즘협의회Anti-Fascist Council" 창설을 검토했다. 그들은 러시아가 병합한 도시에서 모인 자리에서도 러시아의 우크라이나 침공을 부정했다. 또한 특별 초대 손님 중에 전장에서 곧바로 회의장에 온 러시아군 사령관들이 있었는데도 당시 러시아가 여전히 우크라이나 동부에서 전투를 벌이고 있다는 사실을 부정했다.[84]

유럽 연합 내에서 이런 입장을 취하는 주요 정당을 찾기는 힘들었다. 그렇지만 독일에서는 바야흐로 이런 선택지가 등장하고 있었고 러시아의 지원을 받게 될 것이었다. '독일을 위한 대안AfD: Alternative für Deutschland(이하 독일대안당)'이라 불리는 신생 우파 정당이 그 주인공이었다. 얄타에 모인 급진 우파와 전통적 정당들 사이에 자리한 이 당은 모스크바의 총애를 받게 된다. 중도 우파인 기독민주연합의 당원 출신인 당 지도자 알렉산더 가울란트Alexander Gauland는 모스크바가 독일 제도권을 공격하는 가운데서도 크림반도에 대한 러시아의 방침을 받아들임으로써 자신의 당을 친러시아적 대안으로 자리매김했다. 2014년 가을, 러시아는 독일 의회와 안보 기관을 겨냥한 사이버 공격을 벌였다. 2015년 5월에는 독일 연방 하원이 다시 공격을 받았다. 2016년 4월에 앙겔라 메르켈이 이끄는 독일 최대의 정당인 기독민주연합도 공격을 받았다. 하지만 독일 중도파에 맞서 극우파를 지원하기 위해 취해진 가장 중요한 공세는 공개적으로 이루어질 것이었다. 이 공세는 러시아인과 독일인이 공유하는 불안의 원천인 이슬람을 모스크바와 독일대안당의 공동의 적인 앙겔라 메르켈 총리를 겨냥해 활용하게 된다.[85]

시리아에서 전쟁을 피해 온 난민과 더불어 아프리카에서 탈출한 이민자들이 점점 많아지자 메르켈은 예상치 못한 입장을 취했다. 독일은 많은 수의 난민을 받아들이겠다고 발표한 것이다. 이웃 나라들보다도 많고, 독일 유권자들이 기대했던 것보다도 많은 수였다. 2015년 9월 8일, 독일 정부는 연간 50만 명의 난민을 받아들일 계획이라고 발표했다. 그로부터 3주 뒤 러시아가 시리아 폭격을 시작한 것은 결코 우연의 일치가 아니었다. 2015년 9월 28일 유엔에서 한 발언에서 푸틴은 유라시아를 유럽 연합과 "조화"시키겠다고 제안했다. 러시아는 난민을 발생시키기 위해 시리아에 폭격을 가한 뒤 유럽인들을 패닉 상태로 몰아갈 것이었다. 이렇게 하면 독일대안당에 도움이 되어 유럽을 러시아와 더욱 흡사하게 바꿀 터였다.[86]

푸틴의 발언이 있고 난 다음 날 러시아의 폭탄들이 시리아에 떨어지기 시작했다. 러시아 항공기는 고고도에서 비정밀("얼간이dumb") 폭탄을 투하했다. 공격 목표물이 군사 시설이라 할지라도 비정밀 폭격은 더 많은 파괴를 야기해서 더 많은 난민이 유럽으로 향하게 만들었을 것이다. 하지만 러시아는 대체로 ISIS의 기지들을 목표로 삼지 않았다. 인권 단체들은 러시아가 사원, 진료소, 병원, 난민촌, 정수장, 도시 일반을 폭격한다고 보고했다. 시리아 난민을 받아들이겠다고 한 메르켈의 결정에는 나치 독일이 자국의 유대인 시민들을 난민으로 내몬 1930년대의 역사가 동기로 작용했다. 러시아의 대응은 사실상 이렇게 말하는 것이었다. 만약 메르켈이 난민을 원한다면, 우리가 제공해 줄 것이며 이 문제를 활용해서 메르켈의 정부와 독일의 민주주의를 파괴할 작정이다. 러시아는 난민 자체만이 아니라 테러리스트와 강간범이라는 이미지까지 난민들에게 덧씌웠다.[87]

2016년 1월 11일 월요일, 13세의 러시아계 독일 소녀 리자 F.는 베를린의 집으로 돌아가기를 주저했다. 아이는 전에도 학교에서 문제가 있었고, 가족이 아이를 다루는 방식 때문에 당국이 관심을 기울인 적이 있었다. 아이는 19세 남자의 집으로 가서 그와 그의 어머니를 만나 이야기를 나누고는 밤을 보냈다. 리자 F.의 부모는 경찰에 실종 신고를 했다. 아이는 다음 날 집에 돌아왔는데 가방과 휴대 전화가 없었다. 아이는 어머니한테 유괴되어 강간을 당했다는 끔찍한 이야기를 털어 놓았다. 경찰은 실종 신고 내용을 추적해서 친구의 집에 가서 아이의 물건을 찾아냈다. 아이 친구와 그의 어머니와 이야기를 나누고, 가방을 발견하고, 문자 내용을 확인한 뒤 경찰은 리자 F.가 어디에 있었는지 확인했다. 경찰의 질문을 받은 리자 F.는 사실을 이야기했다. 집에 가고 싶지 않아서 다른 곳에 갔다는 것이었다. 병원 검사를 통해서도 아이가 어머니에게 한 이야기가 사실이 아님이 확인되었다.

베를린 한 가정의 드라마는 곧이어 러시아 방송에서 지구촌 뉴스로 나왔다. 2016년 1월 16일, 채널원은 리자 F.가 부모에게 말한 내용을 각색해서 소개했다. 무슬림 난민들에게 유괴되어 밤새도록 집단 성폭행을 당했다는 것이었다. 이 보도를 시작으로 채널원은 경찰 조사에 따르면 전혀 벌어진 적이 없는 사건에 관해 무려 40차례나 보도했다. 방송 보도를 보면 이야기에 진실성의 요소를 더하기 위해 아무 관계가 없는 다른 장소와 시간에 찍힌 사진들이 덕지덕지 붙여졌다. 러시아 선전 네트워크인 스푸트니크Sputnik는 독일에서 난민 강간범들이 풀려났다는 대체적인 추측을 덧붙였다. 1월 17일 극우 집단인 민족민주당National Democratic Party은 리자 F. 사건의 정의로운 해결을 요구하는 시위를 조직했다. 겨우 10여 명이 모였지만, 그중 한 명은 RT의 카메라맨이었다. 그가 찍은 영상이 같은 날 유튜브에 등장했다.[88]

러시아는 얼마 전부터 정보전을 진행하고 있었지만 대다수 독일인들은 관심을 기울이지 않았다. 그리하여 리자 F. 사건은 손쉬운 목표물에 직접적인 타격이 되었다. 베를린 경찰은 적절한 보도 자료를 발표해서 조사 결과를 설명하고, 가족을 보호하기 위해 실명을 거론하지 않고, 책임감 있는 소셜 미디어 사용을 요청했다. 하지만 이런 요청으로 러시아의 선전 공세를 늦출 수는 없었다. 러시아 언론은 이제 "베를린의 러시아계 소녀 강간 사건이 묵살되었고 …… 경찰이 은폐를 시도하고 있다"고 선언했다. 채널원을 시작으로 러시아 방송과 인쇄 매체 전체로 확산된 이 이야기는 어디서나 천편일률적이었다. 독일 국가가 무슬림 강간범들을 두 팔 벌려 받아들이고, 순결한 소녀들을 보호하지 못했으며, 거짓말까지 했다는 것이었다. 1월 24일, 러시아 언론은 어느 반反이민 단체가 조직한 항의 시위를 다음과 같은 표제로 보도했다. "리자야, 우리는 네 편이다! 독일인들, 이민자 강간범들에 반대하면서 메르켈 집무실 창문 아래서 집회 진행."[89]

러시아 국가는 메르켈을 겨냥한 정보전을 공공연하게 벌였다. 런던 주재 러시아 대사관은 독일이 난민들을 위해 레드 카펫을 깔아 주고 그들이 저지르는 범죄를 숨겨 준다고 트위터로 말했다. 1월 26일, 외무장관 라브로프는 한 독일 시민을 "우리의 리자"라고 언급해서 강렬한 인상을 남기면서 러시아 연방을 대표해서 개입했다. 그러면서 독일에 사는 러시아인들이 흥분한 터라 자신이 행동을 할 수밖에 없다고 주장했다. 이 러시아인들이 흥분한 것은 러시아 국영 방송에서 본 내용 때문이었다. 우크라이나에서 그런 것처럼, 러시아 국가는 다른 나라의 시민이자 주민인 사람들을 위해서 행동한다고 주장하고 있었다. 또 우크라이나에서 그런 것처럼, 허구적인 부당 행위를 활용해서 러시아가 희생자라는 인식을 불러일으키고 러시아의 힘을 과시할 기회로 써먹었다. 십자가에 못 박힌 소년의 이미지처럼, 강간당한 소녀의 이미지 역시 모든 것을 압도하게 되어 있었다.[90]

"우리의 리자" 사건이 벌어지고 오래지 않아 국제앰네스티는 시리아의 민간 목표물을 겨냥한 러시아의 폭격에 관한 몇몇 보고서들 중 첫 번째를 발표한 바 있었다. '인권을 위한 의사회Physicians for Human Rights' 역시 진료소와 병원에 대한 러시아의 공격을 기록하고 있었다. 가령 2015년 12월 8일, 러시아의 공습으로 서부 농촌 지역 이들리브Idlib에서 가장 규모가 큰 아동 병원인 알부르나스병원al-Burnas Hospital이 파괴되어 의사와 간호사들이 부상을 당하고 그 밖의 사람들이 목숨을 잃었다. 러시아의 공격으로 목숨을 잃은 실제 사람들, 즉 폭격으로 죽어 간 남녀노소 사람들에게는 강간범 집단이라는 무슬림의 유령이 덧씌워졌다. 시리아에서 탈출한 난민들은 우크라이나에서 빠져나온 난민들처럼 순결한 러시아라는 허구 속에 감춰졌다. 한 소녀를 유린한 상상 속 강간이 전체적인 그림의 균형을 뒤집을 태세였다.[91]

메르켈은 여전히 독일 최대 정당의 지도자였고, 정부를 구성할 능력이 있는 유일한 정치인이었다. 총리의 입지는 이민 문제 때문에 약해졌는데, 독일 내에서 진행되는 논의에 러시아가 개입한 사실도 어느 정도 작용했다. 2017년 선거 운동 중에 러시아의 지원을 받는 독일의 소셜 미디어는 이민을 위험한 것으로, 제도권 정치를 비겁하고 거짓말을 일삼는 정치로, 독일대안당을 독일의 구원자로 묘사했다. 2017년 9월 선거에서 독일대안당은 전체 투표의 13퍼센트를 얻어서 전체 3위에 올랐다. 1933년 나치 이래 극우 정당이 독일 의회에서 의석을 얻은 첫 번째 사례였다. 당 지도자 알렉산더 가울란트는 메르켈을 "사냥"해서 "우리 나라를 되찾겠다"고 약속했다.[92]

폴란드 이야기

다른 유럽 정치인들은 메르켈보다 훨씬 운이 좋지 못했다. 도날트 투스크Donald Tusk가 이끄는 시민연단당Civic Platform의 폴란드 정부는 우크라이나의 유럽적 미래를 지지한 바 있었다. 폴란드 젊은이들이 친구들을 지지하러 키예프로 가면서 폴란드 국기가 마이단 광장에 나부꼈다. 폴란드의 반공 반정부 운동에 참여했던 나이든 세대 사람들은 마이단 광장에서 다시는 보지 못하리라고 생각했던 광경을 목도했다. 사회 계급과 정당을 가로지르는 연대를 발견한 것이다. 폴란드 외무장관 라도스와프 시코르스키는 시위대와 정부 사이에 협상을 통한 해결을 위해 키예프로 직접 날아가기도 했다.[93]

얼마 뒤 폴란드 정부는 실각했다. 시민연단당 정치인들이 식당에서 사적으로 나눈 대화를 녹음한 테이프가 공개되었다. 문제는 이 테이프 때문에 스캔들이 폭로되었다는 사실 자체가 아니라 폴란드 국민이 정치인들이 사석에서 어떤 이야기를 하는지를 알게 되었다는 점이었다. 정치인이 어떤 음식을 주문하거나 무슨 농담을 하는지가 유권자들에게 드러났을 때 살아남을 수 있는 정치인은 거의 없다. 시코르스키는 그래도 건전한 정치적 판단을 내리는 순간이 녹음되었지만 공적인 자리에서 하는 말과는 다른 언어를 사용했다. 웨이터들에게 돈을 주고 대화를 녹음하게 시킨 사람은 블라디미르 푸틴과 밀접하게 연결된 한 회사에 2600만 달러의 빚이 있는 인물이었다. 달리 빚을 갚을 방법이 없었던 마레크 팔렌타Marek Falenta는 러시아 쪽 파트너들을 위해 시민연단당 정치인들이 나누는 대화를 녹음하는 데 동의했다고 한다. 대화가 녹음된 레스토랑 두 곳은 러시아 마피아의 두목 중의 두목으로 여겨지는 세미온 모길레비치Semion Mogilevich와 연결된 컨소시엄 소유였다.[94]

공적 책임과 사생활을 가르는 선을 넘은 행위는 언뜻 보이는 것보다 훨씬 중대한 영향을 미쳤다. 20세기에 나치와 소비에트가 호시탐탐 노리던 나라에서 사적 대화가 원치 않게 노출된 것은 전체주의의 초기 단계였다. 하지만 이런 주장을 한 이는 거의 없었다. 독일과 소련의 침략에 대한 폴란드인들의 기억은 영웅적 행위와 악당의 비행을 중심으로 응집되는 경향이 있었다. 여기서 사라진 것은 전체주의가 어떻게 1970년대와 1980년대까지 지속되었는지에 관한 기억이었다. 전체주의를 유지시킨 것은 가해자와 피해자의 구분이 뚜렷한 잔학 행위가 아니라, 법치를 파괴하고 국민들을 그 파괴에 끌어들이는 사생활과 공적 생활 구분의 잠식이었다. 폴란드인들은 대화 도청, 예상치 못한 비난과 고발, 끊임없는 의심의 세계로 복귀했다.[95]

공적 생활은 사생활 없이 유지될 수 없다. 제아무리 뛰어난 민주주의자라 할지라도 조심스럽게 대화를 나눌 수 없다면 통치가 불가능하다. 모든 게 노출되어도 끄떡없는 정치인은 타인의 비밀을 통제하는 이들이거나 자신의 공공연한 행동이 전혀 부끄러움이 없어서 협박에도 아랑곳하지 않는 이들이다. 결국 규칙을 어기는 정치인들의 "위선"을 드러내는 전자 스캔들electronic scandal은 규칙을 무시하는 정치인들에게 도움이 된다. 디지털 폭로는 비밀이 있는 사람들의 경력을 끝장내며 스펙터클을 조장하는 이들의 경력을 열어 준다. 시민들은 공적 인물의 사생활은 정치나 똑같은 것이라고 받아들임으로써 공공 영역의 파괴에 협력한다. 2014년 폴란드에서 도청 스캔들을 통해 드러난 이런 전체주의의 조용한 등장은 2016년 미국에서도 나타났다.

2015년 10월 총선에서 시민연단당이 우익 경쟁자인 법과정의당Law and Justice에 패배한 것은 어쩌면 전혀 놀랄 일이 아닐 것이다. 시민연단당은 10년 가까이 집권하고 있었고, 폴란드인들은 도청 스캔들은 제쳐 두고라도 지루한 회의주의에 빠질 다른 이유들이 있었다. 그렇지만 그해 11월에 형성된 정부와 관련해서 예상치 못한 일이 있었다. 난폭한 민족주의자 안토니 마체레비치Antoni Macierewicz가 두드러진 자리를 차지한 것이다. 선거 운동 중에 법과정의당은 수십 년에 걸쳐 폴란드의 국가 안보를 위험에 빠뜨린 것으로 명성이 자자한 마체레비치를 국방장관에 임명하지 않을 것이라고 약속한 바 있었다. 그런데 그가 국방장관이 된 것이다.[96]

끊임없이 비밀을 캐면서 폭로하는 데 열중하는 정치인인 마체레비치는 당연히 도청 스캔들의 수혜자였다. 1993년 그는 폴란드 공산주의에 관한 문서 기록을 기묘하게 다루면서 정부를 실각시켰다. 정보 제공자를 찾기 위해 공산당 비밀경찰 자료를 검토하는 민감한 임무를 맡은 그는 오히려 무작위의 인명 목록을 공개했다. 1993년에 공개된 "마체레비치 명단"에는 그의 정치적 파트너인 미하우 루시냐Michał Luśnia를 비롯해서 실제 요원은 대부분 빠져 있었다. 그리고 비밀경찰과 아무 관계가 없는 인물들이 포함되었다. 그 후 이 사람들은 오랫동안 결백을 증명하기 위해 고생했다.

법과정의당이 집권하던 2006년, 마체레비치는 또다시 민감한 임무를 맡았다. 폴란드군 정보기관을 개혁하는 임무였다. 그는 군 정보기관의 활동 방식을 폭로하고 요원들의 이름을 밝혀서 가까운 미래에 이 기관을 무력화하는 보고서를 발표했다. 그리고 이 보고서를 신속하게 러시아어로 번역했는데, 러시아어 번역자는 전에 직무상 소련 비밀경찰과 협력한 인물이었다. 2007년, 마체레비치는 자신이 새로 창설한 군 방첩 조직들의 수장으로서 비밀 군사 문서들을 야체크 코타스Jacek Kotas에게 양도했다. 코타스는 러시아 마피아 세미온 모길레비치와 연결된 러시아 기업들을 위해 일했기 때문에 바르샤바에서 "러시아 연줄"이라고 알려진 인물이었다. 2015년 국방장관 마체레비치는 또다시 국가 안보를 크게 해치는 행동을 했다. 러시아의 선전을 추적하는 일을 맡은 바르샤바의 북대서양조약기구 센터를 야간 급습하는 작전을 지휘한 것이다.[97]

영원의 정치학의 거장인 마체레비치는 폴란드가 실제로 겪은 고난의 역사를 정치적 허구로 덮어 가리는 데 성공했다. 2015년부터 국방장관을 맡으면서 그는 최근에 일어난 인간적, 정치적 비극을 순결의 이야기로 전환하고 이를 활용해서 적을 새롭게 정의했다. 2010년 4월 카틴 학살을 기리기 위해 러시아로 향하던 폴란드의 정치, 민간 지도자들이 탄 비행기가 추락해서 탑승자가 전원 사망한 스몰렌스크 참사가 그 비극이다. 당시 폴란드 정부는 시민연단당의 총리 도날트 투스크가 이끈 반면 대통령은 법과정의당의 레흐 카친스키Lech kaczyński였다. 투스크는 공식 기념식을 위해 정부 대표단을 스몰렌스크에 보냈다. 법과정의당 지도자들은 따로 기념행사를 치르기 위해 서둘러 경쟁적으로 대표단을 보낼 준비를 했다.[98]

오직 산 사람들만이 죽은 이를 기릴 수 있다. 경쟁적인 대표단이 저지른 첫 번째 실수는 사실상 사전에 전혀 계획을 하지 않은 채 같은 시간에 같은 장소로 비행하는 비행기 두 대에 폴란드 엘리트 집단을 그렇게 많이 태운 것이었다. 두 번째 실수는 상황이 극히 나쁜데도 이 비행기들을 군 비행장에 착륙시키려 한 것이었다. 조종사들은 그런 훈련이 되어 있지 않았다. 한 대는 안개 속에서 활주로를 찾아냈지만 다른 한 대는 숲에 추락해서 승객 전원이 사망했다. 두 번째 비행기에서는 사람들이 기초적인 안전 절차조차 따르지 않았다. 조종실 출입문이 닫혀 있지 않아서 조종사들이 제대로 권위를 발휘할 수 없었다. 블랙박스 녹취록을 보면 조종사들은 착륙을 원하지 않았지만 공군 사령관을 비롯해 비행기 뒤편에서 온 승객들이 착륙을 강요한 것이 드러난다. 블랙박스 녹취록을 보면 레흐 카친스키 대통령이 착륙에 관한 결정을 스스로 내린 것을 알 수 있다. 대통령이 이끄는 대표단은 조종사들에게 "대통령이 내린 결정"을 직접 전달했다. 부적절할 뿐만 아니라 참사를 초래한 결정이었다. 대통령 자신만이 아니라 동료 승객과 조종사, 승무원 전원의 죽음을 야기했기 때문이다.[99]

참사를 낳은 원인은 충분히 피할 수 있었던 인간적 오류였다. 이런 사실은 직시하기 쉽지 않다. 카틴이 불러일으킨 분위기 속에서 감정이 고조되었다.

카친스키 집안에서는 감정이 더욱 고조되었다. 정치 때문에 하나로 뭉친 쌍둥이 형제가 예상치 못한 끔찍한 방식으로 갑자기 갈라졌기 때문이다. 법과정의당 내에서는 이 사고가 기묘한 여파를 미쳤다. 쌍둥이 형제 하나(대통령 레프)가 혼란스러운 비극에서 사망한 뒤 나머지 한 명(이제 법과정의당의 지도자가 된 야로스와프Yarosław)은 살아남았다. 엎친 데 덮친 격으로 두 형제는 사고 불과 몇 분 전에 이야기를 나누었었다. 달리 어떤 말을 할 수 있었건 간에 야로스와프가 레흐의 착륙을 말리지 않은 것은 분명해 보였다.

마체레비치는 죽음 이후의 의미 탐색을 유용한 정치적 허구로 돌릴 수 있음을 잘 알았다. 그는 추락 사고를 둘러싼 미스터리 열풍을 조성하면서 현실성 없는 모순적인 여러 설명을 퍼뜨렸다. 푸틴과 투스크가 공모해서 정치적 대량 학살을 벌였다는 전반적인 함의가 담긴 설명들이었다. 그가 구사한 기법은 러시아 당국이 MH17에 관해 써먹은 방법과 놀랍도록 흡사했다. MH17의 경우에 러시아인들은 민간인 여객기를 격추하고도 그 사실을 부인하려고 했다. 스몰렌스크의 경우에 러시아가 여객기를 격추한 것은 아니었지만 마체레비치는 격추를 입증하는 데 열중하는 듯 보였다. 하지만 이 차이보다는 유사성이 더 중요하다. 두 경우 모두 증거의 흔적이 차고 넘치는 데다 확실했으며, 조사 결과도 분명한 결론을 내렸다. 하지만 두 경우 모두 영원의 정치인들은 사실성을 억누르고 피해를 당했음을 확인하기 위해 고안된 가짜 이야기를 장황하게 늘어놓았다.[100]

마체레비치는 스몰렌스크 사고 희생자들의 명단을 공공장소에서 낭독할 것을 요구하고, 매달 열띤 기념행사에 참가했다. 마체레비치를 필두로 한 여러 사람들은 사고 희생자들을 전쟁과 봉기에서 목숨을 바친 영웅들을 지칭하는 폴란드어 단어 'polegli'로 지칭했다. 2015년 이후 스몰렌스크는 폴란드 지도자들이 카틴 학살보다 더 기념하기를 원하는 사건이 되었다. 제2차 세계 대전 자체보다도, 20세기보다도 더 중요해진 것이다. 스몰렌스크 기념을 둘러싸고 폴란드 사회는 오로지 허구를 통해서만 가능한 정도로 양분되었다. 그 때문에 폴란드인들은 동맹국들로부터 소외되었다. 어떤 서구 지도자도 마체레비치식의 사건 해석을 믿을 수 없었고, 심지어 믿으려는 척도 하지 못했기 때문이다. 폴란드의 끔찍한 역사를 전하려 한 역사학자들의 사반세기에 걸친 노력이 불과 몇 달 만에 무위로 돌아갔다. 마체레비치 덕분에 폴란드가 진짜로 겪은 고난의 역사는 민족주의의 거짓말 아래 감춰졌다. 투스크는 유럽 연합 고위 지도부의 일원인 유럽이사회 의장으로 선출되었다. 투스크가 푸틴과 공모해서 대량 학살을 계획했다는 마체레비치의 이야기를 유럽 정치인들이 처리하기는 어려웠다.[101]

러시아에 대한 마체레비치의 비난은 워낙 기이한 것이었기 때문에 그는 도저히 러시아의 첩자일 수 없는 것 같았다. 아마 그게 중요한 점이었을 것이다. 마체레비치는 스몰렌스크 열풍을 장려하는 한편 모스크바와 연결된 사람들을 승진시켰다. 그는 2012년 푸틴의 부정 선거를 정당화하기 위해 모스크바로 갔던 바르토시 코브나츠키Bartosz Kownacki를 국방차관으로 임명했다. 국가 암호 책임자로 임명한 토마시 미코와제브스키Tomasz Mikołajewski는 보안 신원 조사를 통과하지 못했다는 점을 제외하고는 거의 알려진 바가 없는 사람이었다. 다른 임명자들에 대해서는 "러시아 연줄"인 야체크 코타스에게 의존했다. 코타스는 마체레비치 사단을 준비시킨 싱크탱크를 보유하고 있었다. 싱크탱크는 한 정책 지침서에서 폴란드군을 비직업 군인화하고 반정부 시위를 진압하는 국토방위대Territorial Defense로 보완할 것을 권고했다. 이 지침서를 공동 집필한 크쥐슈토프 가이Krzysztof Gaj는 우크라이나 파시즘에 관한 러시아의 선전을 퍼뜨린 인물이었다. 마체레비치는 국토방위대를 자기 직할 부대로 만들어서 폴란드군의 지휘 구조를 회피했다. 국토방위대는 금세 폴란드 해군 전체에 맞먹는 수준의 예산을 확보했다. 마체레비치는 폴란드 고위 참모와 야전 장성의 절대 다수를 해임하고 경험 없는 사람들로 그 자리를 채웠다. 그중에는 친러시아, 반북대서양조약기구 성향으로 유명한 이들도 있었다.[102]

한편 바르샤바는 북대서양조약기구와 유럽 연합의 동료 국가들 사이에서 유별나게 보였던 정책 하나를 포기했다. 우크라이나 독립 지지를 포기한 것이다. 법과정의당 정부 아래서 바르샤바는 폴란드-우크라이나 갈등의 여러 일화를 강조해서 폴란드인들의 완전한 순결함을 암시하는 쪽을 택했다. 2014년 말로페예프가 후원했으나 큰 성공을 거두지는 못한 정책이었다. 이제 어떤 후원금도 필요해 보이지 않았다. 서구 동맹국들은 당황했다. 프랑스인들은 코브나츠키에게 예전에 그들에게 포크 사용법을 가르쳐 준 것은 폴란드인들이라는 말을 들었다. 영국 정보부는 폴란드가 믿을 만한 파트너가 아니라는 결론을 내렸다.[103]

그때까지 마체레비치는 미국과 모종의 연줄을 유지하고 있었지만 이런 연줄 역시 러시아까지 이어져 있었다. 마체레비치는 스몰렌스크 참사에 어떻게 대응할지 의견을 구하던 2010년에 미국을 방문했다. 미국 하원에서 접촉한 사람인 데이나 로라바커Dana Rohrabacher는 블라디미르 푸틴과 러시아의 대외 정책에 대한 지지로 독보적인 위치를 차지하는 미국 의원이었다. 2012년, 미연방수사국은 로라바커에게 러시아 첩자들이 그를 소식통으로 간주하고 있다고 경고했다. 하원 다수당인 공화당 원내 대표 케빈 매카시Kevin McCarthy는 후에 로라바커를 도널드 트럼프와 나란히 러시아를 위해 일하고 있을 가능성이 가장 높은 공화당 정치인으로 꼽았다. 마체레비치가 국방장관이 된 뒤인 2015년,

로라바커는 그를 만나러 바르샤바로 갔다. 2016년 로라바커는 모스크바로 가서 트럼프 선거 운동에 도움이 될 것으로 러시아가 판단한 자료들을 수집했다. 흥미롭게도, 마체레비치는 도널드 트럼프의 선거 운동이 러시아와 연결되어 있다는 비난에 맞서 그를 보호하기 위해 팔을 걷어붙였다.[104]

마체레비치는 자신이 모스크바와 연결되어 있다는 사실적 정황들을 부정하지 않았다. 대신에 그는 사실성을 적으로 간주했다. 2017년 한 언론인이 그와 러시아의 연결 고리를 자세히 추적하는 책을 출간했을 때, 그는 그 주장에 반박하지 않았고, 언론인을 상대로 민사 소송을 벌이지도 않았다. 그렇게 할 경우 증거를 제출해야 했기 때문이다. 대신에 그는 탐사 저널리즘은 정부 각료에 대한 물리적 공격에 해당한다고 주장하고는 그 언론인을 군사 재판소에서 테러 혐의로 재판에 회부하기 위한 절차에 착수했다. 마체레비치는 2018년 1월 국방장관에서 물러났다. 그때쯤이면 유럽 연합, 특히 그 집행 기구인 유럽 연합 집행 위원회는 폴란드가 법치의 기본 원리를 위반했다고 제재를 제안하고 있었다.[105]

주목받지 못한 경고

정치적 허구와 관련해서 러시아에 고유한 것은 아무것도 없다. 일린과 수르코프는 러시아에서 겪은 경험과 러시아를 위한 열망 때문에 자신들의 결론에 도달했다. 다른 사회들도, 가령 폴란드처럼 충격과 추문 이후에, 또는 영국과 미국처럼 불평등과 러시아의 개입 때문에 똑같은 형태의 정치가 생겨날 수 있다. 피터 포메란체프Peter Pomerantsev는 2014년에 출간한 러시아 언론과 사회에 관한 연구서에서 "바야흐로 이곳 역시 그곳이 될 것이다", 즉 서구가 러시아와 비슷해질 것이라는 성찰로 결론을 맺었다. 바로 이 과정을 가속화하는 것

이 러시아의 정책이었다.[106]

만약 지도자들이 러시아를 개혁하지 못한다면 개혁은 불가능한 게 분명하다. 러시아인들이 모든 지도자와 언론이 거짓말을 한다고 믿는다면 그들은 서구의 모델을 스스로 걷어차는 법을 배우게 될 것이다. 유럽과 미국의 시민들이 서로에 대한, 그리고 서로의 제도에 대한 전반적인 불신에 합세한다면 유럽과 미국은 해체될 것이라고 예상할 수 있다. 전면적인 회의주의가 팽배한 가운데 언론인들이 제 기능을 할 수 없고, 시민들이 서로를 믿지 못하면 시민 사회는 약해지며, 법치는 사람들이 강제 없이도 법을 따를 것이고 설령 강제가 필요하다 할지라도 부분적인 강제일 것이라는 믿음에 의존한다. 불편부당이라는 개념 자체는 관점에 상관없이 이해할 수 있는 진실이 있음을 가정한다.

러시아의 선전은 유럽의 여러 기관을 파괴하는 데 러시아와 이해관계를 같이하는 유럽 극우파 부하들의 손으로 전파되었다. 가령 소돔에 대항한 러시아의 전쟁(그리고 그와 연관된 러시아의 우크라이나 침공)이 "새로운 냉전"이나 "냉전 2.0"이라는 사고는 이즈보르스크클럽에 의해 정식화되었다. 이것은 러시아에서 유용한 사고였다. 동성애자 때리기gay bashing(그리고 그와 동시에 벌어진 무기력한 이웃 나라 침략)를 문명의 형태를 둘러싸고 글로벌 초강대국과 벌이는 거대한 대결로 양식화해 주었기 때문이다. "새로운 냉전"이라는 수사법은 프랑스 국민전선 지도자 마린 르펜이 퍼뜨렸는데, 그는 2011년 RT 방송을 시작으로 2013년 7월 모스크바 방문 중에도 이 표현을 입에 올렸다. 미국의 지도적인 백인 우월주의자 리처드 스펜서도 RT와 인터뷰를 하는 바로 그 순간에 똑같은 표현을 사용했다.[107]

유럽과 미국의 극우파는 또한 우크라이나 마이단 광장의 시위가 서구의 작품이라는 러시아의 공식적인 주장도 퍼뜨렸다. 폴란드 파시스트 마테우시

피스코르스키Mateusz Piskorski는 우크라이나에서 벌어지는 시위는 "미국 대사관"의 작품이라고 주장했다. 오스트리아 자유당의 지도자 하인츠-크리스티안 슈트라헤는 서구 정보기관을 비난했다. 헝가리 요빅당의 쾬죄시 마르톤은 반유대주의자와 네오나치들이 RT의 평론가가 되기 전부터 러시아 언론 스스로 반유대주의자이자 네오나치로 분류한 인물이었는데, 그는 마이단 시위는 미국 외교관들이 배후 조종한 것이라고 말했다. 독일의 네오나치 마누엘 오흐젠라이터는 우크라이나 혁명은 "서구가 강요한 것"이라고 언급했다. 이 사람들 가운데 어느 누구도 증거를 제시하지는 않았다.

유럽 극우파가 퍼뜨린 러시아의 음모 사상은 미국 우파 일부 진영에서도 영향력을 발휘했다. 2008년과 2012년에 대통령 후보로 나섰던 전 공화당 하원 의원 론 폴Ron Paul이 밝힌 견해는 특히 흥미로웠다. 초자유주의자를 자처하는 폴은 미국이 해외에서 벌이는 전쟁에 대해 강력한 비판을 가한 바 있었다. 그런데 이제 그는 러시아의 해외 전쟁을 옹호했다. 폴은 세르게이 글라지예프의 말을 인용하면서 찬동했다. 그렇지만 글라지예프의 파시즘 정치학과 신공산주의 경제학은 폴의 초자유주의와 모순되었고, 글라지예프의 호전성은 폴의 고립주의와 충돌했다. 폴은 유라시아 기획도 지지했다. 이 기획의 철학적 원천이 파시즘이고 경제학은 국가 계획을 수반한다는 점을 감안하면 역시 예상치 못한 일이었다. 폴은 한 무리의 유럽 파시스트들과 똑같은 목소리를 내면서 우크라이나에서 "미국 정부가 쿠데타를 성사시켰다"고 주장했다. 그 역시 아무런 증거를 내놓지 않았다. 그 대신 RT에서 제공하는 선전을 인용했을 뿐이다.[108]

미국의 비밀 나치 조직의 지도자 린던 라로슈가 글라지예프의 노선을 추종한 것은 이에 비하면 놀라운 일이 아니다. 라로슈와 글라지예프는 국제적인

(유대인) 과두 지배, (유대인) 자유주의자들의 러시아인 종족 학살, 유라시아에 대한 기대 등의 사고를 중심으로 20년 동안 협력하고 있었다. 라로슈가 볼 때, 우크라이나는 유라시아를 봉쇄하기 위해 유대인들이 만들어 낸 인위적인 구성물이었다. 글라지예프를 비롯한 러시아 파시스트들과 마찬가지로 라로슈 또한 유대인을 가해자로, 나머지 사람들을 피해자로 규정하기 위해 홀로코스트의 익숙한 상징들을 활용했다. 2014년 6월 27일, 라로슈는 글라지예프가 쓴 글을 발표하면서 우크라이나 정부는 미국이 세운 나치 군사 정권이라고 주장했다.[109]

그와 동시에 2014년 6월 30일 스티븐 코언Steven Cohen은 러시아 언론의 욕설을 그대로 구사했다. 라로슈처럼 코언 역시 러시아가 우크라이나를 침공한 것은 우크라이나가 종족 학살을 벌였기 때문이라는 러시아의 선전 주장을 지지했다. 우크라이나가 종족 학살을 저지르고 있다는 통념은 RT에 의해 영어로 번역되었고, 계속해서 미국 극우파와 극좌파의 일부 사람들에 의해 퍼져 나갔다. 이런 선전 시도는 홀로코스트와 관련된 이미지들을 활용했다. 이 이미지들을 활용해서 라로슈는 미국의 반유대주의자들에게 러시아인을 유대인의 희생자로 소개하고, 코언은 미국 좌파와 유대인에게 2014년 러시아가 희생된 사건이 1941년 유대인이 겪은 희생과 비슷하다고 말할 수 있었다. 어느 쪽이든 간에 결과는 우크라이나 사태를 왜곡할 뿐만 아니라 홀로코스트를 하찮게 만드는 것이었다.[110]

코언은 《더네이션The Nation》에 쓴 글에서 우크라이나 총리가 적들에 대해 "인간 이하"의 존재라고 이야기한 적이 있다고 주장했다. 그러면서 이런 발언을 우크라이나 정부가 나치와 같은 신념을 갖고 행동한다는 증거로 제시했다. 우크라이나 총리는 실제로 우크라이나 전사자 가족들에게 위로 성명을 작성한 바 있었다. 여기서 그는 "비인간적neliudy"이라는 단어를 써가며 공격자들을 설명했다. 그러자 러시아 언론은 이 우크라이나어 단어를 러시아어로 "인간 이하nedocheloveki"로 오역했고, RT는 영어 방송에서 "인간 이하"라는 단어를 사용했다. 코언은 이 사슬에서 마지막 고리 역할을 하면서 미국 언론에 이런 비방을 소개했다. RT의 한 프로그램에서는 이 오역과 나란히 다른 거짓말들이 방송되었고 르완다의 대량 학살에 관한 영상이 나란히 나갔다. 이 방송은 영국의 방송 기준에 위배되었기 때문에 인터넷에서 삭제되었다. "인간 이하"라는 허위 주장을 찾는 독자들은 여전히 《더네이션》을 볼 수 있었다.[111]

2014년 7월 러시아가 MH17을 격추했을 때 코언은 이렇게 말했다. "우리는 이런 격추를 한 적이 있다. 냉전 시대에 한 적이 있다." 민간인을 죽인 것은 과거에 대한 모호한 언급으로 간단히 처리되었다. 러시아가 우크라이나를 침공한 시기에 러시아 군인들이 러시아 무기로 민간 여객기를 격추해서 298명을 죽였다. 국가가 군인들과 무기를 이동시키고, 장교가 발사 명령을 내렸으며, 조종사들은 조종실에서 포탄 파편에 몸이 갈가리 찢어져 죽었다. 여객기는 상공 10킬로미터에서 산산이 조각났고, 어린이와 여성, 남성이 기습 테러에 사망하고 갈가리 찢어진 주검이 시골 들판에 흩뿌려졌다. 코언이 이 말을 한 2014년 7월 18일, 러시아 텔레비전은 이 사건의 여러 해석판을 방송하고 있었다. 코언은 기자들이 아는 사실, 즉 앞서 몇 주 동안 같은 장소에서 우크라이나 항공기 여러 대가 러시아 무기에 격추당했고, 러시아 정보총국 장교 이고리 기르킨이 MH17임이 밝혀진 항공기를 격추한 것은 자신의 공적이라고 밝힌 사실을 미국인들에게 설명하는 대신, 주제를 "냉전"으로 바꾸었다.[112]

러시아의 반동성애 정책과 우크라이나 침공이 "새로운 냉전"이라는 이런 사고는 이즈보르스크클럽의 파시스트들과 뒤이어 RT에 출연한 우익 정치인들이 러시아 내부에 퍼뜨린 인터넷 유행물meme이었다. 2011년에 마린 르펜이, 그리고 2013년에 리처드 스펜서가 이런 유행물을 선구적으로 퍼뜨린 정치인이었다. 이 용어는 2014년에 《더네이션》의 지면을 장식한 주요 개념이 되었다. 코언과 저널 발행인인 카트리나 밴던 후블Katrina vanden Heuvel이 쓴 글들 덕분이었다.[113]

2014년 7월 24일 방송에 출연한 밴던 후블은 모스크바가 "내전"에서 "휴전을 호소하고 있다"고 주장했다. 이런 식의 발언으로 후블은 침략자 러시아를 충돌로부터 분리한 셈이었다. 그 순간 "도네츠크 인민 공화국"과 "루간스크 인민 공화국" 총리는 우크라이나인이 아니라 러시아군이 들여온 러시아 시민이었다. 우크라이나와 아무런 연관이 없는 정치 기술자들이었다. 홍보 역할을 맡은 두 사람은 바로 그 "내전" 개념을 선전하고 있었고, 밴던 후블은 이 개념을 퍼뜨리는 데 일조했다. 밴던 후블이 텔레비전에 출연했을 때, 보안 책임을 맡은 러시아 시민은 블라디미르 안튜페예프였는데, 그는 이 충돌을 국제적인 프리메이슨 음모단에 맞선 전쟁으로 규정하면서 미국의 파괴를 예언했다.[114]

밴던 후블이 발언을 한 시점은 MH17이 러시아 무기 시스템에 격추된 지 1주일 뒤였고, 그 여름 동안 러시아가 국경 너머로 무기를 운송한다는 사실이 널리 보도되었다. 밴던 후블은 러시아가 자국 영토로부터 대규모 포격을 가하는 가운데 "내전"에 관해 말하고 있었다. 발사 지점에서 취재한 어느 러시아 언론인은 "러시아가 자국 영토로부터 우크라이나를 포격하고 있다"고 보도한 바 있었고, 또 "우크라이나에 대한 러시아의 군사 침공"에 관해서도 썼다. 밴던 후블이 말한 것처럼, 러시아 연방 각지에 주둔한 부대에서 차출된 군인 수천 명이 러시아-우크라이나 국경에 집결하고 있었다. 러시아가 우크라이나를 상대로 벌인 전쟁의 기본적인 현실은 당시 양국 기자들의 활동 덕분에 제대로 알

려졌지만《더네이션》의 선전 어법에 의해 수면 아래로 가라앉았다.[115]

영국 좌파의 중요한 저자들도 이와 똑같은 러시아의 논지를 되풀이했다. 존 필저John Pilger는 2014년 5월《가디언》에 쓴 글에서 푸틴이 "파시즘의 부상을 규탄할 수 있는 유일한 지도자"라고 말했다. 당시 진행되는 사태에서 끌어낸 결론으로는 현명하지 못한 것이었다. 불과 며칠 전에 네오나치들이 모스크바 거리 곳곳을 행진했는데 러시아 대통령은 아무런 규탄도 하지 않았다. 몇 주 전에는 러시아 국영 방송에서 한 앵커가 유대인이 홀로코스트를 자초한 것이라고 주장했다. 대담자인 알렉산드르 프로하노프는 앵커의 말에 동의했다. 푸틴의 정부가 이 여성 앵커에게 급여를 지불했고, 푸틴 자신이 프로하노프와 언론에 출연했다(프로하노프는 러시아 폭격기를 시승하기도 했는데, 공식적인 지지를 분명하게 표현한 행동이었다). 이 사람들은 규탄 받지 않았다. 당시 러시아는 선거 "참관인", 야전 군인, 러시아가 만들어 내는 메시지의 전파자 등으로 유럽 극우파를 끌어모으고 있었다. 모스크바는 유럽 파시스트들의 모임을 조직한 적도 있었고, 프랑스 극우 정당인 국민전선에 지원금도 주었다.[116]

도대체 어떻게 해서 좌파의 오피니언 리더들이 극우파의 글로벌 지도자인 블라디미르 푸틴에게 매혹된 걸까? 러시아는 사이버전 전문가들이 말하는 이른바 "수용성susceptibility"을 겨냥한 어법을 만들어 냈다. 수용성이란 전문가들의 발언과 행동을 감안할 때 사람들이 믿기 쉬운 것처럼 보이는 내용을 말한다. 가령 (한쪽 청중에게는) 우크라이나가 유대인이 만들어 낸 것이라고 하고 (다른 청중에게는) 동시에 우크라이나가 파시즘이 만들어 낸 것이라고 주장하는 게 가능했다. 좌파 사람들은 자신들이 몰두하는 부분에 이야기를 거는 소셜 미디어상의 자극에 이끌렸다. 필저는 글에서 어떤 의사가 쓴 것으로 회자되는, 인터넷에서 발견한 문서의 영향을 받아 우크라이나가 오데사에서 자행했다는 잔학 행위를 자세히 설명했다. 하지만 그 의사는 가공의 인물이었고 그런 사건은 벌어진 적이 없었다. 《가디언》은 정정 기사에서 필자가 참고한 자료인 가짜 소셜 미디어 페이지가 "이후 삭제되었다"고만 언급했다. 2014년에 그 신문에서 가장 널리 읽힌 우크라이나 관련 기사가 러시아에서 정치적으로 꾸며 낸 이야기를 영어로 번역한 내용이라고 말하는 것보다는 한결 너그러운 어조였다.[117]

《가디언》의 부편집인 셰이머스 밀른Seumas Milne은 2014년 1월에 우크라이나 "시위의 핵심에는 극우 민족주의자들과 파시스트들이 있다"고 의견을 밝혔다. 이 발언은 《가디언》의 우크라이나 현지 보도가 아니라 러시아의 선전 문구에 부합하는 말이었다. 밀른은 과두 지배에 맞서 법치로 대항하려는 우크라이나 100만 시민의 노고를 지워 버렸다. 좌파 전통을 지닌 신문으로서는 참으로 기묘한 태세 전환이었다. 푸틴이 러시아군이 우크라이나에 있다는 사실을 인정한 뒤에도 밀른은 "외계인들"이 대부분 우크라이나인이라고 주장했다. 2013년 발다이에서 대통령이 주관한 대외 정책 정상 회담에서 푸틴은 러시아와 우크라이나는 "한 민족"이라고 주장한 바 있었다. 밀른은 푸틴의 초청을 받아 2014년 정상 회담에서 한 세션의 의장을 맡았다.[118]

이들 중 어떤 사람—밀른, 필자, 코언, 밴던 후블, 라로슈, 폴—도 RT에서 차마 방송할 수 없는 해석을 하나도 내놓지 않았다. 어떤 경우에는 폴이나 라로슈같이 러시아의 선전에 의존했다고 인정하기도 했다. 실제 보도에 가까운 작업을 《더네이션》이나 《가디언》에 발표한 이들조차 러시아와 우크라이나의 실제 기자들이 조사한 내용을 무시했다. 이런 영향력 있는 미국과 영국의 저자들 가운데 누구도 우크라이나를 찾아가지 않았다. 통상적인 저널리즘의 관행을 무시한 것이다. 음모와 쿠데타, 군사 정권, 수용소, 파시스트, 종족 학살 등을 그토록 거리낌 없이 입에 올리는 사람들이 실제 세계와 접촉하는 것은 꺼렸다. 그들은 멀찍이 떨어진 채로 한 나라를 비현실 속에 빠뜨리는 데 재능을 활용했다. 그 과정에서 그들은 자국의 나라와 자기 자신을 감춰 버렸다.

2014년과 2015년 영국과 미국, 유럽에서는 우크라이나가 존재하는지 여부, 그리고 러시아가 우크라이나를 침략한 것인지 여부에 관한 토론에 엄청난 시간을 허비했다. 그와 같은 정보전의 승리는 러시아 지도자들에게 교훈이 되었다. 우크라이나 침공 당시 러시아의 주된 승리는 전장이 아니라 유럽인과 미국인들의 마음속에서 거둔 것이었다. 극우 정치인들은 러시아의 메시지를 퍼뜨렸고, 좌파 언론인들은 극우 정치인들을 중앙으로 끌어내는 데 일조했다. 그 후 좌파 언론인 중 한 명은 권력의 회랑에 진입했다. 2015년 10월, 셰이머스 밀른은 푸틴의 발다이 정상 회담에서 한 세션을 이끈 뒤 영국 노동당 지도자 제러미 코빈Jeremy Corbyn의 홍보 수석이 되었다. 밀른을 홍보 수석으로 삼은 코빈은 유럽 연합 회원국 지위를 별로 옹호하지 않았다. 영국 유권자들은 유럽 연합 탈퇴를 선택했고, 모스크바는 박수갈채를 보냈다.[119]

브렉시트 국민 투표가 치러지고 얼마 지나지 않은 2016년 7월, 도널드 트럼프는 이렇게 말했다. "푸틴은 우크라이나에 들어가지 않을 겁니다. 그건 적어 놓아도 좋아요." 러시아의 우크라이나 침공은 2년 전인 2014년 2월 마이단 광장에서 저격수들이 우크라이나 사람들을 살해한 직후에 시작되었다. 트럼프가 선거 운동 책임자를 갖게 된 것은 바로 이런 일련의 사태 덕분이었다. 야누코비치는 러시아로 도망쳤지만 그의 고문 폴 매너포트는 2015년 말까지 우크라이나의 친러시아 당을 위해 일했다. 매너포트의 새로운 고용주인 야당 블록Opposition Bloc은 러시아가 자국을 침공하는 와중에도 러시아와 거래하기를 원하는 우크라이나 정치 체제의 일부였다. 그리하여 매너포트는 다음 일자리로 매끄럽게 옮겨 갔다. 2016년 그는 뉴욕으로 가서 트럼프의 선거 운동 관리를 맡았다. 2014년에 트럼프는 러시아가 우크라이나를 침공한 사실을 알고 있었다. 그런데 매너포트의 감독 아래 이제는 러시아의 순결을 선언했다.[120]

당시 린던 라로슈와 론 폴도 똑같은 이야기를 하고 있었다. 러시아는 잘못한 게 아무것도 없고, 러시아가 침공했을 수도 하지 않았을 수도 있지만 그 책임은 어쨌든 유럽인과 미국인들에게 있다는 것이었다. 2016년 여름과 가을에 《더네이션》에 쓴 글에서 코언은 트럼프와 매너포트를 옹호하고, 트럼프와 푸틴이 언젠가 하나로 뭉쳐 세계 질서를 개조하는 미래를 꿈꾸었다. 유럽 연합과 미국을 겨냥한 러시아의 공격에서 드러나는 파시즘과 허위는 트럼프의 선거 운동도 아우르는 것이었는데, 좌파로서는 익히 간파할 수 있는 이야기였다. 하지만 2016년에 좌파에서 트럼프와 그의 정치적 허구를 진지하게 생각한 사람은 거의 없었다. 아마 좌파가 신뢰하는 저자들이 사실성을 훼손하려는 러시아 캠페인의 분석가가 아니라 오히려 가담자였기 때문일 것이다. 어쨌든 우크라이나 사태는 아무도 주목하지 않은 경고였다.

미국에서 가공의 세계로부터 대통령 후보가 나타났을 때, 우크라이나인들과 러시아인들은 익숙한 양상에 주목했지만 미국 우파나 좌파에서는 귀를 기울이는 이가 거의 없었다. 모스크바가 우크라이나에서 사용한 것과 똑같은 수법을 미국에 가했을 때, 미국 우파나 좌파에서 주목한 이는 거의 없었다. 그리하여 미국은 패배하고 트럼프가 당선되었으며, 공화당은 눈이 멀고 민주당은 충격에 빠졌다. 정치적 허구를 제공한 건 러시아인들이었지만 그것을 요청한 것은 미국인들이었다.

CHAPTER SIX

평등인가 과두제인가

대지는 죽어 가고, 죄어치는 악폐의 먹잇감이 되나니
부가 축적되는 곳에서 사람은 썩어 간다.
- 올리버 골드스미스, 1770

정치적인 음모와 속임수, 부패를 막기 위한 모든 실질적인 방해물이 무엇보다도 필요하다. 이러한 공화 정부에 치명적인 적들은 당연히 여러 방면에서 접근해 오는 것으로 예상할 수 있었지만, 무엇보다도 우리 의회에서 부당하게 세력을 키워 이득을 보려는 외세의 욕망에서 비롯된다. 그들에게 자신들의 인물을 연방의 최고 통수권자로 길러 내는 것보다 더 만족스러운 방법이 또 있겠는가?
- 알렉산더 해밀턴, 1788

블라디미르 푸틴의 영원의 체제eternity regime는 여러 정치적 덕목에 도전했다. 러시아에서 승계의 원리를 철회하고, 유럽의 통합을 공격했으며, 새로운 정치적 형태의 창설을 막기 위해 우크라이나를 침공했다. 푸틴의 가장 거대한 공세는 미국을 파괴하기 위한 사이버전이었다. 미국의 불평등과 관련된 이유들 때문에 러시아의 과두제는 2016년에 이례적인 성공을 거두었다. 그 성공 때문에 불평등은 미국에서 한층 더 커다란 문제가 되었다.

도널드 트럼프의 부상은 알렉산더 해밀턴Alexander Hamilton이 두려워한 "이러한 공화 정부에 치명적인 적들"이 가하는 공격이었다. 러시아 지도자들은 트럼프의 후보 출마를 공공연하고 열광적으로 지지했다. 2016년 내내 러시아 엘리트들은 "트럼프는 우리 대통령"이라고 미소 지으며 말했다. 채널원의 인터넷 부서 책임자인 콘스탄틴 리코프는 트럼프를 대통령으로 당선시키기 위해 힘쓰는 웹 사이트(2015년 개설)를 운영했다. 러시아 언론의 주요 인사인 드미트리 키셀료프는 "트럼프라는 신성이 떠오르고 있다"고 기뻐했다. 유라시아론자들도 비슷한 감정이었다. 알렉산드르 두긴은 "우리는 트럼프를 믿는다In Trump We Trust"라는 제목의 동영상을 게시하면서 미국인들에게 "트럼프에게 표를 던지라!"고 촉구했다. 우크라이나 침공을 지지했던 "정교회 올리가르히" 콘스탄틴 말로페예프는 일련의 논설을 통해 트럼프의 후보 출마를 재촉했다. 러시아 하원 대외 관계 위원장 알렉세이 푸쉬코프Alexei Pushkov는 "트럼프가 서구라는 기관차를 곧바로 탈선시킬 수 있다"는 전반적인 희망을 피력했다. 일부 러시아인들은 미국인들에게 경고하려고 했다. 전 외무장관 안드레이 코지레프Andrei Kozyrev는 푸틴이 "트럼프가 미국 민주주의를 짓밟고, 안정의 기둥이자 자신을 억제할 수 있는 주요 세력인 미국을 무너뜨리지는 못해도 손상시킬 것임을 깨닫고 있다"고 설명했다.[1]

러시아 언론 기구는 트럼프를 위해 작동했다. 훗날 어느 러시아 언론인은 이렇게 설명했다. "우리는 아주 뚜렷한 지침을 받았다. 도널드 트럼프를 긍정적인 방식으로 보여 주고, 그의 적수인 힐러리 클린턴은 부정적으로 그리라는 것이었다." 러시아의 선전 매체인 스푸트니크는 트위터에서 #사기꾼힐러리#crookedhillary라는 해시태그를 사용했다. 이는 트럼프에 대한 존경과 지지의 제스처였다. '사기꾼 힐러리'라는 말이 트럼프가 쓴 표현이기 때문이다. 또한 클린턴을 핵전쟁과 결부시켰다. 트럼프는 RT에 출연해서 미국 언론이 정직하지 않다고 불만을 토로했는데, RT로서는 더할 나위 없이 반가운 발언이었다. RT의 존재 이유 자체가 모든 사람이 거짓말을 한다는 단 하나의 진실을 폭로

하는 것이었는데, 여기 미국인이 똑같은 말을 해 주었기 때문이다.[2]

그해 11월에 트럼프가 대통령에 당선되자 러시아 의회는 성원을 보냈다. 트럼프는 곧바로 푸틴에게 전화를 걸어 축하 인사를 받았다. 러시아 언론의 주요 인물인 키셀료프는 일요일 저녁 프로그램인 〈베스티네델리〉에 출연해서 트럼프의 당선을 두고 남자다움의 미덕이 정치에 다시 등장한 것이라고 축하했다. 그는 시청자들 앞에서 트럼프가 힐러리 클린턴을 비롯한 금발을 만족시킨다고 머릿속 공상을 늘어놓았다. 또 "'민주주의'나 '인권' 같은 단어는 트럼프의 사전에 없다"고 기뻐했다. 키셀료프는 트럼프와 오바마의 회동을 묘사하면서 오바마가 "마치 정글에 있는 것처럼 두 팔을 흔들었다"고 주장했다. 그리고 트럼프 취임식에 관해 논평할 때는 미셸 오바마가 가정주부처럼 생겼다고 떠들었다.[3]

성공한 사업가

영원의 정치학은 허구적 인물을 권력으로 이끄는 봇과 트롤, 유령과 좀비, 사자를 비롯한 비현실적 존재들의 환등상phantasmagoria으로 가득하다. "성공한 사업가 도널드 트럼프"는 사람이 아니었다. 그는 미국의 영원의 정치학에서 불어 내리는 바람인 구속받지 않는 자본주의가 러시아의 영원의 정치학에서 피어오르는 탄화수소 연기인 도둑 정치적 권위주의kleptocratic authoritarianism와 만나는 기묘한 분위기 속에서 태어난 환상이었다. 러시아인들은 "자신들이 창조한 생명체"를 미국 대통령 자리까지 끌어올렸다. 트럼프는 혼돈과 약점을 만들어 내기 위해 고안된 사이버 무기의 탄두였고 실제로도 그런 역할을 했다.[4]

트럼프의 백악관 입성은 세 단계를 거쳤는데, 각 단계마다 미국의 취약성에 의존했고 또 미국의 협조가 필요했다. 첫째, 러시아인들은 파산한 부동산 개발업자를 그들 자본의 수령인으로 바꿔 놓아야 했다. 둘째, 이 파산한 부동산 개발업자는 미국 텔레비전에 출연해서 성공한 사업가 연기를 해야 했다. 마지막으로, 러시아는 2016년 대통령 선거에서 "성공한 사업가 도널드 트럼프"라는 가공의 인물을 지지하기 위해 의도적으로 개입해서 성공을 거두었다.

이 과정 내내 러시아인들은 무엇이 사실이고 무엇이 허구인지 알았다. 러시아인들은 트럼프의 정체를 잘 알았다. 트럼프는 그의 트윗에 씌어 있는 "'대단히' 성공한 사업가"가 아니라 러시아의 도구가 된 미국의 실패자였다. 미국인들은 다른 꿈을 꾸었겠지만, 모스크바의 주요 인물 가운데 트럼프가 유력한 거물이라고 생각한 이는 아무도 없었다. 트럼프는 러시아에서 돈을 대 준 덕분에 원래 그만큼 실패한 기록을 가진 사람이라면 마땅히 예상되는 운명을 피할 수 있었다.[5]

트럼프타워에서 일어나는 일

미국인의 관점에서 볼 때, 트럼프타워는 뉴욕시 5번가에 있는 화려한 빌딩이다. 반면 러시아인의 관점에서 보면 국제적 범죄를 유혹하는 장소다.

러시아 마피아들은 1990년대에 트럼프타워에 있는 아파트를 사고팔면서 돈을 세탁하기 시작했다. 1986년을 시작으로 소비에트 외교관들은 트럼프에게 구애와 아첨 공세를 펼쳤다. 그가 미래에 모스크바에서 거물이 될 수 있다고 치켜세우는 식이었다. 1987년, 소비에트 국가는 트럼프와 당시 부인 이바나Ivana에게 비용을 대 주면서 모스크바에 방문해서 내셔널호텔National Hotel 레닌 스위트룸을 이용하게 했다. 이 방은 도청과 감시를 받은 게 확실하다. 국가보안위원회의 통상적인 절차는 나중에 중요한 인물이 될 사람들에 관한 지저분한 자료를 수집하는 것이었다. 흥미롭게도 트럼프는 소련에서 돌아온 뒤에야 대통령 출마를 입에 올리고 미국 고립주의를 옹호하는 광고를 내보내기 시작했다. 1991년 소련이 붕괴한 뒤, 러시아 마피아들은 뉴욕에 손을 뻗쳤다. 연방수사국이 오랫동안 추적한 러시아의 가장 악명 높은 청부 살인업자가 트럼프타워에서 살았다. 트럼프의 아파트 바로 아래층에서 도박장을 운영한 혐의로 러시아인들이 체포되었다. 1999년과 2001년 사이 맨해튼 동쪽 유엔 본부 근처에 세워진 트럼프월드타워Trump World Tower는 호화 아파트의 3분의 1을 구소련 출신 사람들이나 단체가 사들였다. 트럼프월드타워의 켈리앤 콘웨이Kellyanne Conway 바로 아래층에 사는 한 남자는 돈세탁 혐의로 미국 재무부의 조사를 받았다. 콘웨이는 후에 트럼프 선거 운동의 언론 대변인이 된 인물이다. 사우스 플로리다에 있는 트럼프 부동산 매물 700개를 매입한 것은 페이퍼 컴퍼니들이었다. 이런 페이퍼 컴퍼니들과 관련된 인사 두 명이 트럼프타워에서 도박과 돈세탁 사업체를 운영한 혐의로 유죄 판결을 받았다. 아마 트럼프는 자기 부동산에서 무슨 일이 벌어지고 있는지 전혀 알지 못했을 것이다.[6]

1990년대 말에 이르러 많은 이들이 트럼프를 신용이 없고 파산한 사람으로 간주했다. 70개가 넘는 은행에 진 빚이 40억 달러 정도였는데, 그중 8억 달러는 직접 보증한 것이었다. 트럼프는 이 채무를 상환할 의사나 능력을 전혀 보여 주지 않았다. 2004년 파산한 이후 미국의 어떤 은행도 그에게 돈을 빌려 주려 하지 않았다. 유일하게 대출을 해 준 은행은 도이체방크였는데, 이 은행의 다채로운 추문의 역사를 보면 견실한 이름이 가짜임이 드러난다. 흥미롭게도, 도이체방크는 또한 2011년부터 2015년까지 러시아 고객들을 위해 100억 달러 정도를 세탁해 주었다. 또 흥미롭게도 트럼프는 도이체방크에 진 채무에 대한 상환을 거부했다.

러시아의 한 올리가르히는 트럼프 소유의 주택 한 채를 트럼프가 원래 치른 값보다 5500만 달러를 더 주고 구입했다. 구매자 드미트리 리볼로프레프Dmitry Rybolovlev는 이 부동산에 아무런 관심을 보이지 않았고 한 번도 입주해 살지 않았다. 하지만 나중에 트럼프가 대통령에 출마하자 리볼로프레프는 트럼프가 선거 운동을 하는 여러 곳에 모습을 드러냈다. 트럼프가 외견상 하는 사업인 부동산 개발은 이미 러시아인들이 벌이는 야바위판이 된 상태였다. 아파트 단지를 돈세탁에 활용할 수 있다는 사실을 깨달은 러시아인들은 트럼프의 이름을 등에 업고 더 많은 빌딩을 건설했다. 아들인 도널드 트럼프 주니어는 2008년에 이렇게 말했다. "우리가 가진 수많은 자산에서 러시아인들이 압도적으로 큰 비중을 차지한다. 엄청난 돈이 러시아로부터 쏟아져 들어오는 게 눈에 보인다."[7]

러시아인들의 제안은 뿌리치기 어려웠다. 수백만 달러를 트럼프에게 선불로 주고, 트럼프에게 수익의 일부를 떼어 주며, 빌딩에 트럼프의 이름을 붙이는데, 트럼프는 한 푼도 투자하지 않아도 된다는 것이었다. 이런 조건은 양쪽 모두를 만족시켰다. 2006년, 구소련 시민들이 트럼프소호Trump SoHo 신축 자금을 모아서 트럼프에게 수익의 18퍼센트를 주었다. 트럼프는 한 푼도 내지 않았는데 말이다. 펠릭스 세이터Felix Sater의 경우에 이 아파트들은 화폐 세탁기였다. 러시아계 미국인인 세이터는 트럼프타워에 있는 트럼프 사무실의 두 층 아래 사무실에서 트럼프그룹Trump Organization의 선임 고문으로 일했다. 트럼프는 세이터가 베이록그룹Bayrock Group이라는 이름의 사업체를 통해 들여오는 러시아 자금에 의존했다. 세이터는 포스트소비에트 세계 출신 사람들이 페이퍼 컴퍼니를 활용해 아파트를 구입하는 것을 도와주었다. 2007년부터 세이터와 베이록은 세계 각지에서 트럼프를 도우면서 최소한 네 개 프로젝트에서 협력했다. 이중 몇 개는 실패했지만 그와 무관하게 트럼프는 돈을 벌었다.[8]

러시아는 부자 나라가 아니지만 이 나라의 부는 매우 집중되어 있다. 따라서 러시아인들 사이에서는 상대에게 후한 조건으로 돈을 빌려주고 나중에 이자를 정해서 빚을 지게 만드는 일이 흔하다. 대통령 후보 트럼프는 소득세 신고를 공개하지 않음으로써 수십 년 이어진 전통을 깨뜨렸다. 아마 이것을 공개하면 러시아 자본에 크게 의존한 사실이 드러나기 때문이었을 것이다. 대통령 후보로 출마한다고 발표한 뒤인 2015년 6월에도 트럼프는 러시아인들과 리스크가 없는 거래를 하려고 했다. 공화당 대통령 후보 토론회를 코앞에 둔 2015년 10월, 그는 러시아인들이 모스크바에 고층 빌딩을 세우고 자기 이름을 붙이게 하는 동의서에 서명했다. 그러고는 트위터에 "푸틴은 도널드 트럼프를 사랑한다"고 선언했다. 그의 회사는 이 타워의 펜트하우스를 푸틴 대통령에게 주려고 계획했다.[9]

최종 거래는 성사되지 않았다. 대통령 선거 운동이 추진력을 얻고 있던 순간에 트럼프가 외견상 거둔 성공의 원천이 러시아에 있다는 사실이 너무 명백해지면 곤란했기 때문일 것이다. 가공의 인물인 "성공한 사업가 도널드 트럼프"는 더 중요한 할 일이 있었다. 2015년 11월 펠릭스 세이터는 이렇게 썼다. "우리 친구our boy가 미국 대통령이 될 수 있고 우리가 그렇게 조종할 수 있다." 2016년 트럼프가 선거 운동 자금이 필요했던 바로 그때 그의 부동산은 페이퍼 컴퍼니들 사이에서 대단한 인기를 누렸다. 트럼프가 공화당 후보로 지명되고 본선에서 승리하기까지 반년 동안, 그가 소유한 빌딩의 아파트 매물 70퍼센트를 구입한 것은 개인이 아니라 유한 책임 회사들이었다.[10]

허구의 승자

러시아의 "친구"가 미국인들의 마음속에 자리 잡게 된 것은 인기 텔레비전 프로그램인 〈어프렌티스The Apprentice〉덕분이었다. 여기서 트럼프는 언제든 자기 마음대로 채용하고 해고할 수 있는 거물 역할을 맡았다. 그런 인물 행세를 하는 것이 이미 일상적인 일이었기 때문에 이 역할은 당연히 그의 몫이 되었다. 프로그램 속 세상은 비정한 과두제 사회이고, 개인의 미래는 단 한 사람의 변덕스러운 마음에 달려 있다. 매회의 클라이맥스는 트럼프가 "당신 해고야!"라는 말로 고통을 가하는 순간이다. 트럼프가 대통령에 출마했을 때 그 밑바탕에는 세상이 실제로 그러하다는 전제가 깔려 있었다. 법을 무시하고, 제도를 경멸하며, 공감이 결여된, 가공의 부를 가진 가공의 인물이 고통을 유발하는 식으로 사람들을 다스릴 수 있다는 전제가 그것이다. 트럼프는 수년 동안 텔레비전에서 가공의 인물을 연기한 덕분에 토론에서 공화당 경쟁자들을 압도할 수 있었다.

트럼프는 비현실을 방송하고 있었고 이는 계속되었다. 2010년 RT는 미국의 음모론자들이 버락 오바마 대통령이 미국에서 태어나지 않았다는 그릇된 관념을 퍼뜨리는 것을 돕고 있었다. 선거로 뽑힌 대통령을 상상으로 몰아내기를 바라는 인종주의자 미국인들의 약점을 파고들기 위해 고안된 이 허구는 그들에게 대안적 현실alternative reality에서 살도록 권유했다. 2011년, 트럼프는 이런 환상 캠페인의 대변인이 되었다. 미국인들이 그를 텔레비전에서 연기하는 성공한 사업가와 연결 지었기 때문에 오직 그에게만 그렇게 할 수 있는 연단이 있었다. 그런데 성공한 사업가라는 역할이 가능했던 것은 오로지 러시아인들이 그를 파산에서 구제해 주었기 때문이다. 허구에 의지한 허구에 또 다른 허구가 의지하는 셈이었다.[11]

러시아의 관점에서 보면, 트럼프는 자신이 구제해 준 실패자였고 미국의 현실을 파괴하는 데 활용할 수 있는 자산이었다. 이런 관계는 2013년 모스크바에서 열린 미스유니버스 대회에서 극적으로 드러났다. 트럼프는 러시아 대통령과 "단짝 친구"가 되기를 기대하면서 푸틴 앞에서 우쭐거렸다. 트럼프의 러시아 쪽 파트너들은 그가 돈이 필요한 것을 알았다. 그들은 미스유니버스 대회를 조직하는 한편으로 트럼프에게 2000만 달러를 주었다. 그러면서 그가 돈과 권력을 가진 미국인 역할을 연기하게 해 주었다. 대회를 위해 촬영된 뮤직비디오에서 트럼프는 어느 성공한 젊은 팝스타에게 "당신 해고야!"라고 말할 수 있었다. 이 팝스타는 실제로 대회를 운영하는 사람의 아들이었다. 트럼프가 승리하게 해 준다는 것은 그를 완전히 소유하게 된다는 것을 의미했다.[12]

승자 트럼프는 자기 나라를 패배하게 만들 허구였다.

이제 미국이다

소련 비밀경찰, 시간 순서대로 이름을 나열하면 체카, 정보총국GPU, 내무인민위원회NKVD, 국가보안위원회KGB, 그리고 러시아 연방보안국FSP은 "적극적 조치active measures"라고 알려진 특별한 종류의 작전에 탁월했다. 첩보는 보고 이해하는 일이다. 반면 방첩은 상대방이 보고 이해하는 것을 어렵게 만드는 일이다. "성공한 사업가 도널드 트럼프"라는 가공의 인물을 위한 작전 같은 '적극적 조치'는 상대로 하여금 그 힘을 자기 약점에 가하게 유도하는 것이다. 미국이 2016년 사이버전에서 러시아에 유린당한 것은 러시아의 '적극적 조치' 실행자들에게 유리한 쪽으로 기술과 생활의 관계가 완전히 바뀐 탓이었다.[13]

1970년대와 1980년대에 이르러 냉전은 현실 세계에서 매력적인 상품을 가시적으로 소비하기 위한 기술 경쟁이 되었다. 북미와 서유럽 나라들은 당시 확고한 우위에 있었고, 1991년 소련은 붕괴했다. 그런데 2000년대와 2010년대에 러시아와 달리 규제받지 않는 인터넷이 대다수 미국의 가정에 들어섬에 따

라 기술과 생활의 관계가 바뀌었다. 그와 더불어 힘의 균형이 이동했다. 2016
년에 이르러 평균적인 미국인은 하루에 열 시간 이상을 화면 앞에서 보냈는데,
그 대부분은 인터넷에 연결된 기기의 화면이었다. 〈텅 빈 사람들The Hollow Men〉
에서 T. S. 엘리엇은 이렇게 썼다. "이상과 / 현실 사이에 / 행동과 / 동작 사이
에 / 그림자가 진다." 2010년대 미국에서 이 그림자는 인터넷이었고, 인터넷은
사람들의 생각을 행동으로부터 분리시켰다. 2016년에 이르러 이제 기술은 미
국 사회를 외부 세계에 더 좋은 것으로 보이도록 만들지 않았다. 그 대신 기술
은 미국 사회 내부, 미국인 개개인의 마음속을 더 잘 들여다보게 해 주었다.[14]

조지 오웰의 《1984》에서 주인공은 이런 말을 듣는다. "당신은 텅 비게 될
거야. 우리가 당신의 내면을 모두 쥐어짜 공허한 존재로 만든 다음에 우리 자
신으로 당신의 속을 채울 테니까." 2010년대에는 냉전 시기처럼 소비할 수 있
는 물리적 대상이 아니라 마음속에 조성할 수 있는 심리적 상태를 둘러싸고 경
쟁이 벌어졌다. 러시아 경제는 물질적 가치가 있는 물건을 생산하지 않아도 되
었고 실제로도 생산하지 않았다. 한편 러시아 정치인들은 다른 이들이 창조한
기술을 활용해서 정신 상태를 변경해야 했고, 실제로 그렇게 했다. 일단 눈에
보이지 않는 인격의 조작을 둘러싸고 경쟁이 벌어지자 러시아가 승리한 것도
놀랄 일은 아니다.

푸틴 치하의 러시아는 대의를 위해서가 아니라 조건이 유리하기 때문에
전쟁을 선포했다. 일린과 그의 뒤를 이은 러시아 민족주의자들은 서구를 영적
위협으로 규정했고, 서구의 존재 자체가 러시아인들에게 해롭거나 혼동을 야
기할 수 있는 사실들을 만들어 낸다고 보았다. 그런 논리에 따르면 유럽과 미
국을 겨냥한 선제 사이버전은 기술적 가능성이 확보되자마자 정당한 것이 되
었다. 2016년에 이르러 러시아의 사이버전은 거의 10년째 진행되고 있었지만

미국의 논의에서는 대부분 무시되었다. 러시아의 한 의원은 러시아가 미국 대통령을 선택하는 동안 미국 비밀 정보기관은 "내내 잠만 잤다"고 말했는데, 그의 말에는 정당성이 있었다.[15]

키셀료프는 정보전이야말로 가장 중요한 전쟁이라고 규정했다. 상대편에서는 민주당 의장이 "전쟁인 것은 분명하지만 다른 전장에서 치러지는 전쟁"에 관해 이야기했다. 이 용어는 말 그대로 받아들여져야 했다. 가장 유명한 전쟁 연구자인 카를 폰 클라우제비츠Carl von Clausewitz는 "우리의 적에게 우리의 의지를 강요할 수 있는 무력 행위"라고 전쟁을 정의했다. 2010년대 러시아군의 교의에서 가정한 것처럼, 기술 덕분에 폭력이라는 매개를 통하지 않고도 적의 의지를 직접 공격할 수 있다면 어떨까? 2013년 러시아군의 계획 문서에서 제안한 것처럼, 미국 "국민들"로 하여금 스스로의 이해에 위배되는 "강력한 항의 시위"를 조직하게 하거나, 2014년에 이즈보르스크클럽이 자세히 설명한 것처럼, 미국 내에서 "파괴적인 피해망상의 반향"을 조성할 수 있을 것이다.• 이것이 트럼프가 대통령 후보로 나서게 된 정황에 관한 간결하고 정확한 설명이다. 이 가공의 인물은 체제에 대한 항의의 뜻으로 던진 표 덕분에, 그리고 사실과 무관한 피해망상적 환상을 믿은 유권자들 덕분에 승리를 거두었다.[16]

2014년 우크라이나 대통령 선거 중에 러시아는 우크라이나 중앙선거관리

• 러시아 지도자들은 우크라이나 혁명을 이런 식으로 보았다. 만약 우크라이나인들이 러시아의 지배를 원하지 않는다면 다른 누군가가 러시아에 맞서 정보전을 벌이고 있음이 분명한데, 그 누군가는 오직 미국일 수밖에 없다. 따라서 우크라이나에 집착하는 크렘린과 그것을 눈치 채기 힘든 백악관 사이의 소통에 오류가 발생해서 러시아인들은 적이 비밀리에 활동하고 있다는 의심을 더욱 키웠다. 그리하여 러시아는 우크라이나군을 상대로 한 전쟁을 유럽 연합과 미국을 겨냥한 정보전과 사이버전으로 치렀다 — 원주.

위원회 서버를 해킹했다. 우크라이나 관리들은 마지막 순간에야 해커를 잡았다. 다른 영역에서는 그만큼 운이 좋지 않았다. 사이버전의 가장 끔찍한 가능성은 전문가들이 말하는 이른바 "사이버의 현실화cyber-to-physical", 즉 키보드를 두드려 컴퓨터 코드를 바꾼 행동이 3차원 세계에 영향을 미치는 것이다. 러시아 해커들은 전력망의 일부를 두절시키는 등 우크라이나에서 몇 차례 이런 시도를 했다. 2016년 미국에서는 이 두 형태의 공격이 하나로 합쳐졌다. 대통령 선거를 겨냥한 공격이 이번에는 '사이버의 현실화'로 나타난 것이다. 러시아가 벌인 사이버전의 목표는 언뜻 정상적인 절차처럼 보이는 과정을 통해 트럼프를 백악관에 입성시키는 것이었다. 전력망이 두절되는 것을 스스로 알지 못한 것처럼, 트럼프는 이 점을 이해할 필요가 없었다. 중요한 것은 정전이 되는 것뿐이었다.[17]

러시아가 우크라이나에 대해 벌인 전쟁은 언제나 유럽 연합과 미국을 파괴하기 위한 원대한 정책의 한 요소였다. 러시아 지도자들은 이런 사실을 전혀 숨기지 않았고, 러시아 병사들과 지원병들은 자신들이 미국에 대항한 세계 대전을 치르고 있다고 믿었다. 어떤 의미에서 그들의 생각은 틀리지 않았다. 2014년 봄, 러시아 특수 부대가 우크라이나 동남부에 침투했을 때, 일부 군인들은 분명 자신들이 미국을 물리치고 있다고 생각했다. 그들 중 한 명은 기자에게 자기 꿈은 "T-50[러시아 스텔스 전투기]이 워싱턴 상공을 비행하게 만드는 것"이라고 말했다. 러시아 편에서 싸운 우크라이나 시민들도 비슷한 상상의 나래를 폈다. 그중 한 명은 미국 백악관과 국회의사당 꼭대기에 적기赤旗를 휘날리는 환상에 빠졌다. 2014년 7월 러시아가 우크라이나에 2차 대규모 군사 개입을 개시할 때, 사령관 블라디미르 안튜페예프는 우크라이나와 미국을 한데 묶어 "해체되는" 국가로 분류하면서 미국이라는 "악마의 구조물"이 파괴될 것이라고 예상했다. 2014년 8월, 알렉산드르 보로다이를 비롯한 많은 이들은 러시아가 미국에 개입하고 있다는 농담을 소셜 미디어에 전했는데, 미국 대통령을 인종 차별적으로 묘사하는 내용도 있었다. 그해 여름, 러시아 공작원들이 미국 영토에서 활동을 하면서 향후의 개입을 준비했다. 2014년 9월, 세르게이 글라지예프는 우크라이나 전쟁에서 승리하려면 "미국 엘리트들을 절멸"시켜야 한다고 말했다. 2014년 12월, 이즈보르스크클럽은 미국을 겨냥한 새로운 냉전에 관한 연재 글을 발표했다. 이 냉전은 정보전으로 벌어지는 전쟁이었다. 이즈보르스크클럽은 "허위 정보로 정보를 채울 것"을 예상했다. 목표는 "서구 사회의 중요한 기둥 몇 개를 무너뜨리는 것"이었다.[18]

우크라이나에서 활동한 러시아 연방보안국과 군 정보부(정보총국)는 또한 둘 다 미국을 겨냥한 사이버전에도 참여하게 된다. 인터넷 리서치 에이전시라는 이름으로 알려진 러시아의 사이버전 전문 중추부는 러시아의 우크라이나 전쟁에 관한 유럽과 미국의 여론을 조작했다. 2015년 6월 트럼프가 후보 출마를 발표했을 때, 인터넷 리서치 에이전시는 미국부American Department를 포함하는 규모로 확대되었다. 90명 정도의 신입 직원이 상트페테르부르크에서 현장 근무를 시작한 한편, 미국에도 다른 직원들이 파견되었다. 인터넷 리서치 에이전시는 또한 100명가량의 미국 정치 활동가를 끌어들였는데, 그들은 자신들이 누구를 위해 일하는 것인지 알지 못했다. 인터넷 리서치 에이전시는 러시아 비밀 정보부와 함께 트럼프를 백악관 대통령 집무실에 앉히는 일을 했다.[19]

2016년에는 러시아인들이 이런 새로운 가능성에 흥분하고 있음이 분명했다. 그해 2월 푸틴의 사이버 고문 안드레이 크루츠키흐Andrey Krutskikh는 자랑스럽게 떠벌였다. "우리는 미국인들과 동등한 입장에서 대화를 할 수 있게 해 줄 무언가를 정보 분야에서 이제 막 확보하는 중이다." 5월에 정보총국의 한 장교는 자기 조직이 블라디미르 푸틴을 위해서 힐러리 클린턴에게 복수를 할 것이라며 자랑을 늘어놓았다. 선거 한 달 전인 10월, 채널원은 미국의 임박한 붕괴에 관한 장황하고 흥미로운 고찰을 공개했다. 러시아가 승리를 거둔 뒤인 2017년 6월, 푸틴은 러시아 지원병들이 미국을 상대로 사이버전을 벌인 사실을 부인한 적이 없다는 말로 자기 생각을 표현했다. 러시아의 우크라이나 침공을 설명하기 위해 써먹은 바로 그 정식화였다. 당시에도 그는 지원병들이 존재한다는 사실을 부인한 적이 없다. 푸틴은 러시아가 사이버전에서 미국을 물리쳤다는 사실을 윙크를 하면서 인정했다. 2018년 7월 푸틴은 분명한 사실을 확인해 주었다. "그래요, 나는 그가 승리하기를 원했습니다."[20]

미국 예외주의는 사실 미국의 엄청난 취약성임이 드러났다. 러시아의 우크라이나 지상 공격은 유럽인들과 미국인들을 겨냥해 동시에 벌어진 사이버전보다 더 어려운 싸움임이 밝혀졌다. 우크라이나가 자국을 방어하는 바로 그 순간에도 유럽과 미국의 글쟁이들은 러시아의 선전을 그대로 옮겼다. 우크라이나인들과 달리 미국인들은 인터넷이 자신들한테 불리하게 활용될 수 있다는 생각에 익숙하지 않았다. 2016년에 이르러 일부 미국인들은 지금까지 우크라이나에 관한 러시아의 선전에 속았다는 사실을 깨닫기 시작했다. 하지만 다음 번 공격이 진행 중이라는 사실을 눈치채거나 자기 나라가 현실에 대한 통제력을 상실할 수 있다는 예상을 한 이는 거의 없었다.[21]

미국 주권, 공격받다

사이버전에서 "공격면attack surface"은 컴퓨터 프로그램에서 해커가 접근할 수 있는 일군의 지점을 말한다. 만약 사이버전의 공격 목표가 컴퓨터 프로그램 하나가 아니라 사회라면, 공격면이 훨씬 넓어진다. 공격자가 적의 정신에 접속하게 해 주는 소프트웨어 전체가 공격면이 되는 것이다. 2015년과 2016년에 러시아에게 미국의 공격면은 페이스북, 인스타그램, 트위터, 구글 전부였다.[22]

십중팔구 대다수 미국인 유권자가 러시아의 선전에 노출되었다. 2016년 11월 선거 직전에 페이스북이 가짜 계정 '580만' 개를 폐쇄한 사실은 인상적이다. 이 계정들은 정치적 메시지를 선전하는 데 사용되었다. 2016년 한 해 동안 페이스북의 계정 100만 개 정도가 수천만 개의 "좋아요"를 인위적으로 만들어 내는 도구를 사용했다. 이렇게 해서 대개 허구인 특정한 기사를 아무것도 모르는 미국인들의 뉴스피드News Feed에 밀어 넣을 수 있었다. 러시아가 가장 분명하게 개입한 한 사례는 인터넷 리서치 에이전시가 페이스북 페이지 470개를 개설하고서도 미국 정치 단체나 운동 집단이 만든 것처럼 위장한 것이었다. 이 중 여섯 개가 페이스북에 올린 각 콘텐츠에 대해 3억 4000만 개의 '공유'를 받았는데, 전부 합치면 수십억 번이 공유된 것이었다. 미국인 1억 3700만 명이 투표를 했는데, 1억 2600만 명이 페이스북에서 러시아 콘텐츠를 보았다. 러시아의 이런 조직적인 작전에는 또한 최소한 129개의 이벤트 페이지가 포함되었는데, 최소한 33만 6300명이 이 페이지들에 노출되었다. 상트페테르부르크에서 키보드 앞에 앉아 일하는 러시아인들이 미국인들에게 적어도 10여 차례의 공개 행사에 참여하도록 유도했다. 전부 격렬한 주제로 이루어진 행사였다. 선거 직전에 러시아는 페이스북에 3000건의 광고를 게시했고, 최소한 180개의 인스타그램 계정을 통해 인터넷 유행물로 퍼뜨렸다. 러시아는 광고비를 누가 지불했는지에 관한 일러두기를 전혀 포함시키지 않은 채 광고를 할 수 있었기 때문에 결국 미국인들은 외국의 선전이 미국 내에서 진행되는 토론이라는 인상을 받았다. 연구자들이 미국이 러시아의 선전에 얼마나 노출되고 있는지를 계산하기 시작하자 페이스북은 더 많은 데이터를 삭제했다. 러시아의 선전 공세가 얼마나 효과적인지를 보여 주는 증거라 할 수 있다. 나중에 페이스북은 투자자들에게 무려 '6000만' 개의 계정이 가계정이라고 털어놓았다.[23]

러시아는 이미 미국 민주당 하원선거위원회를 해킹했기 때문에 투표율 모델을 입수할 수 있었고, 이를 한 러시아 활동가에게 전달했다. 대체로 미국인들은 러시아의 선전에 무작위로 노출된 게 아니라 인터넷 사용 습관으로 드러난 정보 수용성에 따라 노출되었다. 사람들은 맞는 것처럼 들리는 내용을 신뢰하는데, 일단 이렇게 신뢰하면 조작이 가능해진다. 어떤 경우에 사람들은 자신이 이미 두려워하거나 싫어하는 것에 대해 한층 더 강렬한 분노를 느끼게 된다. 러시아가 이미 프랑스와 독일에서 써먹은 이슬람 테러리즘이라는 주제는 미국에서도 전개되었다. 미시간과 위스콘신같이 결정적인 주에서 러시아는 반무슬림 메시지에 화들짝 놀라서 투표장으로 가게 만들 수 있는 사람들을 겨냥한 광고를 내보냈다. 미국 전역에서 트럼프에 표를 던질 만한 유권자들은 미국 무슬림 사이트를 표방하는 곳에서 친클린턴 내용의 메시지에 노출되었다. 독일의 리자 F. 사건처럼 러시아의 친트럼프 선전 또한 난민이나 강간범과 연결되었다. 이미 트럼프는 후보 출마를 발표하면서 똑같은 발언을 한 바 있었다.[24]

러시아 공격자들은 트위터의 대규모 재전송 역량을 활용했다. 평상시에 일상적인 주제에 관해서도 전체 트위터 계정의 10퍼센트 정도(보수적인 추정치다)는 인간이 아니라 봇, 즉 어떤 표적 집단에게 특정한 메시지를 퍼뜨리기 위해 고안된 컴퓨터 프로그램이다. 봇은 정교한 수준이 제각각이다. 트위터상에서 봇은 인간보다 숫자는 작지만, 메시지를 보내는 데는 인간보다 한결 효율적이다. 선거 전 몇 주 동안 정치에 관해 미국인들이 나눈 대화의 20퍼센트 정도가 봇에서 전송된 것이었다. 무엇보다도 러시아 봇들은 도널드 트럼프의 트윗을 리트윗했다. 투표 전날 발표된 한 중요한 학술 논문의 필자는 봇들이 "대통령 선거의 공정성을 위험에 빠뜨릴" 수 있다는 경고로 글을 시작했다. 그러면서 중요한 문제 세 가지를 거론했다. "첫째, 악의적인 목적을 가지고 운영되기 쉬운 여러 의심스러운 계정을 통해 영향을 분산시킬 수 있다. 둘째, 정치에 관한 대화를 극단적인 쪽으로 몰아갈 수 있다. 셋째, 허위 정보와 입증되지 않은 정보를 더 많이 퍼뜨릴 수 있다." 타격이 이뤄지고 난 다음에야 트위터는 러시아 봇 5만 개를 찾아냈다. 선거가 끝난 뒤 트위터는 3814개 계정이 러시아의 인터넷 리서치 에이전시에서 가동하는 것임을 확인했고, 이 계정들이 140만 미국인에게 영향을 미쳤다고 보고했다. 후에 러시아가 약 '300만 개'의 적대적인 트윗을 보낸 게 기록을 통해 알려졌다. 트위터가 점검에 나서자 의심스러운 계정을 '하루에' 100만 개 정도 확인할 수 있었다.[25]

봇은 원래 상업적 목적으로 활용되는 것이었다. 트위터는 다른 물건보다 더 싸거나 편리해 보이는 물건을 제시함으로써 인간 행동에 영향을 미칠 수 있는 인상적인 역량을 보유하고 있다. 러시아는 이 점을 활용했다. 러시아의 트위터 계정들은 미국인들에게 실제로 불가능한 "문자 투표"를 하라고 부추겨서 투표를 방해했다. 이런 행위가 워낙 대규모로 이루어졌기 때문에 원래는 자체 플랫폼에 관한 논의에 거의 개입하는 일이 없는 트위터도 결국 성명을 내서 이런 행위를 인정할 수밖에 없었다. 러시아는 페이스북 광고를 통해 아프리카계 미국인들에게 "줄을 서지 마시고, 집에서 투표하라"고 부추겼다. 러시아 트롤들은 텀블러에서 흑인 활동가 행세를 하면서 클린턴을 인종주의자로 묘사했다. 이런 메시지를 수십 만 명에게 전달했다. 러시아는 또한 다른 전자적 방식으로도 투표를 방해했을 수 있다. 몇몇 중요한 장소와 시간에 투표를 불가능하게 만들었을지 모른다. 가령 노스캐롤라이나주는 민주당이 근소하게 우세한 주인데, 민주당 쪽 유권자들은 대부분 도시에 거주한다. 선거 당일 주 도시들의 투표 기계가 작동을 멈춰서 기록된 투표수가 줄어들었다. 해당 기계를 생산한 회사가 러시아군 정보부에 해킹을 당했던 것이다. 러시아는 또한 미국의 최소한 21개 주의 선거 웹 사이트를 자세히 조사했는데, 아마 취약 지점을 찾아내고 영향을 미치기 위해 유권자 데이터를 찾아보았을 것이다. 미국 국토안보부에 따르면, "러시아 정보부는 미국의 여러 주와 지역 선거관리위원회의 영역들에 대한 접근로를 확보하고 유지했다."[26]

브렉시트 국민 투표에서 트위터 봇을 활용해서 탈퇴 투표를 부추긴 바 있는 러시아는 이제 미국에 봇들을 풀어 놓았다. 최소한 수백 건의 사례에서 유럽 연합을 겨냥해 활동해 효과를 거뒀던 바로 그 봇들이 이번에는 힐러리 클린턴을 공격했다. 해외 봇 트래픽의 대부분이 클린턴에 관한 부정적인 내용을 담은 선전이었다. 2016년 9월 11일 클린턴이 병에 걸리자 러시아 봇들은 사건의 규모를 대대적으로 증폭시키면서 트위터 상에서 #힐러리와병#HillaryDown이라는 해시태그 아래 하나의 추세를 형성했다. 이 트롤과 봇들은 또한 여러 결정적인 시점에 트럼프를 직접 지원하기 위해 움직였다. 러시아 트롤과 봇들은 트위터에서 도널드 트럼프와 공화당 전당 대회를 칭찬했다. 트럼프가 클린턴과 토론을 해야 하는 어려운 순간에 처했을 때, 러시아 트롤과 봇들은 트럼프가 이겼다거나 토론이 여하튼 그에게 불리하게 조작되었다는 주장으로 인터넷을 채웠다. 트럼프가 승리한 몇몇 중요한 경합 주를 보면, 선거를 며칠 앞두고 봇 활동이 강화되었다. 선거 당일에는 봇들이 #민주당과의전쟁#WarAgainstDemocrats이라는 해시태그를 달고 불을 뿜었다. 트럼프가 승리한 뒤, 그를 위해 활동했던 봇들 중 최소한 1600개가 프랑스와 독일에서 각각 마크롱 반대, 르펜 찬성과 메르켈 반대, 독일대안당 찬성 활동을 시작했다. 이처럼 가장 기본적인 기

술 수준에서도 미국을 겨냥한 전쟁은 또한 유럽 연합을 겨냥한 전쟁이기도 했다.[27]

2016년 미국에서 러시아는 또한 전자 우편 계정에도 침투했으며, 페이스북과 트위터상에서 프록시를 활용해서 유용하다고 판단한 내용을 골라서 퍼뜨렸다. 사람들이 링크된 웹 사이트에서 비밀번호를 입력하라고 요청하는 전자 우편 메시지를 받으면 해킹이 시작되었다. 해커들은 보안 개인 정보를 이용해서 그 사람의 전자 우편 계정에 접근해 그 내용을 훔쳤다. 그러고 나면 미국 정치 체제를 아는 누군가가 미국의 대중이 이 자료들 중 어떤 부분을 언제 보아야 하는지를 선택했다. 선거일까지 러시아는 15만 통 이상의 전자 우편을 보냈는데, 절묘한 시기와 상황마다 힐러리 클린턴의 명예를 훼손하고 도널드 트럼프를 치켜세웠다.[28]

대통령 선거가 치러지는 해에 미국의 두 주요 정당은 각각 전당 대회를 치르는데, 후보 선택과 발표를 연출하는 기회가 주어진다. 러시아는 2016년에 민주당에게서 이 기회를 빼앗았다. 3월 15일, 트럼프가 다섯 개 예비 선거에서 승리하자 러시아 정보총국 장교 이반 예르마코프Ivan Yermakov가 민주당 전국위원회 컴퓨터 네트워크에 침투했다. 3월과 4월, 러시아는 민주당 전국위원회와 클린턴 선본 사람들의 계정을 해킹했다(그리고 힐러리 클린턴을 직접 해킹하려고 시도했다). 민주당 전당 대회가 열리기 직전인 7월 22일, 전자 우편 2만 2000개가 노출되었다. 공개된 전자 우편들은 클린턴 지지자들과 민주당 후보 지명전에서 그의 경쟁자인 버니 샌더스 지지자들 사이에 싸움을 불러일으키기 위해 신중하게 선별한 것이었다. 이 전자 우편들이 공개되자 선거 운동으로 똘똘 뭉쳐야 할 순간에 분열이 생겨났다.[29]

이 해킹은 러시아 사이버전의 한 부분이었다. 하지만 트럼프쪽 선거 운동은 러시아의 시도를 지지했다. 6월 17일 트럼프는 모스크바 쪽에 힐러리 클린턴에게서 더 많은 전자 우편을 찾아내서 공개해 달라고 공공연하게 요청했다. 같은 날 러시아 정보총국은 클린턴 사무실과 가까운 사람들에게 피싱 메일을 보냈다. 트럼프의 소원을 들어주려는 노골적인 시도였다. 트럼프의 아들 도널드 트럼프 주니어는 전자 우편 데이터 복제를 일부 부추긴 대리인인 위키리크스WikiLeaks와 직접 연락했다. 위키리크스는 트럼프 주니어에게 아버지한테 유출된 한 건을 공개하게 하라고 요청했고 — "안녕하세요 도널드 씨, 당신 아버지가 우리가 공개한 내용을 이야기하는 걸 보면 참 좋겠군요" — 아버지 트럼프는 이 요청이 있고 15분 뒤에 실제로 이 내용을 발설했다. 10월 31일과 11월 4일, 트럼프는 트위터 팔로워들에게 러시아 쪽이 찾아낸 전자 우편을 찾아보라고 부추겼다. 수백만 트위터 팔로워를 보유한 트럼프는 러시아 해킹 작전에서 가장 중요한 유통 경로로 손꼽혔다. 트럼프는 또한 러시아가 선거 운동에 개입하고 있다는 것을 거듭 부인하면서 자세한 조사를 가로막는 식으로 러시아의 노력을 지원했다.[30]

유출된 전자 우편은 트럼프가 난관에 봉착했을 때 톡톡히 도움이 되었다. 10월 7일 녹음테이프가 공개되면서 힘 있는 남자라면 여자를 성폭행해야 한다는 트럼프의 견해가 드러나자 그는 위험에 빠진 것 같았다. 테이프가 공개되고 30분 뒤, 러시아는 클린턴 선거 대책 본부장 존 포데스타John Podesta의 전자 우편을 공개함으로써 트럼프가 여자들을 성적으로 약탈한 과거사에 관한 진지한 논의를 가로막았다. 곧이어 러시아의 많은 트롤과 봇이 활동에 들어가면서 성폭행을 옹호한 트럼프의 언사를 하찮은 문제로 만들고 트위터 이용자들의 관심을 전자 우편 유출로 몰아갔다. 러시아의 트롤과 봇들은 포데스타의 전자 우편을 가지고 두 가지 가공의 이야기를 엮는 데 일조했다. 하나는 피자 소아 성애 집단pizza pedophile ring*에 관한 이야기이고, 다른 하나는 사탄 숭배 의식에 관한 이야기였다. 이 이야기들 덕분에 트럼프 지지자들은 약탈적 성폭력에 관한 트럼프 자신의 고백에서 관심을 돌리고 다른 일들에 관해 생각하고 이야기할 수 있었다. 미국 성인의 3분의 1 정도가 한 미국 정치인에 관해 러시아가 퍼뜨린 허구를 믿기로 마음먹었다. 일단 러시아가 시간을 좀 벌어 주자 트럼프는 자신과 바람을 피웠거나 돈을 주고 섹스를 한 여자들을 매수하려고 했다. 추가적인 폭로를 막기 위해서였다. 트럼프의 변호사이자 해결사인 마이클 코언Michael Cohen은 나중에 부정 선거 자금에 관한 연방 범죄의 유죄를 인정했다. 트럼프의 지시에 따라 선거 운동에 피해가 가지 않도록 여자들에게 돈을 준 것이다.[31]

2015년 폴란드에서 벌어진 것과 똑같은 일이 2016년 미국에서 벌어졌다. 그 누구도 사적인 통신 내용을 선별해서 공적으로 공개하는 행위의 전체주의적 함의를 생각하지 못했다. 전체주의는 사적인 것과 공적인 것 사이의 경계선을 지워 버리기 때문에 우리 모두 언제나 권력에 투명하게 노출되는 것이 정상적인 상황이다. 러시아가 공개한 정보는 미국의 민주주의 절차에서 중요한 기능을 하는 실제 사람들에 관련된 것이었고, 이 정보를 대중에게 공개함으로써 그들은 선거 기간 중에 심리 상태와 정치적 역량에 영향을 받았다. 민주당 전당 대회를 운영하려고 하던 사람들이 러시아가 공개한 휴대 전화 번호를 통해 살해 위협을 받은 것은 중대한 사건이었다. 민주당 의회 위원회들이 사적인 자

• 해킹으로 공개된 포데스타의 전자 우편 중에 저녁 약속을 잡으면서 '치즈 피자cheese pizza'라는 단어가 등장하는데, 이 단어가 'c.p.'로 머리글자가 같은 '아동 포르노child pornography'의 은어라는 데 착안해서 포데스타가 식당에서 아동 성매매를 했다는 가짜 뉴스가 생산되었다.

료를 제어하지 못했기 때문에 민주당 하원 의원 후보들은 공직에 출마하면서 방해를 받았다. 이 정치인들의 사적인 자료가 공개된 뒤 민주당에 기부를 한 미국 시민들 역시 괴롭힘과 위협에 노출되었다. 이 모든 것은 정치의 가장 높은 수준에서 중대한 문제가 되었다. 한 주요 정당에는 영향을 미치고 다른 정당에는 아무런 영향도 미치지 않았기 때문이다. 더욱 근본적으로, 이 사건은 현대 전체주의가 어떤 모습일지 맛보기로 보여 주었다. 이제 모든 행동이 사후에 공개되어 개인에게 영향을 미칠 수 있기 때문에 어느 누구도 두려움 없이 정치 활동을 할 수 없는 것이다.[32]

물론 시민들은 전체주의적 분위기를 조성하는 데서 일익을 담당했다. 전화를 걸어 위협을 한 이들은 미국 전체주의의 전위파였다. 그렇지만 이런 유혹은 더 깊고 광범위하게 퍼졌다. 시민들은 호기심을 품는다. 확실히 숨겨진 것일수록 궁금해지며, 폭로의 짜릿함은 해방감을 준다. 일단 모든 게 당연시되면, 토론은 공적인 것과 알려진 일에서 비밀스러운 것과 알려지지 않은 일로 탈바꿈한다. 우리 주변에 있는 것들을 이해하려고 노력하는 대신 우리는 다음에 폭로될 것을 호시탐탐 노린다. 분명 불완전하고 결함이 있는 공직자들은 우리가 그들에 관해 속속들이 알 권리가 있다고 여기는 인물이 된다. 그렇지만 공적인 것과 사적인 것 사이의 차이가 사라지면, 민주주의는 지탱 불가능한 압력 아래 놓이게 된다. 이런 상황에서는 오로지 부끄러움을 모르는 정치인, 까발려 봐야 효과가 없는 정치인만이 살아남을 수 있다. "성공한 사업가 도널드 트럼프" 같은 가공물은 부끄러움을 느끼지 못한다. 현실 세계에 대한 책임감을 전혀 느끼지 않기 때문이다. 후보가 된 트럼프는 바로 이렇게 행동하면서 계속 탐색하고 폭로하는 모스크바에 의지했다.

만약 시민들이 외국의 해커들이 폭로한 내용만을 지식으로 받아들인다면, 적대적인 강대국에 신세를 지게 된다. 2016년 미국인들은 러시아에 의존하면서 자신들이 바로 이런 처지임을 깨닫지 못했다. 대다수 미국인들은 블라디미르 푸틴의 인도를 따라서 해킹된 전자 우편을 읽었다. "누가 해킹을 한 건지 정말 중요한가요?" 푸틴은 물었다. "정보에 담긴 내용이 무엇인지, 그게 중요한 겁니다." 그런데 사람들이 짜릿한 폭로에 정신이 팔리게 만든 그 모든 공개된 자료의 내용은 무엇인가? 그리고 문제가 되는 권력이 공개를 하지 않기로 선택한 까닭에 공개되지 않은 다른 모든 비밀은 어떤가? 우리는 한 가지가 폭로되면서 펼쳐지는 드라마에 눈이 팔려 다른 것들이 감춰진다는 사실을 망각한다. 러시아인들과 그 대리인들은 공화당 정치인들이나 트럼프 선거 운동, 또는 그 문제에 관한 한 자신들에 관해서 어떤 정보도 공개하지 않았다. 인터넷을 통해 전자 우편을 공개한 표면상의 진실 추구자들 가운데 어느 누구도 트럼프 선거 운동과 러시아의 관계에 관해 아무 말도 하지 않았다.[33]

미국의 대통령 선거 운동 가운데 이번만큼 외국 강대국에 밀접하게 속박된 경우가 전무했기 때문에 이것은 인상적인 침묵이다. 공개된 자료를 보면 연관 관계가 너무도 뚜렷했다. 러시아 사이버전이 거둔 한 가지 성공은 비밀과 사소한 문제의 유혹에 이끌린 미국인들이 명백하고 중요한 문제로부터 눈을 돌렸다는 것이다. 미국의 주권이 가시적인 공격을 받은 것이다.

알려진 이야기들

공개된 자료를 보면 트럼프의 보좌관들과 러시아 연방 사이의 이례적인 상호 작용이 드러났다. 2016년 3월 트럼프 선거 운동에 합류해 6월부터 8월까지 진두지휘한 폴 매너포트가 동유럽과 오래전부터 깊은 연계가 있었다는 사실은 전혀 비밀이 아니었다. 트럼프의 선거 대책 본부장을 맡은 매너포트는 억만장자를 자임하는 사람으로부터 급여를 한 푼도 받지 않았다. 어쨌든 이상한 일이다. 어쩌면 그는 단순히 공적 정신이 충만한 사람일지 모른다. 아니면 다른 사람들에게서 진짜 급여를 받을 것을 기대했을지도 모른다.[34]

2006년과 2009년 사이에 매너포트는 러시아 올리가르히 올레크 데리파스카Oleg Deripaska 밑에서 러시아가 정치적 영향력을 행사하기 위해 미국을 구워삶는 일을 했다. 매너포트는 크렘린에게 "푸틴 정부에 큰 이익이 될 수 있는 사업 모델"을 만들겠다고 약속했고, 들리는 바로 데리파스카는 그에게 2600만 달러를 지불했다고 한다. 매너포트는 합작 투자 사업이 끝난 뒤 데리파스카에게 1890만 달러 정도를 빚지게 되었다. 2016년 매너포트가 트럼프 선거 대책 본부장으로 일하는 동안 그는 이 채무를 걱정했던 것으로 보인다. 그는 데리파스카에게 트럼프 선거 운동에 관해 "개인적인 브리핑"을 해 주겠다고 편지를 썼다. 그는 자신의 영향력을 이용해서 데리파스카에게도 용서를 받으면서 "전부 다 갖기"를 기대했다. 흥미롭게도 트럼프의 변호사인 마크 카소위츠Marc Kasowitz는 데리파스카의 법률 대리인도 맡았다.[35]

러시아를 위해 미국을 약화시키려고 일한 과거사를 제외하고 매너포트는 러시아가 선호하는 후보가 대통령에 당선되게 만든 경험이 있었다. 2005년 데리파스카는 빅토르 야누코비치의 후원자인 우크라이나 올리가르히 리나트 아흐메토프Rinat Akhmetov에게 매너포트를 천거했다. 2005년부터 2015년까지 우크라이나에서 스파이로 활동한 매너포트는 1980년대에 미국에서 공화당이 개발한 것과 똑같은 "남부 전략"을 써먹었다. 한쪽 국민들에게 그들의 정체성이 위기에 처했다고 말한 다음에 모든 선거를 문화에 관한 국민 투표로 만들려고 노력한 것이다. 미국에서는 표적이 된 대상이 남부 백인이었다면, 우크라이나에서는 그 표적이 러시아어 사용자였다. 하지만 호소력은 똑같았다. 매너포트는 2010년 우크라이나에서 빅토르 야누코비치를 당선시키는 데 성공했다. 하지만 그 여파는 혁명과 러시아의 침공이었다.[36]

미국의 전술을 동유럽에 도입한 전력이 있는 매너포트는 이제 동유럽의 전술을 미국으로 들여왔다. 트럼프의 선거 대책 본부장으로서 그는 러시아식 정치적 허구를 수입하는 과정을 감독했다. 트럼프가 텔레비전 시청자들에게 러시아는 우크라이나를 침공하지 않을 것이라고 말한 것은 매너포트가 본부장을 맡고 있던 때였다. 러시아가 우크라이나를 침공한 지 2년 뒤의 일이다. 트럼프가 러시아에 힐러리 클린턴의 전자 우편을 찾아서 공개해 달라고 공공연하게 요청한 것도 매너포트가 재임하던 때였다. 매너포트는 야누코비치에게서 장부에 기장되지 않은 현금 1270만 달러를 받았다는 사실이 드러난 뒤 트럼프 선거 대책 본부장을 사임할 수밖에 없었다. 마지막 순간까지 매너포트는 러시아의 진정한 정치 기술자의 실력을 보여 주면서 사실을 부인하기보다는 눈길을 사로잡는 허구로 주제를 바꿔치기했다. 자신이 현금을 받았다는 이야기가 밝혀진 2016년 8월 14일, 매너포트는 무슬림 테러리스트들이 터키의 북대서양조약기구 기지를 공격한다는, 완전히 가공의 이야기를 퍼뜨림으로써 여전히 러시아에 조력하고 있었다. 2018년 매너포트는 여덟 건의 연방 범죄에 대해 유죄를 선고받았고, 추가로 공모와 사법 방해 두 건에 대해 연방 검찰과 유죄 인정 거래를 했다.[37]

매너포트 후임으로 선거 대책 본부장이 된 우익 이데올로그이자 영화 제작자인 스티브 배넌은 백인 우월주의자들을 미국의 주류 담론으로 들여온 공로를 인정받은 셈이었다. 브레이트바트 뉴스 네트워크Breitbart News Network 대표 시절 그는 브레이트바트라는 이름을 만천하에 알렸다. 미국의 주요 인종주의자들은 누구랄 것 없이 트럼프와 푸틴을 존경했다. 러시아의 우크라이나 침공을 옹호한 매슈 하임바크는 푸틴을 "세계 곳곳의 반세계화 세력의 지도자"로 치켜세우고, 러시아를 백인 우월주의의 "가장 강력한 동맹자"이자 "민족주의자들의 중심축"이라고 지칭했다. 하임바크는 워낙 열성적인 트럼프 지지자여서 2016년 3월 루이빌Louisville에서 열린 트럼프 집회에서 항의 시위자를 끌어내기도 했다. 재판에서 내세운 법적 방어 논리는 트럼프에게 지침을 받고 그런 행동을 했다는 것이었다. 배넌은 경제 민족주의자이자 국민을 위해 싸우는 투사를 자처했다. 하지만 그는 미국의 과두 지배 가문oligarchical clan인 머서가家* 덕분에 경력을 쌓고 언론 매체를 운영했으며, 또 다른 과두 지배 가문인 트럼프가를 백악관에 앉히는 선거 운동을 지휘했다. 또 다른 미국 과두 지배 가문인 코크가家**가 후원한 소송을 통해 미국에서 무제한 선거 기부금을 가능케 만든 사람***의 도움을 받았다.38

배넌은 디지털 과두 지배digital oligarchy, 즉 최부유층 인사들이 내놓은 돈을 이용해서 인터넷을 통해 유권자들을 조작하는 방식의 최전선에 있었다. 로버트 머서의 재산 덕분에 배넌은 대중 조작 실험을 할 수 있었다. 일찍이 2014년 초에 그는 러시아인들과 접촉했는데, 미국 시민들을 대상으로 블라디미르 푸틴에 관한 자료를 시험해 보라고 주문했다. 2016년, 머서와 배넌의 회사는 페이스북을 통해 미국인 5000만 명의 데이터를 훔쳐서 이를 활용해 일부에게는 투표를 독려하고 다른 이들에게는 투표 의욕을 떨어뜨리는 도구를 만들었다.

• 브레이트바트 뉴스 같은 우익 언론 후원자인 억만장자 로버트 머서Robert Mercer와 그의 딸 레베카 머서Rebekah Mercer는 공화당의 큰손 기부자로 유명하다.
•• 코크인더스트리의 소유주이자 2018년 현재 세계 부자 공동 8위인 찰스 코크Charles Koch와 데이비드 코크David Koch 형제를 가리킨다.
••• 보수 성향 시민 단체 시티즌유나이티드Citizens United의 회장 데이비드 보시David Bossie를 가리킨다.

한 가지 주요 목표는 아프리카계 미국인의 투표를 억누르는 것이었다.[39]

배넌이 가지고 있는 극우 이데올로기는 미국의 과두제를 매끄럽게 움직이는 윤활유 역할을 했다. 러시아 연방에서 비슷한 사상이 한 역할과 똑같았다. 배넌은 블라디슬라프 수르코프보다 한결 단순하고 소박한 인물이었다. 그는 지적인 무장이 빈약해서 상대에게 쉽게 압도당했다. 그래도 낮은 수준에서 러시아를 도와줌으로써 러시아의 승리를 보장해 주었다. 러시아 이데올로그들이 사실성을 적의 기술이라고 치부한 것처럼, 배넌 또한 언론인들은 "야당"이라고 말했다. 그는 트럼프 선거 운동을 겨냥해 이루어진 주장들의 진실성을 부정한 게 아니었다. 가령 그는 도널드 트럼프가 성적 약탈자sexual predator라는 사실을 부인하지 않았다. 대신에 관련된 사실들을 전달하는 기자들을 국가의 적으로 묘사했다.[40]

배넌이 제작한 영화들은 수르코프의 저작이나 일린의 철학과 비교할 때 단순하기 짝이 없고 흥미롭지도 않지만, 기본적인 개념은 동일하다. 순결한 민족이 걸핏하면 공격을 받는 영원의 정치학이 그것이다. 그보다 한수 위인 러시아인들과 마찬가지로 배넌 또한 잊힌 파시스트들을 복권시켰는데, 그의 경우는 율리우스 에볼라Julius Evola가 그 주인공이다. 수르코프처럼 그 역시 혼동과 어둠을 추구했는데, 그가 언급한 대상은 약간 진부한 것들이었다. "어둠은 좋은 것이다. 딕 체니, 다스 베이더, 사탄. 그게 힘이다." 배넌은 "푸틴이 전통적 제도들을 옹호하고 있다"고 믿었다. 실제로 러시아가 표면상 전통을 옹호한 것은 유럽의 주권 국가들과 미국의 주권에 대한 공격이었다. 그리고 배넌이 이끈 대통령 선거 운동은 미국의 주권에 대한 러시아의 공격이었다. 배넌은 이 사실을 나중에 파악했다. 2016년 6월에 트럼프 선거 운동 고위 담당자들과 러시아인들이 트럼프타워에서 회동한 사실을 알게 됐을 때, 그는 이 회동을 "반역적"

이고 "비애국적"인 짓이라고 규정했다. 그렇지만 결국 배넌은 미국 연방 정부와 그가 "미화된 보호령"이라고 지칭한 유럽 연합을 파괴해야 한다는 데 푸틴과 뜻을 같이했다.[41]

매너포트나 배넌이 형식적으로 책임자였는지 여부와 무관하게 선거 운동 내내 트럼프는 부동산 개발업자인 사위 재러드 쿠슈너Jared Kushner에게 의지했다. 경력이 있는 매너포트나 이데올로기가 있는 배넌과 달리, 쿠슈너는 오로지 돈과 야망으로 러시아와 연결되었다. 그의 침묵에 주목하는 방식으로 그런 연계를 추적하는 게 가장 쉽다. 쿠슈너는 장인이 선거에서 승리한 뒤 어느 러시아인이 자기 회사인 캐드리Cadre에 거액을 투자했다는 사실을 밝히지 않았다. 이 러시아인이 소유한 회사들은 러시아 국가를 대신해 페이스북에 10억 달러, 트위터에 1억 9100만 달러를 투자한 바 있었다. 러시아 올리가르히들을 위해 수십억 달러를 세탁해 준 은행이자 쿠슈너의 장인에게 여전히 기꺼이 대출을 해 주는 유일한 은행인 도이체방크가 대통령 선거를 불과 몇 주 앞두고 쿠슈너에게 2억 8500만 달러의 대출을 연장해 준 사실도 주목할 만하다.[42]

장인이 대통령에 당선되고 나서 자신이 백악관에서 광범위한 책임을 맡게 된 뒤, 쿠슈너는 기밀 취급 인가를 신청해야 했다. 그는 신청서에 러시아 관리들과 접촉한 적이 없다고 적었다. 실제로 그는 2016년 6월 트럼프타워 회동에 매너포트, 도널드 트럼프 주니어와 함께 참여했는데, 당시 모스크바 쪽은 중개자의 표현을 빌리면 "러시아와 러시아 정부의 트럼프에 대한 지지"의 일환으로 트럼프 선거 진영에 문서를 제공했다. 회동에서 러시아 대변인을 맡은 나탈리야 베셀니츠카야Natalia Veselnitskaya는 아라스 아갈라로프Aras Agalarov의 변호사로 일했다. 아갈라로프는 2013년에 트럼프를 모스크바로 데려온 사람이었다. 트럼프타워 회동에 참석한 또 다른 인물은 아갈라로프 회사의 부회장 이케 카벨라제Ike Kaveladze인데, 그가 벌이는 사업에는 미국에 익명의 회사 수천 개를 설립하는 것도 있었다. 트럼프 선거 진영이 러시아인들과 회동한 사실이 밝혀지자 트럼프는 트럼프 주니어에게 본질을 호도하는 보도 자료를 받아쓰게 했다. 당시 회동에서 입양에 관해 논의했다고 주장하는 내용이었다.[43]

트럼프타워 회동에 러시아인들과 함께 참여한 것 외에도 쿠슈너는 선거 운동 중에 러시아 대사 세르게이 키슬랴크Sergei Kislyak와 여러 차례 이야기를 나누었다. 한번은 화물 엘리베이터를 이용해 키슬랴크를 몰래 트럼프타워로 불러들였다. 트럼프와 푸틴 사이에 비밀 연락 채널을 만드는 방도를 논하기 위해서였다.[44]

선거 운동 기간 동안 트럼프는 대외 정책에 관해서 거의 말을 하지 않으면서 "푸틴과 잘 지내겠다"는 약속과 러시아 대통령을 칭찬하는 말만 되풀이했다. 트럼프는 후보 출마를 선언하고 근 1년이 다 된 시점인 4월 27일에야 첫 번째로 대외 정책 연설을 했다. 매너포트는 외교관 출신 리처드 버트Richard Burt를 트럼프의 연설문 작성자로 골랐는데, 당시 그는 러시아 가스 회사와 계약된 상태였다. 다시 말해 러시아 유력 인사에게 돈을 빌린 사람이 러시아를 위해 일하는 사람을 발탁해서 러시아가 선호하는 후보를 위해 연설문을 작성하는 일을 맡긴 것이다. 버트가 일하는 회사는 그해 봄에 러시아의 상업적 이익을 증진시키기 위해 36만 5000달러를 받은 상태였다. 버트는 또한 알파뱅크Alfa-Bank의 고위 자문 위원회 성원이기도 했는데, 수천 회에 걸쳐 이 은행의 컴퓨터 서버들은 트럼프타워에 있는 컴퓨터들과 연결하려고 시도했다.[45]

트럼프가 대외 정책 보좌관들을 지명하자마자 그들은 곧바로 러시아가 어떻게 클린턴의 발목을 잡고 트럼프를 도울 수 있는지를 놓고 러시아인들 및 러시아 쪽 중개인들과 대화에 들어갔다. 2016년 3월 조지 파파도풀로스George

Papadopoulos는 자신이 트럼프의 대외 정책 보좌관으로 일하게 되었다는 사실을 알고 며칠 뒤 러시아 정부의 대리인을 자처하는 사람들과 대화를 시작했다. 러시아군 정보기관이 민주당 정치인들과 활동가들의 전자 우편 계정을 해킹한 직후인 4월 26일, 파파도풀로스는 러시아 쪽 인사로부터 힐러리 클린턴에 관한 "추잡한 소문"과 전자 우편을 제공받았다. 그는 이제 막 트럼프의 첫 번째 대외 정책 연설문을 손보면서 러시아 인사들과 그 내용을 논의하던 중이었다. 그들은 깊은 인상을 받아서 그를 칭찬했다. 이런 연락이 있은 직후에 파파도풀로스는 트럼프를 비롯해 다른 보좌관들을 만났다.[46]

5월 어느 날 저녁, 런던의 한 술집에서 술을 마시던 중에 파파도풀로스는 어느 오스트레일리아 외교관에게 러시아가 클린턴에 관한 "추잡한 소문"을 알고 있다고 말했다. 오스트레일리아 쪽 사람들이 연방수사국에 이 소식을 전하자 연방수사국은 트럼프 선거 운동과 러시아의 연계에 관해 조사하기 시작했다. 한편 파파도풀로스는 러시아 쪽 인사들과 계속 연락을 취했는데, 그들은 빨리 일을 진전시키라고 재촉했다. 러시아 쪽의 어느 여자는 이렇게 말했다. "우리 모두 트럼프 후보와 좋은 관계를 맺을 가능성 때문에 아주 흥분된 상태입니다." 연방수사국에 체포된 파파도풀로스는 미국 당국에 이런 연락에 관해 거짓말을 한 사실을 자백했다.[47]

트럼프의 두 번째 대외 정책 보좌관인 카터 페이지Carter Page는 한때 잠깐 미국 기업에서 일한 적이 있었는데, 회사 대표는 그를 친푸틴 성향의 "괴짜wackadoodle"로 기억했다. 페이지는 이후 트럼프타워와 연계된 건물에 가게를 차렸고, 러시아 스파이들과 만났다. 2013년 그는 러시아 스파이들에게 에너지 산업에 관한 문서를 전달했다. 페이지는 러시아 가스 회사들을 위해 일하는 로비스트가 되었다. 트럼프 선거 운동에서 일하는 동안 그는 러시아 고객들에게 트럼프가 대통령이 되면 그들에게 이익이 될 것이라고 약속했다. 트럼프의 보좌관으로 임명된 바로 그 순간 그는 가스프롬의 주식을 소유하고 있었다.[48]

2016년 7월 페이지는 트럼프 선본의 대표로 러시아를 방문했다. 공화당 전당 대회에서 트럼프가 미국 대통령 후보로 지명되기 직전이었다. 그 자신의 설명에 따르면, 페이지는 푸틴 행정부의 "고위 인사들"과 대화를 나누었는데, 그중 한 명이 "트럼프 후보에 대한 강력한 지지를 표명했다." 페이지는 미국에 돌아와서 모스크바의 소망을 충족시키는 방향으로 공화당 강령을 바꾸었다. 공화당 전당 대회에서 페이지와 트럼프의 또 다른 고문인 J. D. 고든J. D. Gordon 은 러시아의 우크라이나 침공에 대한 대응 필요성에 관한 강령 부분을 상당히 약화시켰다. 페이지는 공화당 전당 대회에 참석한 러시아 대사와 이야기를 나누었고, 그 직후에도 다시 대화를 했다.[49]

세 번째 대외 정책 보좌관은 퇴역 장성 마이클 플린Michael Flynn이었다. 플린은 국방정보국DIA 수장을 지낸 경력이 있고 국가 안보 보좌관 물망에 올랐지만, 제대로 신고도 하지 않고 외국 정부들로부터 불법적으로 돈을 받은 한편 여러 음모론을 여기저기에 트윗하고 있었다. 플린은 힐러리 클린턴이 소아성애 후원자라는 소문을 퍼뜨렸다. 또한 민주당 지도자들이 사탄 의식에 참여한다는, 러시아에서 열정적으로 퍼진 이야기에 속아 넘어갔다. 그는 트위터 계정을 이용해서 이런 이야기를 퍼뜨렸고, 따라서 미국의 다른 많은 음모론자들처럼 미국을 겨냥한 러시아의 적극적 조치에 손을 담그게 되었다.[50]

플린을 둘러싼 자욱한 정신적 혼란 속에서 그가 러시아와 독특한 연계가 있다는 사실은 간과되기 쉬웠다. 플린은 2013년에 러시아군 정보기관 본부를 방문해서 둘러볼 수 있었다. 2014년에 케임브리지에서 열린 첩보 관련 세미나에 초청을 받은 그는 어느 러시아 여자와 친구가 됐는데, 그녀에게 보낸 전자 우편에 "미샤 장군General Misha"이라고 서명했다. 이는 "마이크Mike"에 해당하는 러시아 애칭이었다. 2015년 여름, 그는 러시아와 협력해서 중동 각지에 핵 발전 소를 건설하는 계획을 홍보하는 일을 했는데, 이후 그런 사실을 밝히지 않았 다. RT에 게스트로 출연한 자리에서는 진행자들에게 허를 찔리는 듯한 인상을 주었다. 그는 RT 창립 10주년을 축하하기 위해 모스크바에 유급 게스트(3만 3750달러)로 모습을 드러냈다. 기념 만찬에서 그는 블라디미르 푸틴 옆에 앉았 다. 미국 언론이 러시아가 민주당 활동가들의 전자 우편을 해킹한 사실을 보 도하기 시작했을 때, 플린은 러시아의 책임을 추궁하는 그런 주장의 배후에는 유대인의 음모가 있음을 시사하는 메시지를 리트윗하는 식으로 대응했다. 플 린의 팔로워들은 그의 트위터 피드에서 이런 글을 읽었다. "이제 더는 안 된다, 유대인들. 더는 안 돼." 플린은 최소한 다섯 개의 가짜 러시아 계정을 팔로하고 리트윗했고, 인터넷을 통해 적어도 열여섯 개의 러시아 인터넷 유행물을 선전 했으며, 선거 바로 전날까지도 팔로워들과 러시아 콘텐츠를 공유했다.[51]

트럼프가 선거에서 승리한 지 몇 주 지났지만 아직 취임식은 몇 주 앞두고 있던 2016년 12월 29일, 플린은 러시아 대사와 이야기를 하고는 연방수사국을 비롯한 다른 이들에게는 자신이 한 대화를 숨겼다. 러시아의 미국 대통령 선거 간섭에 대한 대응으로서 당시 그가 맡은 일은 러시아에 새롭게 부과된 제재를 모스크바가 심각하게 받아들이지 않게 하는 것이었다. 플린의 참모인 K. T. 맥 팔런드K. T. McFarland는 이렇게 말했다. "만약 눈에는 눈 이에는 이 식으로 대결 이 고조된다면, 트럼프는 방금 전에 미국 선거를 자기한테 던져 준 러시아와의 관계 개선에 어려움을 겪을 것이다." 트럼프 보좌진 사이에서는 그가 푸틴 덕 분에 승리했다는 사실을 거의 의심하지 않았던 것 같다. 플린이 키슬랴크와 통 화를 한 뒤, 러시아는 새로운 제재에 대응하지 않겠다고 발표했다.[52]

버락 오바마는 트럼프에게 플린을 힘 있는 자리에 임명하지 말라고 경고했다. 트럼프는 그를 국가 안보 보좌관에 임명했는데, 이 자리는 아마 연방 정부 전체에서 가장 민감한 직책일 것이다. 법무장관 권한 대행 샐리 예이츠Sally Yates는 1월 26일에 고위 관리들에게 플린은 거짓말을 한 까닭에 러시아의 협박에 취약한 상태라고 경고했다. 그로부터 4일 뒤 트럼프는 예이츠를 해임했다. 러시아 상원 외교위원장 콘스탄틴 코사초프Konstantin Kosachev는 플린에 관한 사실적 정보를 공개한 것을 러시아를 겨냥한 공격으로 규정했다. 플린은 2017년 2월 사임했고, 나중에 연방 수사관들에게 거짓말을 한 혐의에 대해 유죄를 인정했다.[53]

플린 외에도 트럼프는 외국 강대국과 놀라울 정도로 친밀한 연계가 있는 사람들로 각료를 채웠다. 재빠르게 트럼프를 지지한 앨라배마주 출신 상원 의원 제프 세션스Jeff Sessions는 2016년에 러시아 대사와 여러 차례 접촉한 바 있었다. 세션스는 법무장관 인준 청문회에서 의회에 이 사실에 관해 거짓말을 함으로써 미국 최고위 법 집행 관리가 되기 위해 위증을 했다.[54]

트럼프의 상무장관은 러시아 올리가르히들과 금융 거래를 했고, 푸틴 가족과도 거래를 했다. 2014년 윌버 로스Wilber Ross는 러시아 올리가르히들이 애용하는 역외 피난처인 뱅크오브키프로스Bank of Cyprus의 부회장이자 주요 투자자가 되었다. 그가 이 자리를 맡은 것은 제재를 피하려는 러시아인들이 자산을 이런 곳으로 이전하던 때였다. 그는 국가보안위원회에서 푸틴의 동료였던 블라디미르 스트르잘콥스키Vladimir Strzhalkovsky와 함께 일했다. 이 은행의 주요 투자자 중 한 명인 빅토르 벡셀베르크Viktor Vekselberg는 푸틴이 신뢰하는 러시아의 유력 올리가르히였다. 2005년에 이반 일린의 유해를 이장하는 비용을 댄 것이 바로 벡셀베르크였다.[55]

로스는 일단 상무장관으로 임명되자 뱅크오브키프로스 직책에서 물러났지만, 러시아 도둑 정치와의 은밀한 개인적 연계는 그대로 유지했다. 그는 시부르Sibur라는 러시아 회사를 위해 러시아 천연가스를 수송하는 내비게이터홀딩스Navigator Holdings라는 해운 회사의 공동 소유자였다. 시부르의 소유자들 중한 명인 겐나디 팀첸코Gennady Timchenko는 푸틴의 유도 파트너이자 절친한 친구였다. 또 다른 소유자인 키릴 샤마로프Kirill Shamalov는 푸틴의 사위였다. 로스는러시아 올리가르히의 핵심부인 그 가족과 접촉했다. 미국의 각료가 된 그는 러시아를 만족시켜서 돈을 버는 자리에 있었다. 또한 미국의 제재에는 천연가스추출에 도움이 되는 기술 이전 금지도 포함되었기 때문에 로스는 제재 해제로개인적인 이익을 얻을 수 있는 자리에 있었다.[56]

블라디미르 푸틴에게 직접 우정훈장Order of Friendship을 받은 사람이 미국국무장관이 된 것은 전례가 없었다. 렉스 틸러슨Rex Tillerson이 바로 그런 인물이다. 공직을 그만두기 전에 틸러슨은 대대적인 미국 외교관 축출을 감독했다.대상이 된 집단은 푸틴이 적으로 간주하는 이들이었다. 틸러슨은 국무부를 혼돈에 몰아넣음으로써 대외적으로 힘이나 가치를 투사할 수 있는 미국의 능력을 상당히 축소시켰다. 일상적인 사건들의 자세한 내용과 무관하게 이것은 러시아의 명백한 승리였다.[57]

미국 외교의 약화는 트럼프의 전반적인 대외 정책 방향과 비슷했는데, 협상을 무시하는 한편 개인적인 아첨을 추구하는 기조였다. 이런 기조 때문에틸러슨은 손쉬운 표적이 되었다. 일찍이 선거 석 달 전인 2016년 8월, 틸러슨은 전 중앙정보국장 권한 대행에게 "푸틴 대통령이 트럼프 본인도 모르게 그를 러시아 연방의 스파이로 발탁했다"고 확언한 바 있었다. 대통령이 되고 1년이 지나고 보니 "본인도 모르게"라는 부분만 의심스러웠다. 그때쯤이면 트럼프는 미국의 수많은 주요 첩보 전문가들에게 자신이 러시아의 자산임을 확신시킨 상태였다. 한 첩보 전문가는 이렇게 말했다. "내가 평가하기로 트럼프는 실제로 직접 러시아인들을 위해 일하고 있다." 세 명의 첩보 전문가 그룹은 이렇게 요약했다. "만약 트럼프 선거 운동이 러시아로부터 지원 제안을 받고, 그런 도움을 막기 위해 아무 일도 하지 않는다면(또는 오히려 부추긴다면), 미국의 국익과 정반대되는 국익을 추구하는 적국에 빚을 지는 셈이다. 푸틴이 아직 빚을 수금하지 않았다면, 어느 시점이 되면 틀림없이 수금하려 들 것이다. 그리고 우리의 민주주의를 보호하는 문제에 관한 한 행정부는 우리 나라의 제1방어선은커녕 적국의 꼭두각시 노릇을 할 것이다." 트럼프 행정부는 의회의 러시아 제재를 우롱하면서 입법을 시행하기를 거절하고 제재 대상인 러시아 정보기관 수장을 미국으로 초청했다. 트럼프 대통령의 소원이 이뤄져 푸틴과 정상 회담을 가졌을 때, 그는 이 기회를 활용해서 세계만방에 자신은 자국의 정보기관과 국가 안보 기관보다도 러시아의 독재자를 더 신뢰한다고 밝혔다. 전 중앙정보국장은 트럼프가 "완전히 푸틴의 주머니 속에 들어 있다"고 결론지었다.⁵⁸

트럼프 본인은 자신의 선거 운동과 러시아 사이의 연계에 대한 모든 설명을 거듭해서 "날조"로 규정했다. 이 단어를 사용하는 사람에게 그대로 돌려줄 수 있다면 아주 잘 고른 단어였다. 대통령으로서 그는 현실로부터 날조 자체를 보호해야 했다. 그리하여 트럼프는 2013년에 트럼프타워 불시 단속을 지시한 연방 검사 프릿 바라라Preet Bharara를 해임했다. 마이클 플린을 발탁하지 말라고 경고한 법무장관 권한 대행 샐리 예이츠도 해임했다. 그리고 미국의 주권을 겨냥한 러시아의 공격을 조사한다는 이유로 연방수사국장 제임스 코미James Comey도 해임했다.⁵⁹

연방수사국은 카터 페이지가 트럼프의 보좌관이 되기 전부터 러시아 첩보의 표적으로 그를 수사하고 있었다. 또한 조지 파파도풀로스가 외국의 한 외교관에게 러시아가 힐러리 클린턴을 겨냥한 영향력 공작을 실행하고 있다고 말한 것을 근거로 그에 대한 수사도 시작했다. 하지만 연방수사국이 러시아의 간섭을 최우선 순위로 다룬다고 말할 수는 없었다. 2015년 말 미국 정보기관은 동맹국들로부터 트럼프 선본의 성원들이 러시아 정보기관과 접촉한다는 경고를 받았지만, 미국 기관들은 발 빠르게 대응하지 않았다. 2016년 봄 러시아가 민주당 전국위원회를 해킹한 뒤에도 연방수사국은 그 정보를 긴급하거나 시의성 있는 것으로 전달하지 않았다. 11월 대통령 선거를 8일 앞두고 코미는 클린턴이 개인 전자 우편 서버를 사용한다는 문제를 제기했다. 이런 폭로는 클린턴 후보에게 불리할 수밖에 없었다. 클린턴 참모 한 명의 남편이 10대 소녀와 부적절한 성적 접촉을 한 혐의를 조사하던 중에 이 전자 우편 중 일부가 공개된 것이다. 코미는 선거 이틀 전에 이 전자 우편들이 전혀 중요한 것이 아니라고 결론지었지만 그때쯤이면 이미 클린턴은 타격을 입은 상태였다. 이 사건은 트럼프에게 도움이 된 것 같다.[60]

그렇다 하더라도 연방수사국은 트럼프 선본과 러시아 정보기관 사이의 연계에 관한 수사를 계속했다. 2017년 1월, 트럼프는 코미와 독대한 자리에서 "충성"을 요구했다. 그리고 2월에는 코미에게 특별히 플린을 수사하지 말 것을 요청했다. "충분히 이 건을 그만두고, 플린을 내버려 둘 수 있다고 기대하네." 이런 보장을 받지 못하자 트럼프는 2017년 5월 9일에 코미를 해임했다. 자신의 후보 출마가 날조라는 고백이나 다름없는 행동이었다. 트럼프는 언론에 코미를 해임한 것은 러시아에 대한 수사를 중단시키기 위해서라고 밝혔다. 코미를 해임한 다음 날, 트럼프는 백악관 집무실을 방문한 두 사람에게 같은 말을 했다. "러시아 때문에 큰 압력을 받았습니다. 그래도 이제 떨쳐 버렸어요."

두 방문객은 미국 주재 러시아 대사와 러시아 외무장관이었다. 두 사람은 백악관에 디지털 장비를 가지고 와서 회동을 촬영하고 사진을 배포하는 데 사용했다. 미국의 전직 정보 요원들은 이것을 이례적인 일로 보았다. 더욱 이례적인 것은 트럼프가 이 자리를 활용해서 러시아 정보기관과 최고 수준의 기밀을 공유한 것이었다. 이 기밀 정보 중에는 ISIS 내부에 잠입한 이스라엘 이중간첩 관련 내용도 있었다.[61]

코미가 해임된 직후에 모스크바는 부리나케 트럼프를 지지했다. 채널원은 "제임스 코미는 버락 오바마의 꼭두각시였다"고 주장했다. 푸틴은 미국 대통령이 "그가 가진 자격과 헌법과 법률의 틀 안에서 행동한다"고 세계에 보장했다. 하지만 모든 이가 그 말에 동의한 것은 아니다. 코미가 해임된 뒤, 로버트 뮬러Robert Mueller가 수사를 계속하는 특별 검사로 임명되었다. 트럼프는 2017년 6월 뮬러 해임을 지시했다. 백악관 법률 고문으로 알려진 트럼프의 변호사는 지시 이행을 거부하면서 오히려 자기가 사임하겠다고 위협했다. 그러자 트럼프는 수사 중단 시도에 관해 거짓말을 하면서 미국의 법질서를 교란하고 훼손하기 위해 새로운 방법을 찾았다.[62]

가짜 뉴스의 홍수

러시아는 "성공한 사업가 도널드 트럼프"라는 허구를 떠받치면서 미국인들에게 이 허구를 사이버전의 탄두로 발사했다. 러시아의 이런 시도가 성공한 것은 미국이 미국인들이 생각하고 싶어 하는 것보다 훨씬 더 러시아 연방과 흡사하기 때문이다. 러시아 지도자들은 이미 필연의 정치학에서 영원의 정치학으로 옮겨 갔기 때문에 후에 드러난 것처럼 미국 사회에서 새롭게 등장하는 경향에 상응하는 본능과 기법을 갖고 있었다. 모스크바는 그들 자신의 어떤 이상을 투사하려 한 게 아니라 단지 엄청난 거짓말을 활용해서 미국으로 하여금 최악의 모습을 보이게 만들려 했을 뿐이다.[63]

여러 중요한 점에서 미국 언론은 이미 러시아 언론과 흡사해졌고, 그 때문에 미국인들은 러시아의 전술에 취약해졌다. 러시아의 경험을 보면 뉴스가 굳건한 버팀목을 상실할 때 정치가 어떻게 되는지를 알 수 있다. 러시아는 지방과 지역에 저널리즘이 존재하지 않는다. 러시아 언론 가운데 러시아 시민들의 경험에 관심을 기울이는 곳은 거의 없다. 러시아 텔레비전은 이런 상황 때문에 생겨나는 불신을 러시아 바깥의 타자들에게 돌린다. 미국은 지방 언론이 약세를 면치 못하는 가운데 러시아를 닮게 되었다. 한때 미국은 그물망처럼 촘촘한 지역 신문들을 자랑했다. 2008년 금융 위기 이후, 이미 약해지고 있던 미국 지방 언론은 붕괴의 길을 걸었다. 2009년에는 매일 70명 정도가 미국 신문과 잡지에서 일자리를 잃었다. 대서양과 태평양 사이에 사는 미국인들에게 이것은 생활에 관한 보도의 종말과 더불어 다른 무언가의 부상을 의미했다. "그 언론"의 부상을. 지방 기자들이 존재하는 경우에 저널리즘은 사람들이 눈으로 보고 관심을 가지는 사건들을 다룬다. 그런데 지방 기자들이 사라지면 뉴스가 추상적으로 바뀐다. 뉴스는 이제 익숙한 것들에 관한 보도가 아니라 일종의 오락거리가 된다.[64]

뉴스를 국민적 오락거리로 제공함으로써 연예인이 뉴스를 좌지우지하게 만든 것은 러시아가 아니라 미국에서 이루어진 혁신이었다. 트럼프가 2015년 후반에 기회를 얻은 것은 미국 텔레비전 방송사들이 그가 제공하는 구경거리를 마음에 들어 했기 때문이다. 한 방송사의 최고 경영자는 트럼프 선거 운동이 "미국에는 좋지 않을지 몰라도 CBS에는 더럽게 좋다"고 말했다. 미국 방송사들은 트럼프에게 무상으로 풍부한 방송 시간을 제공하면서 "성공한 사업가 도널드 트럼프"라는 가공의 인물을 한층 많은 시청자들에게 보여 주었다. 트럼프나 러시아의 지지자들이나 선거 운동 중에 아주 많은 돈을 쓰지 않았다. 방송이 그들을 위해 무상으로 홍보해 주었기 때문이다. MSNBC와 CNN, CBS, NBC의 트위터 계정들조차 트럼프를 클린턴에 비해 두 배 많이 언급했다. 러시아가 해킹된 전자 우편을 공개하기 시작하자 방송국과 언론은 그런 행위에 동조했다. 그리하여 러시아는 언론 머리기사뿐만 아니라 대통령 후보 토론회에서 제기된 질문들에도 영향을 미쳤다. 해킹된 전자 우편에서 뽑아낸 내용이 세 토론회 중 두 번을 지배했다. 마지막인 3차 토론회에서 진행자는 클린턴이 연설에서 한 발언을 러시아가 조작한 내용을 받아들이고 이를 핵심 논점으로 삼았다.[65]

러시아인들과 달리 미국인들은 인터넷을 통해 뉴스를 보는 경향이 있다. 한 조사에 따르면, 미국인의 44퍼센트가 단 하나의 인터넷 플랫폼, 즉 페이스북에서 뉴스를 본다. 인터넷의 쌍방향성은 성찰을 방해하면서도 정신적으로 노력한다는 인상을 조성한다. 인터넷은 관심의 경제attention economy인데, 이윤을 추구하는 플랫폼들은 사용자들의 관심을 최대한 작은 단위로 분할해서 광고 메시지로 활용할 수 있게 고안되어 있다는 것을 뜻한다. 만약 이런 플랫폼들에 뉴스가 나타난다면, 그것은 짧은 주의 지속 시간에 맞게 조정되는 한편 감정 강화를 향한 열망을 일깨워야 한다. 사용자를 끌어 모으는 뉴스는 편견과 분노 사이에 신경 통로를 만들어 내는 경향이 있다. 매일 같이 상상된 적들에게 감정을 발산하다 보면, 현재는 끝없는 영원이 된다. 이런 상태에서 가공의 후보가 상당한 이점을 누렸다.[66]

인터넷 플랫폼들은 미국의 주요 뉴스 공급자가 됐지만 그에 걸맞게 규제를 받지는 않았다. 페이스북이 제공하는 서비스인 뉴스피드와 '인기 있는 콘텐츠Trending Topics'는 무수히 많은 가짜 뉴스를 공급했다. 페이스북과 트위터를 책임지는 사람들은 미국의 필연의 정치학이 제공하는 자기만족적인 입장을 받아들였다. 자유 시장을 그냥 내버려 두면 저절로 진실로 이어질 것이기 때문에 아무 일도 해서는 안 된다는 입장이었다. 이런 태도는 미국의 수많은 인터넷 이용자들에게 문제를 야기했다. 지방 언론을 접하지 못하는 또는 공짜처럼 보이는 뉴스를 선호하는 사람들은 인터넷을 마치 신문처럼 읽었다. 그리하여 미국의 인터넷은 러시아 첩보 기관의 "공격면"이 되었다. 러시아 첩보 기관은 18개월 동안 아무런 방해도 받지 않은 채 미국의 심리적 분위기 안에서 마음껏 행동할 수 있었다. 러시아가 한 일은 대부분 자신들이 발견한 도구를 활용한 것이었다. 폭스뉴스에 나오는 당파심에 치우친 기사들이나 브레이트바트에 등장하는 감정의 분출이 러시아 봇들에 의해 재전송된 덕분에 조회 수를 확보했다. 러시아의 지원 사격은 넥스트 뉴스 네트워크Next News Network 같은 과격 우파 사이트들이 악명과 영향력을 얻는 데 일조했다. 넥스트 뉴스 네트워크의 동영상은 2016년 10월에 조회 수가 5600만 정도였다.[67]

"피자게이트pizzagate"와 "정신 요리spirit cooking" 가짜 뉴스를 보면 러시아의 개입과 미국의 음모론이 어떻게 협력했는지를 알 수 있다. 두 가짜 뉴스 모두 클린턴 선거 대책 본부장 존 포데스타의 전자 우편을 러시아가 해킹하면서 시작되었다. 일부 미국인들은 사생활은 흥미진진한 수수께끼라고 믿고 싶었고, 러시아의 유혹에 속아 넘어갔다. 포데스타는 피자 레스토랑 주인과 접촉했다. 그 자체는 대단한 폭로가 전혀 아니었다. 러시아가 조종한 것들을 포함한 트롤과 봇들은 이 피자집의 메뉴가 아동 성매매 주문용 암호이며, 클린턴이 그 식당 지하에서 소아 성애 집단을 운영하고 있다는 허구를 퍼뜨리기 시작했다. 미국의 주요 음모론 사이트인 인포워스InfoWars 역시 이 이야기를 퍼뜨렸다. 이 가짜 뉴스는 진짜 미국인이 진짜 식당에서 진짜 총을 쏘면서 끝이 났다. '피자게이트' 가짜 뉴스를 트위터에서 직접 퍼뜨린 인기 있는 우익 인터넷 활동가 잭 포소빅Jack Posobiek은 총을 쏜 미국인이 진실을 부정하기 위해 돈을 받은 배우라고 주장했다. 포데스타는 또한 누군가로부터 디너파티에 초대하는 연락을 받았지만 참석하지 않았다. 디너파티 주최자는 그림에 〈정신 요리Spirit Cooking〉라는 제목을 붙인 적이 있는 화가였다. 러시아의 트롤과 봇들은 이 디너파티가 사람 고기를 유동식으로 만들어 먹는 등의 사탄 의식이라는 이야기를 퍼뜨렸다. 폭스뉴스의 션 해너티Sean Hannity나 드러지 리포트Drudge Report 같은 미국 음모론자들이 이 이야기를 그대로 받아 퍼뜨렸다.[68]

러시아 플랫폼들은 엄청나게 많은 구독자를 보유한 미국의 음모론 사이트들에 콘텐츠를 공급했다. 예를 들어, 러시아가 해킹해서 가로챈 한 전자 우편에서 힐러리 클린턴은 "결정 장애"에 관해 몇 마디를 썼다. 이 용어는 날이 갈수록 결정을 내리는 데 점점 더 어려움을 겪는 현상을 가리킨다. 결정 장애는 질병이 아니라 심리학자들이 일터를 관찰하고 내놓은 결과다. 그런데 러시아가 전자 우편을 가로채자마자 위키리크스가 이것을 공개했고, 뒤이어 러시아 선전 매체인 스푸트니크는 클린턴이 심신을 약화시키는 병으로 고통받고 있다는 증거로 내세웠다. 인포워스는 이런 식의 이야기를 냉큼 집어 들었다.[69]

러시아인들은 쉽게 속아 넘어가는 미국인들의 경향을 톡톡히 써먹었다. '하트 오브 텍사스Heart of Texas'라는 (존재하지 않는) 그룹의 페이스북 페이지에 관심을 기울이는 사람이라면 그 필자들이 영어를 모국어로 하는 사람들이 아니라는 사실을 눈치 챘어야 한다. 이 그룹이 내세우는 명분인 텍사스의 연방 탈퇴는 자국 러시아를 제외하고 모든 나라에서 분리주의(미국에서 남부 분리, 미국에서 캘리포니아 분리, 영국에서 스코틀랜드 분리, 스페인에서 카탈루냐 분리, 우크라이나에서 크림 분리, 우크라이나에서 돈바스 분리, 유럽 연합에서 모든 회원국 분리 등등)를 옹호하는 러시아의 정책과 완벽하게 일치했다. '하트 오브 텍사스'의 당파성은 대단히 천박했다. 다른 러시아 사이트들처럼 이 페이지 역시 민주당 대통령 후보를 "킬러리Killary"라고 지칭했다. 이 모든 사실에도 불구하고 '하트 오브 텍사스' 페이스북 페이지는 2016년에 텍사스주 공화당이나 텍사스주 민주당보다 팔로워가 더 많았다. 아니 두 당의 팔로워를 합친 것보다도 많았다. '하트 오브 텍사스'에 '좋아요'를 누르고, 팔로를 하고, 지지한 모든 사람은 미국을 파괴하기 위해 고안된 러시아의 미국 정치 개입에 참여하는 셈이었다. 미국인들이 이 페이지를 좋아한 것은 그들 자신의 편견을 확인해 주고 조금만 더 힘을 내라고 떠밀어 주었기 때문이다. 이 페이지는 위반의 전율과 동시에 정당성의 감각을 제공했다.[70]

미국인들은 자신들이 듣고 싶어 하는 이야기를 들려주는 러시아인들과 봇들을 믿었다. 러시아가 테네시주 공화당 사이트를 표방하는 가짜 트위터 사이트를 만들었을 때, 미국인들은 그 신랄한 표현과 풍부한 가짜 뉴스에 끌려 들어갔다. 이 사이트는 가령 오바마가 아프리카에서 태어났다는 거짓말뿐만 아니라 '정신 요리' 판타지도 퍼뜨렸다. 러시아판 테네시주 공화당은 실제 테네시주 공화당보다 트위터 팔로워 수가 10배 많았다. 그중 한 명인 마이클 플린은 선거를 며칠 앞두고 이 가짜 계정의 콘텐츠를 리트윗했다. 다시 말해, 트럼프의 국가 안보 보좌관 후보자가 러시아가 미국에서 운영하는 영향력 작전을 위한 통로 역할을 했다. 트럼프의 언론 대변인 켈리앤 콘웨이 역시 같은 출처에서 나온 러시아의 가짜 콘텐츠를 리트윗했다. 그리하여 그녀는 미국 선거에 러시아가 개입하는 것을 도와주었다. 선본은 러시아의 개입 같은 건 없다고 부정했는데도 말이다. (그녀는 백인 우월주의자들에게 "나도 여러분을 사랑해요"라는 트윗도 올렸다.) 잭 포소빅 역시 같은 가짜 러시아 사이트의 팔로워이자 리트위터였다. 그는 러시아는 절대 미국 정치에 개입하지 않는다고 주장하는 동영상을 촬영했다. 11개월 뒤에 러시아 사이트가 결국 폐쇄되자 그는 자기도 혼란스럽다고 말했다. 그는 러시아의 개입을 '보지' 못했다. 그 자신이 러시아의 개입 '이었기' 때문이다.[71]

1976년 스티븐 킹은 〈나는 네가 원하는 것을 알고 있다I Know What You Need〉라는 단편을 발표했다. 누군가 젊은 여자에게 지분거리는 이야기였다. 구애자인 젊은 남자는 그녀의 마음을 읽을 수 있지만 그런 사실을 밝히지 않는다. 그냥 여자가 무언가를 원하는 순간 그걸 가지고 나타난다. 공부하다 잠시 쉴 때 딸기 아이스크림을 가지고 오는 식이다. 그는 조금씩 여자의 삶을 바꾸면서 여자가 미처 생각할 틈도 없이 어떤 순간에 자기가 원한다고 생각하는 것을 줌으로써 의존하게 만든다. 여자의 친한 친구는 뭔가 혼란스러운 일이 벌어지고 있음을 깨닫고 조사해 보고는 진실을 알게 된다. "그건 사랑이 아냐." 친구가 경고한다. "그건 강간이야." 인터넷이 이와 비슷하다. 인터넷은 우리에 관해 많은 것을 알고 있지만 그런 사실을 드러내지 않은 채 우리와 상호 작용한다. 인터넷은 우리가 가진 가장 나쁜 부족적 충동을 일깨우고 보이지 않는 다른 사람들이 그것을 마음대로 이용하게 함으로써 우리의 자유를 앗아 간다.

러시아나 인터넷이나 사라지지 않았다. 시민들이 러시아의 정책에 관해 더 많이 알고, "뉴스" "저널리즘" "보도" 등의 개념이 인터넷에서도 보전될 수 있다면, 민주주의의 대의에 도움이 될 것이다. 그렇지만 결국 자유는 무엇이 사실이고 무엇이 듣고 싶은 것인지를 구별할 수 있는 시민들에게 달려 있다. 권위주의가 도래하는 것은 사람들이 그것을 원한다고 말하기 때문이 아니라 사실과 소망을 구별할 수 있는 능력을 잃기 때문이다.

미국을 무너뜨리는 방법

사람들이 더 이상 투표가 중요하다고 믿지 않을 때 민주주의는 죽는다. 문제는 선거가 치러지는지 여부가 아니라 선거가 자유롭고 공정한지 여부다. 만약 그렇다면 민주주의는 시간 감각, 즉 현재를 진정시키는 미래에 대한 기대를 만들어 낸다. 각각의 민주적 선거가 갖는 의미는 다음 선거에 대한 약속이다. 만약 또 다른 의미 있는 선거가 치러질 것이라고 예상한다면, 우리는 다음번에는 우리가 한 실수를 바로잡을 수 있음을 알며, 그동안에 이 실수를 우리가 선출한 사람들 탓으로 돌린다. 이런 식으로 민주주의는 인간의 오류 가능성을 정치적 예측 가능성으로 변형하며, 우리가 시간을 미래로 나아가는 이동으로 경험하게 도와준다. 이 미래에 대해 우리는 어느 정도 영향을 미칠 수 있다. 만약 우리가 선거는 단순히 반복적인 지지 의례라고 믿게 된다면, 민주주의는 그 의미를 상실한다.

러시아 대외 정책의 본질은 전략적 상대주의다. 러시아가 강해질 수 없다면 다른 나라들을 약하게 만들어야 하는 것이다. 다른 나라들을 약하게 만드는 가장 간단한 방법은 그들을 러시아와 흡사하게 만드는 것이다. 러시아는 자국의 문제를 처리하는 대신 다른 나라로 수출한다. 그리고 러시아의 기본적인 문제 하나는 승계 원리가 부재하다는 것이다. 러시아가 유럽과 미국의 민주주의에 반대하는 것은 러시아인들이 그런 민주주의가 자국에서 승계 원리로 작동할 수 있다는 사실을 알아채지 못하게 하기 위해서다. 러시아인들은 자국의 체제를 불신하는 만큼이나 다른 나라의 체제도 불신해야만 했다. 만약 러시아의 승계 위기를 실제로 다른 나라로 수출할 수 있다면, 그리고 만약 미국이 권위주의 체제가 될 수 있다면, 러시아 자체의 문제가 아직 해결되지 않았을지라도 적어도 정상적인 것처럼 보일 것이다. 푸틴에 가해지는 압력은 줄어들 것이다. 미국이 그 시민들이 때로 상상하는 것처럼 민주주의의 빛나는 횃불이라면, 미국의 제도들은 러시아의 사이버전에 한층 덜 취약할 것이다. 모스크바의 관점에서 볼 때 미국의 헌법 구조는 구미가 당기는 취약성을 낳았다. 미국의 민주주의와 법치에 명백한 결함이 있기 때문에 미국 선거에 개입하는 게 그만큼 더 쉬웠다.

법치를 하려면 정부가 폭력을 통제하고, 국민이 정부가 그런 능력이 있다고 기대해야 한다. 미국 사회에서 총기의 존재는 비록 일부 미국인들에게는 힘처럼 느껴질 수 있으나 모스크바에서는 국가적 약점으로 보였다. 2016년 러시아는 미국인들에게 총을 사서 사용하라고 직접 호소하면서 트럼프 선거 운동의 수사修辭를 증폭했다. 트럼프는 지지자들에게 만약 힐러리 클린턴이 당선되면 그녀에 맞서 수정 헌법 제2조의 권리를 행사하라고 호소했다. 클린턴을 총으로 죽이라는, 간접적이면서도 투명한 제안이었다. 러시아의 사이버 군사 행동은 미국인들의 총기 소지 권리를 열정적으로 지지하면서 수정 헌법 제2조를 찬양하는 한편 미국인들에게 테러리즘에 경각심을 갖고 총기를 구입해서 자신을 보호할 것을 요청했다.[72]

한편 러시아 당국은 미국의 총기 로비 집단과 현실 세계에서 협력하고 있었다. '무기를 소지할 권리Right to Bear Arms'라는 이름의 러시아 단체는 미국총기협회NRA: National Rifle Association와 유대 관계를 맺었다. 단체가 추구하는 목적은 미국 내에서 벌어지는 사태에 영향을 미치는 것이었다. 단체 성원들이 잘 알고 있던 것처럼, 현 체제 아래서 러시아인들이 무기를 휴대할 권리를 갖는 일은 전혀 있을 수 없었다. 러시아의 '무기를 소지할 권리'의 저명한 두 회원인 마리아 부티나Maria Butina와 알렉산드르 토르신Alexander Torshin은 또한 미국총기협회 회원이기도 했다. 미국 대학생인 부티나는 미국총기협회 지도부와 긴밀하게 협력하는 한 미국인과 회사를 공동으로 설립했다. 토르신은 러시아의 주요한 은행가로 스페인에서 범죄적 돈세탁 혐의로 수배 중인 사람이었다. 2015년 12월, 미국총기협회 대표단이 모스크바를 방문해서 급진 민족주의자이자 미국의 제재를 받는 부총리인 드미트리 로고진을 만났다.[73]

2016년 2월, 미국의 부티나는 토르신에게 "트럼프(미국총기협회 회원)는 정말로 러시아와 협조하는 데 찬성한다"고 보고했다. 토르신은 그해 5월 켄터키주에서 도널드 트럼프 주니어와 만났다. 같은 달에 미국총기협회는 트럼프를 공개적으로 지지했고, 마침내 3000만 달러를 그의 선거 운동에 지원했다. 그러는 동안 러시아에 대한 협회의 공식적인 태도는 흥미로운 변화를 겪었다. 2015년 내내 미국총기협회는 미국의 대러시아 정책이 지나치게 유약하다고 불만을 토로했었다. 그런데 일단 러시아와 관계를 맺고 나자 어조가 반대로 바뀌었다. 러시아의 미국총기협회 지지는 헝가리, 슬로바키아, 체코 공화국에서 우익 준군사 조직을 지지한 것과 닮은꼴이었다. 일단 트럼프가 취임하자 미국총기협회는 매우 공격적인 어조를 취하면서 한 동영상에서 "지금 우리는 《뉴욕타임스》를 덮치러 가고 있다"고 선언했다. 미국총기협회가 트럼프를 지지하고 자금을 대 준 데다가 정체성 자체가 총기 단체이고, 트럼프가 이 언론을 "적"이라고 부른 사실을 감안하면, 이 발언은 위협이 아닌 다른 어떤 뜻으로 해석하기 어려웠다. 민주주의는 자유로운 견해의 교환에 의존하는데, 여기서 "자유"란 "폭력의 위협이 없는 상태"를 의미한다. 법치가 붕괴하는 것을 보여 주는 중요한 징후는 준군사 조직의 부상과 정부 권력과의 결합이다.[74]

2016년, 미국 민주주의의 가장 뚜렷한 약점은 투표와 결과의 불일치였다. 대다수 민주주의 국가에서는 상대방보다 수백만 표를 많이 얻은 후보가 패배한다는 것은 상상하기도 힘든 일이다. 그런데 미국 대통령 선거에서는 선거인단이라고 알려진 간접적이고 대략적인 선거 제도 때문에 이런 일이 비일비재하게 일어난다. 미국의 선거인단은 개별 투표수가 아니라 각 주의 선거인단 표를 집계해서 승리를 결정한다. 각 주는 인구가 아니라 연방에서 선출된 대표자 수에 따라 선거인단 표를 할당받는다. 모든 주에 상원 의원이 두 명 있으므로 인구가 적은 주들이 불균형적으로 선거인단 표를 많이 갖게 된다. 작은 주의 개별 표가 큰 주의 개별 표보다 훨씬 더 중요한 가치를 갖는 것이다. 한편 주와 대비되는 의미의 준주territory는 선거권이 전혀 없다. 푸에르토리코는 미국의 50개 주 가운데 21개 주보다 주민이 더 많지만, 이곳의 미국 시민들은 대통령 선거에 아무런 영향을 미치지 못한다.

인구가 적은 미국의 주들은 또한 상원에서도 굉장히 과잉 대표권을 갖는다. 인구가 가장 많은 주는 가장 적은 주의 80배 정도인데, 두 주 모두 상원 의원은 두 명이다. 하원은 종종 양대 정당 중 하나에 유리하도록 그어진 선거구에 따라 선출된다. 전간기 유고슬라비아에서는 최대 종족에 유리하게 그어진 선거구를 "물 선거구water district"라고 불렀다. 미국에서는 이런 관행을 "게리맨더링"이라고 한다. 게리맨더링의 결과, 오하이오주나 노스캐롤라이나주의 민주당 유권자들은 사실상 공화당 유권자에 비해 하원에서 대표자를 선출하는 능력이 각각 2분의 1이나 3분의 1 정도에 불과하다. 시민들이 동등한 한 표를 행사하지 못하는 것이다.

미국의 관점에서 볼 때, 이 모든 현실은 평범한 전통, 단지 게임의 규칙처럼 비칠 수 있다. 한편 모스크바의 시각에서 보면 이 체계는 활용할 수 있는 취약 지점으로 나타난다. 소수의 지지를 받는 대통령과 소수당이 정부의 행정부와 입법부를 장악하면, 다수를 만족시키는 정책을 펴는 게 아니라 참정권을 한층 더 제한해야 승리를 얻을 수 있는 정치의 유혹을 받게 마련이다. 체제의 대표성을 약하게 만들 수 있는 외국 정부는 바로 그런 유혹을 강화하면서 체제를 권위주의로 끌고 간다. 러시아가 2016년 미국 선거에 개입한 것은 단순히 어떤 사람을 당선시키려는 시도가 아니었다. 그것은 또한 구조에 압력을 가하는 행동이었다. 장기적으로 보면, 러시아의 지지를 받는 후보가 승리했다는 사실보다 체제 전반이 민주주의에서 멀어지는 방향으로 변화하고 있다는 사실이 더 중요할 것이다.

러시아가 미국 민주주의를 훼손했을 때, 미국 체제는 이미 민주적 성격을 잃어 가고 있었다. 2010년대 초반, 러시아에서 새로운 체제가 공고화될 때, 미국 대법원은 미국을 권위주의로 이동시키는 두 가지 중요한 결정을 내렸다. 2010년, 대법원은 돈이 곧 권력이라고 판결했다. 법인 기업 역시 개인이며, 기업의 선거 비용 지출은 미국 수정헌법 제1조로 보호받는 표현의 자유라고 판결한 것이다. 그 결과, 진짜 회사나 유령 회사, 그 밖에 여러 가짜 시민 단체들이 선거 운동에 영향을 미치고 실제로 선거를 매수할 수 있는 권리를 얻게 되었다. 또한 트럼프가 미국의 과두제에서 미국인들이 안전을 확보하려면 그들 자신의 과두 지배자, 즉 그 자신을 선출해야만 한다고 주장할 수 있는 길이 열렸고, 그는 실제로 그렇게 주장했다. 사실상 트럼프는 자신이 돈이 있다는 것을 전혀 입증하지 못했으며, 그저 러시아의 사이버전이 낳은 피조물이었다. 하지만 미국 유권자들이 그들 자신의 선호보다 돈이 더 중요하다고 믿게 된 정치적 분위기 속에서 그의 과두제 논법은 그럴듯하게 들렸다.

2013년 대법원은 인종주의는 이제 더는 미국에서 문제가 되지 못한다고 판단했으며, 그런 전제가 오류임을 입증하는 결과를 낳은 판결을 내렸다. 1965년 투표권법Voting Rights Act of 1965이 통과됨에 따라 아프리카계 미국인의 투표를 억압한 전력이 있는 주들은 주 투표법을 변경한 사실을 법원에 해명해야 했다. 대법원이 이제 이런 해명이 필요하지 않다고 판결하자 미국의 주들은 곧바로 아프리카계 미국인(과 다른 사람들)의 투표를 억압했다. 미국 남부 전역에서 종종 선거를 코앞에 두고 아무런 경고도 없이 투표소가 사라졌다. 미국의 22개 주가 아프리카계 미국인과 히스패닉의 투표를 억압하기 위해 고안된 법률을 통과시켰다. 이 법률들은 2016년 대통령 선거에 실질적인 영향을 미쳤다.[75]

오하이오주의 경우에 2016년 선거에서 4년 전에 비해 대도시를 보유한 카운티들에서 투표자 수가 14만 4000명 정도 줄어들었다. 2016년 플로리다주에서는 아프리카계 미국인의 23퍼센트 정도가 유죄를 선고받은 중죄인이라는 이유로 투표권을 박탈당했다. 플로리다주의 중범죄에는 헬륨 풍선을 띄우는 행위나 포획 기준에 미달하는 랍스터를 잡는 행위도 포함된다. 2016년 위스콘신주에서는 4년 전에 비해 투표자 수가 6만 명 정도 줄어들었다. 감소된 투표자는 대부분 밀워키시 주민이었는데, 이 도시는 위스콘신주 아프리카계 미국인이 집중적으로 거주하는 곳이었다. 버락 오바마는 2012년에 플로리다와 오하이오, 위스콘신주에서 승리했다. 그런데 2016년에는 트럼프가 세 주에서 근소한 표차로 승리했는데, 위스콘신주에서는 표차가 2만 3000표에 불과했다.[76]

미국의 인종 관계는 러시아 사이버 전사들에게 분명한 공격 목표를 나타냈다. 러시아는 공무중 순직한 경찰관 친구와 가족들의 감정을 자극하는 사이트, 경찰 손에 살해된 아프리카계 미국인 친구와 가족들의 감정을 미끼 삼는 사이트, 흑인들이 총기를 요란하게 흔드는 모습을 보여 주는 사이트, 흑인들에게 백인의 공격에 대비하라고 부추기는 사이트, 가짜 흑인 활동가들이 백인 우월주의자의 구호를 들먹이는 사이트, 가짜 흑인 래퍼들이 클린턴 부부를 연쇄 살인범이라고 비난하는 사이트 등을 운영했다. 러시아인들은 아메리카 원주민들이 묘지를 가로지르는 송유관에 반대하는 시위도 활용했다. 이 캠페인에서 씌어진 글들은 때로는 명백하게 원주민과 거리가 멀었지만(가령 인디언 활동가들이 러시아 보드카를 홍보하는 것은 상상하기 힘든 일이다), 이 사이트들은 팔로워를 확보했다.[77]

버락 오바마의 인종은 러시아 대중문화에서 중요했다. 2013년 러시아 국회 의원 한 명이 소셜 미디어에서 버락과 미셸 오바마 부부가 간절한 눈빛으로 바나나를 쳐다보는 모습으로 조작된 사진을 공유했다. 2014년 버락 오바마의 생일에 모스크바의 러시아 학생들은 미국 대사관 건물 벽을 배경으로 오바마가 바나나를 입에 물고 펠라치오를 하는 레이저라이트 쇼를 펼쳤다. 2015년 한 슈퍼마켓 체인은 오바마의 얼굴을 한 아기 침팬지와 함께 있는 침팬지 부모가 크게 인쇄된 도마를 판매했다. 2016년 한 세차장 체인은 "모든 검댕을 말끔히 닦아 주겠다"고 약속했는데, 겁에 질린 모습의 오바마 사진으로 그 의미를 분명하게 설명했다. 그해 2016년은 중국식 달력으로 원숭이해였다. 러시아인들은 흔히 이 용어를 오바마의 임기 마지막 해라는 뜻으로 사용했다. 가령 대중적인 뉴스 매체인 라이프뉴스LifeNews는 특집 기사 제목을 "원숭이해를 마감하며"라고 붙이면서 친절하게 미국 대통령 사진까지 붙여서 그 의미를 분명히 했다.[78]

인종 문제는 2016년에 러시아인들의 머릿속을 가득 채웠다. 그해에 미국에서 인종 문제 때문에 행정부와 입법부 사이에 거대한 간극이 생김에 따라 러시아 지도자들은 예의 주시할 필요가 있었다. 2월, 미국 대법관 아홉 명 중 한 명이 사망했다. 다수당인 공화당의 상원 원내 총무 미치 맥코넬Mitch McConnell은 상원은 버락 오바마가 지명한 사람은 고려하지 않을 것임을 분명히 했다. 미국 연방 정부의 으뜸가는 관습을 어긴 이 행동에 모스크바는 논평으로 화답했다. 러시아 언론은 대통령이 통상적인 권리를 행사하지 못하는 "역설적인 상황"을 제대로 지적했다. 공화당 의회 지도자들이 거의 1년 전에 버락 오바마는 이제 더는 미국 대통령이 통상적으로 갖는 특권을 누릴 수 없다고 선언한 사실은 크렘린의 관심을 피해갈 수 없었다. 그 순간 러시아는 민주당 정치인들과 활동가들의 전자 우편을 해킹하기 시작했다.[79]

2016년 6월, 공화당 하원 의장 폴 라이언Paul Ryan은 동료 공화당 의원들과 러시아 문제를 논의하고 있었다. 공화당 원내 대표 케빈 매카시는 도널드 트럼프가 러시아로부터 돈을 받았다는 신념을 표명했다. 그러자 라이언은 이런 의심은 "밖으로 새 나가지 않게" 해야 한다고 요청했다. 당내의 거북한 문제가 국가 주권 침해보다 더 중요했다. 공화당 대통령 후보(아직 당의 지명을 받지 못한 후보)가 해외 강대국의 피조물일 수 있다는 가능성보다는 공화당원들이 시민들에게 자신들이 의심하는 바를 설명하는 어색한 기자 회견이 더욱 걱정스러운 일이었다. 상대 당을 적으로 보고 외부 세계는 무시해 버리는 이런 수준의 당파성 때문에 생겨나는 취약성은 그 외부 세계의 적대적 행위자들에게 쉽게 활용된다. 다음 달, 러시아는 민주당 정치인들과 활동가들에게서 해킹한 전자 우편을 공개했다. 만약 모스크바 당국이 공화당 지도자들이 곧바로 민주당 동료들을 외국의 사이버 공격으로부터 방어하지 않을 것으로 계산했다면, 그 계산은 확실히 들어맞았다.[80]

공화당원들이 러시아가 미국을 공격하고 있음을 깨달았을 때 당파성의 격정은 필사적인 부정과 무대응의 공모로 바뀌었다. 그해 9월 맥코넬은 러시아가 벌이는 사이버전에 관한 미국 정보기관 수장들의 보고를 들었지만 과연 사실인지 의문을 표명했다. 정보기관 수장들이 무슨 말을 했는지는 알려지지 않았지만, 나중에 공개적으로 발표한 성명과 크게 다를 것 같지는 않다. "우리는 러시아 대통령 블라디미르 푸틴이 미국 대통령 선거를 겨냥해 영향력을 행사하는 행동을 지시했다고 판단합니다. 러시아가 추구하는 목표는 미국의 민주적 과정에 대한 대중적 신뢰를 손상시키고, 클린턴 국무장관의 명예를 훼손하고, 클린턴이 대통령에 당선될 가능성을 떨어뜨리는 것이었습니다." 맥코넬은 공화당으로서는 러시아의 사이버전에 맞서 미국을 방어하는 것을 힐러리 클린턴을 도우려는 시도로 여기리라는 점을 공공연히 드러냈다. 그 순간 러시아는 1년 넘게 미국 내에서 활동하고 있었다. 맥코넬이 러시아의 공격을 당파 정치로 분류한 뒤로 공격의 범위가 더욱 넓어졌다. 곧바로 러시아의 대대적인 봇 공세가 시작되었다.[81]

이런 결정적인 순간에 인간 지도자들과 러시아 봇들 가운데 누가 공화당에 더 큰 영향력을 발휘하는지는 불분명했다. 트럼프가 거리낌 없이 여성을 성적으로 학대했음을 보여 주는 반박하기 힘든 증거가 드러났을 때, 맥코넬은 그에게 사과할 것을 요청했다. 하지만 러시아의 봇과 트롤들은 곧바로 트럼프에게 씌워진 혐의에 맞서 그를 옹호하는 한편, 미국인들의 관심을 이 문제로부터 전자 우편 공개로 돌리려고 노력했다. 모스크바가 공격을 벌이고 있었지만 미국 의회는 국가 방어를 거부했다. 오바마 행정부는 스스로 나서서 행동할수도 있었으나 당파적 분열을 심화시킬까 봐 걱정했다. 한 관리는 이렇게 말했다. "우리는 거의 질식 상태인 것 같습니다." 러시아가 승리했다. 트럼프가 승리했다는 뜻이다. 나중에 트럼프는 맥코넬의 부인인 일레인 차오Elaine Chao를 교통장관으로 임명했다.[82]

분명 많은 공화당원들은 러시아를 미국 국가 안보상의 위협으로 묘사한 바 있었다. 일찍이 2012년에 공화당 대통령 후보 밋 롬니는 사실상 양당 내에서 유일하게 러시아를 심각한 문제로 규정했다. 2016년 공화당 후보 지명전에 나선 오하이오주 주지사 존 케이식John Kasich은 동유럽 정치에 식견이 있는 인물이었는데, 곧바로 트럼프를 푸틴과 연결시켰다. 2016년 후보 지명전에 나선 공화당의 또 다른 경쟁자인 플로리다주 출신 상원 의원 마르코 루비오Marco Rubio는 오바마의 유약한 대외 정책이 러시아의 공격을 부추겼다고 주장했다.[83]

루비오 상원 의원의 비난은 내용은 그럴듯했을지 몰라도 더 심대한 문제를 감추는 것이었다. 2014년 러시아의 우크라이나 침공에 대해 실제로 오바마는 매우 신중하게 대응했지만, 2016년에는 적어도 러시아의 미국 선거 개입이 국가 전체를 위협하는 문제임을 인식했다. 케이식과 루비오가 러시아의 대외 정책에 대해 분명한 입장을 취하는 가운데서도 공화당의 핵심 의원들은 러시아의 사이버 공격에 미리 굴복했다. 그들에게는 미합중국의 독립을 방어하는 것보다 흑인 대통령을 모욕하는 게 더 중요했다.

모름지기 모든 전쟁의 패배는 이런 식으로 벌어진다.

러시아식 과두제

부자유로 가는 길은 필연의 정치학에서 영원의 정치학으로 넘어가는 길이다. 미국인들은 그들 자신의 경험 때문에 이미 필연성이 약해진 탓에 영원의 정치학에 취약했다. "미국을 다시 위대하게 만들자"는 트럼프의 제안은 그와 더불어 아메리칸 드림이 죽었다고 믿는 사람들 사이에서 반향을 일으켰다. 러시아가 먼저 영원의 정치학에 도달했기 때문에 러시아인들은 미국인들을 같은 방향으로 밀어붙이는 기법을 알고 있었다.[84]

무법 상태의 국가를 장악한 부유하고 부패한 이들에게 영원성이 매력적인 것은 주지의 사실이다. 그들은 국민들에게 사회적 지위 향상을 제공할 수 없으며, 따라서 정치에서 다른 형태의 제안을 찾아야 한다. 영원의 정치인들은 개혁을 논의하기보다는 위협을 가리킨다. 그들은 가능성과 희망이 담긴 미래를 보여 주기보다는 분명한 적과 인위적 위기로 가득한 영원한 현재를 제시한다. 이런 시도가 효과를 발휘하려면 시민들이 영원의 정치인들과 타협해야 한다. 도저히 사회적 신분을 바꾸기가 어려워서 기운이 빠진 시민들은 정치의 의미는 제도 개혁이 아니라 나날의 감정에 있다는 것을 받아들여야 한다. 이제 자기와 친구, 가족을 위한 더 나은 미래에 관해 생각하는 것을 멈추고, 자랑스러운 과거를 끊임없이 환기시키는 쪽을 선호해야 한다. 물질적 불평등은 사회 상층부와 전체에 걸쳐 영원의 정치학으로 변형될 수 있는 경험과 감정을 창출한다. 2017년 러시아 텔레비전에서 일린을 러시아 혁명의 영웅적인 반대자로 묘사했을 때, 거기에는 러시아 국민들에게 사회적 지위 향상의 약속이란 "사탄의 속임수"일 뿐이라는 메시지가 담겨 있었다.[85]

2016년, 크레디스위스은행은 부의 재분배로 측정할 때 러시아가 세계에서 가장 불평등한 나라라고 소개했다. 소련이 종언을 고한 이래 연간 소득 상위 10퍼센트에 들어갈 수 있었던 러시아인들만이 유의미한 이득을 누리고 있었다. 러시아 과두제는 1990년대에 등장했지만 2000년대에 푸틴 아래서 단일한 과두 도당이 도둑 정치를 통해 국가를 장악함으로써 공고화되었다. 크레디스위스은행에 따르면, 2016년에 러시아 인구의 상위 10퍼센트가 전체 가구 자산의 89퍼센트를 소유했다. 이 보고서를 보면 미국도 76퍼센트에서 상승하는 추세로 나타나 비교가 되었다. 일반적으로 억만장자들이 전체 국부의 1~2퍼센트를 장악하는데, 러시아에서는 100명 정도의 억만장자가 국가의 약 3분의 1을 소유했다. 그로테스크하게 뒤집힌 러시아의 자산 피라미드의 꼭대기에는 블라디미르 푸틴과 그의 개인적 친구들이 있었다. 그들은 주로 러시아의 천연가스와 원유 판매로부터 부를 얻었는데, 이 과정에서 아무런 노력도 필요하지 않았다. 푸틴의 친구들 중 한 명은 첼리스트였는데, 스스로 어떤 이유도 대지 못한 채 억만장자가 되었다. 이런 사람들에게 영원의 정치학이 매력적인 것은 너무도 이해할 만한 일이다. 그렇게 많은 재산을 잃을 위험을 무릅쓰기보다는 한 나라에 족쇄를 채우고 세계를 뒤흔드는 게 더 낫다.[86]

과두제와 관련된 많은 사실들이 그러하듯, 억만장자 첼리스트의 사례 또한 탐사 보도 전문 기자들의 노력 덕분에 세상에 알려졌다. 2010년대에 이런 최고의 언론인들이 파나마 페이퍼스Panama Papers*와 파라다이스 페이퍼스Paradise Papers** 같은 프로젝트를 공개하면서 규제되지 않는 국제 자본주의가 국가의 부에 얼마나 많은 싱크홀을 만들어 내고 있는지를 보여 주었다. 폭군들은 우선 자기 돈을 숨기고 세탁한 뒤 국내에서 권위주의를 강제하기 위해 또는 해외에 권위주의를 수출하기 위해 사용한다. 돈은 보이지 않는 곳으로 자연스럽게 끌려가게 마련인데, 2010년대에는 다양한 역외 조세 피난처로 모여들었다. 이런 현상은 전 지구적인 문제였다. 얼마나 많은 돈이 국가 조세 당국의 손길을 피해 역외에 숨겨져 있는지에 관한 추산은 7조 달러에서 21조 달러까지 다양하다. 미국은 돈을 훔쳐서 세탁하고자 하는 러시아인들에게 특히 안성맞춤인 환경이었다. 2000년대와 2010년대에 러시아 국가를 세우는 데 쓰였어야 할 러시아 국부의 상당 부분이 결국 역외 조세 피난처에 있는 페이퍼 컴퍼니로 몰려

---

* 역외 금융 서비스를 전문으로 하는 파나마의 최대 로펌 모색 폰세카가 보유한 약 1150만 건의 비밀 문서. 20만 개 이상의 역외 회사에 관한 금융 및 고객 정보가 들어 있는 내용을 국제 탐사 보도 언론인 협회ICIJ가 입수해 공개했다.
** 국제 탐사 보도 언론인 협회가 2017년 11월 전 세계 주요 인사들이 해외 조세 피난처에 페이퍼 컴퍼니를 설립, 세금을 회피했다고 폭로한 문서.

갔다. 이 기업들 중 다수가 미국에 소재한 곳이었다.[87]

2016년 6월, 재러드 쿠슈너, 도널드 트럼프 주니어, 폴 매너포트가 트럼프 타워에서 러시아인들과 회동을 갖고 클린턴의 선거 운동에 타격을 가해 주겠다는 러시아의 제안을 검토했다. 중개자들 중 한 명인 이케 카벨라제는 2013년에 트럼프를 위해 미스유니버스 대회를 주최한 러시아의 부동산 개발업자 아라스 아갈라로프 밑에서 일했다. 카벨라제는 델라웨어주에 익명으로 최소한 2000개의 회사를 설립했다. 델라웨어주는 네바다나 와이오밍처럼 유령 회사 설립을 허용했기 때문에 합법적인 행위였다. 델라웨어주에는 한 주소에 서로 다른 28만 5000개의 사업체가 등록된 곳도 있었다.[88]

러시아인들은 페이퍼 컴퍼니를 이용해서 종종 익명으로 미국의 부동산을 구입했다. 1990년대에 트럼프타워는 뉴욕시에서 익명으로 아파트를 구입할 수 있는 단 두 곳 중 하나였는데, 러시아 마피아들은 이 기회를 재빨리 활용했다. 러시아인들은 익명으로 부동산을 구입할 수 있는 곳이라면 어디서나 아파트를 사고팔았다. 이런 거래는 종종 페이퍼 컴퍼니를 내세워 이루어졌는데, 더러운 루블을 깨끗한 달러로 변신시키기 위한 방편이었다. 푸틴 집권기에 이런 관행 때문에 러시아 사회는 가난에 빠지고 러시아 과두제는 공고해졌다. 그리고 도널드 트럼프는 "'크게' 성공한 사업가"를 자임할 수 있었다. 바로 이런 방식으로 미국의 필연의 정치학, 즉 규제받지 않는 자본주의만이 민주주의를 가져올 수 있다는 사고가 러시아의 영원의 정치학, 즉 민주주의는 사기라는 확신을 뒷받침했다.[89]

위대했던 시절의 향수

미국의 필연의 정치학은 또한 더욱 직접적으로 미국의 영원의 정치학을 위한 길을 닦아 주었다. 국내에서 엄청난 규모의 경제적 불평등을 창출하고 정당화한 것이다. 자본주의가 아닌 대안이 전혀 존재하지 않는다면, 부와 소득의 거대한 간극을 무시하거나 어떤 식으로든 해명하고 넘어가거나 심지어 환영해야 하는가? 더 많은 자본주의가 더 많은 민주주의를 의미한다면 걱정할 게 뭐란 말인가? 이런 필연성의 주문呪文들은 미국을 더욱 불평등하게 만들고, 불평등을 더욱 고통스럽게 만든 정책들에 대해 평계를 제공했다.[90]

1980년대에 연방 정부는 노동조합의 입지를 약화시켰다. 노동조합에 가입하는 일자리에 종사하는 미국인의 비율은 25퍼센트 정도에서 10퍼센트 이하로 떨어졌다. 민간 부문 노동조합 가입률은 더욱 급격하게 떨어져서 남성은 약 34퍼센트에서 8퍼센트로, 여성은 약 16퍼센트에서 6퍼센트로 감소했다. 미국 노동력의 생산성은 이 시기 내내 해마다 약 2퍼센트씩 증가했지만, 전통적인 노동자의 임금은 설령 오른다 하더라도 그 속도가 느렸다. 같은 시기 동안 중역의 급여는 때로 급격하게 올라갔다. 그와 동시에 미국은 다른 분야에서 중산층을 안정화하는 기본적인 정책들, 즉 퇴직 연금, 공교육, 공공 교통, 보건 의료, 유급 휴가, 육아 휴가 등에서 매우 취약했다.

미국은 노동자와 시민에게 이런 기본적 정책을 제공할 자원이 있었다. 그렇지만 조세 정책의 역진적 추세 때문에 그렇게 하기가 쉽지 않았다. 노동자들은 근로 소득세를 통해 점점 늘어나는 조세 부담을 감당한 반면, 기업과 부유층 가구는 조세 부담이 절반 이하로 줄어들었다. 미국 분배 분포상 상층부의 소득과 부가 차지하는 비율은 늘어났지만, 이런 행운을 누리는 이들에게 기대할 수 있는 세금의 비율은 줄어들었다. 1980년대 이래 미국의 상위 0.1퍼센트 소득자가 부담하는 세율은 약 65퍼센트에서 약 35퍼센트로 줄어들었고, 상위 0.01퍼센트의 경우에는 약 75퍼센트에서 25퍼센트 이하로 줄어들었다.[91]

대통령 선거 운동 중에 트럼프는 미국인들에게 미국이 위대했던 시절을 기억할 것을 요청했다. 그의 지지자들이 염두에 둔 것은 1940년대와 1950년대, 1960년대, 1970년대였는데, 이 시기는 최고 부유층과 나머지 사이의 간극이 줄어드는 때였다. 1940년과 1980년 사이에 미국의 하위 90퍼센트 소득자가 상위 1퍼센트보다 더 많은 부를 얻었다. 미국인들이 흥분한 마음으로 위대한 미국의 시대로 기억하는 시절은 이처럼 평등이 확대되는 상태였다. 1950년대와 1960년대에는 사회 복지가 확대되고 있었다. 대부분 정부 정책 덕분에 부가 더욱 균등하게 분배되었다.

필연성의 시대에 이르러 이 모든 것이 바뀌었다. 소득과 부의 불평등은 1980년대부터 2010년대에 이르기까지 급격하게 높아졌다. 1978년에는 국민의 상위 0.1퍼센트인 약 16만 가구가 미국 전체 부의 7퍼센트를 차지했다. 그런데 2012년에 이르자 이 소수 엘리트 집단의 입지가 한층 강해졌다. 미국 전체 부의 약 22퍼센트를 장악하게 된 것이다. 최상층부를 보면, 상위 0.01퍼센트인 약 1만 6000가구가 소유한 부의 총액은 같은 기간에 6배 이상 증가했다. 1978년에는 상위 0.01퍼센트에 속한 가구가 평균적인 미국인 가구보다 약 222배 부유했다. 2012년에 이르자 그 비율이 약 1120배로 높아졌다. 1980년 이래 미국 인구의 90퍼센트가 부나 소득 어느 쪽에서도 사실상 아무런 증가를 경험하지 못했다. 모든 증가분은 상위 10퍼센트로 가 버렸다. 그리고 상위 10퍼센트 내에서도 대부분은 상위 1퍼센트로 갔고, 상위 1퍼센트 내에서는 대부분이 상위 0.1퍼센트로, 상위 0.1퍼센트 내에서는 대부분이 상위 0.01퍼센트로 갔다.[92]

2010년대에 미국은 러시아의 불평등 수준에 접근했다. 미국의 과두 지배 가문 가운데 누구도 아직 국가를 손에 넣지는 못했지만, 2010년대에 그런 그룹들, 즉 코크가家, 머서가, 트럼프가, 머독가가 등장하는 모습은 주목할 수밖에 없었다. 러시아인들이 미국 자본주의를 이용해서 그들 자신의 권력을 공고히 한 것처럼, 미국인들 역시 러시아 올리가르히와 협력해서 같은 목적을 추구했다. 2016년 트럼프 선거 운동이 한 예다. 트럼프가 오바마보다 푸틴을 더 좋아한 것은 필시 단순히 인종주의나 경쟁 관계의 문제가 아니었다. 그런 선호는 또한 푸틴을 좀 더 닮고 싶고, 그의 호감을 사고 싶고, 더 많은 부를 손에 넣고 싶다는 열망이기도 했다. 과두제는 민주주의와 법률, 애국심을 용해시키는 후원 체계로 작동한다. 미국과 러시아의 과두 지배자들은 자국 국민들보다 서로에 대해 훨씬 더 공통점이 많다. 부의 사다리의 꼭대기에는 영원의 정치학을 향한 갖가지 유혹이 러시아만큼이나 미국에도 많이 존재할 것이다. 비슷한 상황에 처하게 되면, 미국인들이 러시아인들보다 더 낫게 행동하리라고 기대할 이유는 거의 없다.

많은 미국인들에게 과두제란 시간이 왜곡되고, 미래에 대한 감각을 상실하며, 매일매일을 반복적인 스트레스로 경험하는 것을 의미했다. 경제적 불평등 때문에 사회적 지위 향상이 억눌릴 때 더 나은 미래, 아니 미래 자체를 상상하기란 쉽지 않다. 1930년대 대공황 시절에 미국의 한 노동자가 말한 것처럼, 공포 때문에 "실제로 사람의 관점과 감정이 왜곡된다. 시간을 잃어버리고 믿음도 잃어버린다." 1940년에 태어난 미국인은 자신이 부모보다 돈을 더 많이 벌 것이라고 거의 확신했다. 1984년에 태어난 미국인은 부모보다 돈을 더 많이 벌 확률이 반반이었다. 빌리 조엘이 1982년 발표한 노래 〈앨런타운Allentown〉은 사실 펜실베이니아주에 있는 이웃한 철강 도시 베슬리헴Bethlehem에 관한 곡인데, 그 순간을 포착한 내용이다. 곡은 부모 세대와 달리 사회적 지위 향상을 경험하지 못한 제2차 세계 대전 전후 세대, 협소한 민족주의에 배신당한 노동자들을 노래한다. 철강 산업의 운명은 미국 노동 시장 일반의 운명과 마찬가지로 세계 경제에서 일어난 변화와 많은 관련이 있었다. 1980년에서 2016년 사이에 제조업 일자리의 수는 3분의 1 정도 줄어들었다. 문제는 미국 지도자들이 세계화를 미국 국가를 개혁해야 하는 이유가 아니라 국가적 문제의 해법으로 간주했다는 점이다. 1990년대와 2000년대, 2010년대의 세계화는 해법이 되기는커녕 필연의 정치학 및 경제적 불평등의 증대와 동시에 일어났다.[93]

불평등은 빈곤만이 아니라 차별의 경험도 의미한다. 가시적인 불평등 때문에 미국인들은 아메리칸 드림을 불가능하거나 현실성이 없는 것으로 거부하게 된다. 한편 점점 더 많은 미국인들이 주거를 바꿀 수 없는데, 따라서 더 나은 미래를 상상하기가 어렵다. 2010년대에 미국에서는 18~34세 젊은이가 부모와 함께 한집에 사는 비율이 역사상 가장 높았다. 샌프란시스코에서 교사가 되어 공립 학교에 취직한 젊은이는 도시 어디에서도 집을 살 여력이 없었다. 다시 말해서 교육을 마치고 공적 가치가 가장 높은 직업을 얻은 미국인은 한때 정상적인 생활이라고 간주된 삶을 시작할 만큼 보상을 받지 못한다. 숙명적인 가난에 대한 느낌이 특히 젊은이들을 짓눌렀다. 2010년대에 미국 가정의 5분의 1 이상이 대학 입학을 위해 빚을 진다고 보고했다. 불평등에 노출된 미국 10대들은 흔히 고등학교를 중도에 포기하는데, 그러면 소득을 얻기가 더욱 어려워진다. 가난한 가정에서 자라는 경우에 4세밖에 안 된 아이들이 시험 때문에 고생을 한다.[94]

워런 버핏이 말하는 것처럼, "물론 계급 전쟁이 존재하지만, 전쟁을 벌이는 것은 우리 계급, 부자 계급이고 승리하는 것도 우리다." 미국인들은 매일 이런 식으로 많은 수가 죽어 간다. 해외에서 벌어지는 전쟁이나 국내에서 일어나는 테러의 결과로 죽는 것보다 비교할 수 없이 많은 수가. 미국은 기본적인 공공 의료 체계가 부족하기 때문에 불평등은 보건 위기를 가져오는데, 그 때문에 다시 불평등이 가속화, 강화된다. 트럼프가 선거 승리에 필요한 표를 얻은 곳은 바로 2010년대에 공공 의료가 무너진 카운티들이었다.[95]

트럼프의 득표와 상관관계가 가장 강한 요인은 지방 차원의 공공 의료 위기, 특히 높은 자살률까지 결합된 위기였다. 2010년대 미국에서는 매일 재향군인 약 20명이 자살했다. 농민들 사이에서는 자살률이 훨씬 더 높았다. 미국인, 특히 백인 미국인들은 오늘보다 내일의 사정이 나빠질 것이라 믿으면서 수명을 단축시킬 가능성이 높은 행동을 거리낌 없이 했다. 보건 의료 악화와 트럼프 득표의 연관성은 오하이오, 플로리다, 위스콘신, 펜실베이니아 등 2012년에는 오바마가 승리했지만 2016년에는 트럼프가 확보한 중요한 주들에서 강하게 나타났다. 수명이 짧고 미래가 걱정스러울 때 영원의 정치학이 손짓을 보낸다.[96]

오피오이드 드림

2010년대 미국의 필연의 정치학이 낳은 눈부신 결과는 마약성 진통제인 오피오이드opioid의 합법화와 대중화다. 수백 년 동안 이런 화학 물질이 중독성이 있다는 것은 주지의 사실이었다. 그렇지만 정상적인 공공 의료 제도들이 부재한 가운데, 그리고 규제받지 않는 자본주의의 분위기 속에서 이런 기본적인 지혜는 마케팅에 압도당했다. 실제로 미국은 스스로에게 아편 전쟁을 선포하면서 수많은 사람들에게 정상적인 삶을 불가능하게 만들고, 모든 이들에게 정상적인 정치가 훨씬 더 어렵게 만들었다. 이미 거대한 불평등 실험의 피실험자였던 미국 시민들은 1990년대에 동시에 오피오이드 제품의 무분별한 판매에 노출되었다. 알약 형태로 헤로인처럼 작용하는 옥시콘틴Oxicontin은 1995년에 처방 승인이 되었다. 이 제품을 생산하는 회사인 퍼듀제약Purdue Pharma의 마케팅 책임자들은 의사들에게 기적이 일어났다고 말했다. 헤로인과 똑같은 진통 효과를 발휘하면서도 중독성이 없는 제품을 만들었다는 것이었다.[97]

1990년대 말 오하이오주 남부와 켄터키주 동부에서 퍼듀제약 마케팅 책임자들은 3개월마다 10만 달러가 넘는 보너스를 받았다. 1998년 최초의 "진통제 공장pill mill"들이 오하이오주 포츠머스에서 등장하기 시작했다. '진통제 공장'이란 의사들이 돈을 받고 옥시콘틴을 비롯한 오피오이드를 처방해 준다고 소문난 의료 시설을 가리키는 표현이다. 포츠머스에 이어 다른 소도시 주민들까지 금세 중독자가 되어 진통제 남용으로 사망하기 시작했다. 어떤 이들은 헤로인으로 갈아탔다. 포츠머스를 카운티청 소재지로 하는 오하이오주 사이오터Scioto 카운티는 인구가 8만 명 정도다. 한 해에 이 카운티 주민들이 처방받은 진통제가 970만 개였다. 남녀노소 전부 1인당 120정씩 처방받은 셈이다. 이 수치가 극단적으로 보일지 몰라도 미국의 많은 지역에서 전형적인 수준이 되었다. 가령 테네시주에서는 인구 600만 명이 한 해에 약 4억 정을 처방받았다. 1인당 70정 정도 되는 셈이다.[98]

2014~2016년 러시아와 우크라이나에서 사람들은 왕왕 "좀비"와 "좀비화"에 관해 이야기했다. 러시아가 우크라이나 남부와 동남부를 점령한 동안 양쪽은 상대가 "좀비가 되었다"고 주장했다. 자신들의 강력한 선전에 최면이 걸려 황홀경에 빠졌다는 것이었다. 돈바스 지역은 애팔래치아 지역과 크게 다르지 않았다. 실제로 2010년대에 미국에는 돈바스같이 기대가 크게 꺾여서 손쉬운 해법에 대한 믿음이 지배하게 된 혼돈과 무기력의 지역이 여러 곳 있었다. 좀비화는 우크라이나 동부만큼이나 미국에서도 뚜렷한 경향이었다. 포츠머스에서는 감지 않은 머리에 안색이 창백한 사람들이 남의 집에서 쇠붙이를 뜯어다가 시내를 가로질러 가서 고물상에 팔아 진통제를 사는 광경이 쉽게 목격되

었다. 약 10년 동안 오피오이드는 그 도시에서 현금처럼 유통되었다. 우크라이나 전쟁 중에 양쪽 군인과 용병들 사이에서도 비슷한 현상이 나타났다.[99]

오피오이드 중독 사태는 처음 20년 동안 널리 논의되지 않았기에 전국적 현상이 되었다. 미국 실업자 남성의 절반가량이 진통제 처방을 받았다. 2015년 한 해에 미국인 9500만 명이 진통제를 처방받았다. 중년 백인 남성의 경우 절망이 부른 죽음과 나란히 오피오이드 남용에 따른 사망 때문에 암과 심장 질환 치료에 기인한 사망자 감소가 상쇄되었다. 1999년을 기점으로 미국 중년 백인 남성의 사망률이 높아지기 시작했다. 과용 때문에 미국인 6만 3600명이 사망하면서 1999년에서 2016년 사이에 약물 남용에 따른 사망률이 세 배 늘어났다. 선진국들에서는 기대 수명이 세계적으로 올라갔지만, 미국에서는 2015년에 줄어들고 2016년에도 줄어들었다. 공화당 후보 지명을 받기 위해 선거 운동을 할 당시 트럼프는 중년 백인 남성이 가장 사망 위험이 높은 지역들의 예비 선거에서 가장 좋은 성과를 얻었다.[100]

통증으로 고생하는 사람이라면 알약 한 개만 먹으면 하루를 견디거나 침대를 박차고 일어날 수 있다는 걸 안다. 하지만 옥시콘틴과 헤로인은 쾌감을 통해 독특한 종류의 고통을 야기하면서 척수와 뇌에서 뮤 수용체mu-receptor를 압도하고 몸에서 한층 더 많은 양을 원하게 만든다. 오피오이드는 청소년기에 선택 능력이 형성되는 뇌 전두엽의 발달을 방해한다. 오피오이드를 지속적으로 복용하면 경험을 통해 배우거나 자신의 행동에 책임을 지기가 어려워진다. 이 약은 어린이, 배우자, 친구, 직장, 세상을 위해 필요한 정신적, 사회적 공간을 차지해 버린다. 극단적인 중독에 빠지면 세상은 쾌락과 욕구만 존재하는 고요하고 고립된 경험이 된다. 시간은 이번 복용에서 다음번까지 이어지는 사이클로 바뀌어 버린다. 한동안은 세상만사가 아름답게만 느껴지다가 다음에는 모든 게 암울하고 불길해지는 변화가 일상이 된다. 삶 자체가 제조된 위기manufactured crisis가 되어 삶의 끝end말고는 어떤 목표end도 보이지 않는다.[101]

미국인들은 약 덕분에 영원의 정치학을 받아들일 준비가 되어 있었다. 파멸의 느낌이 엄습할 때면 서둘러 약을 먹어야만 하기 때문이다. 2016년 대통령 선거 시기가 되면 최소한 200만 명의 미국인이 오피오이드 중독 상태였고, 수천만 명이 약을 복용하고 있었다. 오피오이드 복용과 트럼프 득표의 상관관계는 특히 트럼프가 승리해야 하는 주들에서 눈부시고 분명하게 드러났다. 뉴햄프셔주에서는 코아스Coös같이 타격을 받은 카운티들이 2012년 오바마 지지에서 2016년 트럼프 지지로 바뀌었다. 2012년에 오바마가 승리했지만 2016년에는 트럼프가 승리한 펜실베이니아주의 모든 카운티는 오피오이드 재난 상태였다. 웨스트버지니아주 밍고Mingo 카운티는 오피오이드의 영향을 심각하게 받은 지역이었다. 밍고 카운티의 한 도시는 주민이 3200명인데 1년에 약 200만 정의 오피오이드가 운송되었다. 밍고 카운티에서는 2012년에도 공화당이 이겼지만, 2016년에는 트럼프가 4년 전 밋 롬니보다 19퍼센트나 많은 표를 얻었다. 오피오이드 재난 상태에 빠진 오하이오주의 모든 카운티는 한 곳을 제외하고 2012년 롬니보다 2016년 트럼프가 상당히 많은 표를 얻었다. 결국 선거에서 승리하기 위해 손에 넣어야 하는 주를 확보하는 데 톡톡히 도움이 되었다. 미국 오피오이드 재난 사태의 진원지인 오하이오주 사이오터 카운티에서 트럼프는 4년 전 롬니보다 33퍼센트나 많은 표를 가져갔다.[102]

트럼프의 영원의 정치학이 효과를 발휘한 곳은 바로 이처럼 아메리칸 드림이 사멸한 지역들이었다. 트럼프는 과거로, 미국이 위대했던 시절로 돌아가자고 호소했다. 불평등이 존재하지 않고, 미래가 닫혀 있다는 느낌이 없었다면, 아마 그는 자기가 필요로 하는 지지자들을 찾아내지 못했을 것이다. 비극이라면 그의 통치 개념이 생명을 다한 꿈을 좀비가 나오는 악몽으로 바꾼 것이었다.

"진실은 진실이 아니다."

영원의 정치학은 허구가 되살아날 때 승리한다. 허구의 영역에서 등장한 지도자는 양심의 가책이나 사과가 없이 거짓을 말한다. 그에게는 비非진실이 생활 양식이기 때문이다. 허구의 창조물인 "성공한 사업가 도널드 트럼프"는 비진실로 공적 공간을 채우고 거짓말에 대해 결코 사과하지 않았다. 사과를 하면 진실 같은 것이 존재한다고 인정하는 셈이었기 때문이다. 대통령에 취임하고 처음 99일 중 91일 동안 트럼프는 적어도 한 번씩 거짓임이 빤한 주장을 했다. 처음 298일 동안 그는 1628차례 그릇되거나 오해를 야기하는 주장을 했다. 한번은 30분 동안 진행된 인터뷰에서 24차례 그릇되거나 오해를 야기하는 주장을 했다. 인터뷰어가 발언하는 시간을 감안하면 1분당 한 번씩 한 셈이다. 모든 대통령이 거짓말을 하는 것은 사실이다. 차이가 있다면 트럼프는 진실을 말하는 게 예외적이라는 것이다.[103]

많은 미국인들은 끊임없이 거짓말을 하면서 결코 사과하는 법이 없는 사람과 거의 거짓말을 하지 않으면서 실수를 하면 바로잡는 사람의 차이를 보지 못했다. 바야흐로 미국인들은 수르코프와 RT가 설명하는 세계를 받아들이고 있었다. 정말로 진실을 말하는 이는 아무도 없으며, 어쩌면 진실이란 아예 존재하지 않으니까 그냥 듣고 싶은 말만 되풀이하고 그런 말을 하는 사람들에게 순종하자는 것이다. 그런 식으로 권위주의가 등장한다. 트럼프는 러시아의 이중 기준을 채택했다. 자기는 언제든지 거짓말을 해도 되지만 언론인이 조그만 실수라도 한번 하면 저널리즘 직업 전체가 불신받아야 하는 것이다. 트럼프는 푸틴에게 배운 그대로 거짓말을 한 것은 자기가 아니라 기자들이라고 주장하는 방식을 택했다. 그는 기자들을 "미국인들의 적"이라고 지칭하면서 기자들이 만들어 내는 것은 "가짜 뉴스"라고 주장했다. 트럼프는 이 두 가지 공식을 모두 자랑스러워했는데 둘 다 러시아에서 유래한 것이었다. 트럼프의 보좌관인 루디 줄리아니Rudy Giuliani는 조지 오웰의 경고를 한마디로 요약해 주었다. "진실은 진실이 아니다."[104]

러시아 모델에서 보면, 뉴스가 일상적인 스펙터클이 되기 위해서 탐사 보도를 하찮은 것으로 치부해야 한다. 스펙터클에서 중요한 것은 지지자들과 비방자들 모두에게서 감정을 불러일으키고 양극화를 확인하고 강화하는 것이다. 주기적으로 바뀌는 모든 뉴스는 행복감이나 우울감을 야기하고, 정치는 시민들의 삶을 개선하는 정책에 관한 것이 아니라 국내의 친구들과 적들에 관한 것이라는 확신을 강화한다. 트럼프는 공직에 출마했던 것과 똑같은 방식으로 통치했다. 정책 입안자보다는 분노 유발자로서 통치한 것이다.[105]

러시아라는 거울 앞에 선 미국

영원의 정치학은 주기적으로 반복되는 향수로 유혹하고 되풀이되는 갈등을 낳는다. 트럼프는 미국의 불평등 수준이 러시아 수준에 근접하던 순간에 백악관 집무실에 들어섰다. 대공황이 발발한 전해인 1929년 이래 미국의 부와 소득이 상위 0.1퍼센트와 나머지 국민 전체 사이에 그토록 불균등하게 분배된 적은 없었다. 트럼프가 "미국을 다시 위대하게 만들자"고 말했을 때, 그를 추종한 사람들은 불평등이 줄어들던 시기인 제2차 세계 대전 이후 몇십 년을 떠올렸다. 하지만 트럼프 자신이 염두에 둔 것은 바로 그 재난의 1930년대였다. 단지 실제로 벌어진 대공황만이 아니라 훨씬 더 극단적이고 끔찍한 무언가, 즉

국내에서든 해외에서든 그 결과를 시정하기 위한 어떤 행동도 이루어지지 않는 대안 세계|alternative world였다.[106]

트럼프의 선거 운동과 집권 구호는 "미국 우선"이었다. 이 구호는 1930년대, 아니 인종적, 사회적 불평등이 고조되는 가운데서도 공공 정책으로 전혀 대처하지 않는 대안적 미국에 대한 언급이었다. 1930년대에 "미국 우선"이라는 표현이 사용된 것은 프랭클린 D. 루즈벨트가 제안한 복지 국가와 미국의 제2차 세계 대전 참전을 반대하기 위해서였다. '미국 우선' 운동의 대중적 유명인사인 찰스 린드버그|Charles Lindbergh는 미국이 같은 백인 유럽인으로서 나치스와 손을 잡아야 한다고 주장했다. 2010년대에 '미국 우선'을 말하는 것은 미국의 영원의 정치학에서 신화적 순결의 시점을 확인하고, 불평등을 자연스러운 것으로 받아들이며, 당시에 어떤 일을 했어야 한다거나 지금 무언가를 할 수 있음을 부정하기 위함이다.[107]

트럼프의 영원의 정치학에서 제2차 세계 대전은 그 의미를 잃었다. 지난 수십 년 동안 미국인들은 이 전쟁의 미덕이 나치의 인종주의에 맞선 싸움이라고 생각하게 되었고, 그 덕분에 미국을 개선하기 위한 교훈을 얻었다. 트럼프 행정부는 "좋은 전쟁"에 관한 이런 미국의 기억을 훼손했다. 나바호족 참전 군인들을 상대로 한 연설에서 트럼프는 과감하게 정치적 경쟁자를 인종 차별적으로 지칭했다. 또 유대인을 언급하지 않은 채 홀로코스트 기념일을 기렸다. 트럼프의 대변인인 션 스파이서|Sean Spicer는 히틀러가 "자국민"을 죽이지 않았다고 주장했다. 독일 유대인들은 독일 국민이 아니라는 바로 그런 생각 때문에 홀로코스트가 시작되었다. 영원의 정치학은 적에 대항해 노력할 것을 요구하는데, 이때 적은 내부의 적일 수도 있다. 트럼프 자신이 말한 것처럼, "국민"이란 언제나 "진짜 국민", 즉 전체 시민이 아니라 일부 선택된 집단을 의미하니

까 말이다.**108**

러시아의 후원자들과 마찬가지로 트럼프 또한 버락 오바마 집권기를 일탈로 규정했다. RT와 나란히 트럼프는 오바마가 미국인이 아니라는 허구를 부추겼다. "국민"은 백인이라는 통념을 강화하기 위한 시도였다. 푸틴이 원숭이 흉내를 내고, 일린이 재즈는 백인을 거세하는 음악이라는 강박에 시달리고, 프로하노프가 검은 우유와 시커먼 정액의 악몽을 꾼 것처럼, 트럼프는 블랙 파워의 환상 속에 살았다. 트럼프가 대통령에 당선됐을 때, 키셀료프는 이제 오바마는 "아무것도 할 수 없는 내시 신세가 되었다"고 환호작약했다. 트럼프는 자기 성기를 공개적으로 자랑한 미국 역사상 유일한 대통령 후보였다. 트럼프를 지지하는 백인 우월주의자들은 그의 인종주의를 지지하지 않는 공화당원들을 "컥서버티브cuckservative•"라고 놀렸다. 바람피우는 백인 아내를 둔 백인 남편에 관한 포르노의 상투적인 장면, 아내가 흑인 남자와 펠라치오를 하는 모습을 지켜보는 장면에 빗댄 말이다. 적을 성적으로 묘사하게 되면 정치를 생물학적 투쟁으로 바꾸는 셈이며, 개혁과 자유의 고된 노력을 수컷 새의 끝없이 불안한 몸치장과 맞바꾸는 셈이다.**109**

미국의 영원성에서 볼 때, 적은 흑인이며 정치는 이 사실을 밝힘으로써 시작된다. 그리하여 트럼프의 영원의 정치학에서 1930년대 '미국 우선'을 내세운 인종주의적 고립주의 시대 다음으로 순결한 시점은 남북 전쟁이 벌어지지 않은 대안적 1860년대였다. 실제 미국 역사에서 아프리카계 미국인들은 1861~1865년 남북 전쟁이 끝나고 몇 년 뒤에 공민권을 얻었다. 만약 흑인들을

• '오쟁이 진 남편'을 가리키는 'cuckold'와 'conservative'를 합친 표현.

"국민"에서 배제하려 한다면 미국의 영원의 정치학은 그들을 계속 예속 상태에 두어야 한다. 그리하여 트럼프 행정부는 히틀러에 맞서 싸운 것이 과연 지혜로운 일이었는지를 의심한 것처럼, 노예제에 맞서 싸운 것도 현명한 일인지 의심했다. 트럼프는 남북 전쟁에 관해 말하면서 이렇게 물었다. "왜 그 전쟁은 해결될 수 없었을까요?" 백악관 비서실장 존 켈리John Kelly는 남북 전쟁의 원인은 타협의 부재라고 주장하면서 사람들이 좀 더 합리적이었다면 미국은 이치에 맞게 흑인을 노예로 삼는 나라로 타당하게 남았을 것이라고 암시했다. 일부 트럼프 지지자들의 마음속에서는 홀로코스트 찬성과 노예제 승인이 한데 뒤얽혀 있었다. 버지니아주 샬러츠빌Charlottesville에서 벌어진 대규모 극우파 시위에서는 나치 상징과 남부연합 상징이 함께 등장했다.[110]

"미국 우선"을 선언하는 것은 국내나 해외에서 파시즘에 맞서 싸울 필요성을 부정하는 셈이었다. 2017년 8월 샬러츠빌에서 미국의 나치스와 백인 우월주의자들이 행진했을 때, 트럼프는 그들 중 일부는 "아주 좋은 사람들"이라고 말했다. 그는 남부연합 기념물을 보존해야 한다는 남부연합과 나치스의 대의를 옹호했다. 미국 남부에 있는 이런 기념물들은 1920년대와 1930년대에 세워진 것인데, 당시는 미국의 파시즘이 현실적인 가능성으로 대두되던 때였다. 유럽에서 파시즘이 부상하는 것과 동시에 일어난 남부 도시의 인종적 순수화를 기리기 위한 기념물들이었다. 당대의 관찰자들은 그 연관성을 쉽게 목격할 수 있었다. 당대 미국의 위대한 엔터테이너이자 사회 비평가였던 윌 로저스Will Rogers는 1933년에 아돌프 히틀러를 보고 낯익은 인물이라고 생각했다. "신문들마다 히틀러가 무솔리니를 그대로 흉내 내려고 애를 쓴다고 말한다. 내가 볼 때 그는 KKK단을 흉내 내고 있다." 미국의 위대한 사회 사상가이자 역사학자인 W. E. B. 듀보이스W. E. B. Du Bois는 파시즘의 유혹이 미국의 과거 신화와 어떻게 함께 작동하는지를 볼 수 있었다. 그는 미국 백인들이 모든 미국인의 더 나은 미래를 약속하는 개혁적인 국가보다는 흑인들과 적대하는 이야기를 더 좋아할 것이라고 정당한 우려를 품었다. 그가 1935년에 쓴 것처럼, 인종주의에 미혹된 백인들은 "국가 내에서 민주주의를 지겨운 것으로 만들고, 인종적 편협성을 신성시하며, 세계를 금권 정치로 인도하는 데 활용되는 도구"가 될 수 있었다.[111]

미국의 영원의 정치학은 인종 불평등을 받아들이고 그것을 경제적 불평등의 원천으로 삼으면서 백인과 흑인을 적으로 만드는 한편, 혐오는 정상적인 것이고 변화는 불가능하다고 선언했다. 영원의 정치학은 허구적 전제에서 시작해서 허구적인 정책을 만든다. 농촌에 사는 미국인들은 자기가 낸 세금이 도시 사람들에게 분배된다고 생각하기 쉬운데, 실은 정반대다. 대다수 백인 미국인들, 특히 트럼프를 찍은 백인들은 백인이 흑인보다 더 차별을 받는다고 믿는다. 이런 믿음은 남북 전쟁 직후까지 거슬러 올라가는 미국 역사의 유산이다. 당시 앤드루 존슨 대통령은 아프리카계 미국인을 위한 정치적 평등을 백인에 대한 차별이라고 정의했다. 필연의 정치학을 믿는 이들은 충분한 시간이 지나면 사람들이 교육을 더 많이 받아서 실수를 범하는 일이 줄어들 것이라고 믿을지 모른다. 공공 정책 신봉자들은 사람들의 믿음과 무관하게 불평등을 극복하게 도와주는 개혁을 고안하려고 노력할지 모른다. 트럼프 같은 영원의 정치인은 과거와 현재에 대한 그릇된 믿음을 활용해서 그런 가짜 믿음을 재확인해주는 허구적 정책을 정당화함으로써 정치를 적에 대항하는 영원한 투쟁으로 만든다.[112]

영원의 정치인은 정책을 정식화하기보다는 적을 규정한다. 트럼프는 홀로코스트가 유대인에게 영향을 미쳤다는 사실을 부인하고, 흑인 운동선수를 지칭하면서 "개새끼"라는 표현을 사용하고, 야당 인사를 "포카혼타스"라는 인종 차별적 표현으로 부르고, 멕시코인을 겨냥한 비난 프로그램을 감독하고, 이민자들이 저지른 범죄 목록을 공표하고, 테러리즘 담당 부서를 이슬람 테러리즘 담당 부서로 전환하고, 텍사스와 플로리다의 허리케인 피해자는 돕는 반면 푸에르토리코 피해자는 돕지 않고, "거지 소굴shithole 카운티들" 운운하고, 기자들을 미국 국민의 적이라고 지칭하고, 시위대가 돈을 받았다고 주장하는 등등의 행동으로 정책을 만드는 대신 적을 규정했다. 미국 시민들은 이런 징후를 읽을 수 있었다. 공화당의 한 하원 의원 후보는 보건 의료에 관해 질문하는 기자를 폭행했다. 미국의 한 나치는 포틀랜드의 기차 안에서 여자 두 명을 공격하고 여자를 보호하려고 달려온 남자 둘을 칼로 찔러 죽였다. 워싱턴주에서는 백인 남자가 아메리카 원주민 두 명을 차로 치면서 인종을 비방하는 말을 외쳤다. 여러 조사에서 교사들은 트럼프가 대통령에 취임하면서 교실 안에서 인종적 긴장이 고조되고 있다고 보고했다. "트럼프"라는 단어는 학교 스포츠 행사에서 인종적 조롱이 되었다.[113]

미국의 영원의 정치학이 정책을 만드는 경우가 있더라도 그 목적은 고통을 가하는 것이다. 나라의 다수로부터 최부유층에게 부를 이전하는 역진세, 그리고 보건 의료의 축소나 제거가 그것이다. 영원의 정치학은 네거티브섬 게임으로 작동한다. 상위 1퍼센트 정도를 제외한 모든 국민이 형편이 나빠지고, 그 때문에 생기는 고통을 활용해서 계속 게임이 진행된다. 사람들은 남들이 패배하고 있다고 믿기 때문에 승리감을 느낀다. 트럼프는 오직 러시아 덕분에 이길 수 있었기 때문에 패배자였고, 그가 당을 덫에 빠뜨렸기 때문에 공화당은 더 심한 패배자였으며, 민주당은 권력에서 배제되었기 때문에 한층 더 심한 패배자였고, 의도적으로 고안된 불평등과 보건 의료 위기로 고통받는 미국인들은 최대의 피해자였다. 많은 미국인들이 자신의 패배를 남들이 더 큰 패배를 당해야 한다는 신호로 이해하는 한 이 논리는 계속될 수 있다. 만약 미국인들이 계속해서 정치를 더 나은 공동의 미래를 위한 노력이 아니라 인종적 갈등으로 바라본다면, 더 나은 어떤 것도 기대하기 어렵다.[114]

　트럼프는 "포퓰리스트"라는 이름을 얻었다. 하지만 포퓰리스트는 금융 엘리트 집단과 반대되는 의미로 대중을 위해 기회를 증대시키는 정책을 제안하는 사람이다. 트럼프는 그와는 달랐다. 그는 자기 유권자 가운데 가장 취약한 집단을 해치기 위한 정책을 고안한 사도포퓰리스트sado-populist*였다. 그런 사람들은 대통령의 인종주의에 고무된 나머지 자신이 겪는 고통을 다른 이들에게 훨씬 더 큰 고통이 가해지는 징후로 이해할 수 있었다. 2017년에 주요한 정책이 있었다면 고통을 늘리는 것뿐이었다. 역진세법은 국내 정책 프로그램에 대한 예산 지원에 반대하는 주장을 낳았는데, 그 가운데는 가장 필요로 하는 많은 사람들에게서 보건 의료를 박탈하는 조항도 있었다. 트럼프의 말을 빌리자면, "나는 [의료 보험에 대한] 개별적 강제 조항을 끝장냈다." 의료 보험이 없는 미국인들에게 보험 보장을 연장해 준 부담적정보험법Affordable Care Act이 트럼프의 말처럼 "기본적으로 시간이 경과하면서 사멸되었다"는 의미다. 의회예산처에 따르면, 2017년 세법의 의료 보험 조항 때문에 미국인 1300만 명이 의료 보험을 상실할 것이다. 유엔의 한 특사가 경고한 것처럼, 이런 정책을 시행하면 미국은 "세계에서 가장 불평등한 나라"가 될 수 있다. 외부의 시각에서 볼 때, 이런 정책의 목표는 고통을 주는 것이라고 결론을 내리기가 쉬웠다.[115]

● '사디스트'와 '포퓰리스트'를 결합한 말.

한 측면에서 보면, 가난한 사람이나 실업자, 오피오이드 중독자가 의료 보험 감축에 표를 던지는 것은 푼돈을 필요로 하지도 않고 관심조차 없을 부유층에게 그냥 돈을 내주는 셈이다. 다른 측면에서 보면, 그런 유권자는 정책의 흐름을 성취에서 고난으로, 소득에서 고통으로 바꾸면서 자신이 선택한 지도자가 사도포퓰리즘 체제를 수립하는 것을 돕는다. 그런 유권자는 자신이 누가 국민의 고통을 관리하는지를 선택했다고 믿을 수 있고, 또 이 지도자가 적에게 한층 더 큰 타격을 입힐 것이라는 환상에 빠질 수 있다. 영원의 정치학은 고통을 의미로 바꾸며 더 나아가 의미를 더 많은 고통으로 다시 바꾼다.[116]

이런 점에서 트럼프 대통령의 미국은 러시아와 비슷해지고 있었다. 전략적 상대주의에서 볼 때 러시아는 손상을 입었지만 다른 나라들에게 더 많은 손상을 입히는 것, 또는 적어도 러시아 국민들에게 다른 나라들이 더 많은 손상을 입고 있다고 설득하는 것을 목표로 삼았다. 러시아 시민들이 우크라이나 침공 이후 유럽과 미국의 제재라는 고통을 받아들인 것은 러시아가 유럽과 미국을 상대로 영광스러운 군사 행동을 벌이고 있고, 또 유럽인들과 미국인들이 그들의 타락과 공격에 대한 응분의 대가를 치르고 있다고 믿었기 때문이다. 전쟁에 대한 허구적 정당화는 진짜 고통을 야기하고, 이 고통은 계속해서 진짜 전쟁의 지속을 정당화한다. 그 전쟁의 전투에서 승리하고 트럼프가 대통령이 되도록 도와주는 과정에서 모스크바는 미국 내에서 바로 이런 논리를 퍼뜨렸다.

모스크바는 미국 국내 정치를 네거티브섬 게임으로 전환하는 것을 도움으로써 국제 정치에서 벌어지는 네거티브섬 게임에서 승리했다. 러시아의 영원의 정치학에서 러시아 시민들은 더 나은 미래의 가능성을 순결한 러시아를 용감하게 방어하는 전망과 맞바꾼다. 마찬가지로, 미국의 영원의 정치학에서 미국의 백인들은 더 나은 미래의 가능성을 순결한 미국을 용감하게 방어하는 전망과 맞바꾼다. 일부 미국인들은, 사실이든 아니든 간에 흑인 또는 이민자나 무슬림들이 더 많이 고통을 받는다고 믿는 경우에, 자신이 더 나쁜 삶을 그나마 짧게 사는 것도 감내한다.[117]

정부를 지지하는 사람들이 고통을 보상으로 받을 것이라고 기대한다면, 정당들 사이의 정책 경쟁에 바탕을 둔 민주주의는 위험에 빠진다. 트럼프 정부에서 이제 미국인들은 고통과 쾌락, 일상적인 분노나 승리의 관리를 기대하게 되었다. 지지자들에게나 반대자들에게나 정치의 경험은 이제 온라인에서 보내는 시간이나 헤로인 같은 중독 행위가 되었다. 오로지 혼자서 좋은 순간과 나쁜 순간을 주기적으로 경험하고 마는 것이다. 연방 정부가 건설적인 새로운 정책을 만들어 낼 수 있다고 기대하는 이는 이제 거의 없었다. 단기적으로 볼 때, 정책을 가지고 스스로를 정당화하려고 하는 정부는 러시아의 경우처럼 테러를 활용하고 싶은 유혹을 느끼게 될 것이다. 장기적으로는 개혁을 통해 다수를 끌어모을 수 없는 정부는 다수 지배의 원리를 파괴할 것이다.

이처럼 민주주의와 법치로부터 등을 돌리는 것이 트럼프가 선호하는 경로인 것 같았다. 트럼프는 자신이 선거에서 이기지 못하면 투표 집계를 거부할 것이라고 말한 첫 번째 대통령 후보였고, 100여 년 만에 자기 추종자들에게 상대 후보를 두드려 패라고 촉구한 첫 번째 후보였으며, 상대 후보를 죽여야 한다고 (두 번이나) 암시한 첫 번째 후보이자, 상대 후보를 투옥해야 한다는 것을 주요 선거 테마로 삼은 첫 번째 후보이자, 파시스트들이 만든 인터넷 유행물을 활용한 첫 번째 후보였다. 대통령이 된 그는 전 세계 독재자들에 대해 존경을 표했다. 그가 대통령에 오르고 공화당이 상하 양원에서 다수당이 된 것은 미국 시스템에 존재하는 비민주적인 요소들 덕분이다. 트럼프는 그 사실을 잘 알았기 때문에 많은 표차로 일반 투표에서 졌는데도 자신은 일반 투표에서 지지 않았다고 끈질기게 말했다. 러시아의 트럼프 지지자들은 그의 마음을 달래주려고 노력했다. 가령 채널원은 클린턴이 일반 투표에서 승리한 것은 오로지 "사망자" 수백만 명이 그녀에게 표를 던졌기 때문이라고 거짓 보도를 했다.[118]

사도포퓰리즘의 선거 논리는 불평등에서 이익을 보는 이들과 고통을 좋아하는 이들만 투표할 수 있게 하고, 정부가 평등과 개혁을 지지하기를 기대하는 이들에게서는 투표를 빼앗자는 것이다. 트럼프는 연방 선거에서 유권자들을 배제하는 것을 임무로 삼는 투표 억제 위원회를 지명하는 것으로 임기를 시작했다. 이미 일부 주에서 나타나는 것처럼 장래에 연방 차원에서 인위적으로 다수를 차지하려는 것이 목표임이 명백했다. 주 차원에서 이런 위원회의 활동이 없었다면 2016년에 트럼프가 이기기는 더 어려웠을 것이다. 트럼프가 기대하는 것은 분명 향후에 한층 더 제한적인 조건에서 투표자가 줄어든 가운데 선거를 치르는 것이었다. 미국 민주주의에 암울한 시나리오는 아마 국내 테러 같은 어떤 충격적인 사건이 일어나 비상사태 아래서 선거가 진행되어 투표권이 한층 더 제한될 수 있다는 것이다. 트럼프는 이런 "주요 사건"에 관해 한 차례 이상 깊게 생각한 바 있다.[119]

러시아가 트럼프에게 제시한 유혹은 대통령 자리였다. 트럼프가 공화당원들에게 내놓은 유혹은 1당 국가, 정치적 경쟁 대신 선거 조작으로 수립되는 정부, 번영이 아니라 고통을 초래하고 모든 국민을 위해 일을 하는 게 아니라 한 무리를 위해 과장된 연기를 하는 것이 지도자들이 할 일이 되는 인종 과두제였다. 연방 정부가 하는 일이라곤 불평등을 극대화하고 투표를 억제하는 것뿐이라면, 우리는 어느 시점에서 선을 넘어야 할 것이다. 미국인들 역시 러시아인들처럼 결국 더는 선거를 믿지 않을 것이고, 그렇게 되면 미국은 러시아 연방과 마찬가지로 지도자를 선택할 적법한 방법을 갖지 못한 채로 항구적인 승계 위기에 빠질 것이다. 이런 미래는 2010년대 러시아 대외 정책의 승계가 될 것이다. 러시아의 문제를 자기가 고른 적들에게 수출하고, 러시아가 시달리는 각종 증후군을 전염시켜서 정상화하는 것이다.[120]

정치는 국제적인 것이지만 수리는 국지적이어야 한다. 2016년 대통령 선거 운동, 도널드 트럼프의 일대기, 익명의 사업들, 익명의 부동산 구입, 인터넷 뉴스의 지배, 미국 헌법의 특수성, 놀라운 정도의 경제적 불평등, 고통스러운 인종의 역사 등, 미국인들에게 이 모든 것은 한 특별한 나라와 그 예외적인 역사의 문제처럼 보일 수 있다. 필연의 정치학 때문에 미국인들은 세계가 미국과 비슷해져야 하고 따라서 더 우호적이고 민주적으로 바뀌어야 한다는 생각에 빠져들었지만, 실상은 그렇지 않았다. 사실 미국 자체가 2010년대에 민주주의에서 점점 멀어지고 있었고, 러시아는 그런 추세를 가속화하기 위해 노력했다. 미국의 자칭 과두 지배자들은 러시아의 통치 방식에 매력을 느꼈다. 러시아에서 그런 것처럼, 파시즘적 사고가 과두제를 공고화할 위험이 있었다.

필연성의 마법을 깨뜨리려면 우리는 어떤 예외적인 길을 걷는 모습이 아니라 남들과 나란히 역사 속에 자리한 우리 자신을 있는 그대로 보아야 한다. 영원성의 유혹을 피하려면 우리는 시기적절한 공공 정책을 가지고 불평등부터 시작해서 우리 자신이 직면한 특수한 문제를 시정해야 한다. 미국의 정치를 영원한 인종 갈등 정치로 만든다면 경제적 불평등은 악화될 수밖에 없다. 확대되는 기회 불균형을 시정하고, 사회적 지위 향상과 더 나아가 미래에 대한 인식의 가능성을 복원하려면 미국인들을 갈등하는 집단들이 아니라 하나로 결합된 시민으로 보아야 한다.

미국은 인종 평등과 경제적 평등 두 가지를 모두 누리거나 둘 다 누리지 못할 것이다. 둘 다 누리지 못한다면, 영원의 정치가 지배하고, 인종 과두제가 등장하며, 미국의 민주주의는 끝이 날 것이다.

에필로그

세계의 파괴를 경험하는 것은 세계를 처음으로 보는 것과 같다. 우리는 우리가 건설하지 않은 질서의 상속자들이자 우리가 예측하지 못하는 쇠퇴의 목격자들이다.

우리의 순간을 본다는 것은 우리를 마취시키기 위해 제공된 이야기들, 필연성과 영원성, 진보와 파멸의 신화들에서 한 발짝 물러나는 것과 같다. 삶은 다른 곳에 있다. 필연성과 영원성은 역사가 아니라 역사 속에 있는 관념, 즉 그 추세를 가속화하는 한편 우리의 사고를 느리게 만드는 우리의 시간을 경험하는 방식이다. 앞을 보기 위해서는 뿌연 유리를 치워야 하고, 우리는 우리가 보이는 대로, 있는 그대로의 관념과 우리가 만드는 그대로의 역사를 본다.

덕은 그것을 바람직하고 가능하게 만드는 제도들로부터 생겨난다. 제도들이 파괴될 때 덕은 스스로 드러난다. 상실의 역사는 따라서 복원의 제안이 된다. 평등, 개인성, 승계, 통합, 새로움, 진실 등의 덕은 각각 다른 모든 것들에 의지하며, 이 모든 덕은 인간의 결정과 행동에 의지한다. 하나를 공격하면 모든 것이 공격받는다. 하나를 강화한다는 것은 나머지를 확인함을 의미한다.

스스로 선택하지 않은 세계에 던져진 우리가 실패를 통해 배우면서도 분노를 느끼지 않기 위해서는 평등이 필요하다. 오직 집단적인 공공 정책만이 개인을 확신하는 시민들을 만들어 낼 수 있다. 각자 개인인 우리는 함께, 그리고 따로 할 수 있고 해야 하는 일을 이해하려고 노력한다. 우리는 전에 투표한 적이 있고 후에 투표를 할 다른 사람들과 민주주의 안에서 손을 맞잡으며, 이 과정에서 승계의 원리와 시간 감각을 창조한다. 이러한 것이 보장되면, 우리는 우리 나라를 여러 나라 중 하나로 보고, 통합의 필요성을 인식하며, 그 조건을 선택할 수 있다. 덕들은 서로를 강화하지만 자동적으로 그렇게 되지는 않는다. 어떤 조화든 새것으로 옛것을 끊임없이 조정하는 인간의 세밀한 노력이 필요하다. 새로움이 없으면 덕은 소멸한다.

모든 덕은 진실에 의지하며, 진실은 모든 덕에 의지한다. 이 세계에서는 최종적 진실을 얻을 수 없지만 그것을 추구하다 보면 개인은 부자유로부터 멀어진다. 옳다고 느껴지는 것을 믿으려는 유혹은 언제나 사방에서 우리를 몰아친다. 우리가 참된 것과 매력적인 것의 차이를 더는 구별하지 못할 때 권위주의가 시작된다. 그와 동시에 진실 같은 건 아예 존재하지 않는다고 마음먹은 냉소주의자는 폭군을 환영하는 시민이다. 모든 권위에 대한 전면적인 의심은 감정을 읽어서 냉소주의를 길러 내는 특정한 권위에 대한 순진한 사고다. 진실을 추구한다는 것은 순응과 자기만족 사이에서 개인성으로 나아가는 길을 찾는 것을 의미한다.

우리가 각자 개인이고 민주주의 사회에 사는 게 사실이라면, 우리는 각자 한 표씩 가져야 하며 부나 인종, 특권이나 지리적 차이 때문에 선거에서 행사하는 힘이 더 크거나 작아서는 안 된다. 죽은 이들(러시아인들이 말하는 이른바 사이버 투표)이나 인터넷 로봇, 어떤 끈질긴 영원성이 낳은 좀비가 아니라 각 개인인 인간이 결정을 내려야 한다. 한 표가 정말로 한 명의 시민을 대표한다면, 시민들은 국가에 시간을 줄 수 있고 국가도 시민들에게 시간을 줄 수 있다. 이것이 승계의 진실이다.

어떤 나라도 홀로 떨어져 존재하지 않는다는 것은 통합의 진실이다. 파시즘은 지도자가 선택한 적이 모든 국민의 적이어야 한다는 거짓말이다. 그러면 정치가 감정과 거짓말에서 시작된다. 평화는 생각조차 할 수 없는 것이 된다. 국내에서 통제를 위해 해외의 적이 필요하기 때문이다. 파시스트는 "국민" 운운하지만 사실은 "일부 국민", 즉 그 순간 마음에 드는 국민을 의미할 뿐이다. 만약 시민과 주민들이 법률로 인정된다면, 다른 나라들도 법률로 인정되어야 한다. 국가가 시간의 흐름 속에서 존재하기 위해 승계의 원리가 필요하다면, 공간 속에서 존재하기 위해 다른 국가들과 일정한 통합의 형식도 필요하다.

진실이 전혀 존재하지 않는다면 신뢰란 있을 수 없고 인간의 공백 상태에서 새로운 어떤 것도 나타나지 않는다. 새로운 것이 생겨나는 것은 기업가나 화가, 활동가나 음악가 등 집단 내부이며, 집단은 신뢰를 필요로 한다. 불신과 고립의 상태에서는 창의성과 에너지가 피해망상과 음모로 쏠리면서 케케묵은 실수들이 열광적으로 반복된다. 우리는 결사의 자유를 이야기하지만 자유란 '그 자체가' 결사다. 결사가 없으면 우리는 스스로 새로워지거나 통치자에게 도전할 수 없다.

평등과 진실의 포옹은 친밀하고 다정하다. 불평등이 지나치게 심하면, 진실은 비참한 이들에게는 너무 크고 특권층에게는 너무 작아지게 된다. 시민들 사이의 소통은 평등에 의지한다. 그와 동시에 사실 없이는 평등을 달성할 수 없다. 개인의 불평등 경험은 필연성이나 영원성에 관한 이야기로 해명할 수 있을지 몰라도 불평등의 집단적 데이터는 정책을 필요로 한다. 만약 우리가 세계적 부의 분배가 얼마나 불평등한지, 또는 부유층이 얼마나 많은 불평등을 국가가 보지 못하게 감추는지를 알지 못한다면, 어디서부터 시작해야 할지를 알 수 없다.

만약 우리가 역사를 있는 그대로 본다면, 역사 속에서 우리가 놓인 자리,

그리고 우리가 무엇을 바꿀 수 있는지, 어떻게 하면 더 잘할 수 있는지를 알 수 있다. 우리는 필연성에서 영원성으로 이어지는 생각 없는 여행을 멈추고, 부자유로 가는 길에서 빠져나온다. 그리고 책임의 정치를 시작한다.

그런 정치를 창조하는 데 참여하는 것은 세계를 다시 보는 것이다. 역사가 드러내는 덕에 아주 관심이 많은 우리는 아무도 예견하지 못하는 부흥을 이루는 주인공이 될 것이다.

감사의 말

나는 종종 지금 우리가 경험하는 순간을 수십 년이나 수백 년 뒤에 이해할 역사가들에 관해 생각해 본다. 우리는 그들이 읽을 수 있는 어떤 자료를 남기게 될까? 디지털이라는 의미의 "정보"는 무한하고, 지식은 어느 때보다도 더 부족하며, 지혜는 덧없이 사라진다. 신문의 형태로나마 정직한 탐사 언론인들이 남긴 산문이 필시 출발점을 제공할 것이다. 확실히 내가 쓴 당대의 역사는 사태를 이해하기 위해 위험을 무릅쓴 기자들에게 크게 의존한다. 이 책을 그들에게 바치고 싶다.

어느 시점에서 나는 당대 러시아와 우크라이나, 유럽에 관한 책을 이제 막 마무리한다고 생각했는데, 그때서야 이 책의 주제가 처음에 생각했던 것보다 훨씬 더 영국이나 미국에 관련된 것임을 깨달았다. 러시아와 우크라이나의 여러 측면들에 관한 연구는 카네기펠로십Carnegie Fellowship의 지원을 받았다. 2013~2014년에는 빈에 소재한 인문학연구소Institute of Human Sciences에서 우크라이나와 러시아의 동료들에게, 그리고 "유럽의 대화 속 우크라이나Ukraine in European Dialogue"라는 프로그램 책임자인 케이트 영거Kate Younger와 테탸나 주르젠코Tatiana Zhurzhenko에게 많은 것을 배웠다. 2016년 폴란드 크라스노그루다Krasnogruda에 있는 보더랜드재단Borderland Foundation에서 열린 여름 학교에 함께 참가한 동료들인 크쥐슈토프 치제프스키Krzysztof Czyzewski, 야로슬라프 흐리짝, 고故 레오니다스 돈스키스Leonidas Donskis와 숱하게 많은 의견을 교환하면서 큰 신세를 졌다.

2016년 말에 《폭정On Tyranny》이라는 제목의 정치 소책자를 쓴 뒤 2017년의 많은 시간을 미국인들과 미국 정치를 토론하면서, 그리고 유럽인들에게 미국에 관해 설명하는 한편 몇 가지 문제가 기본적으로 유사하다는 사실을 상기시키면서 보냈다. 여기서 발전시킨 많은 개념들은 이런 공적 토론에서 생겨난 것이다. 《폭정》과 이 책을 출간하는 사이에 나는 끊임없이 발언을 했기 때문에 토론장을 일일이 밝힐 수는 없다. 하지만 다른 사람들이 일하기로 결정한 덕분에 사고를 고무받았음은 인정할 수 있다. 이 분주하고 복잡한 시기 내내 에이전트인 티나 베넷Tina Bennett과 담당 편집자 팀 두건Tim Duggan의 지원을 받을 수 있어서 무척 행운이었다.

이 책은 빈에서 시작해서 크라스노그루다에서 다듬고 코네티컷주 뉴헤이븐에서 완성했다. 디클랜 컹클Declan Kunkel이 조직한 강좌에서 예일대학교 학부생들과 토론을 준비하던 중에 나는 그가 자기 책의 논의의 틀로 삼은 "필연성"과 "영원성" 개념에 관해 처음 생각하게 되었다. 사유하고 집필하기에 완벽한 환경을 마련해 준 예일대학교 역사학과와 잭슨연구소Jackson Institute, 맥밀런센터MacMillan Center에 감사한다. 비범한 조교 세라 실버스타인Sara Silverstein이 모든 게 준비된 지적인 환경을 조성해 준 덕분에 지난 3년 동안 이 작업을 완성할 수 있었다. 코네티컷대학교에서 역사학자 경력을 계속 이어가는 그녀의 행복과 성공을 빈다.

토리 번사이드 클랩Tory Burnside Clapp, 맥스 랜다우Max Landau, 줄리 레이턴Julie Leighton, 올라 모어헤드Ola Morehead, 아나스타샤 노보토르스카야Anastasiya Novotorskaya, 데이비드 샤이머David Shimer, 마리아 테테리우크Maria Teteriuk 등 멋진 연구자 집단의 조력을 받았다. 친구들과 동료들은 친절하게도 몇 장씩

읽어 주었다. 드웨인 베츠Dwayne Betts, 수전 퍼버Susan Ferber, 외르크 헨스겐Jörg Hensgen, 디나 하파예바Dina Khapaeva, 니콜라이 코포소프Nikolay Koposov, 대니얼 마코비츠Daniel Markovits, 파베우 피에니옹제크Paweł Pieniążek, 안톤 셰홉초프Anton Shekhovtsov, 제이슨 스탠리Jason Stanley, 블라디미르 티스마네아누Vladimir Tismaneanu, 안드레아스 움란트Andreas Umland 등에게 감사한다. 옥사나 미하예브나Oxana Mikhaevna는 우크라이나 동부에서 싸우는 우크라이나 분리주의자들 및 러시아 지원병들과 한 인터뷰 사본을 내게 보여 주었다. 막스 트루돌류보프Max Trudolyubov와 이반 크라스테프Ivan Krastev는 1장과 2장의 밑바탕이 된 아이디어들에 관해 생각하게 해 주었다. 폴 부시코비치Paul Bushkovitch는 친절하게도 러시아에서 승계의 역사에 관한 생각을 공유해 주었고, 이자벨라 칼리노프스카Izabela Kalinowska는 현대와 고전 러시아 문화의 연계를 살펴보게 도와주었다. 나탈리야 구메뉴크Nataliya Gumenyuk와 크리스틴 해들리 스나이더Christine Hadley Snyder는 각자의 경험을 통해 우크라이나와 미국의 중대한 관심사가 연결된다는 사실을 알려 주었다.

이 마지막 줄을 쓰던 바로 그 순간 유명을 달리하신 박사 지도 교수 예르지 예들리키Jerzy Jedlicki(1930~2018)가 아니었더라면 아마 나는 이 책을 쓴 역사학자가 되지 않았을 것이다. 그는 20세기의 극악한 여러 폭정에서 살아남아 엄정하게 분석적인 동시에 도덕적 책임까지 떠안는 동유럽 역사 기술 방법론의 본보기가 되었다. 그는 폴란드나 다른 곳에서 여기서 내가 말하는 필연의 정치학에 전혀 영향받지 않은 극소수 중 하나였다. 바르샤바에 있는 그의 아파트를 찾아가 이 책에 관해 이야기를 나눌 수 없다니 너무도 슬프다.

마시 쇼어Marci Shore에게 진 많은 빚은 하루하루 늘어만 간다. 여기서는 주로 철학과 관련된 빚을 졌다.

이 책의 내용과 결함에 대한 책임은 전적으로 나의 몫이다.

주

주석의 음역transliteration 문제는 단순하지 않다. 책에서 인용되는 전거는 러시아어, 우크라이나어, 독일어, 프랑스어, 폴란드어, 영어 자료들이다. 러시아어와 우크라이나어는 키릴 문자를 쓰기 때문에 이 두 언어는 알파벳으로 바꿔야 한다. 본문에 등장하는 러시아어와 우크라이나어 인명은 대체로 익숙한 형태나 관련된 사람들이 선호하는 형태로 바꾸었다. 주석에서는 미국 의회도서관 표기법을 단순화해서 사용한다.

각 출처는 처음에 나올 때에만 전체 명칭을 인용하고 그다음부터는 축약해서 인용한다. 자주 인용하는 언론은 다음과 같이 약어로 표기한다. BI: *Business Insider*, DB: *Daily Beast*, EDM: *Eurasia Daily Monitor*, FAZ: *Frankfurter Allgemeine Zeitung*, FT: *Financial Times*, GW: *Gazeta Wyborcza*, HP: *Huffington Post*, KP: *Komsomol'skaia Pravda*, LM: *Le Monde*, NG: *Novaia Gazeta*, NPR: *National Public Radio*, NW: *Newsweek*, NY: *New Yorker*, NYR: *New York Review of Books*, NYT: *New York Times*, PK: *Pervyi Kanal*, RFE/RL: *Radio Free Europe/Radio Liberty*, RG: *Russkaia Gazeta*, RK: *Russkii Kolokol*, TG: *The Guardian*, TI: *The Interpreter*, UP: *Ukrains'ka Pravda*, VO: *Vozrozhdenie*, WP: *Washington Post*, WSJ: *Wall Street Journal*.

프롤로그

1 [국역] 토니 주트 지음, 조행복 옮김,《전후 유럽 1945-2005》, 열린책들, 2019.

2 [국역] 토니 주트·티머시 스나이더 지음, 조행복 옮김,《20세기를 생각한다》, 열린책들, 2015.

CHAPTER ONE 개인주의인가 전체주의인가

1 필연성과 영원성 개념은 새로운 것이지만 시간 풍경timescape이라는 개념은 새로운 게 아니다. 나는 Hans Ulrich Gumbrecht, *Nach 1945*, trans. Frank Born (Berlin: Suhrkampf, 2012); Johann Chapoutot, "L'historicité nazie," *Vingtième Siècle*, No. 117, 2013, 43~55쪽; Reinhart Koselleck, *Futures Past*, trans. Keith Tribe (Cambridge, Mass.: MIT Press, 1985); Mary Gluck, *Georg Lukács and His Generation, 1900-1918* (Cambridge, Mass.: Harvard University Press, 1991) 등을 많이 참조했다.

2 Czesław Miłosz, *Zniewolony umysł* (Paris: Kultura, 1953), 15쪽.

3 러시아의 부와 불평등에 관해서는 6장에서 논의하며, 자료 인용도 6장에서 할 것이다.

4 파시즘의 지적 기원에 관해서는 Zeev Sternhell, *Les anti-Lumières* (Paris: Gallimard, 2010)을 보라. 나중에 말하겠지만, 일린은 루마니아 파시스트들과 가장 가까웠는데, 그들 또한 정교회 신자였다. 기독교와 파시즘의 문제는 광범위한 주제다. 서구의 사례들에 관한 배경 설명으로는 Susannah Heschel, *The Aryan Jesus* (Princeton: Princeton UP, 2010); John Connelly, *From Enemy to Brother* (Cambridge, Mass.: Harvard UP, 2012); Brian Porter-Szűcs, *Faith and Fatherland* (New York: Oxford UP, 2011) 등을 보라.

5 일린의 부활로 이어진 책은 I. Ilyin, *Nashi zadachi: Stat'i 1948-1954 gg.* (Paris: Izdanie Russkago obshche-voinskago soiuza, 1956)이다. 1990년대 일린 사상의 귀환: Oleg Kripkov, "To Serve God and Russia: Life and Thought of Russian Philosopher Ivan Il'in," doctoral dissertation, Department of History, University of Kansas, 1998, 205쪽. 푸틴의 초기 연설들: Address to Federal Assembly, April 25, 2005; Address to Federal Assembly, May 10, 2006. 장례식: "V Moskve sostoialas' tseremoniia perezakhoroneniia prakha generala A. I. Denikina i filosofa I. A. Il'ina," *Russkaia Liniia*, Oct. 3, 2005. 일린이 쓴 논문들에 관해서는 "MSU will digitize archives

of Ilyin," newsru.com을 보라. 푸틴의 연설문 작성에 관해서는 Maxim Kalinnikov, "Putin i russkie filosofy: kogo tsitiruet prezident," Rustoria.ru, Dec. 5, 2014를 보라. 일린을 직간접적으로 언급하면서 외교 문제와 우크라이나 침공을 거론하는 푸틴의 말: "Vladimir Putin called the annexation of Crimea the most important event of the past year," PK, Dec. 4, 2014; "Blok NATO razoshelsia na blokpakety," *Kommersant*, April 7, 2008; Vladimir Putin, "Rossiia: natsional'nyi vopros," *Nezavisimaia Gazeta*, Jan. 23, 2012; Vladimir Putin, Address to Federal Assembly, Dec. 12, 2012; Vladimir Putin, Meeting with Representatives of Different Orthodox Patriarchies and Churches, July 25, 2013; Vladimir Putin, Remarks to Orthodox-Slavic Values: The Foundation of Ukraine's Civilizational Choice conference, July 27, 2013; Vladimir Putin, "Excerpts from the transcript of the meeting of the Valdai International Discussion Club," Sept. 19, 2013; Vladimir Putin, interview with journalists in Novo-Ogarevo, March 4, 2014. 일린의 권위에 관한 푸틴의 말: "Meeting with young scientists and history teachers," Moscow, 2014, Kremlin, 46951.

6 일린에 관한 수르코프의 말: Vladislav Surkov, "Speech at Center for Party Studies and Personnel Training at the United Russia Party," Feb. 7, 2006, published in *Rosbalt*, March 9, 2006; Iurii Kofner, "Ivan Il'in--Evraziiskii filosof Putina," *Evraziia-Blog*, Oct. 3, 2015; Aleksei Semenov, *Surkov i ego propaganda* (Moscow: Knizhnyi Mir, 2014). 일린에 관한 메드베데프의 말: D. A. Medvedev, "K Chitateliam," in I. A. Ilyin, *Puti Rossii* (Moscow: Vagrius, 2007), 5~6쪽. 러시아 정치 속의 일린: Tatiana Saenko, "Parlamentarii o priniatii v sostav Rossiiskoi Federatsii novykh sub'ektov," *Kabardino-Balkarskaya Pravda*, no. 49, March 18, 2014, 1쪽; Z. F. Dragunkina, "Dnevnik trista sorok deviatogo (vneocherednogo) zasedaniia soveta federatsii," *Biulleten' Soveta Federatsii*, vol. 254 (453); V. V. Zhirinovskii, V. A. Degtiarev, N. A. Vasetskii, "Novaia gosudarstvennost," *Izdanie LDPR*, 2016, 14쪽. 잘못된 이름이 붙은 자유민주당의 지도자 블라디미르 지리놉스키Vladimir Zhirinovskii는 확실이 푸틴보다 먼저 일린을 읽었다. Andreas Umland, "Vladimir Zhirinovskii in Russian Politics," doctoral dissertation, Free University of Berlin, 1997. 관료들이 사본을 받았다: Michael Eltchaninoff, *Dans la tete de Vladimir Poutine* (Arles: Actes Sud, 2015). 주지사들, 그리고 비슷한 급의 관리들의 발언 사례로는 kurganobl.ru/10005.html.etnokonf.astrobl.ru/document/621; old.sakha.gov.ru/node/1349#,special.kremlin.ru/events/president/news/17536; gov.spb.ru/law?d&nd=537918692&nh=1 등을 보라.

7 이 명제들은 3장과 6장에서 논증할 것이다.

8 일린의 정치적 지향에 관해서: Kripkov, "To Serve God and Russia," 13~35쪽; 젊은 시절의 좌파주의에 관해서는 Philip T. Grier, "The Complex Legacy of Ivan Il'in," in James P. Scanlan, ed., *Russian Thought after Communism* (Armonk: M. E. Sharpe, 1994), 165~86쪽; Daniel Tsygankov, "Beruf, Verbannung, Schicksal: Iwan Iljin und Deutschland," *Archiv für Rechts-und Sozialphilosophie*, vol. 87, no. 1, 2001, 44~60쪽. 스탠리 페인Stanley Payne의 말 인용: *Fascism* (Madison: University of Wisconsin Press, 1980), 42쪽. 무솔리니와 이탈리아 파시즘에 관한 일린의 글들: "Pis'ma o fashizmie: Mussolini sotsialist," *VO*, March 16, 1926, 2쪽; "Pis'ma o fashizmie: Biografiia Mussolini," *VO*, Jan. 10, 1926, 3쪽; "Natsional-sotsializm" (1933), in D. K. Burlaka, ed., I.A. *Il'in—pro et contra* (Saint Petersburg: Izd-vo Russkogo khristianskogo gumanitarnogo in-ta, 2004), 477~84쪽도 보라.

9 파시즘에 관한 일린의 말: "Natsional-sotsializm." 러시아 백군 운동에 관한 일린의 말: "O russkom' fashizmie," *RK* no. 3, 1927, 56쪽과 64쪽. Grier, "Complex Legacy," 166~67쪽도 보라. 러시아 내전에 관한 유용한 소개글은 Donald J. Raleigh, "The Russian Civil War, 1917-1922," in Ronald Grigor Suny, ed., *Cambridge History of Russia* (Cambridge, UK: Cambridge UP, 2006), vol. 3, 140~67쪽이다.

10 히틀러에 관한 일린의 말: "Natsional-sotsializm," 477~84쪽. 백계 망명자들의 사상 전환에 관해서는 Michael Kellogg, *The Russian Roots of Nazism* (Cambridge, UK: Cambridge UP, 2005), 12, 65, 72~73쪽을 보라. Alexander Stein, *Adolf Hitler: Schüler der "Weisen von Zion"* (Karlové Vary: Graphia, 1936)과 V. A. Zolotarev, et al., eds., *Russkaia voennaia emigratsiia* (Moscow: Geiia, 1998)도 보라. 일린의 생애: Tsygankov, "Iwan Iljin"; Tsygankov, "Beruf, Verbannung, Schicksal," 44~60쪽; Kripkov, "To Serve God and Russia," 2, 10, 304쪽; I. I. Evlampiev, ed., *Ivan Aleksandrovich Il'in* (Moscow: Rosspen, 2014), 14쪽; Grier, "Complex Legacy."

11 일린의 생애: Kripkov, "To Serve God and Russia," 72~73, 240, 304쪽; Grier, "Complex Legacy"; Tsygankov, "Iwan Iljin." 스위스의 반응들: Jürg Schoch, "'Ich möchte mit allem dem geliebten Schweizervolk dienen,'" *Tages-Anzeiger*, Dec. 29, 2014.

12 "Sud'ba Bol'shevizma" (Sept. 19, 1941), in I. A. Il'in, *Sobranie sochinenii*, ed. Iu. T. Lisitsy (Moscow: Russkaia kniga, 1993-2008), 22 volumes, 여기서는 vol. 8. 동료들: Schoch, "'Ich möchte mit allem dem geliebten Schweizervolk dienen.'" 재정적 지원: Kripkov, "To Serve God and Russia," 245쪽.

13　Felix Philipp Ingold, "Von Moskau nach Zellikon," *Neuer Zürcher Zeitung*, Nov. 14, 2000.

14　철학적 개념들이 독일어이기 때문에 독일어판(I. A. Iljin, *Philosophie Hegels als kontemplative Gotteslehre* [Bern: A. Francke Verlag, 1946]) 곳곳에서 인용한다. 본서의 취지상 나는 러시아의 논의와는 분리해서 일린에게만 초점을 맞춘다. 맥락에 관해서는 Laura Engelstein, "Holy Russia in Modern Times: An Essay on Orthodoxy and Cultural Change," *Past & Present*, 173, 2001, 129~56쪽과 Andrzej Walicki, *A History of Russian Thought from the Enlightenment to Marxism* (Stanford: Stanford UP, 1979)를 보라.

15　Iljin, *Philosophie Hegels*, 9, 351~52, 374쪽. 전체성에 관한 시오랑의 말: E. M. Cioran, *Le Mauvais Démiurge* (Paris: Gallimard, 1969), 14쪽. 헤겔과 헤겔주의자들, 전체성의 전통에 관해서는 Leszek Kołakowski, *Main Currents of Marxism. Vol. 1: The Founders* (Oxford: Oxford UP, 1978)([국역] 레셰크 코와코프스키 지음, 변상출 옮김, 《마르크스주의의 주요 흐름》 1, 유로서적, 2007), 17~26쪽을 보라.

16　Iljin, *Philosophie Hegels*, 310, 337, 371, 372쪽. Roman Ingarden, *Spór o istnienie świata* (Cracow: Nakład Polskiej Akademii Umiejętności), 1947 참조.

17　Iljin, *Philosophie Hegels*, 307, 335쪽.

18　악에 관해서: I. Ilyin, *O soprotivlenii zlu siloiu* (1925), in *Sobranie sochinenii*, vol. 5, 43쪽. 존재, 사실성, 중간 계급: Iljin, *Philosophie Hegels*, 312, 345쪽. 바로 이 지점에서 개인주의의 옹호를 시작하는 것도 가능하다: Józef Tischner, *Spowiedź rewolucjonisty. Czytając Fenomenologię Ducha Hegla* (Cracow: Znak, 1993), 42~43쪽.

19　윤리는 자신을 예외로 취급하지 않는 데서 시작된다는 사고는 일린이 젊은 시절에 많은 영향을 받은 이마누엘 칸트와 연결된다.

20　명상에 관한 일린의 말: Iljin, *Philosophie Hegels*, 8쪽. 이것은 나중에 책으로 출간된 스위스에서 한 강연들의 주제이기도 하다. 코드레아누가 본 환상: Constantin Iordachi, *Charisma, Politics, and Violence* (Trondheim: Norwegian University of Science and Technology, 2004), 45쪽. 민족에 관한 일린의 말: "Put' dukhovnogo obnovleniia," (1932-1935), *Sobranie sochinenii*, vol. 1, 196쪽.

21　유기체와 형제애적 결합: V. A. Tomsinov, *Myslitel' s poiushchim serdtsem* (Moscow: Zertsalo, 2012), 166, 168쪽; Tsygankov, "Iwan Iljin." 소수 민족: Ilyin, *Nashi zadachi*, 250쪽.

22　외국의 위협: Ilyin, "Put' dukhovnogo obnovleniia," in *Sobranie sochinenii*, vol. 1, 210쪽(하느님과 민족에 관해서는 328쪽); Iljin, *Philosophie Hegels*, 306쪽(러시아 정신에 관해서는 345쪽);

Kripkov, "To Serve God and Russia," 273쪽.

23 일린이 구성한 위협과 "대륙 봉쇄": Iljin, ed., *Welt vor dem Abgrund* (Berlin: Eckart-Verlag, 1931), 152, 155쪽; Kripkov, "To Serve God and Russia," 273쪽.

24 전기적 정보: Grier, "Complex Legacy," 165쪽. 일린의 말 인용: "O russkom" fashizmie," 60쪽: "Dielo v' tom', chto fashizm' est spasitelnyi eksstess patrioticheskago proizvola."

25 대속에 관한 일린의 말: "O russkom" fashizmie," *RK*, no. 3, 1927, 60~61쪽. 히틀러의 말 인용: *Mein Kampf* (Munich: Zentralverlag der NSDAP, 1939), 73쪽.

26 [국역] 아돌프 히틀러 지음, 서석연 옮김, 《나의 투쟁》 1 · 2, 범우사, 1999.

27 하느님에 관한 일린의 말: Tsygankov, "Iwan Iljin." 신의 전체성과 그리스도의 전쟁: *O soprotivlenii zlu siloiu*, 33, 142쪽. 기사도적 투쟁: "O russkom" fashizmie," 54쪽. 일린은 자신이 펴내는 잡지 《러시아의 종Russki Kolokol》 첫 호에 실은 시에서 또한 이렇게 말했다: "나의 기도는 칼과 같고, 나의 칼은 기도와 같다." *RK*, no. 1, 80쪽. 기독교를 초월하고자 한 니체와 달리, 일린은 단지 기독교를 뒤집으려고 했다. 일린은 적을 증오함으로써 하느님을 사랑하는 게 필요하다고 말했다. 니체는 (《이 사람을 보라Ecce Homo》에서) 앎을 추구하는 사람은 적을 사랑하고 친구를 미워해야 하며 이것이 더 고차원적인 과제라고 말했다. 일린은 헤겔주의자였지만 여기서는 니체가 확실히 더 뛰어난 변증법을 구사한다.

28 권력: Ilyin, "Pis'ma o fashizmie: Lichnost' Mussolini," *VO*, Jan. 17, 1926, 3쪽. 역사를 넘어서: "Pis'ma o fashizmie: Biografiia Mussolini," *VO*, Jan. 10, 1926, 3쪽. 감각적인 것: Iljin, *Philosophie Hegels*, 320쪽. 남자다움: Ryszard Paradowski, *Kościół i władza. Ideologiczne dylematy Iwana Iljina* (Poznań: Wydawnictwo Naukowe UAM, 2003), 91, 114쪽. 대속자와 유기체: I. A. Il'in, "Belaia ideia," *Sobranie sochinenii*, vols. 9-10, 312쪽.

29 Jean-Pierre Faye, "Carl Schmitt, Göring, et l'État total," in Yves Charles Zarka, ed., *Carl Schmitt ou le mythe du politique* (Paris: Presses Universitaires de France, 2009), 161~82쪽; Yves-Charles Zarka, *Un detail dans la pensér de Carl Schmitt* (Paris: Presses Universitaires de France, 2005); Raphael Gross, *Carl Schmitt and the Jews*, trans. Joel Golb (Madison: University of Wisconsin Press), 2007 등을 보라. 슈미트가 미친 영향에 관해서는 Dirk van Laak, *Gespräche in der Sicherheit des Schweigens* (Berlin: Akademie Verlag, 1993); Jan-Werner Müller, *A Dangerous Mind* (New Haven: Yale UP, 2003) 등을 보라. 러시아가 일린을 복권시킨 것은 슈미트에 대한 국제적인 복권의 일환으로 보아야 하는데, 이 주제는 여기서 검토하기에는 너무 광범위하다. 슈미트가 말하는 주권자:

Carl Schmitt, *Politische Theologie* (Berlin: Duncker & Humblot, 2004, 1922)[(국역) 카를 슈미트 지음, 김항 옮김,《정치신학》, 그린비, 2010], 13쪽. 민족주의에 관한 일린의 말: "O russkom natsionalizmie," 47쪽. 정치의 기술: *Nashi zadachi*, 56쪽: "Politika est' iskusstvo uznavat' i obezvrezhyvat' vraga(정치는 적을 확인하고 무해하게 만드는 기술이다)."

30 전쟁에 관한 일린의 말: Paradowski, *Kościół i władza*, 194쪽. 루마니아의 노래: "March by Radu Gyr" from "Hymn of the Legionary Youth" (1936), cited in Roland Clark, *Holy Legionary Youth: Fascist Activism in Interwar Romania* (Ithaca: Cornell UP, 2015), 152쪽. 이와 관련하여 Moshe Hazani, "Red Carpet, White Lilies," *Psychoanalytic Review*, vol. 89, no. 1, 2002, 1~47 쪽을 보라. 과잉과 정념에 관한 일린의 말: *Philosophie Hegels*, 306쪽; "Pis'ma o fashizmie," 3 쪽. 비톨트 곰브로비치의 소설들, 특히《페르디두르케Ferdydurke》는 순결함의 문제를 탁월하게 보여 준다.

31 Eugen Weber, "Romania," in Hans Rogger and Eugen Weber, eds., *The European Right: A Historical Profile* (Berkeley: University of California Press, 1965), 516쪽에서 재인용한 페기의 말.

32 지도자와 선거에 관한 일린의 말: *Nashi zadachi*, 33, 340~42쪽; Ilyin, *Osnovy gosudarstevnnogo ustroistva* (Moscow: Rarog', 1996), 80쪽; Paradowski, *Kościół i władza*, 114, 191 쪽. Iordachi, *Charisma, Politics, and Violence*, 7, 48쪽도 보라.

33 선거: I. A. Il'in, "Kakie zhe vybory nuzhny Rossii" (1951), *Sobranie sochinenii*, vol. 2, part 2, 1993, 18~23쪽. 민주주의의 원리: Paradowski, *Kościół i władza*, 91쪽.

34 인용문: Ilyin, "Kakie zhe vybory nuzhny Rossii," 25쪽. 중간 계급: *Philosophie Hegels*, 312~16 쪽; *Osnovy gosudarstevnnogo ustroistva*, 45~46쪽. 일린 시대에 중간 계급에 대한 경멸은 극 우파와 극좌파의 전형적인 특징이었다. 이런 특징을 탁월하게 묘사한 내용으로는 Miłosz, *Zniewolony umysł*, 20쪽을 보라. 이런 태도는 오늘날 러시아 파시즘의 특징이기도 하다. 예를 들어 Alexander Dugin, "The War on Russia in its Ideological Dimension," *Open Revolt*, March 11, 2014를 보라.

35 법에 대한 일린의 초기 견해: I. A. Ilyin, "The Concepts of Law and Power," trans. Philip. T. Grier, *Journal of Comparative Law*, vol. 7, no. 1, 63~87쪽. 러시아의 마음: Ilyin, *Nashi zadachi*, 54쪽; Tomsinov, *Myslitel's poiushchim serdtsem*, 174쪽. 형이상학적 정체성: *Philosophie Hegels*, 306쪽. 일린은 정교회 신학에서 중요한 구절인 로마서 2장 15절을 언급한다. 현상학 적 윤리학에서 마음 개념을 읽는 다른 방식에 관해서는 Tischner, *Spowiedź rewolucjonisty*,

92~93쪽을 보라.

36 Cioran, *Le Mauvais Démiurge*, 24쪽; Payne, *Fascism*, 116쪽 등 참조.

37 희생자 러시아: Paradowski, *Kościół i władza*, 188, 194쪽.

38 러시아의 과두제는 6장에서 다루는 주제이며 자료 인용도 6장에서 할 것이다.

39 마샤 게센Masha Gessen은 *The Future Is History* (New York: Riverhead Books, 2017)에서 전진하는 시간의 붕괴에 대해 다른 식의 옹호론을 편다.

40 G. W. F. Hegel, *Vorlesungen über die Philosophie der Geschichte*, part 3, section 2, chapter 24.

41 헤겔 좌파인 마르크스: Karl Marx, *The Economic and Philosophic Manuscripts of 1844*, ed. Dirk J. Struik, New York: International Publishers, 1964, 여기서 논하는 문제들에 관해서는 특히 34, 145, 172쪽. 헤겔 좌파에 관해서: Kołakowski, *Main Currents*, vol. 1, 94~100쪽.

42 일린의 정치 철학: Philip T. Grier, "The Speculative Concrete," in Shaun Gallagher, ed., *Hegel, History, and Interpretation* (State University of New York Press, 1997), 169~93쪽. 마르크스에 관한 일린의 말: *Philosophie Hegels*, 11쪽. 신에 관한 헤겔의 말: Marx, *The Economic and Philosophic Manuscripts of 1844*, 40쪽. 신에 관한 일린의 말: *Philosophie Hegels*, 12쪽; Kripkov, "To Serve God and Russia," 164쪽; Ilyin, "O russkom" fashizmie," 60~64쪽.

43 일린에 관한 레닌의 말: Kirill Martynov, "Filosof kadila i nagaiki," *NG*, Dec. 9, 2014; Philip T. Grier, "Three Philosophical Projects," in G. M. Hamburg and Randall A. Poole, eds., *A History of Russian Philosophy 1830-1930* (Cambridge, UK: Cambridge UP, 2013), 329쪽.

44 레닌에 관한 일린의 말: Kripkov, "To Serve God and Russia." 혁명에 관한 일린의 말: "O russkom" fashizmie," 60~61쪽; *Nashi zadachi*, 70쪽. 일린에 관한 베르댜예프의 말: Martynov, "Filosof kadila i nagaiki"; Eltchaninoff, *Dans la tête de Vladimir Poutine*, 50쪽. Tischner, *Spowiedź rewolucjonisty*, 211쪽도 보라.

45 재즈에 관한 일린의 말: Ilyin, "Iskusstvo," in D. K. Burlaka, ed., *I.A. Il'in—pro et contra* (St. Petersburg: Izd-vo Russkogo khristianskogo gumanitarnogo in-ta, 2004), 485~86쪽. 재즈에 관한 《프라우다》의 말: Maxim Gorky, "O muzyke tolstykh," *Pravda*, April 18, 1928. 폴란드 파시스트들도 비슷한 태도를 취했다: Jan Józef Lipski, *Idea Katolickiego Państwa Narodu Polskiego* (Warsaw: Krytyka Polityczna, 2015), 47쪽. 재즈의 반스탈린주의에 관해서는 Leopold Tyrmand, *Dziennik 1954* (London: Polonia Book Fund, 1980)을 보라. 법률에 관한 비신스키의 말: Martin Krygier, "Marxism and the Rule of Law," *Law & Social Inquiry*, vol. 15, no. 4, 1990, 16쪽. 스탈린주의적 예외

상태에 관해: Stephen G. Wheatcroft, "Agency and Terror," *Australian Journal of Politics and History*, vol. 53, no. 1, 2007, 20~43쪽; ibid., "Towards Explaining the Changing Levels of Stalinist Repression in the 1930s," in Stephen G. Wheatcroft, ed., *Challenging Traditional Views of Russian History* (Houndmills: Palgrave, 2002), 112~38쪽.

46 소련에 관한 일린의 말: Ilyin, *Nashi zadachi*; Kripkov, "To Serve God and Russia," 273쪽. 러시아와 파시즘에 관한 일린의 말: 이 장 곳곳에 있는 참고 문헌, 그리고 I. I. Evlampiev, "Ivan Il'in kak uchastnik sovremennykh diskussii," in Evlampiev, ed., *Ivan Aleksandrovich Il'in* (Moscow: Rosspen, 2014), 8~34쪽을 보라. 스탈린과 러시아: David Brandenberger, *National Bolshevism* (Cambridge, Mass.: Harvard UP, 2002); Serhy Yekelchyk, *Stalin's Empire of Memory* (Toronto: University of Toronto Press, 2004), Yoram Gorlizki and Oleg Khlevniuk, *Cold Peace* (Oxford: Oxford UP, 2004); Hiroaki Kuromiya, *Stalin* (Harlow: Pearson Longman, 2005); Vladislav M. Zubok, *A Failed Empire* (Chapel Hill: University of North Carolina Press, 2007)([국역]블라디슬라브 M. 주보크 지음, 김남섭 옮김, 《실패한 제국》 1·2, 아카넷, 2016) 등도 보라.

47 앞에서 언급한 참고 문헌, 그리고 *Nashi zadachi*, 152~55쪽을 보라. 이 주제를 다른 관점에서 보는 내용으로는 Shaun Walker, *The Long Hangover* (Oxford: Oxford UP, 2018), 1쪽과 여러 군데의 "공백"을 보라.

48 푸틴이 일린을 인용한 몇 가지 사례를 이 장 앞부분에 인용한 바 있다. 2장과 3장에서도 다른 사례를 인용할 것이다. 영향력에 관한 러시아의 논의를 감지해 보려면 Yuri Zarakhovich, "Putin Pays Homage to Ilyin," *EDM*, June 3, 2009; Maxim Kalinnikov, "Putin i russkie filosofy: kogo tsitiruet prezident," Rustoria.ru, Dec. 5, 2014; Martynov, "Filosof kadila i nagaiki"; Izrail' Zaidman, "Russkii filosof Ivan Il'in i ego poklonnik Vladimir Putin," *Rebuzhie*, Nov. 25, 2015; Eltchaninoff, *Dans la tête de Vladimir Poutine* 등을 보라.

49 또 다른 현상학적 기독교인이 주장하는 것처럼, "우리와 그들"은 또한 선과 악을 지상에서 불가능한 수준으로 완벽하게 분리한다. Tischner, *Spowiedź rewolucjonisty*, 164쪽을 보라.

CHAPTER TWO 계승인가 실패인가

1 Iordachi, *Charisma, Politics, and Violence*, 7쪽에서 재인용한 란다의 말.

2 마르크스주의와 레닌주의 사이에 엥겔스가 있다: Friedrich Engels, *Anti-Dühring* (New York: International Publishers, [1878], 1972)를 보라.

3 Timothy Snyder, *Bloodlands* (New York: Basic Books, 2010)를 보라.

4 설득력 있는 사례 연구로는 Amir Weiner, *Making Sense of War* (Princeton: Princeton UP, 2001)을 보라.

5 시간의 정지에 관한 개인적인 역사들에 관해서는 Katja Petrowskaja, *Vielleicht Esther* (Berlin: Suhrkamp, 2014); Marci Shore, *The Taste of Ashes* (New York: Crown Books, 2013) 등을 보라.

6 Kieran Williams, *The Prague Spring and Its Aftermath* (New York: Cambridge UP, 1997); Paulina Bren, *The Greengrocer and His TV* (Ithaca: Cornell UP, 2010).

7 Christopher Miller, *The Struggle to Save the Soviet Economy* (Chapel Hill: University of North Carolina Press, 2016). 민족주의 정치 경제: Timothy Snyder, "Soviet Industrial Concentration," in John Williamson, ed., *The Economic Consequences of Soviet Disintegration* (Washington, D.C.: Institute for International Economics, 1993), 176~243쪽.

8 소련 내 민족 문제에 관한 표준적인 문헌은 Terry Martin, *The Affirmative Action Empire: Nations and Nationalism in the Soviet Union, 1923–1939* (Ithaca, NY: Cornell UP, 2001)이다. 1989년과 1991년 사이 공화국들의 관계에 관한 소중한 글은 Mark Kramer, "The Collapse of East European Communism and the Repercussions within the Soviet Union," *Journal of Cold War Studies*, vol. 5, no. 4, 2003; vol. 6, no. 4, 2004; vol. 7, no. 1, 2005 등이다.

9 옐친에 관한 유용한 묘사로는 Timothy J. Colton, *Yeltsin: A Life* (New York: Basic Books, 2008)을 보라.

10 키예프의 부시: "Excerpts From Bush's Ukraine Speech: Working 'for the Good of Both of Us,'" Reuters, Aug. 2, 1991. 부시가 고르바초프에게 한 말: Svetlana Savranskaya and Thomas Blanton, eds., *The End of the Soviet Union 1991*, Washington, D.C.: National Security Archive, 2016, document 151.

11 일린의 대속 개념은 1장에서 논의했다. 특히 "O russkom" fashizmie," 60~63쪽을 보라.

12 소련이 종언을 고하는 역사에 관한 신중한 소개로는 Archie Brown, *The Rise and Fall of Communism* (New York: HarperCollins, 2009)을 보라.

13 Charles Clover, *Black Wind, White Snow: The Rise of Russia's New Nationalism* (New Haven: Yale UP, 2016), 214~23쪽.

14 "Proekt Putin glazami ego razrabotchika," *MKRU*, Nov. 23, 2017; Clover, *Black Wind, White Snow*, 246~47쪽.

15 정치와 언론의 배경에 관해서는 Arkady Ostrovsky, *The Invention of Russia* (London: Atlantic Books, 2015), 245~83쪽을 보라. 지지율: David Satter, *The Less You Know, the Better You Sleep* (New Haven: Yale UP, 2016), 11쪽.

16 폭탄 공격의 정치학에 관하여: Satter, *The Less You Know*, 10~11쪽; Krystyna Kurczab-Redlich, *Wowa, Wolodia, Wladimir* (Warsaw: Wydawnictwo ab, 2016), 334~46, 368쪽.

17 테러와 통제: Peter Pomerantsev, *Nothing Is True and Everything Is Possible* (New York: Public Affairs, 2014), 56쪽. 주지사들: Satter, *The Less You Know*, 116쪽. 수르코프의 설명: "Speech at Center for Party Studies," Feb. 7, 2006, published in *Rosbalt*, March 9, 2006; *Ivanov + Rabinovich*, April 2006.

18 수르코프와 주권민주주의: *Ivanov + Rabinovich*, April 2006과 앞의 주석. "Pochemu Putin tsitiruet filosofa Il'ina?" *KP*, July 4, 2009도 보라. 알렉산드르 두긴Alexandr Dugin은 나중에 출간한 책 *Putin protiv Putina* (Moscow: Yauza-Press, 2012)에서 이런 견해를 발전시켰다.

19 민주주의에 관한 블라디슬라프의 말과 국가를 떠받히는 세 기둥: *Texts 97-10*, trans. Scott Rose (Moscow: Europe, 2010). 일린의 "민주적 독재자": *Nashi zadachi*, 340~42쪽. 일린의 말 인용: Surkov, "Suverenitet—eto politicheskii sinonim konkurentosposobnosti," in *Teksty 97-07* (Moscow: 2008). 인물이 제도다: Surkov, "Russkaia politicheskaia kultura: Vzgliaad iz utopii," Russ.ru, June 7, 2015.

20 2002년 인용문: Michel Eltchaninoff, *Dans la tête de Vladimir Poutine* (Arles: Actes Sud, 2015), 37쪽. 유럽 연합과 관련된 우크라이나의 미래에 관해서: "Putin: EU-Beitritt der Ukraine 'kein Problem,'" *FAZ*, Dec. 10, 2004. 3장의 논의도 보라.

21 선거 결과: Vera Vasilieva, "Results of the Project 'Citizen Observer,'" Dec. 8, 2011. Michael Schwirtz and David M. Herszenhorn, "Voters Watch Polls in Russia," *NYT*, Dec. 5, 2011도 보라. 항의 시위: "In St. Petersburg, 120 protestors were detained," *NTV*, Dec. 5, 2011; Will Englund and Kathy Lally, "Thousands of protesters in Russia demand fair elections," *WP*, Dec. 10, 2011; "Russia: Protests Go On Peacefully," Human Rights Watch, Feb. 27, 2012; Kurczab-Redlich, *Wowa*, 607쪽. 경찰을 칭찬하는 친정부 언론: *KP*, Dec. 5, 2011; *Pravda*, Dec. 5, 2011. 그리핀: Elena Servettez, "Putin's Far Right Friends in Europe," Institute of Modern Russia, Jan. 16,

2014; Anton Shekhovstov, *Russia and the Western Far Right* (London: Routledge, 2018); Kashmira Gander, "Ex-BNP leader Nick Griffin tells right-wing conference Russia will save Europe," *Independent*, March 23, 2015도 보라.

22 위조의 성격: "Fal'sifikatsii na vyborakh prezidenta Rossiiskoi Federatsii 4 Marta 2012 goda," *Demokraticheskii Vybor*, March 30, 2012. Satter, *The Less You Know*, 91쪽; Kurczab-Redlich, *Wowa*, 610~12쪽 등도 보라. 폴란드 "참관인"인 코브나츠키와 피스코르스키에 관해서: Konrad Schuller, "Die Moskau-Reise des Herrn Kownacki," *FAZ*, July 11, 2017. 코브나츠키는 후에 폴란드 정부의 국방차관이 된 반면, 피스코르스키는 간첩 혐의로 체포된다.

23 "Oppozitsiia vyshla na Pushkinskoi," *Gazeta.ru*, March 5, 2012.

24 메드베데프: Satter, *The Less You Know*, 65쪽. 푸틴: "Excerpts from the transcript of the meeting of the Valdai International Discussion Club," Sept. 19, 2013. 일린의 말 인용: "Kakie zhe vybory nuzhny Rossii," 22쪽.

25 Kripkov, "To Serve God and Russia," 65쪽.

26 Dmitry Medvedev (@MedvedevRussia), Dec. 6, 2011. Paul Goble, "'Hybrid Truth' as Putin's New Reality," Window on Eurasia, blog, Jan. 30, 2015를 보라.

27 Vladimir Yakunin, "Novyi mirovoi klass' vyzov dlia chelovechestva," *Narodnyi Sobor*, Nov. 28, 2012.

28 중국: "Address on Human Rights, Democracy, and the Rule of Law," Beijing, Sept. 13, 2013. 발다이: Vladimir Putin, address at Valdai, Sept. 19, 2013. 법: "For the Purpose of Protecting Children from Information Advocating for a Denial of Traditional Family Values," June 11, 2013.

29 입맞춤: Tatiana Zhurzenko, "Capitalism, autocracy, and political masculinities in Russia," *Eurozine*, May 18, 2016. Kurczab-Redlich, *Wowa*, 717~19쪽도 보라. 신랑: "Vladimir Putin Says Donald Trump 'Is Not My Bride, and I'm Not His Groom,'" *TG*, Sept. 5, 2017. 남성성에 관해서는 Mary Louise Roberts, *Civilization Without Sexes* (Chicago: University of Chicago Press, 1994); Dagmar Herzog, *Sex After Fascism* (Princeton: Princeton UP, 2005); Judith Surkis, *Sexing the Citizen* (Ithaca, NY: Cornell UP, 2006); Timothy Snyder, *The Red Prince* (New York: Basic Books, 2008) 등도 보라.

30 베버는 《경제와 사회Wirtschaft und Gesellschaft》에서 이 논의를 전개한다. 영어로 출간된 관련 부

분으로는 Max Weber, *On Charisma and Institution Building*, ed. S. N. Eisenstadt (Chicago: University of Chicago Press, 1968)을 보라. 콘스탄틴 이오르다키Constantin Iordachi는 *Charisma, Politics, and Violence*, 12쪽 이하에서 기독교 파시스트들과 관련해서 이 문제를 검토한다.

31 남성성이라는 주제는 4장과 6장에서 더 풍부하게 논의할 것이다.

32 푸틴이 언급한 "신호"는 널리 보도되었다: *Pravda*, Dec. 8, 2011; *Mir24*, Dec. 8, 2011; *Nakanune*, Dec. 8, 2011. 힐러리 클린턴의 회고: *What Happened* (New York: Simon and Schuster, 2017), 329쪽. 12월 15일의 주장: "Stenogramma programmy 'Razgovor s Vladimirom Putinym. Prodolzhenie," *RG*, Dec. 15, 2011. 일린: *Nashi zadachi*, 56쪽. 여기서 일린은 그와 마찬가지로 친구와 적의 구분을 정치 이전의 것prepolitical으로 만드는 카를 슈미트를 참조한다: *The Concept of the Political*, trans. George Schwab (Chicago: University of Chicago Press, 2007)([국역] 카를 슈미트 지음, 김효전·정태호 옮김, 《정치적인 것의 개념》, 살림, 2012), 25~28쪽. 중국에 관한 당대의 평가로는 Thomas Stephan Eder, *China-Russia Relations in Central Asia* (Wiesbaden: Springer, 2014); Marcin Kaczmarski, "Domestic Sources of Russia's China Policy," *Problems of Post-Communism*, vol. 59, no. 2, 2012, 3~17쪽; Richard Lotspeich, "Economic Integration of China and Russia in the Post-Soviet Era," in James Bellacqua, ed., *The Future of China-Russia Relations* (Lexington: University of Kentucky Press, 2010), 83~145쪽; Dambisa F. Moyo, *Winner Take All: China's Race for Resources and What It Means for the World* (New York: Basic Books, 2012)([국역] 담비사 모요 지음, 김종수 옮김, 《승자독식》, 중앙books, 2012) 등을 보라.

33 미군 병력 수준: United States European Command, "U.S. Forces in Europe (1945-2016): Historical View," 2016. 롬니: "Russia is our number one geopolitical foe," *CNN: The Situation Room with Wolf Blitzer*, March 26, 2012; Z. Byron Wolf, "Was Mitt Romney right about Detroit and Russia?" CNN, Aug. 1, 2013.

34 항의 시위에 관한 러시아 언론 보도: "The Agency," *NYT*, June 2, 2015; Thomas Grove, "Russian 'smear' documentary provokes protests," Reuters, March 16, 2012. 앞잡이들: "Putin predlozhil zhestche nakazyvat prispeshnikov zapada," *Novye Izvestiia*, Dec. 8, 2011.

35 Vladimir Putin, Address to Federal Assembly, Dec. 12, 2012. Putin, "Excerpts from the transcript of the meeting of the Valdai International Discussion Club," Sept. 19, 2013도 보라.

36 Vladimir Putin, Address to Federal Assembly, Dec. 12, 2012.

37 명예 훼손 법률: Rebecca DiLeonardo, "Russia president signs law re-criminalizing libel and slander," jurist.org, July 30, 2012. 극단주의: Lilia Shevtsova, "Forward to the Past in Russia," *Journal of Democracy*, vol. 26, no. 2, 2015, 30쪽. 비정부 기구 법률: "Russia's Putin signs NGO 'foreign agents' law," Reuters, July 21, 2012. 종교적 정통에 관한 법률: Marc Bennetts, "A New Russian Law Targets Evangelicals and other 'Foreign' Religions," *NW*, Sept. 15, 2016. 반역죄 법률: "Russia: New Treason Law Threatens Rights," Human Rights Watch, Oct. 23, 2012. 연방 보안국: Eltchaninoff, *Dans la tête de Vladimir Poutine*, 29.

38 Human Rights Watch, "Russia: Government vs. Rights Groups," Sept. 8, 2017.

39 라디오 프로그램 녹취록: *RG*, Dec. 2011, rg.ru/2011/12/15/stenogramma.html. "Vladimir Putin," *Russkaia narodnaia liniia*, Dec. 16, 2011도 보라.

40 1922년의 일린: Kripkov, "To Serve God and Russia," 182쪽. 푸틴: "Vladimir Putin," *Russkaia narodnaia liniia*, Dec. 16, 2011.

41 적과 백에 관해서: "The Red and White Tradition of Putin," *Warsaw Institute*, June 1, 2017. 소 련을 겨냥한 일린의 비판의 한 예: *Welt vor dem Abgrund* (비밀경찰과 테러에 관해), 99~118쪽. 비밀경찰들의 일린 추방: "Kakie zhe vybory nuzhny Rossii," 18쪽.

42 화장과 미할코프: Sophia Kishkovsky, "Echoes of civil war in reburial of Russian," *NYT*, Oct. 3, 2005. 미할코프와 일린: Izrail' Zaidman, "Russkii filosof Ivan Il'in i ego poklonnik Vladimir Putin," *Rebuzhie*, Nov. 25, 2015; Eltchaninoff, *Dans la tête de Vladimir Poutine*, 15쪽. 미할코 프의 선언: N. Mikhalkov, "Manifesto of Enlightened Conservatism," Oct. 27, 2010. Martynov, "Filosof kadila i nagaiki"도 보라.

43 하느님을 위해 일하는 체카 요원: Kripkov, "To Serve God and Russia," 201. 셉쿠노프에 관 해서: Yuri Zarakhovich, "Putin Pays Homage to Ilyin," *EDM*, June 3, 2009; Charles Clover, "Putin and the Monk," *Financial Times*, Jan. 25, 2013. 사형 집행인들에 대한 셉쿠노프의 평가: "Arkhimandrit Tikhon: 'Oni byli khristiane, bezzavetno sluzhivshie strane i narodu,'" *Izvestiya*, March 26, 2009. 푸틴의 말 인용: "Putin priznal stroitelei kommunizma 'zhalkimi' kopipasterami," lenta.ru, Dec. 19, 2013.

44 *Solnechnyi udar*, 2014, dir. Nikita Mikhalkov; *Trotskii*, 2017, dir. Aleksandr Kott and Konstantyn Statskii[이 드라마는 넷플릭스에서 〈트로츠키〉라는 제목으로 볼 수 있다 — 옮긴 이], 8화 26분 20초~29분 40초에 나오는 트로츠키와 일린의 논쟁.

45 Vladimir Putin, "Rossiia: natsional'nyi vopros," *Nezavisimaia Gazeta*, Jan. 23, 2012.

46 푸틴: 앞의 글. 일린: *Nashi zadachi*, 56쪽. 슈미트: *Concept of the Political*.

47 Putin, "Rossiia: natsional'nyi vopros."

48 Vladimir Putin, Address to Federal Assembly, Dec. 12, 2012.

49 러시아를 위한 계획: 6장의 논의와 자료를 보라. Jeff Horwitz and Chad Day, "Before Trump job, Manafort worked to aid Putin," AP, March 22, 2017도 보라. 2004년과 2010년 선거를 비교한 내용으로는 Timothy Garton Ash and Timothy Snyder, "The Orange Revolution," *NYR*, April 28, 2005; and Timothy Snyder, "Gogol Haunts the New Ukraine," *NYR*, March 25, 2010 등을 보라.

50 초기의 친러시아 정책에 관해서: Steven Pifer, *The Eagle and the Trident* (Washington, D.C.: Brookings, 2017), 282쪽; Luke Harding, "Ukraine extends lease for Russia's Black Sea Fleet," *TG*, April 21, 2010. 인용문: Fred Weir, "With Ukraine's blessing, Russia to beef up its Black Sea Fleet," *Christian Science Monitor*, Oct. 25, 2010. 야누코비치가 실각한 뒤 형성된 정부가 러시아의 침공을 당하고서도 북대서양조약기구 가입은 우크라이나가 의도하는 바가 아니라고 선언한 사실은 주목할 만하다. Meike Dülffer, interview with Foreign Minister Pavlo Klimkin, "Am Ende zahlt die Fähigkeit, uns selbst zu verteidigen," *Die Zeit*, Oct. 2, 2014를 보라.

51 이 내용은 4장에서 다루는 주제다.

52 "Meeting with young scientists and history teachers," Moscow 2014, Kremlin 46951.

53 Putin, Address to Federal Assembly, 2012.

54 블라디미르를 위한 기도: Yuri Zarakhovich, "Putin Pays Homage to Ilyin," *EDM*, June 3, 2009. 일린이 보인 태도에 관해서는 *Nashi zadachi*, 142쪽을 보라. 상에 관해서: Shaun Walker, "From one Vladimir to another: Putin unveils huge statue in Moscow," *TG*, Nov. 4, 2016. 푸틴 체제를 중세 고딕 봉건제도로 보는 시각에 관해서는 Dina Khapaeva, "La Russie gothique de Poutine," *Libération*, Oct. 23, 2014를 보라. 천년의 열망과 기독교 파시즘에 관해서는 Vladimir Tismaneanu, "Romania's Mystical Revolutionaries," in Edith Kurzweil, ed., *A Partisan Century* (New York: Columbia UP, 1996), 383~92쪽을 보라.

55 루시족과 불가르족의 역사에 관해서: Simon Franklin and Jonathan Shepard, *The Emergence of Rus 750-1200* (London: Longman, 1996), xix, 30~31, 61쪽; Jonathan Shepard, "The origins of Rus'," in Maureen Perrie, ed., *The Cambridge History of Russia*, vol. 1 (Cambridge, UK: Cambridge UP, 2006), 47~97쪽. "루시"의 어원에 관해서: Manfred Hildermaier, *Geschichte Russlands*

(Munich: C. H. Beck, 2013), 42쪽. 노예무역에 관해서: Anders Winroth, *The Conversion of Scandinavia* (New Haven: Yale UP, 2012), 47~57, 92쪽. 볼로디미르에 관해서: Jonathan Shepard, "The origins of Rus'," 62~72쪽; Omeljan Pritsak, *The Origin of Rus'* (Cambridge, Mass.: Harvard UP, 1991), 23~25쪽. 이교에 관해서: S. C. Rowell, *Lithuania Ascending* (Cambridge, UK: Cambridge UP, 1994). 언어에 관해서는 Harvey Goldblatt, "The Emergence of Slavic National Languages," in Aldo Scaglione, ed., *The Emergence of National Languages* (Ravenna: Loggo Editore, 1984)를 보라. 예상 가능한 일이지만, 일린은 자신이 생각하는 러시아 역사에서 바이킹을 떨쳐버리는 데 집 착했다: Kripkov, "To Serve God and Russia," 247쪽.

56 승계 투쟁에 관해서: Franklin and Shepard, *Emergence of Rus*, 185~246쪽. 루시에서 일반적으 로 이루어진 승계에 관해서는 Hildermaier, *Geschichte Russlands*, 114~115쪽; Karl von Loewe, trans. and ed., *The Lithuanian Statute of 1529* (Leiden: E. J. Brill, 1976), 2~3쪽; Stefan Hundland, *Russian Path Dependence* (London: Routledge, 2005), 19~42쪽; Franklin, "Kievan Rus," 84~85쪽 등을 보라. Andrzej B. Zakrzewski, *Wielkie Księstwo Litewski (XVI-XVIII w.)* (Warsaw: Campidoglio, 2013)도 보라. 두개골: Jonathan Shepard, "The origins of Rus'," 143~46쪽.

CHAPTER THREE 통합인가 제국인가

1 Mark Mazower, *Dark Continent* (New York: Knopf, 1999)([국역] 마크 마조워 지음, 김준형 옮김, 《암 흑의 대륙》, 후마니타스, 2009)를 보라. 파시즘의 시각에서 민주주의를 간결하게 설명한 내용 으로는 Corneliu Zelea Codreanu, "A Few Remarks on Democracy," 1937을; 극좌파의 매력 을 이해하려면 François Furet, *Le passé d'une illusion* (Paris: Robert Laffont, 1995)를; Marci Shore, *Caviar and Ashes* (New Haven, Yale UP, 2006); Richard Crossman, ed., *The God that Failed* (London: Hamilton, 1950) 등을 보라.

2 장기 제1차 세계 대전long First World War에 관해서: Jörn Leonhard, *Die Büchse der Pandora* (Munich: Beck, 2014); Robert Gerwarth, *Die Besiegten* (Munich: Siedler, 2017). 전간기의 강대국 정 치에 관해서: Sergei Gorlov, *Sovershenno sekretno, Moskva-Berlin, 1920-1933* (Moscow: RAN, 1999); Jonathan Haslam, *The Soviet Union and the Struggle for Collective Security in Europe, 1933-39* (Houndmills, UK: Macmillan, 1984); Marek Kornat, *Polityka zagraniczna Polski 1938-*

1939 (Gdańsk: Oskar, 2012); Hans Roos, *Polen und Europa* (Tübingen: J. C. B. Mohr, 1957); Frank

Golczewski, *Deutsche und Ukrainer, 1914-1939* (Paderborn: Ferdinand Schöning, 2010); Hugh

Ragsdale, *The Soviets, the Munich Crisis, and the Coming of World War II* (Cambridge, UK:

Cambridge UP, 2004); Gerhard L. Weinberg, *The Foreign Policy of Hitler's Germany* (Chicago:

University of Chicago Press, 1980); Piotr Stefan Wandycz, *The Twilight of French Eastern Alliances,*

1926-1936 (Princeton: Princeton UP, 1988). 전간기의 정치 경제와 민족 국가에 관해서는 E.

A. Radice, "General Characteristics of the Region Between the Wars," in Michael Kaser, ed.,

An Economic History of Eastern Europe, vol. 1 (New York: Oxford UP, 1985), 23~65쪽; Joseph

Rothschild, *East Central Europe Between the World Wars* (Seattle: University of Washington

Press, 1992), 281~311쪽; Bruce F. Pauley, "The Social and Economic Background of Austria's

Lebensunfähigkeit," in Anson Rabinbach, ed., *The Austrian Socialist Experiment* (Boulder:

Westview Press, 1985), 21~37쪽 등을 보라. 폴란드 주지사: "Protokoł z zebrania polskiej grupy

parlamentarnej Wołynia," Centralne Archiwum Wojskowe, Rembertów, I.302.4.122. 케넌: Ira

Katznelson, *Fear Itself* (New York: Norton, 2013), 32쪽.

3 몰로토프-리벤트로프 조약에 관해서는 Gerd Koenen, *Der Russland-Komplex* (Munich: Beck,

2005); Sławomir Dębski, *Między Berlinem a Moskwą. Stosunki niemiecko-sowieckie 1939-*

1941 (Warsaw: PISM, 2003); John Lukacs, *The Last European War* (New Haven: Yale UP, 2001);

Roger Moorhouse, *The Devils' Alliance* (London: Bodley Head, 2014) 등을 보라. 독일이 폴란드에

서 벌인 전쟁에 관해서는 Jochen Böhler, *"Größte Härte": Verbrechen der Wehrmacht in Polen*

September/Oktober 1939 (Osnabrück: Deutsches Historisches Institut, 2005)를 보라. 소비에트가 동

시에 자행한 전쟁 범죄에 관해서는 Anna M. Cienciala, Natalia S. Lebedeva, and Wojciech

Materski, eds., *Katyn* (New Haven: Yale UP, 2007); Grzegorz Hryciuk, "Victims 1939-1941,"

in Elazar Barkan, Elisabeth A. Cole, and Kai Struve, eds., *Shared History-Divided Memory*

(Leipzig: Leipzig University-Verlag, 2007), 173~200쪽 등을 보라. 우크라이나의 중심적 성격에 관해

서는 Snyder, *Bloodlands*; Timothy Snyder, *Black Earth* (New York: Crown Books, 2015)([국역] 티

머시 스나이더 지음, 조행복 옮김, 《블랙 어스》, 열린책들, 2018)을 보라. Adam Tooze, *The Wages*

of Destruction (New York: Viking, 2007); Rolf-Dieter Müller, *Der Feind steht im Osten* (Berlin:

Ch. Links Verlag, 2011); Ulrike Jureit, *Das Ordnen von Räumen* (Hamburg: Hamburger Edition, 2012);

Christian Gerlach, *Krieg, Ernährung, Völkermord* (Hamburg: Hamburger Edition, 1998); Alex J. Kay,

Exploitation, Resettlement, Mass Murder (New York: Berghahn Books, 2006) 등도 보라.

4 전후 체제 이행에 관한 길잡이: Thomas W. Simons, Jr., *Eastern Europe in the Postwar World* (New York: St. Martin's, 1993); Hugh Seton-Watson, *The East European Revolution* (New York: Praeger, 1956), 167~211쪽; Jan T. Gross, "The Social Consequences of War," *East European Politics and Societies*, vol. 3, 1989, 198~214쪽; Bradley F. Abrams, "The Second World War and the East European Revolutions," *East European Politics and Societies*, vol. 16, no. 3, 2003, 623~64쪽; T. V. Volokitina, et al., eds., *Sovetskii faktor v Vostochnoi Evrope 1944-1953* (Moscow: Sibirskii khronograf, 1997).

5 Alan Milward, *The European Rescue of the Nation-State* (Berkeley: University of California Press, 1992). Harold James, *Europe Reborn: A History, 1914-2000* (Harlow: Pearson, 2003)도 보라.

6 *Nashi zadachi*, 94~95, 166~168쪽. Evlampiev, "Ivan Il'in kak uchastnik sovremennykh diskussii," 15쪽을 보라. 예블람피예프는 일린이 죽는 날까지 "파시즘 색채가 뚜렷한" 일국적 독재를 옹호한 사실을 강조한다.

7 탈식민화와 통합을 두루 고찰하는 역사 서술로는 Tony Judt, *Postwar: A History of Europe Since 1945* (New York: Penguin Press, 2005)를 보라. 전쟁에서 독일이 입은 손실의 규모에 관해서는 Rüdiger Overmans, *Deutsche militärische Verluste im Zweiten Weltkrieg* (Munich: Oldenbourg, 1999)를 보라. Thomas Urban, *Der Verlust: Die Vertreibung der Deutschen und Polen im 20. Jahrhundert* (Munich: C. H. Beck, 2004)도 보라.

8 경제적 합리성에 관한 주장으로는 Andrew Moravcsik, *The Choice for Europe* (Ithaca, NY: Cornell UP, 1998)을 보라.

9 폴란드 사례에 관한 고전적 분석은 Antony Polonsky, *Politics in Independent Poland 1921-1939* (Oxford: Clarendon Press, 1972)다.

10 Timothy Snyder, "Integration and Disintegration: Europe, Ukraine, and the World," *Slavic Review*, vol. 74, no. 4, Winter 2015.

11 Mark Mazower, "An International Civilization?" *International Affairs*, vol. 82, no. 3, 2006, 553~66쪽을 보라.

12 이탈리아에 관해서는 Davide Rodogno, *Fascism's European Empire*, trans. Adrian Belton (Cambridge, UK: Cambridge UP, 2006)을 보라.

13 프랑스인의 유용한 한 비평으로는 Patrick Weil, *How to be Frenc*, trans. Catherine Porter

(Durham: Duke UP, 2008)을 보라.

14 2013년 러시아 지도자들이 유럽 연합을 깨부수려는 구상을 유라시아와의 합병으로 제시했다. 시간이 흐르면서 유럽 연합을 파괴하려는 러시아의 위협은 더욱 공공연해졌다: Isabelle Mandraud, "Le document de Poutine qui entérine la nouvelle guerre froide," *LM*, Dec. 6, 2016.

15 러시아, 푸틴, 유럽 연합: Jackie Gower, "European Union-Russia Relations at the End of the Putin Presidency," *Journal of Contemporary European Studies*, vol. 16, no. 2, Aug. 2008, 161~67쪽; Eltchaninoff, *Dans la tête de Vladimir Poutine*, 37쪽. 2004년에 우크라이나에 관해 푸틴이 한 말: "Putin: EU-Beitritt der Ukraine 'kein Problem,'" *FAZ*, Dec. 10, 2004. 북대서양조약기구에 관해 로고진이 한 말: Artemy Kalinovsky, *A Long Goodbye: The Soviet Withdrawal from Afghanistan* (Cambridge, Mass.: Harvard UP, 2011), 226쪽.

16 도둑 정치: 표준적인 전거는 Karen Dawisha, *Putin's Kleptocracy* (New York: Simon and Schuster, 2014)다. 칼 슐뢰겔Karl Schlögel은 《키예프의 결정Entscheidung in Kiew》(Munich: Carl Hanser Verlag, 2015) 78쪽에서 유력한 주장을 편다. Anders Åslund and Andrew Kuchins, *The Russia Balance Sheet* (Washington, D.C.: Peterson Institute, 2009)도 보라.

17 에스토니아: Hannes Grassegger and Mikael Krogerus, "Weaken from Within," *New Republic*, Dec. 2017, 18쪽; Marcel Van Herpen, *Putin's Propaganda* Machine (Lanham: Rowman and Littlefield, 2016), 121쪽. 조지아: John Markoff, "Before the Gunfire, Cyberattacks," *NYT*, Aug. 12, 2008; D. J. Smith, "Russian Cyber Strategy and the War Against Georgia," *Atlantic Council*, Jan. 17, 2014; Irakli Lomidze, "Cyber Attacks Against Georgia," Ministry of Justice of Georgia: Data Exchange Agency, 2011; Sheera Frenkel, "Meet Fancy Bear, the Russian Group Hacking the US election," *BuzzFeed*, Oct. 15, 2016.

18 Vladimir Putin, "Von Lissabon bis Wladiwostok," *Süddeutsche Zeitung*, Nov. 25, 2010.

19 2010년 이후 푸틴이 이데올로기를 받아들인 것이 이 책에서 다루는 주제다. 2010년 이전 법률과 정치에 대한 그의 관계, 그리고 보완적인 논의에 관해서는 Masha Gessen, *The Man Without a Face* (New York: Riverhead Books, 2013)을 보라. 젊은 일린: Ilyin, "Concepts of Law and Power," 68쪽; Grier, "Complex Legacy," 167쪽; Kripkov, "To Serve God and Russia," 13쪽.

20 Ilyin, "O russkom" fashizmie," 60쪽.

21 Vladimir Putin, "Novyi integratsionnyi proekt dla Evrazii—budushchee, kotoroe rozhdaetsia segodnia," *Izvestiia*, Oct. 3, 2011. Vladimir Putin, "Rossiia: natsional'nyi vopros," *Nezavisimaia*

Gazeta, Jan. 23, 2012도 보라.

22 유라시아에 관한 푸틴의 말: "Rossiia i meniaiushchiisia mir," *Moskovskie Novosti*, Feb. 27, 2012. 유라시아 경제 연합: Jan Strzelecki, "The Eurasian Economic Union: a time of crisis," *OSW Commentary*, no. 195, Jan. 27, 2016.

23 2장을 보라.

24 5월에 유라시아에 관해 푸틴이 한 말: "Vladimir Putin vstupil v dolzhnost' Prezidenta Rossii," kremlin.ru, May 7, 2012. Alexander Dugin, "Tretii put' i tret'ia sila," *Izborsk Club*, Dec. 4, 2013, article 1300도 보라. 12월에 푸틴이 한 말: Address to Federal Assembly, Dec. 12, 2012.

25 크립코프에 따르면, 제1차 세계 대전이 시작될 때 일린은 서구화론자였다: "To Serve God and Russia," 120쪽. Martin Malia, *Alexander Herzen and the Birth of Russian Socialism, 1812-1855* (Cambridge, Mass.: Harvard UP, 1961); Andrzej Walicki, *The Controversy over Capitalism* (Oxford, UK: Clarendon Press, 1969) 등을 보라.

26 Clover, *Black Wind, White Snow*, 47~63쪽.

27 교정 노동 수용소와 생물학적 사실에 관해서는 Clover, *Black Wind, White Snow*, 124쪽; Golfo Alexopoulos, *Illness and Inhumanity in the Gulag* (New Haven: Yale UP, 2017) 등을 보라. 교정 노동 수용소에 관한 전반적인 논의로는 Oleg V. Khlevniuk, *The History of the Gulag* (New Haven: Yale UP, 2004); Lynna Viola, *The Unknown Gulag* (New York: Oxford UP, 2007); Anne Applebaum, *Gulag: A History* (New York: Doubleday, 2003) 등을 보라. Barbara Skarga, *Penser après le Goulag*, ed. Joanna Nowicki (Paris: Editions du Relief, 2011)도 보라. 대공포 시대에 관해서는 Karl Schlögel, *Terror und Traum* (Munich: Carl Hanser Verlag, 2008); Nicolas Werth, *La terreur et le désarroi* (Paris: Perrin, 2007); Rolf Binner and Marc Junge, "Wie der Terror 'Gross' wurde," *Cahiers du Monde russe*, vol. 42, nos. 2-3-4, 2001, 557~614쪽 등을 보라.

28 Clover, *Black Wind, White Snow*, 139쪽.

29 Clover, *Black Wind, White Snow*, 125, 129, 134쪽.

30 Alexander Sergeevich Titov, "Lev Gumilev, Ethnogenesis and Eurasianism," doctoral dissertation, University College London, 2005, 102쪽; Clover, *Black Wind, White Snow*, 129쪽. 구밀료프의 반유대주의에 관해서는 Mark Bassin, *The Gumilev Mystique* (Ithaca, NY: Cornell UP, 2016), 313쪽을 보라: "구밀료프는 열성적인 반유대주의자였다."

31 전반적인 논의로는 Andreas Umland, "Post-Soviet 'Uncivil Society' and the Rise of Aleksandr

Dugin," doctoral dissertation, University of Cambridge, 2007을 보라. 보로다이와 구밀료프: Titov, "Lev Gumilev," 102, 236쪽; Bassin, *Gumilev Mystique*, 314쪽.

32 오븐: Clover, *Black Wind, White Snow*, 155쪽. 두긴과 구밀료프: Titov, "Lev Gumilev," 13쪽; Clover, *Black Wind, White Snow*, 180쪽; Bassin, *Gumilev Mystique*, 308~9쪽.

33 영향: Shekhovtsov, *Russia and the Western Far Right*, 2장.

34 지페르스와 드 브누아: Clover, *Black Wind, White Snow*, 158, 177쪽.

35 키릴로스와 메토디우스, 그리고 죽음의 찬양: Clover, *Black Wind, White Snow*, 11, 225쪽. 경계 없는 붉은: Aleksandr Dugin, "Fashizm—Bezgranichnyi i krasnyi," 1997. 운명: Alexander Dugin, "Horizons of Our Revolution from Crimea to Lisbon," *Open Revolt*, March 7, 2014.

36 마를렌 라뤼엘은 두긴이 유럽에 미친 영향을 소개하는 유용한 글에서 그가 슈미트를 민족사회주의, 즉 나치 전통과 구별할 수 없었다고 주장한다. 이런 주장은 교훈적인 실수다. "Introduction," in Marine Laruelle, ed., *Eurasianism and the European Far Right* (Lanham: Lexington Books, 2015), 10~11쪽을 보라. 슈미트의 말 인용: Carl Schmitt, *Writings on War*, trans. Timothy Nunan (Cambridge, UK: Polity Press, 2011), 107, 111, 124쪽. 누넌이 붙인 서론은 국제 관계 이론가로서의 슈미트에 관한 탁월한 길잡이다. 전통적인 국가에 대한 슈미트의 반대와 국제법에 대한 나치의 태도에 관해서는 Czesław Madajczyk, "Legal Conceptions in the Third Reich and Its Conquests," *Michael: On the History of Jews in the Diaspora*, vol. 13, 1993, 131~59쪽을 보라. 마다이치크는 전쟁 중에 슈미트에 대한 답변으로 저술된 Alfons Klafkowski, *Okupacja niemiecka w Polsce w świetle prawa narodów* (Poznań: Wydawnictwo Instytutu Zachodniego, 1946)를 근거로 삼았다. 마크 마조워는 독일-폴란드의 이런 논의가 갖는 중요성을 파악하는 몇 안 되는 서구 학자 중 하나다: Mark Mazower, *Governing the World* (New York: Penguin Press, 2012) and *Hitler's Empire* (London: Allen Lane, 2008).

37 원형들: Alexander Dugin, "Arkhetip vampirov v soliarnykh misteriiakh," propagandahistory.ru, 51쪽; Clover, *Black Wind, White Snow*, 189쪽. 사악함: Aleksandr Dugin, "Printsipy i strategiia griadushchei voiny," *4 Pera*, Dec. 20, 2015. 기술적 기능: Eltchaninoff, *Dans la tête de Vladimir Poutine*, 110쪽. 오바마에 관해서: "Obama rozvalit Ameriku," www.youtube.com/watch?v=9AAyz3YFHhE. 영적 자원: "Ideinye istoki Vladimira Putina," Odinnadtsatyi Kanal, May 17, 2016.

38 거대한 위험: Clover, *Black Wind, White Snow*, 238쪽. 청년 운동과 크림반도를 위한 싸움:

Anton Shekhovtsov, "How Alexander Dugin's Neo-Eurasianists Geared Up for the Russian-Ukrainian War in 2005-2013," *TI*, Jan. 26, 2016. Aleksandr Dugin, "Letter to the American People on Ukraine," *Open Revolt*, March 8, 2014도 보라.

39 회원: "Manifest Ottsov—Osnovaetlei," *Izborsk Club*, dated Sept. 8, 2012, published Dec. 1, 2012, article 887. 2012년 셉쿠노프가 한 말에 관해서: Charles Clover, "Putin and the Monk," *Financial Times*, Jan. 25, 2013.

40 프로하노프에 관해서는 Clover, *Black Wind, White Snow*, 183~87쪽을; 유용한 배경에 관해서는 G. V. Kostyrchenko, *Gosudarstvennyi antisemitizm v SSS* (Moscow: Materik, 2005)를 보라. 오바마에 대한 반응: *Ekho Moskvy*, July 8, 2009, 604015.

41 "Yanukovich i Timoshenko: eto ne lichnosti, a politicheskie mashiny—Aleksandr Prokhanov," News24UA.com, Aug. 31, 2012.

42 "Ukraina dolzhna stat' tsentrom Evrazii—Aleksandr Prokhanov," News24UA.com, Aug. 31, 2012.

43 앞의 글.

44 이 인용과 이어지는 긴 인용문은 선언에서 발췌한 것이다: "Manifest Ottsov—Osnovaetlei," Izborsk Club, dated Sept. 8, 2012, published Dec. 1, 2012, article 887.

45 프로하노프: Interview for *Ekho Moskvy*, July 8, 2009, 604015.

46 "시온주의 지도자들": Oleg Platonov, "Missiia vypolnima," *Izborsk Club*, Feb. 6, 2014, article 2816. 유럽 연합의 붕괴와 유럽과 러시아의 통합: Yuri Baranchik and Anatol Zapolskis, "Evrosoiuz: Imperiia, kotoraia ne sostoialas," Izborsk Club, Feb. 25, 2015, article 4847. 프로하노프: "Parizhskii Apokalipsis," Izborsk Club, Nov. 15, 2015. 이즈보르스크의 우크라이나 전문가: Valery Korovin, interview, "Ukraina so vremenem vernetsia k Rossii," *Svobodnaia Pressa*, March 22, 2016. 두긴: "Tretii put' i tret'ia sila," Izborsk Club, Dec. 4, 2013.

47 "Nachalo," Izborsk Club, Sept. 12, 2012, article 887.

48 Andrei Volkov, "Prokhanov prokatilsia na novom raketonostse Tu-95," *Vesti*, Aug. 16, 2014.

49 글라지예프의 경제학에 관해서: Sergei Glazyev and Sergei Tkachuk, "Eurasian economic union," in Piotr Dutkiewicz and Richard Sakwa, *Eurasian Integration* (New Brunswick: Routledge, 2014), 61~83쪽. 글라지예프와 라로슈에 관해서: Sergei Glazyev, *Genocide: Russia and the New World Order* (published by *Executive Intelligence Review*, 1999). 우크라이나에 관해서: Sergei

Glazyev, "Eurofascism," *Executive Intelligence Review*, June 27, 2014.

50 Sergei Glazyev, "Who Stands to Win? Political and Economic Factors in Regional Integration," *Global Affairs*, Dec. 27, 2013. 또는 "Takie raznye integratsii," globalaffairs.ru, Dec. 16, 2013을 보라. "공간 개념": Glazyev and Tkachuk, "Eurasian economic union," 82쪽. 모자이크: Sergei Glazyev, "SSh idut po puti razviazyvaniia mirovoi voiny," March 29, 2016, lenta.ru.

51 이 문단과 이어지는 문단들의 인용문은 Ministry of Foreign Affairs of the Russian Federation, "Kontseptsiia vneshnei politiki Rossiiskoi Federatsii (utverzhdena Prezidentom Rossiiskoi Federatsii V.V. Putinym 12 fevralia 2013 g.)"에서 가져온 것이다.

52 Sergei Lavrov, "Istoricheskaia perspektiva vneshnei politiki Rossii," March 3, 2016.

53 제만: Péter Krekó et al., *The Weaponization of Culture* (Budapest: Political Capital Institute, 2016), 6, 61쪽; Van Herpen, *Putin's Propaganda Machine*, 109쪽; "Milos Zeman," *TG*, Sept. 14, 2016. 루크오일은 제만의 조언자이자 그의 당의 부의장인 마르틴 네예들리Martin Nejedlý가 내야 하는 벌금 140만 달러를 내주었다(Roman Gerodimos, Fauve Vertegaal, and Mirva Villa, "Russia Is Attacking Western Liberal Democracies," NYU Jordan Center, 2017). 2018년 선거 운동: Veronika Špalková and Jakub Janda, "Activities of Czech President Miloš Zeman," Kremlin Watch Report, 2018. 푸틴과 마찬가지로 제만 또한 시리아로부터 난민을 거의 전혀 받지 않은 나라를 통솔했으며, 또 푸틴처럼 그 역시 위협의 이미지를 활용하면서 무슬림들이 체코인들에게 "슈퍼-홀로코스트super-Holocaust"를 저지를 수 있다고 이야기했다. 제만은 또한 러시아의 우크라이나 진출을 부정하고, 동성애자와 정치범에 대한 러시아의 공격에 가세했다. 그는 그 보답으로 러시아 언론의 관심을 받았다: František Vrobel and Jakub Janda, *How Russian Propaganda Portrays European Leaders* (Prague: Semantic Visions, 2016). 푸틴의 말 인용: "Putin: esli by Berluskoni byl geem, ego by pal'tsem nikto ne tronul," interfax.ru, Sept. 19, 2013. 베를루스코니에 관해서: Jochen Bittner et al., "Putins großer Plan," *Die Zeit*, Nov. 20, 2014; Jason Horowitz, "Berlusconi Is Back," *NYT*, Jan. 29, 2018. 슈뢰더에 관해서: Rick Noack, "He used to rule Germany. Now, he oversees Russian energy companies and lashes out at the U.S.," *WP*, Aug. 12, 2017; Erik Kirschbaum, "Putin's apologist?" Reuters, March 27, 2014.

54 전반적인 논의: Van Herpen, *Putin's Propaganda Machine*. 인터넷 개입: Krekó, "Weaponization of Culture"; Anton Shekhovtsov, "Russian Politicians Building an International Extreme Right Alliance," *TI*, Sept. 15, 2015. RT에 관한 르펜의 말: Marine Turchi, "Au Front nationale, le lobbying pro-russe s'accélère," *Mediapart*, Dec. 18, 2014; Iurii Safronov, "Russkii mir 'Natsional'nogo Fronta'," *NG*, Dec. 17, 2014도 보라. RT는 2009년 스페인어, 2014년 독일어, 2017년 프랑스어 방송을 시작했다.

55 Nigel Farage, "Leave Euro, Retake Democracy!" RT, July 8, 2013. Bryan MacDonald, "Could UKIP's rise herald a new chapter in Russian-British relations," RT, Nov. 25, 2014도 보라. 르펜: Alina Polyakova, Marlene Laruelle, Stefan Mesiter, and Neil Barnett, *The Kremlin's Trojan Horses* (Washington, D.C.: Atlantic Council, 2016). 대출과 동성 결혼에 관한 아래의 논의도 보라.

56 르펜과 러시아의 성 정치: Polyakova et al., *Kremlin's Trojan Horses*, 10쪽. 동성애에 관한 르펜의 말: Aleksandr Terent'ev-Ml., interview with Marine Le Pen, "Frantsiia davno uzhe ne svobodnaia strana," *Odnako*, Aug. 6, 2013. 쇼프라드: Marine Turchi, "Les réseaux russes de Marine Le Pen," *Mediapart*, Feb. 19, 2014; *Sputnik France*, Oct. 16, 2013; Aymeric Chauprade, speech to Russian Duma, *Realpolitik TV*, June 13, 2013. 유라시아에 관한 르펜의 말: "Au congrès du FN, la 'cameraderie' russe est bruyamment mise en scène," *Mediapart*, Nov. 29, 2014.

57 푸틴을 존경하는 스펜서: Sarah Posner, "Meet the Alt-Right Spokesman Thrilled by Putin's Rise," *Rolling Stone*, Oct. 18, 2016. "Sole white power": Natasha Bertrand, "Trump won't condemn white supremacists or Vladimir Putin," *BI*, Aug. 14, 2017. 스펜서와 쿠프리아노바: Casey Michel, "Meet the Moscow Mouthpiece Married to a Racist Alt-Right Boss," *DB*, Dec. 20, 2016. 스펜서가 외친 구호: Daniel Lombroso and Yoni Appelbaum, "'Hail Trump!'" *The Atlantic*, Nov. 21, 2016; Adam Gabbatt, "Hitler salutes and white supremacism," *TG*, Nov. 21, 2016.

58 리코프: Scott Shane and Mark Mazzetti, "The Plot to Subvert an Election," *NYT*, Sept. 20, 2018. '출생 논쟁birtherism' 등의 음모론에 몰두하는 RT: Sonia Scherr, "Russian TV Channel Pushes 'Patriot' Conspiracy Theories," Southern Poverty Law Center Intelligence Report, Aug. 1, 2010. Shekhovtsov, *Russia and the Western Far Right*, 5장도 보라. 트윗: Donald Trump, June 18, 2013.

59 트럼프와 미인 대회: Jim Zarroli, "At the 2013 Miss Universe Contest, Trump Met Some of Russia's Rich and Powerful," NPR, July 17, 2017. 트럼프의 재정 상태에 관해서: Reuters, "Trump Bankers Question His Portrayal of Financial Comeback," *Fortune*, July 17, 2016;

Jean Eaglesham and Lisa Schwartz, "Trump's Debts Are Widely Held on Wall Street, Creating New Potential Conflicts," Jan. 5, 2017. 트럼프와 모길레비치와 토흐타후노프: Craig Unger, "Trump's Russian Laundromat," *New Republic*, July 13, 2017. 토흐타후노프: Chris Francescani, "Top NY art dealer, suspected Russian mob boss indicted on gambling charges," Reuters, April 16, 2013; David Corn and Hannah Levintova, "How Did an Alleged Russian Mobster End Up on Trump's Red Carpet?" *Mother Jones*, Sept. 14, 2016. Tomasz Piątek, *Macierewicz i jego tajemnice* (Warsaw: Arbitror, 2017)도 보라.

60 트럼프와 아갈라로프: Luke Harding, *Collusion* (New York: Vintage, 2017), 229~37쪽; "Here's What We Know about Donald Trump and His Ties to Russia," *WP*, July 29, 2016; "How Vladimir Putin Is Using Donald Trump to Advance Russia's Goals," *NW*, Aug. 29, 2016; Cameron Sperance, "Meet Aras Agalarov," *Forbes*, July 12, 2017; Shaun Walker, "The Trumps of Russia?" *TG*, July 15, 2017; Mandalit Del Barco, "Meet Emin Agalarov," NPR, July 14, 2017. 클린턴에 관한 정보를 트럼프에게 전달한 아갈라로프: Jo Becker, Adam Goldman, and Matt Apuzzo, "Russian Dirt on Clinton? 'I Love It,' Donald Trump Jr. Said," *NYT*, July 11, 2017.

61 명예 훈장: "How Vladimir Putin Is Using Donald Trump to Advance Russia's Goals," *NW*, Aug. 29, 2016. 모스크바를 방문한 르펜: Vivienne Walt, "French National Front Secures Funding from Russian Bank," *Time*, Nov. 25, 2014. 르펜을 지지하는 트럼프: Aidan Quigley, "Trump expresses support for French candidate Le Pen," *Politico*, April 21, 2017; Aaron Blake, "Trump is now supporting far-right French candidate Marine Le Pen," *WP*, April 21, 2017; Gideon Rachman, "Le Pen, Trump and the Atlantic counter-revolution," *FT*, Feb. 27, 2017. 트럼프를 지지하는 르펜: James McAuley, "Marine Le Pen's tricky alliance with Donald Trump," April 2, 2017. 러시아의 자금 지원을 받은 국민전선: Marine Turchi, "Le FN attend 40 million d'euros de Russie," *Mediapart*, Nov. 26, 2014; Karl Laske and Marine Turchi, "Le troisième prêt russe des Le Pen," *Mediapart*, Dec. 11, 2014; Abel Mestre, "Marine Le Pen justifie le prêt russe du FN," *LM*, Nov. 23, 2014; Anna Mogilevskaia, "Partiia Marin Le Pen vziala kredit v rossiiskom banke," *Kommersant*, Nov. 23, 2014.

62 프랑스 방송을 해킹한 러시아인들: Frenkel, "Meet Fancy Bear"; Gordon Corera, "How France's TV5 was almost destroyed by 'Russian hackers,'" BBC, Oct. 10, 2016; Joseph Menn and Leigh Thomas, "France probes Russian lead in TV5Monde hacking: sources," Reuters, June 10, 2015.

프로하노프: "Parizhskii Apokalipsis," Izborsk Club, Nov. 15, 2015.

63 푸틴에 관한 르펜의 말: Turchi, "Le Front national décroche les millions russe"; Shaun Walker, "Putin welcomes Le Pen to Moscow with a nudge and a wink," *TG*, March 24, 2017; Ronald Brownstein, "Putin and the Populists," *The Atlantic*, Jan. 6, 2017. 마크롱에 대한 러시아의 선전 공세: Götz Hamann, "Macron Is Gay, Not!" *Zeit Online*, Feb. 24, 2017; "Ex-French Economy Minister Macron Could Be 'US Agent,'" *Sputnik News*, Feb. 4, 2017.

64 러시아를 지지하는 패라지: Patrick Wintour and Rowena Mason, "Nigel Farage's relationship with Russian media comes under scrutiny," *TG*, March 31, 2014. 유럽 연합에 관한 패라지의 말: "Leave Euro, retake democracy!" RT, July 8, 2015.

65 선거 부정 주장을 뒷받침하는 봇과 트롤: Sevrin Carrell, "Russian cyber-activists," *TG*, Dec. 13, 2017. "완전한 위조": "Russia meddled in Scottish independence referendum," *Daily Express*, Jan. 15, 2017. 영국의 선거 조작: Neil Clark, "UK general election," RT, May 10, 2015. 국민 투표 지지: Bryan MacDonald, "Ireland needed guns, but Scots only need a pen for independence," RT, Sept. 3, 2014. Ben Riley-Smith, "Alex Salmond: I admire 'certain aspects' of Vladimir Putin's leadership," *Telegraph*, April 28, 2014; Anastasia Levchenko, "Russia, Scotland Should Seek Closer Ties—Ex-SNP Leader," *Sputnik*, May 7, 2015 등도 보라. Russell Jackson, "Alex Salmond show on Russia Today to continue," *The Scotsman*, Aug. 24, 2018.

66 패라지와 RT에 관해서는 앞의 내용을 보라. 패라지와 푸틴에 관해서: "Nigel Farage: I admire Vladimir Putin," *TG*, March 2014. 직원: Stephanie Kirchgaessner, "The Farage staffer, the Russian embassy, and a smear campaign," *TG*, Dec. 18, 2017. '러시아의 보수주의자 친구들': Carole Cadwalladr, "Brexit, the ministers, the professor and the spy," *TG*, Nov. 4, 2017.

67 국민 투표에 관한 러시아의 선전 공세: "General referendum may trigger a domino effect in Europe," Rossiia-24, June 24, 2016. 브렉시트에 관한 RT의 말: "Is Parliament preparing to ignore public vote for Brexit?" RT, June 6, 2016; "EU army plans 'kept secret' from British voters until after Brexit referendum," RT, May 27, 2016. 봇과 브렉시트에 관한 통계로는 Marco T. Bastos and Dan Mercea, "The Brexit Botnet and User-Generated Hyperpartisan News," *Social Science Computer Review*, 2017, 7쪽에서 관련된 봇의 90퍼센트가 영국 바깥에 있었다는 결론을 보라. 419개 계정: Severin Carrell, "Russian cyber-activists," *TG*, Dec. 13, 2017. 유권자들에 미친 영향에 관해서: Yuriy Gorodnichenko et al., "Social Media, Sentiment, and Public Opinion," National Bureau of Economic Research, Working Paper 24631, May 2018. 분석으로는 Carole Cadwalladr, "The Great British Brexit Robbery," *TG*, May 7, 2017; Gerodimos et al., "Russia Is Attacking Western Liberal Democracies" 등을 보라.

68 코사체프: report on election result, *Telegraph*, Jan. 9, 2015. 구속력 없는 논평들: PK, June 3, 2016. 푸틴: "Vladimir Putin ne ozhidaet 'global'noi katastrofy," PK, June 24, 2016, "V Velikobritanii nabiraet oboroty agitatsionnaia kompaniia za vykhod strany iz Evrosoiuza," PK, May 27, 2016.

69 구데누스, 그리고 오스트리아 극우파와 모스크바 사이의 연계의 배경에 관해서는 Shekhovtsov, *Russia and the Western Far Right*를 보라. 20세기의 오스트리아에 관해서: Gerald Stourzh, *Vom Reich zur Republik* (Vienna: Editions Atelier, 1990); Walter Goldinger and Dieter Binder, *Geschichte der Republik Österreich 1918-1938* (Oldenbourg: Verlag für Geschichte und Politik, 1992); Anson Rabinbach, *The Crisis of Austrian Socialism* (Chicago: University of Chicago Press, 1983); Wolfgang Müller, *Die sowjetische Besatzung in Österreich 1945-1955 und ihre politische Mission* (Vienna: Böhlau, 2005); Rolf Steininger, *Der Staatsvertrag* (Innsbruck: Studien-Verlag, 2005).

70 Bernhard Weidinger, Fabian Schmid, and Péter Krekó, *Russian Connections of the Austrian Far Right* (Budapest: Political Capital, 2017), 5, 9, 28, 30쪽.

71 협력 협정: "Austrian far right signs deal with Putin's party, touts Trump ties," Reuters, Dec. 19, 2016.

72 "Ukrainian Oligarchs Stay Above the Fray and Let the Crisis Play Out," *IBTimes*, Feb. 26, 2014; "Behind Scenes, Ukraine's Rich and Powerful Battle over the Future," *NYT*, June 12, 2013.

73 프로하노프: "Yanukovich i Timoshenko." 글라지예프의 위협: Shaun Walker, "Ukraine's EU trade deal will be catastrophic, says Russia," TG, Sept. 22, 2013. Schlögel, *Entscheidung in Kiew*, 80쪽을 보라.

CHAPTER FOUR 새로움인가 영원인가

1 Vladimir Putin, "Meeting with members of Holy Synod of Ukrainian Orthodox Church of Moscow Patriarchate," July 27, 2013, Kremlin, 18960. 푸틴은 2013년에 점차 이런 식의 말

을 자주 입에 올렸다: John Lough, "Putin's Communications Difficulties Reflect Serious Policy Problem," Chatham House, 2014.

2 Vladimir Putin, "Excerpts from the transcript of the meeting of the Valdai International Discussion Club," Sept. 19, 2013. "유기체 모델"에 관해서는 1장에서 논의했다.

3 초기 루시 국가에 관해서는 2장에서 논의했다. 전반적인 논의로는 Franklin and Shepard, *Emergence of Rus*; Winroth, *Conversion of Scandinavia* 등을 보라.

4 이사야 벌린Isaiah Berlin은 〈과학적 역사의 개념The Concept of Scientific History〉에서 흥미로운 취지로 루이스 네이미어Lewis Namier의 말을 인용한다: "역사 인식이라는 말의 뜻은 어떤 일이 벌어졌 는지에 관한 지식이 아니라 어떤 일이 벌어지지 않았는지에 관한 지식이다."

5 연방국에 관해서는 Daniel Stone, *The Polish-Lithuanian State, 1386-1795* (Seattle: University of Washington Press, 2001)을 보라. 긴장 관계에 관해서는 Timothy Snyder, *The Reconstruction of Nations: Poland, Ukraine, Lithuania, Belarus, 1569-1999* (New Haven: Yale UP, 2003); Oskar Halecki, *Przyłączenie Podlasia, Wołynia, i Kijowszczyzny do Korony w Roku 1569* (Cracow: Gebethner and Wolff, 1915); Nataliia Iakovenko, *Narys istorii Ukrainy z naidavnishykh chasiv do kintsia XVIII stolittia* (Kyiv: Heneza, 1997); Jan Rotkowski, *Histoire economique de la Pologne avant les partages* (Paris: Champion, 1927) 등을 보라.

6 David Frick, *Polish Sacred Philology in the Reformation and Counter-Reformation* (Berkeley: University of California Press, 1989); André Martel, *La Langue Polonaise dans les pays ruthènes* (Lille: Travaux et Mémoires de l'Université de Lille, 1938) 등을 보라.

7 Vitalii Shcherbak, *Ukrains'ke kozatstvo* (Kyiv: KM Akademia, 2000); Tetiana Iakovleva, *Hetmanshchyna v druhii polovini 50-kh rokiv XVII stolittia* (Kyiv: Osnovy, 1998).

8 Jaroslaw Pelenski, "The Origins of the Official Muscovite Claim to the 'Kievan Inheritance,'" *Harvard Ukrainian Studies*, vol. 1, no. 1, 1977, 48~50쪽을 보라.

9 David Saunders, *The Ukrainian Impact on Russian Culture, 1750-1850* (Edmonton: CIUS, 1985); K. V. Kharlampovich, *Malorossiiskoe vliianie na velikorusskuiu tserkovnuiu zhizn'* (Kazan: Golubeva, 1914) 등을 보라.

10 Daniel Beauvois, *Pouvoir russe et noblesse polonaise en Ukraine, 1793-1830* (Paris: CNRS Editions, 2003); Daniel Beauvois, *Le noble, le serf, et le revizor* (Paris: Editions des archives contemporaines, 1985); Jarosław Hrycak, *Historia Ukrainy: 1772-1999* (Lublin: Instytut Europy Środkowo-Wschodniej, 2000);

Andreas Kappelar, *Russland als Vielvölkerreich* (Munich: Beck, 1982).

11 Iryna Vushko, *The Politics of Cultural Retreat* (New Haven: Yale UP, 2017); John Paul Himka, *Socialism in Galicia* (Cambridge, Mass.: Harvard UP, 1983); Ivan L. Rudnyts'kyi, *Essays in Modern Ukrainian History* (Edmonton: Canadian Institute for Ukrainian Studies, 1987); Roman Szporluk, "The Making of Modern Ukraine: The Western Dimension," *Harvard Ukrainian Studies*, vol. 25, nos. 1-2, 2001, 57~91쪽; Harald Binder, *Galizien in Wien* (Vienna: Verlag der Österreichischen Akademie der Wissenschaften, 2005); Mykhailo Vozniak, *Iak probudylosia ukrains'ke narodnie zhyttia v Halychyni za Avstrii* (L'viv: Dilo, 1924).

12 제국 시기와 소비에트 시기의 연속성에 관해서: Richard Pipes, *The Formation of the Soviet Union* (Cambridge, Mass.: Harvard UP, 1997). 우크라이나와 삼국 협상에 관해서: Oleksandr Pavliuk, *Borot'ba Ukrainy za nezalezhnist' i polityka SShA, 1917-1923* (Kyiv: KM Akademia, 1996); Caroline Milow, *Die ukrainische Frage 1917-1923 im Spannungsfeld der europäischen Diplomatie* (Wiesbaden: Harrassowitz Verlag, 2002); Mark Baker, "Lewis Namier and the Problem of Eastern Galicia," *Journal of Ukrainian Studies*, vol. 23, no. 2, 1998, 59~104쪽. 러시아-폴란드의 지정학에 관해서: Andrzej Nowak, *Polska a trzy Rosje* (Cracow: Arcana, 2001). Richard Ullman, *Anglo-Soviet Relations 1917-1920* (Princeton: Princeton UP, three volumes, 1961-1973)도 보라. 폴란드의 수중에 떨어진 지역들에 관해서: Werner Benecke, *Die Ostgebiete der Zweiten Polnischen Republik* (Köln: Böhlau Verlag, 1999); Jan Tomasz Gross, *Revolution from Abroad* (Princeton: Princeton UP, 1988); Katherine R. Jolluck, *Exile and Identity* (Pittsburgh: University of Pittsburgh Press, 2002).

13 독일의 식민 정책에 관해서: Willeke Hannah Sandler, "'Colonizers are Born, Not Made': Creating a Colonial Identity in Nazi Germany, 1933-1945," doctoral dissertation, Duke University, 2012; Lora Wildenthal, *German Women for Empire, 1884-1945* (Durham: Duke UP, 2001); Jürgen Zimmerer, *Von Windhuk nach Auschwitz* (Münster: LIT Verlag, 2011); Wendy Lower, *Nazi Empire-Building and the Holocaust in Ukraine* (Chapel Hill: University of North Carolina Press, 2005); Alexander Victor Prusin, *The Lands Between: Conflict in the East European Borderlands, 1870-1992* (Oxford: Oxford UP, 2010) 참조. 소비에트의 자기 식민화 언어에 관해서: Alvin Gouldner, "Stalinism: A Study of Internal Colonialism," *Telos*, no. 34, 1978, 5~48쪽; Lynne Viola, "Selbstkolonisierung der Sowjetunion," *Transit*, no. 38, 2009, 34~56쪽.

14 우크라이나에서 살해된 유대인 숫자에 관해서: Alexander Kruglov, "Jewish Losses in Ukraine," in Ray Brandon and Wendy Lower, eds., *The Shoah in Ukraine* (Bloomington: Indiana UP, 2008), 272~90쪽. 소련에서 벌어진 홀로코스트의 사망자 수에 관해서는 Yitzhak Arad, *The Holocaust in the Soviet Union* (Lincoln: University of Nebraska Press and Jerusalem: Yad Vashem, 2009) 를 보라. 추가적인 계산에 관해서는 Dieter Pohl, *Verfolgung und Massenmord in der NS-Zeit 1933-1945* (Darmstadt: Wissenschaftliche Buchgesellschaft, 2008); Snyder, *Bloodlands* 등을 보라.

15 협정 자체에 관해서는 John Basarab, *Pereiaslav 1654* (Edmonton: CIUS, 1982)를 보라.

16 강제 이송에 관해서는 Snyder, *Reconstruction of Nations*; Grzegorz Motyka, *Od rzezi wołyńskiej do akcji "Wisła". Konflikt polsko-ukraiński 1943-1947* (Warsaw: Wydawnictwo Literackie, 2011); Jeffrey Burds, "Agentura: Soviet Informants Networks and the Ukrainian Underground in Galicia," *East European Politics and Societies*, vol. 11, no. 1, 1997, 89~130쪽 등을 보라.

17 1933년 기근에 관해서는 Andrea Graziosi, *The Great Soviet Peasant War* (Cambridge, Mass.: Harvard UP, 1996); Barbara Falk, *Sowjetische Städte in der Hungersnot 1932/33* (Cologne: Böhlau Verlag, 2005); Robert Kuśnierz, *Ukraina w latach kolektywizacji i wielkiego głodu* (Toruń: Grado, 2005); Anne Applebaum, *Red Famine: Stalin's War on Ukraine* (New York: Doubleday, 2017) 등을 보라. 1970년대와 1980년대에 관한 당대의 길잡이는 후에 Roman Szporluk, *Russia, Ukraine, and the Breakup of the Soviet Union* (Stanford: Hoover Press, 2000)에 수록된 글들이다.

18 소비에트 우크라이나 역사의 마지막 몇 십 년에 관해서는 Serhii Plokhy, *The Gates of Europe* (New York: Basic Books, 2015), 291~336쪽을 보라.

19 당대 두 나라의 간략한 대비에 관해서: "Ukraine's Biggest Problem: No Money," *American Interest*, Feb. 24, 2014; "On Putin and Oligarchs," *American Interest*, Sept. 19, 2014; "Private Banks Fuel Fortune of Putin's Inner Circle," *NYT*, Sept. 29, 2014. 전반적인 논의로는 Dawisha, *Putin's Kleptocracy*를 보라.

20 Franklin Foer, "The Quiet American," *Slate*, April 28, 2016; Franklin Foer, "Putin's Puppet," *Slate*, July 21, 2016; Roman Romaniuk, "How Paul Manafort Brought US Politics to Ukraine (and Ukrainian Politics to the US)," *UP*, Aug. 18, 2016; Nick Robins-Early, "Who is Viktor Yanukovych and What's His Connection to Paul Manafort?" *HP*, Oct. 30, 2017; Steven Lee Myers and Andrew Kramer, "How Paul Manafort Wielded Power in Ukraine Before Advising Donald Trump," *NYT*, July 31, 2016.

21 야누코비치 일가의 재산: Benjamin Bidder, "The Dubious Business of the Yanukovych Clan," *Spiegel Online*, May 16, 2012; Alexander J. Motyl, "Ukraine: The Yanukovych Family Business," *World Affairs*, March 23, 2012; H. E. Hale and R. W. Orttung, *Beyond the Euromaidan* (Palo Alto: Stanford UP, 2016), 191쪽. 야누코비치의 야당 인사 투옥: Kathy Lally, "Ukraine jails former prime minister," *WP*, Oct. 11, 2011; Luke Harding, "Ukraine's new government puts final nail in coffin of the Orange Revolution," *TG*, March 11, 2010.

22 연합 협정: Amanda Paul, "Ukraine under Yanukovych: Plus ça change?" European Policy Centre, Feb. 19, 2010; "Ukraine protests after Yanukovych EU deal rejection," BBC, Nov. 30, 2013; "How the EU Lost Ukraine," *Spiegel Online*, Nov. 25, 2013.

23 David Patrikarkos, *War in 140 Characters: How Social Media Is Reshaping Conflict in the Twenty-First Century* (Basic Books, 2017), 93쪽; Shore, *Ukrainian Night*.

24 "Berkut' besposhchadno rastoptal kyevskyy evromaydan," *Fakty UA*, Nov. 30, 2013. 전형적인 인용문: "The last drop of our patience was the first drop of blood spilled on the Maidan." Sergei Gusovsky, Dec. 13, 2013, in Timothy Snyder and Tatiana Zhurzhenko, eds., "Diaries and Memoirs of the Maidan," *Eurozine*, June 27, 2014.

25 니호얀 자신의 말: interview, Jan. 19, 2014, TSN. Daisy Sindelar, Yulia Ratsybarska, and Franak Viachorka, "How an Armenian and a Belarusian Died for the Ukrainian Revolution," *The Atlantic*, Jan. 24, 2014; "First Victims of Maidan Crackdown Remembered in Ukraine," *RFE/RL*, Jan. 22, 2015 등도 보라. 돈바스와 그 지역 노동자들에 관해서는 Hiroaki Kuromiya, *Freedom and Terror in the Donbas* (Cambridge: Cambridge UP, 1998); Tanja Penter, *Kohle für Stalin und Hitler* (Essen: Klartext Verlag, 2010) 등을 보라.

26 이 문단의 인용문: Snyder and Zhurzhenko, "Diaries and memoirs of the Maidan."

27 "Priniaatye Radoi 16 ianvaria skandal'nye zakony opublikovany," *Liga Novosti*, Jan. 21, 2014; Will Englund, "Ukraine enacts harsh laws against protests," *WP*, Jan. 17, 2014; Timothy Snyder, "Ukraine: The New Dictatorship," *NYR*, Feb. 20, 2014.

28 Nataliya Trach, "Two EuroMaidan activists missing," *Kyiv Post*, Jan. 21, 2014. David M. Herszenhorn, "Unrest Deepens in Ukraine as Protests Turn Deadly," *NYT*, Jan. 22, 2014; "Timeline: How Ukrainian Protests Descended into Bloodbath," *RFL/RE*, Feb. 19, 2014; Piotr Andrusieczko, "Ofiary kijowskiego Majdanu nie były daremne," *GW*, Nov. 21, 2014.

29 Fond Demokratychni Initsiatyvy im. Il'ka Kucheriva, "Vid Maidanu-taboru do Maidanu-sichi," survey of participants, Feb. 2014.

30 폭탄 공격에 관해서는 "Ukrainian Interior Ministry Has Questions," Interfax Ukraine, Feb. 7, 2018을 보라.

31 여론 조사: "Vid Maidanu-taboru do Maidanu-sichi," survey of participants, Feb. 2014. Surenko: Snyder and Zhurzhenko, "Diaries and memoirs of the Maidan."

32 Volodymyr Yermolenko, "O dvukh Evropakh," inache.net, Dec. 18, 2013.

33 비훈: Leonid Finberg and Uliana Holovach, eds., *Maidan. Svidchennia* (Kyiv: Dukh i Litera, 2016), 89쪽. 안드리 본다르: Snyder and Zhurzhenko, "Diaries and memoirs of the Maidan."

34 증여의 경제: Valeria Korablyova, "The Idea of Europe, or Going Beyond Geography," unpublished paper, 2016. 인용문: Snyder and Zhurzhenko, "Diaries and memoirs of the Maidan."

35 데이터: "Vid Maidanu-taboru do Maidanu-sichi." 체레파닌: 2014년 저자의 개인적 경험. Natalie Wilson, "Judith Butler's Corporeal Politics: Matters of Politicized Abjection," *International Journal of Sexuality and Gender Studies*, vol. 6, nos. 1-2, 2001, 119~21쪽도 보라.

36 Snyder and Zhurzhenko, "Diaries and memoirs of the Maidan."

37 예르몰렌코: "O dvukh Evropakh." Hrytsak quoted in Snyder and Zhurzhenko, "Diaries and memoirs of the Maidan." 프랭클린의 말 인용: Korablyova, "The Idea of Europe, or Going Beyond Geography."

38 Finberg and Holovach, *Maidan. Svidchennia*, 100쪽.

39 Vladimir Korovin, "Putin i Evraziiskaia ideologiia," Izborsk Club, April 15, 2014, article 2801.

40 "'나는 게이가 아니다!': khakery vzlomali sotsseti Klichko posle ego prizyva vyiti na Maidan," *NTV*, Nov. 22, 2013, 714256. 유용한 배경 설명으로는 Oleg Riabov and Tatiana Riabova, "The Decline of Gayropa?" *Eurozine*, Feb. 2013을 보라.

41 호모독재: "V Kieve aktivisty vodili khorovod i protykali puzyr' evrogomointegratsii," *NTV*, Nov. 24, 2014, 735116. "The 'gay' maelstrom of euro-integration," *Trueinform*, Dec. 22, 2013; Viktor Shestakov, "'Goluboi' omut 'evrorevoliutsii,' ili Maidan sdali," *Odna Rodina*, Dec. 21, 2014.

42 Jim Rutenberg, "How the Kremlin built one of the most powerful information weapons of the

21st century," *NYT*, Sept. 13, 2017.

43 폴란드-리투아니아-스웨덴의 동맹에 관한 키셀료프의 말: Dmitrii Kiselev, "Vesti Nedeli," Rossiia-1, Dec. 1, 2013, 928691.

44 Dmitrii Kiselev, "Vesti Nedeli," Rossiia-1, Dec. 8, 2013. 《세고드냐》: Nikolai Telepnev, "Gei-Udar Po 'Udaru,'" Dec. 20, 2013, 133168.

45 말로페예프: Nataliia Telegina, "Put' Malofeeva: ot detskogo pitaniia k sponsorstvu Donbassa i proshchennym," republic .ru, May 12, 2015, 50662. 《콤소몰스카야 프라우다》 기사: "Gei-drovishki v koster Mai dana," *KP*, May 12, 2013, 3055033.

46 "V Kieve aktivisty vodili khorovod i pro-tykali puzyr' evrogomointegratsii," NTV, Nov. 24, 2014.

47 천연가스 거래: "Putin Pledges Billions, Cheaper Gas to Yanukovych," *RFE/RL*, Dec. 17, 2013; Carol Matlack, "Ukraine Cuts a Deal It Could Soon Regret," *Bloomberg*, Dec. 17, 2013; David Herszenhorn and Andrew Kramer, "Russia Offers Cash Infusion for Ukraine," *NYT*, Dec. 17, 2013. 우크라이나 전투 경찰의 무력 사용: Andrew Kramer, "Police and Protestors in Ukraine Escalate Use of Force," *NYT*, Jan. 20, 2014. 폭력 사태에 대한 회고로는 Snyder and Zhurzhenko, "Diaries and memoirs of the Maidan"; Finberg and Holovach, *Maidan. Svidchennia* 등도 보라.

48 Ilya Arkhipov, Henry Meyer, and Irina Reznik, "Putin's 'Soros' Dreams of Empire as Allies Wage Ukraine Revolt," *Bloomberg*, June 15, 2014.

49 Telegina, "Put' Malofeeva." Girkin's past and self-definition as "special operations officer": Aleksandr Prokhanov, interview with Girkin, "Kto ty, Strelok?" *Zavtra*, Nov. 20, 2014. 기르킨은 "대령"임을 자처한다: Aleksandr Chalenko, interview with Girkin, *Politnavigator*, Dec. 1, 2014.

50 Andrei Lipskii, "'Predstavliaetsia pravil'nym initsiirovat' prisoedinenie vostochnykh oblastei Ukrainy k Rossii'," NG, Feb. 2015. 야누코비치 정권에 대한 비망록의 평가: "Vo-pervykh, rezhim V. Yanukovicha okonchatel'no obankrotilsia. Ego politicheskaia, diplomaticheskaia, finansovaia, informatsionnaia podderzhka Rossiskoi Federatsiei uzhe ne imeet nikakogo smysla." 독일어 번역본으로는 "Russlands Strategiepapier im Wortlaut," *Die Zeit*, Feb. 26, 2016을; 관련 논의로는 Steffen Dobbert, Christo Grosev, and Meike Dülffer, "Putin und der geheime

Ukraine-Plan," *Die Zeit*, Feb. 26, 2015를 보라.

51 "Spasti Ukrainu! Memorandum ekspertov Izborskogo Kluba," Feb. 13, 2014.

52 라브로프와 쾌락주의: Sergei Lavrov, "V ponimanii EC i CShA 'svobodnyi' vybor za ukraintsev uzhe sdelan," *Kommersant*, Feb. 13, 2014. 수르코프와 무기: Kurczab-Redlich, *Wowa*, 667~68쪽.

53 당신은 당시 미국 국무부 차관보 빅토리아 눌런드Victoria Nuland가 마이단 광장에서 쿠키를 나눠주었다고 믿는가? 그렇다면 당신 머릿속에 들어온 사태 설명은 러시아 측의 선전을 통해 전달된 것이다. 눌런드는 샌드위치를 나눠주었다. 이런 불일치는 그 자체로는 중요하지 않지만 허위 정보를 추적하는 데 도움이 된다. 당신 머릿속에 있는 이야기에 "쿠키"라는 허구적 요소가 들어 있다면, 다른 허구들도 들어 있는 게 분명하다.

54 교섭, 사격, 도주: "A Kiev, la diplomatie européenne négocie directement avec Ianoukovitch," *LM*, Feb. 20, 2014; Matthew Weaver and Tom McCarthy, "Ukraine crisis: deadly clashes shatter truce," *TG*, Feb. 20, 2014. 야누코비치의 사임: Shiv Malik, Aisha Gani, and Tom McCarthy, "Ukraine crisis: deal signed in effort to end Kiev standoff," *TG*, Feb. 21, 2014; "Ukraine's Parliament, President Agree to Opposition Demands," *RFE/RL*, Feb. 21, 2014; Sam Frizell, "Ukraine Protestors Seize Kiev as President Flees," *Time*, Feb. 22, 2014; Alan Taylor, "Ukraine's President Voted Out, Flees Kiev," *The Atlantic*, Feb. 22, 2014.

55 2월 20~21일 연방보안국의 존재: Kurczab-Redlich, *Wowa*, 667~68쪽; Andrei Soldatov, "The True Role of the FSB in the Ukrainian Crisis," *Moscow Times*, April 15, 2014. Simon Shuster, "The Russian Stronghold in Ukraine Preparing to Fight the Revolution," *Time*, Feb. 23, 2014; Daniel Boffey and Alec Luhn, "EU sends advisers to help Ukraine bring law and order to rebel areas," *TG*, July 26, 2014 등도 보라. 디지털 법의학 수사에 관해서는 Carnegie Mellon University Center for Human Rights, "Euromaidan Event Reconstruction," 2018을 보라.

56 의회 다수의 지지를 잃은 야누코비치: "Parliament votes 328-0 to impeach Yanukovych on Feb. 22; sets May 25 for new election; Tymoshenko free," *Kyiv Post*, Feb. 23, 2014; Uri Friedman, "Ukraine's Government Disappears Overnight," *The Atlantic*, Feb. 22, 2014.

57 크림반도의 사이버 공세: Owen Matthews, "Russia's Greatest Weapon May Be Its Hackers," *NW*, May 7, 2015; Hannes Grassegger and Mikael Krogerus, "Weaken from Within," *New Republic*, Dec. 2017, 21; Adam Entous, Ellen Nakashima, and Greg Jaffe, "Kremlin trolls burned across the Internet," *WP*, Dec. 25, 2017. 인터넷 리서치 에이전시: Adrian Chen, "The Agency," *NYT*, June 2, 2015. 침공 초기 며칠 동안의 분위기에 관해서는 바이스 뉴스VICE News 온라인 시리즈에 시몬 오스트롭스키|Simon Ostrovsky가 초기에 보낸 급보들을 보라.

58 부대 숫자: Thomas Gutschker, "Putins Schlachtplan," *FAZ*, July 9, 2014. 러시아의 우크라이나 침공에 대한 초기의 일부 보도: "Russian troops in Crimea and the traitor admiral" ("Russkie voiska v Krymu i admiral predatel'") *BigMir*, March 3, 2014; Telegina, "Put' Malofeeva." Pavel Nikulin, "Kak v Krymu otneslis' k vvodu rossiiskikh voisk," *Slon*, March 1, 2014; Il'ia Shepelin, "Prorossiiskie soldaty otkryli ogon' v vozdukh, chtoby ne dat' ukrainskim vernut' aerodrom Bel'bek," *Slon*, March 3, 2014 등도 보라.

59 러시아의 크림 침공: Anton Bebler, "Crimea and the Russian-Ukrainian Conflict," *Romanian Journal of Foreign Affairs*, vol. 15, no. 1, 2015, 35~53쪽; Ashley Deels, "Russian Forces in Ukraine," *Lawfare*, March 2, 2014; Anatoly Pronin, "Republic of Crimea," *Russian Law Journal*, vol. 3, no. 1, 2015, 133~42쪽. 심페로폴: Mat Babiak, "Russians Seize Simferopol," *Ukrainian Policy*, Feb. 27, 2014; Simon Shuster, "Gunmen Seize Parliament in Ukraine's Russian Stronghold," *Time*, Feb. 27, 2014. 기르킨의 회고: Sergei Shargunov, interview with Ivan Girkin, *Svobodnaia Pressa*, Nov. 11, 2014. 글라지예프의 전화: "Kiev releases audio tapes," *Meduza*, Aug. 22, 2016; Gerard Toal, *Near Abroad* (London: Oxford UP, 2016)도 보라. 악시오노프: Simon Shuster, "Putin's Man in Crimea Is Ukraine's Worst Nightmare," *Time*, March 10, 2014. 악시오노프는 고블린Goblin이라는 이름의 크림 폭력 집단 성원이라는 의혹을 부인한다. 그는 이 문제를 놓고 명예 훼손 소송을 벌여서 졌다. Ann-Dorit Boy, "Aus der Halbwelt an die Macht," *FAZ*, March 5, 2014를 보라. 우크라이나에 관한 오바마의 말: Thomas Sparrow, "From Maidan to Moscow: Washington's Response to the crisis in Ukraine," in Klaus Bachmann and Igor Lyybashenko, eds., *The Maidan Uprising, Separatism and Foreign Intervention* (Frankfurt: Peter Lang, 2014), 322~23쪽. 오바마의 말 인용: Bill Chappell, "Obama Warns Russia Against Using Force in Ukraine," NPR, Feb. 28, 2014.

60 크림반도의 나이트울브스: "Night Wolves, Putin's 'Biker Brothers', To Ride to Ukraine to Support Pro-Russia Cause," *HP*, Feb. 28, 2014; Harriet Salem, "Crimea's Putin supporters prepare to welcome possible Russian advance," *TG*, March 1, 2014. Peter Pomerantsev, "Forms of Delirium," *London Review of Books*, vol. 35, no. 19, Oct. 10, 2013에 인용된 알렉세이 바이

츠Alexei Weitz의 말.

61 잘도스타노프의 말 인용: Damon Tabor, "Putin's Angels," *Rolling Stone*, Oct. 8, 2015; Shaun Walker, "Patriotic group formed to defend Russia against pro-democracy protestors," *TG*, Jan. 15, 2015. 푸틴: "Vladimir Putin otvetil na voprosy zhurnalistov o situatsii na Ukraine," March 4, 2014.

62 빈 회합과 두긴의 말 인용에 관해서: Bernhard Odehnal, "Gipfeltreffen mit Putins fünfter Kolonne," *Tages-Anzeiger*, June 3, 2014. 사라진 우크라이나: Alexander Dugin, "Letter to the American People on Ukraine," *Open Revolt*, March 8, 2014.

63 국민 투표: David Patrikarakos, *War in 140 Characters* (New York: Basic Books, 2017), 92~94, 153 쪽; Richard Balmforth, "No room for 'Nyet' in Ukraine's Crimea vote to join Russia," Reuters, March 11, 2014. 결과: Paul Roderick Gregory, "Putin's human rights council accidentally posts real Crimean election results," *Kyiv Post*, May 6, 2014; "Krym vybral Rossiiu," Gazeta.ru, March 15, 2014; "Za zlyttia z Rosiieiu proholosovalo 123% sevastopoltsiv," *Ukrains'ka Pravda*, March 17, 2014; "V Sevastopole za prisoedinenie k Rossii progolosovalo 123% naseleniia," UNIAN, March 17, 2014. 프랑스인들에게 감사하다: Agathe Duparc, Karl Laske, and Marine Turchi, "Crimée et finances du FN: les textos secrets du Kremlin," *Mediapart*, April 2, 2015.

64 부다페스트 메모랜덤: Czuperski et al., "Hiding in Plain Sight," 4쪽. 법적 함의: Deels, "Russian Forces in Ukraine"; Ivanna Bilych, et al., "The Crisis in Ukraine: Its Legal Dimensions," Razom report, April 14, 2014; Anne Peters, "Sense and Nonsense of Territorial Referendums in Ukraine," ejiltalk.org, April 16, 2014; Anne Peters, "The Crimean Vote of March 2014 as an Abuse of the Institution of Territorial Referendum," in Christian Calliess, ed., *Staat und Mensch im Kontext des Volker-und Europarechts* (Baden-Baden, Noms Verlag, 2015), 255~80쪽. 무장 해제: Sergei L. Loiko and Carol J. Williams, "Ukraine troops struggle with nation's longtime neglect of military," *Los Angeles Times*, Oct. 18, 2014.

65 3월 17일 선언: Ministry of Foreign Affairs, "Zaiavlenie MID o Gruppe podderzhki dlia Ukrainy," March 17, 2014. Paul Roderick Gregory, "Putin Demands Federalization for Ukraine, But Declares It Off-Limits for Siberia," *Forbes*, Sept. 1, 2014; Maksim Trudoliubov and Nikolai Iepple, "Rossiiskoe obshchestvo ne vidit sebia," *Vedomosti*, July 2, 2015; "M.I.D. Ukrainy schitaet nepriemlemymi predlozheniia Rossii po uregulirovaniiu krizisa v strane," *Interfax*, March

17, 2014, 196364 등을 보라.

66 Vladimir Putin, Address of the President of the Russian Federation, March 18, 2014.

67 Tatiana Saenko, "Parlamentarii o priniatii v sostav Rossiiskoi Federatsii novykh sub'yektov," *Kabardino-Balkarskaya Pravda*, no. 49, March 18, 2014.

68 푸틴의 말 인용: "Priamaia liniia s Vladimirom Putinym," Kremlin, April 17, 2014. 말로페예프의 말 인용: Dmitrii Sokolov-Mitrich and Vitalii Leibin, "Ostavit' Bogu mesto v istorii," *Russkii Reporter*, March 4, 2015. 이런 말들은 전쟁을 개시하기는 하지만 설명해 주지는 않는 시간 개념이다. 말로페예프의 상상 속에서 악마에 맞서 싸우는 남자다운 기독교 전사들로 등장 하는 친러시아 지원병들의 인터뷰를 읽으면서 나는 미소 짓지 않을 수 없었다. 처음 본 인터 뷰의 주인공은 유대 혈통의 남자로 러시아 문학에 등장하는 사탄 이름을 가명으로 썼고, 두 번째 사람은 악마 숭배가 자기 종교라고 설명한 여자였기 때문이다. 그러나 미소는 순식간 에 사라졌다. 그들의 이야기는 전쟁에 말려든 모든 지역 사람들의 이야기와 마찬가지로 무 척 슬펐기 때문이다. (Separatist interviews (B) and (V), transcripts provided by Oksana Mikhaevna.)

69 글라지예프: "Ukraine publishes video proving Kremlin directed separatism in eastern Ukraine and Crimea," *Euromaidan Press*, Aug. 23, 2016; "English translation of audio evidence of Putin's adviser Glazyev and other Russian politicians' involvement in war in Ukraine," *Focus on Ukraine*, Aug. 30, 2016. 논의: Veronika Melkozerova, "Two years too late, Lutsenko releases audio of Russian plan that Ukrainians already suspected," *Kyiv Post*, Aug. 27, 2016; Halya Coynash, "Odesa Smoking Gun Leads Directly to Moscow," *Human Rights in Ukraine*, Sept. 20, 2016; "The Glazyev Tapes," *European Council on Foreign Relations*, Nov. 1, 2016.

70 4월에 돌아온 기르킨과 보로다이: Czuperski et al., "Hiding in Plain Sight," 4, 20쪽. 기르킨과 보로다이의 입장: Dmitrii Sokolov-Mitrich and Vitalii Leibin, "Ostavit' Bogu mesto v istorii," *Russkii reporter*, March 4, 2015; "Profile of Russian Tycoon's Big New Christian TV Channel," *FT*, Oct. 16, 2015. 도네츠크 인민들의 주지사인 구바레프: Nikolai Mitrokhin, "Transnationale Provokation," *Osteuropa*, 5-6/2014, 158쪽; Mitrokhin, "Infiltration, Instruktion, Invasion," *Osteuropa* 8/2014, 3~16쪽; "Russian ultra-nationalists come to fight in Ukraine," *StopFake*, March 8, 2014; "After Neutrality Proves Untenable, a Ukrainian Oligarch Makes His Move," *NYT*, May 20, 2014. 구바레프의 말 인용: Paweł Pieniążek, *Pozdrowienia z Noworosji* (Warsaw: Krytyka Polityczna, 2015), 18쪽.

71 러시아의 봄: "Ukraine and Russia are both trapped by the war in Donbas," *The Economist*, May 25, 2017. 두긴의 말 인용: Alexander Dugin, "Horizons of our Revolution from Crimea to Lisbon," *Open Revolt*, March 7, 2014. 자캄스카야: "Blogery Ishchut Antisemitizm Na 'Rossii 24': 'Korichnevaia Chuma' Raspolzaetsia," *Medialeaks*, March 24, 2014. 모스크바의 네오나치: Alec Luhn, "Moscow Holds First May Day Parade Since Soviet Era," *TG*, May 1, 2014.

72 스키조파시즘은 철학자 제이슨 스탠리Jason Stanley가 "근간을 뒤흔드는 선전undermining propaganda"이라고 부르는 행위, 즉 어떤 개념을 활용해서 그것을 파괴하는 행위의 한 예다. 여기서는 반反파시즘을 활용해서 반파시즘을 파괴하고 있다. *How Propaganda Works* (Princeton: Princeton UP, 2016).

73 프로하노프: Alexander Prokhanov, "Odinnadtsatyi stalinskii udar. O nashem novom Dne Pobedy," *Izvestiia*, May 5, 2014; 두긴: "Towards Laocracy," July 28, 2014; 글라지예프: "Predotvratit' voinu—pobedit' v voine," Izborsk Club, Sept. 2014, article 3962. Pieniążek, *Pozdrowiena z Noworosji*, 167쪽도 보라.

74 Glazyev, "Predotvratit' voinu—pobedit' v voine."

75 Vladimir Putin, Address of the President of the Russian Federation, March 18, 2014.

76 라브로프: "Comment by Russian Ministry of Foreign Affairs," March 14, 2014. Damien McElroy, "Moscow uses death of protestor to argue for 'protection' of ethnic Russians in Ukraine," *Telegraph*, March 14, 2014도 보라.

77 미국의 백인 우월주의자들: Casey Michel, "Beyond Trump and Putin," *Diplomat*, Oct. 13, 2016. 러시아의 침공을 옹호하는 스펜서: "Russian State Propaganda Uses American Fascist to Blame Ukrainian Fascists for Violence," *Daily Surge*, June 5, 2014. 폴란드인들: Piątek, *Macierewicz i jego tajemnice*, 176, 180~81쪽.

78 인용 출처: Shekhovstov, *Russia and the Western Far Right*, 5장. 전반적인 논의로는 P. Krekó et al., "The Weaponization of Culture," *Political Capital Institute*, Aug. 4, 2016, 8, 14, 30~40, 59쪽; Alina Polyakova, "Putinism and the European Far Right," *Atlantic Council*, Nov. 19, 2015, 4쪽 등을 보라. 우크라이나 분쟁에 대한 극우파의 반응: Timothy Snyder, "The Battle in Ukraine Means Everything," *New Republic*, May 11, 2014. 부다페스트: Anton Shekhovtsov, "Far-right international conferences in 2014," *Searchlight*, Winter 2014. 오흐젠라이터: Van Herpen, *Putin's Propaganda Machine*, 73쪽.

79 전반적인 내용: Patrick Jackson, "Ukraine war pulls in foreign fighters," BBC, Sept. 1, 2014. 프랑스: Mathieu Molard and Paul Gogo, "Ukraine: Les docs qui montrent l'implication de l'extrême droite française dans la guerre," *Streetpress*, Aug. 29, 2016. 세르비아 민족주의자: "Serbia arrests suspect linked to Montenegro election plot: report," Reuters, Jan. 13, 2017. 스웨덴 나치: "Three Swedish men get jail for bomb attacks on asylum centers," Reuters, July 7, 2017; "Russia trains extremists who may wreak havoc in Europe—probe," UNIAN, July 24, 2017.

80 세계민족보수운동: Anton Shekhovtsov, "Slovak Far-Right Allies of Putin's Regime," *TI*, Feb. 8, 2016. "Europe's far right flocks to Russia: International conservative forum held in St. Petersburg," *Meduza*, March 24, 2015도 보라. 우솝스키: Yaroslav Shimov and Aleksy Dzikawicki, "E-Mail Hack Gives Glimpse into Russia's Influence Drive in Eastern Europe," *RFE/RL*, March 17, 2017; Andrew Higgins, "Foot Soldiers in a Shadowy Battle Between Russia and the West," *NYT*, May 28, 2017. 출처: "Za antiukrainskimi aktsiami v Pol'she stoit Kreml," InfoNapalm, Feb. 22, 2017, 33652.

81 Odehnal, *"Gipfeltreffen."* 이 싱크탱크는 카테혼Katehon이라는 이름인데, 2015년 12월부터 러시아어 웹 사이트를 통해 홍수같이 논문을 쏟아내기 시작했다.

82 미하일로 마르티넨코Mykhailo Martynenko(1992~)와 보흐단 솔차니크Bohdan Solchanyk(1985~2014), 그리고 혁명을 바라보는 학생들과 교사들의 시각에 관해서는 Marci Shore, *The Ukrainian Night: An Intimate History of Revolution* (New Haven: Yale UP, 2018)을 보라.

83 "RF traktuet proiskhodiashchee na Ukraine kak popytku gosperevorota, zaiavil press-sekretar' Prezidenta," PK, Feb. 19, 2014, 52312.

84 Anton Shekhovtsov, "Spectre of Ukrainian 'fascism': Information wars, political manipulation, and reality," *Euromaidan Press*, June 24, 2015.

85 Olga Rudenko, "Oleksandr Turchynov's Baptist faith may help defuse Ukrainian crisis," *WP*, Feb. 26, 2014; "Ukraine Turns to Its Oligarchs for Political Help," *NYT*, March 2, 2014; "Avakov appointed interior minister of Ukraine," *ArmenPress*, Feb. 22, 2014.

86 세르게이 글라지예프는 포로센코를 계속 "나치"라고 지칭했다. "Glazyev: Poroshenko—natsist, Ukraina—Frankenshtein," BBC, June 27, 2014.

87 Steven Pifer, "Ukraine's Parliamentary Election," Brookings Institute, Oct. 27, 2014.

88 공동 문명: Pavel Kanygin, "Aleksandr Borodai: 'Zakliuchat' mir na usloviiakh kapituliatsii my nikak ne gotovy,'" *NG*, Aug. 12, 2014. 시간 풍경에 관해서: Tatiana Zhurzenko, "Russia's never-ending war against 'fascism,'" *Eurozine*, Aug. 5, 2015.

89 Konstantin Skorkin, "Post-Soviet science fiction and the war in Ukraine," *Eurozine*, Feb. 22, 2016.

90 Federal Law of May 5, 2014, N. 128-Fr, "O vnesenii izmenenii v otdel'nye zakonodatel'nye akty Rossiiskoi Federatsii." 몰로토프-리벤트로프 조약을 옹호하는 푸틴: Vladimir Putin, "Meeting with young academics and history teachers," Nov. 5, 2014, Kremlin, 46951. 유죄 판결: Gleb Bugush and Ilya Nuzov, "Russia's Supreme Court Rewrites History of the Second World War," *EJIL Talk!* Oct. 28, 2016.

91 Issio Ehrich, "Absturz von MH17: Igor Strelkow — 'der Schütze,'" N-TV.de, July 24, 2014. 기르킨과 처형과 스탈린: Anna Shamanska, "Former Commander of Pro-Russian Separatists Says He Executed People Based on Stalin-Era Laws," *RFE/RL*, Jan. 29, 2016.

92 응징 작전: "Ukraine conflict: Turning up the TV heat," BBC, Aug. 11, 2014. 탱크: "Lies: Luhansk Gunmen to Wage War on Repaired T-34 Museum Tank," *StopFake*, May 13, 2014. "1942년": Separatist interview (B). "스탈린을 위해": "Russia's 200th Motorized Infantry Brigade in the Donbass," *Bellingcat*, Jan. 16, 2016. 크림반도의 병사들: Ekaterina Sergatskova, Artiom Chapai, Vladimir Maksakov, eds., *Voina na tri bukvy* (Kharkiv: Folio, 2015), 24. 탱크와 포로: Zhurzenko, "Russia's never-ending war."

93 지지율: "Praviteli v Otechestvennoi Istorii," Levada Center, March 1, 2016.

94 "V Kiyeve Pereimenovali Muzei Velikoi Otechestvennoi Voiny," ru.tsn.ua, July 16, 2015. 우크라이나는 실제로 서부 지역의 일부 민족주의자들이 소비에트 권력의 수립에 맞서 싸운 민족주의 빨치산들을 찬미하는 가운데 이 전쟁에 관해 또 다른 신화가 있었다. 하지만 2014년 전쟁은 우크라이나 동남부가 전장이었고, 그 지역 병사들이 주축이었다.

CHAPTER FIVE **진실인가 거짓인가**

1 소설: Natan Dubovitsky [Vladislav Surkov], "My ischeznem, kak tol'ko on otkroet glaza. Dolg obshchestva i vash, prezhde vsego—prodolzhat' snitsia emu," *Okolonolia*, Media Group LIVE,

Moscow 2009. Peter Pomerantsev, "The Hidden Author of Putinism," *The Atlantic*, Nov. 7, 2014; "Russia: A Postmodern Dictatorship," Institute of Modern Russia, 2013, 6쪽; 그리고 무엇보다 Pomerantsev, *Nothing Is True* 등도 보라.

2 ladislav Surkov, "Russkaia politicheskaia kul'tura. Vzgliad iz utopii," *Russkii Zhurnal*, June 15, 2007.

3 Maksim Trudoliubov and Nikolai Iepple, "Rossiiskoe obshchestvo ne vidit sebia," *Vedomosti*, July 2, 2015. 파블롭스키는 당대 러시아의 실천을 과거 소련 시대의 실천과 대비시키고 있었다. 스탈린 시대에 공개 재판에서 묘사된 음모들은 실제로 허구로 바뀌었고, 가장 극적인 몇몇 경우에는 반유대주의 음모 이론으로 변질되었다. Snyder, *Bloodlands*를 보라. *Proces z vedením protistátního spikleneckého centra v čele s Rodolfem Slánským* (Prague: Ministerstvo Spravedlnosti, 1953); Włodzimierz Rozenbaum, "The March Events," *Polin*, vol. 21, 2008, 62~93쪽; Dariusz Stola, "The Hate Campaign of March 1968," *Polin*, vol. 21, 2008, 16~36쪽 등도 보라. 볼린: Masha Gessen, "Diadia Volin," *RFE/RL*, Feb. 11, 2013. 90퍼센트: Levada Center, "Rossiiskii Media Landshaft," June 17, 2014. 예산: Peter Pomerantsev, "Unplugging Putin TV," *Foreign Affairs*, Feb. 18, 2015.

4 게스트 사례: Peter Pomerantsev and Michael Weiss, "The Menace of Unreality: How the Kremlin Weaponizes Information, Culture, and Money," Institute of Modern Russia, Nov. 22, 2014, 15쪽. 푸틴의 말 인용: Margarita Simonyan interview, RT, June 12, 2013. "객관적 보도 같은 건 존재하지 않는다": "Interv'iu/Margarita Simon'ian," *RNS*, March 15, 2017. Peter Pomerantsev, "Inside Putin's Information War," *Politico*, Jan. 4, 2015; Peter Pomerantsev, "Inside the Kremlin's hall of mirrors," *TG*, April 9, 2015 등도 보라. RT 예산: Gabrielle Tetrault-Farber, "Looking West, Russia Beefs Up Spending in Global Media Giants," *Moscow Times*, Sept. 23, 2014. "더 많은 질문"이라는 슬로건은 미국 홍보 기업이 만들어 준 것이다.

5 Pomerantsev, *Nothing Is True*, 73, 228쪽 참조.

6 인용: Peter Pomerantsev, "Inside Putin's Information War," *Politico*, Jan. 4, 2015.

7 기르킨과 보로다이: Sokolov-Mitrich and Leibin, "Ostavit' Bogu mesto v istorii"; "Profile of Russian Tycoon's Big New Christian TV Channel," *FT*, Oct. 16, 2015; Mitrokhin, "Transnationale Provokation," 158쪽과 "Infiltration," 3~16쪽; "Russian ultra-nationalists come to fight in Ukraine," *StopFake*, March 8, 2014; "After Neutrality Proves Untenable, a Ukrainian

Oligarch Makes His Move," *NYT*, May 20, 2014.

8 무력 위협: Kurczab-Redlich, *Wowa*, 671쪽. 군복: "Vladimir Putin answered journalists' questions on the situation in Ukraine, March 4, 2014," Kremlin, 20366. 병력을 보낸 시점: Thomas Gutschker, "Putins Schlachtplan," *FAZ*, July 9, 2014.

9 Clover, *Black Wind, White Snow*, 19쪽.

10 "외계인들"에 관해서: Miller et al., "An Invasion by Any Other Name," 10, 12, 27, 30, 45, 47 쪽; Bebler, "Crimea and the Russian-Ukrainian Conflict," 35~53쪽. 세르가츠코바: *Voina na tri bukvy*, 24쪽.

11 Simon Shuster, "Putin's Confessions on Crimea Expose Kremlin Media," *Time*, March 20, 2015. 이런 행동은 러시아가 돈바스에 개입할 때 다시 되풀이된다. Shaun Walker, "Putin admits Russian military presence in Ukraine for first time," *TG*, Dec. 17, 2015.

12 "Vladimir Putin answered journalists' questions on the situation in Ukraine, March 4, 2014," Kremlin, 20366.

13 침공 전에 군복 마크를 모두 떼어 낸 것은 러시아 병사들과 그 부모나 부인들이 마지막으로 나눈 대화에서 빈번하게 거론된 주제였다. 예를 들어 Elena Racheva, "'On sam vybral etu professiiu. Ia sama vybrala ego. Nado terpet'," *NG*, Aug. 30, 2014를 보라.

14 "Vladimir Putin answered journalists' questions on the situation in Ukraine, March 4, 2014," Kremlin, 20366.

15 Sherr, "A War of Perception." "노보로시야"에 관한 푸틴의 언급: "Direct Line with Vladimir Putin," April 17, 2014, Kremlin, 20796.

16 3월 3일 두긴이 "노보로시야"에 관해 한 말: Clover, *Black Wind, White Snow*, 13쪽.

17 Mitrokhin, "Infiltration."

18 병사의 말 인용: Pavel Kanygin, "Bes, Fiks, Roman i goluboglazyi," *NG*, April 17, 2014. 러시아 군인들의 주둔에 관해서는 Pieniążek, *Pozdrowienia z Noworosji*, 72, 93쪽을 보라. 2014년 4월 26일 기르킨이 한 동영상 인터뷰("Segodnia otkryl litso komanduiushchii otriadom samooborony Slavianska Igor' Strelkov," www.youtube.com/watch?v=8mGXDcO9ugw)와 Olha Musafirova, "Po leninskim mestam," *NG*, Oct. 2014; Iulia Polukhna, "Dolgaia doroga v Lugansk," *NG*, Oct. 21, 2014 등에 실린 주민들의 회고도 보라. 보로다이의 말 인용: Kanygin, "Aleksandr Borodai."

19 Czuperski et al., "Hiding in Plain Sight," 4~6쪽; Miller et al., "An Invasion by Any Other Name."

20 콜로모이스키에 관해서: Pieniążek, *Pozdrowienia z Noworosji*; "Ukraine's Catch 22 Over Its Oligarch Class," *Johnson's Russia List*, March 25, 2015. 하르키우에 휘날리는 러시아 국기: "Protestors raise Russian flag in two east Ukrainian cities," Reuters, March 1, 2014. 오데사 주청사 장악: Oksana Grytsenko, "Pro-Russia groups take over government buildings," *TG*, March 3, 2014; Charles King, "Forgetting Odessa," *Slate*, May 8, 2014; Mitrokhin, "Infiltration."

21 오데사: 2014년 5월 3일《우크라인스카프라우다Ukrains'ka pravda》러시아어판에 실린 예카테리나 세르가츠코바의 보도와《인사이더Insider》5월 5일에 아르툠 차파이Artiom Chapai가 쓴 설명이 *Voina na try bukvy*, 64~68, 77~84쪽에 재수록되어 있다. Natalia Zinets, "More than 40 killed in fire, clashes in Ukraine's Odessa," Reuters, May 2, 2014; Howard Amos and Harriet Salem, "Ukraine clashes," *TG*, May 2, 2014 등도 보라.

22 Prokhanov, "Odinnadtsatyi stalinskii udar."

23 보스토크에 관해서는 *Voina na tri bukvy*, 117쪽에 재수록된 예카테리나 세르가츠코바의 2014년 6월 2일자 보도를 보라. James Sherr, "A War of Perception," in Keir Giles et al., eds., *The Russian Challenge* (London: Chatham House, 2015); James Rupert, "Russia Allows—or Organizes—Chechen Fighters to Reinforce the Secessionist War in Ukraine," *New Atlanticist*, May 30, 2014 등도 보라. 기르킨의 말 인용: Sherr, "A War of Perception."

24 Maria Turchenkova, "Gruz 200," *Ekho Moskvy*, blog, June 4, 2014. 러시아 연방에서 온 지원병들의 동기에 관해서: Russian separatist interviews (K) and (L).

25 Elena Kostiuchenko, "'Vash muzh dobrovol'no poshel pod ostrel'," *NG*, June 17, 2014. 시리아에서 아들을 잃은 러시아 가족들도 비슷한 문제에 직면했다. Maria Tsvetkova, "Death certificate offers clues on Russian casualties in Syria," Reuters, Oct. 27, 2017.

26 *Voina na tri bukvy*, 117쪽; Serhyi Kudelia, "The Donbas Rift," *Russian Politics and Law*, vol. 54, no. 1, 2016, 20쪽. 호다콥스키의 말 인용: "Komandir batal'ona 'Vostok': Kiev schel, chto dlia nego region poterian," RIA.ru, June 4, 2014.

27 기르킨과의 인터뷰: Alexander Chalenko, *Politnavigator*, Dec. 1, 2014. Alexander Prokhanov, interview with Girkin, "Kto ty, Strelok?" *Zavtra*, Nov. 20, 2014; "Igor' Strelkov: Ia sebia s Zhukovym ne sravnivaiu, no, kak i on, shtabnoi raboty ne liubliu," politnavigator.net, Dec. 1, 2014 등도 보라. 전략적 입장에 관해서는 Michael Weiss, "All is not well in Novorossiya," *Foreign Policy*, July 12, 2014를 보라.

28 여론 조사: Kudelia, "Donbas Rift," 20쪽. 이데올로기적 견해도 표현한 이들까지 포함해서 분
리주의자들의 인터뷰에서는 자기방어가 하나의 주제였다: Separatist interviews (B) and (V).
이데올로기를 거론한 이들 역시 어린이와 폭탄에 관해서 이야기했다. 물론 예외도 있었다.
"Varyag: Moe mirovozzrenie sformirovali trudy Dugina," evrazia,org, Nov. 19, 2015를 보라.

29 Separatist interview (V).

30 "Vladimir Antiufeev—novyi glava gosbezopasnosti DNR," politikus,ru, July 10, 2014; Irene
Chalupa, "Needing Better Control in Ukraine War, Moscow Sends in an Old KGB Hand," *New
Atlanticist*, July 17, 2014.

31 인용문은 인터뷰에서 따온 것이다: Pavel Kanygin, "'Pridnestrovskii general' Vladimir
Antiufeev, stavshii liderom DNP: 'Slabaki! Ispugalis' sanktsii! Gde klad, tam i serdtse'," *NG*,
Aug. 15, 2014. 인터뷰의 영어 발췌로는 "Rebel Leader Blames Ukrainian War on Masons,"
Moscow Times, Aug. 15, 2014를 보라.

32 Kanygin, "'Pridnestrovskii general' Vladimir Antiufeev."

33 앞의 글.

34 Evgenii Zhukov, Facebook Post, July 11, 2014.

35 그레고리예프의 말 인용: "Rossiia obstrelivaet Ukrainu s svoei territorii," *Novoe Vremia*, July
23, 2014. 러시아의 포격: Sean Case, "Smoking GRADs: Evidence of 90 cross-border artillery
strikes from Russia to Ukraine in summer 2014," mapinvestigation,blogspot,com, July 16, 2015;
"Origin of Artillery Attacks on Ukrainian Military Positions in Eastern Ukraine Between 14 July
2014 and 8 Aug. 2014," *Bellingcat*, Feb. 17, 2015.

36 Elena Racheva, "Pogranichnoe sostoianie," *NG*, Aug. 11, 2014.

37 앞의 글.

38 Natalya Telegina, "Kak by voina. Reportazh s ukrainskoi granitsy," *Dozhd'*, Aug. 5, 2014. 기르
킨의 책임: Alekander Prokhanov, interview with Girkin, "Kto ty, Strelok?" *Zavtra*, Nov. 20,
2014.

39 십자가 처형 이야기: "Bezhenka iz Slavianska vspominaet, kak pri nei kaznili malen'kogo
syna i zhenu opolchentsa," PK, July 12, 2014, 37175. 십자가 처형 이야기에 관한 반응:
"Aleksey Volin o siuzhete "Pervogo kanala" pro raspiatogo mal'chika," www.youtube,com/
watch?v=7TVV5atZ0Qk, July 15, 2014.

40 두긴이 처음에 올린 글: www.facebook.com/alexandr.dugin/posts/811615568848485.

41 무기: Miller et al., "An Invasion by Any Other Name," 5~65쪽. NATO Allied Command Operations, "NATO Releases Imagery: Raises Questions on Russia's Role in Providing Tanks to Ukraine," June 14, 2014도 보라.

42 Michael Weiss and James Miller, "How We Know Russia Shot Down MH17," *DB*, July 17, 2015; Miller et al., "An Invasion by Any Other Name," 17~34쪽.

43 러시아 파견대: "Pre-MH17 Photograph of Buk 332 Discovered," *Bellingcat*, June 5, 2017; Wacław Radzinowicz, "Donbas, Syria, zestrzelony boeing," *GW*, May 31, 2017.

44 이 내용을 뒷받침하는 더 자세한 논의로는 Bellingcat Investigation Team, "MH-17," 3~16, 36~44쪽, 그 밖에 여러 쪽, www.bellingcat.com/tag/mh17/; Weiss and Miller, "How We Know" 등을 보라. 기르킨의 자랑: web.archive.org/web/2014071715222'/http://vk.com/strelkov_info. 호다콥스키와 다른 이들: Pieniążek, *Pozdrowienia z Noworosji*, 199, 210쪽; "Aleksandr Khodakovskii: Ia znal, chto 'Buk' shel iz Luganska," echo.msk.ru, July 12, 2014. 네덜란드 보고서에 관해서는 Landdelijk Parket, "Update in criminal investigation," *Openbaar Ministerie*, May 24, 2018을 보라.

45 혼동 운운하는 추르코프: Weiss and Miller, "How We Know." 2017년 당시 네덜란드 안전 위원회Dutch Safety Board는 러시아 고위 군장교로 보이는 두 남자에 관한 정보를 찾는 중이었다. "Russian Colonel General Identified as Key MH17 Figure," *Bellingcat*, Dec. 8, 2017. 허구적으로 재구성된 시나리오는 아래에서 논의된다.

46 "Istochnik: ukrainskie siloviki mogli pereputat' malaiziiskii 'Boing' s samoletom Putina," *NTV*, July 17, 2014, 1144376; "Minoborony: Riadom s 'boingom' letel ukrainskii shturmovik," life .ru, July 21, 2014, 137035; "Veroiatnoi tsel'iu sbivshikh malaiziiskii 'Boing' mog byt' samolet Prezidenta Rossii," PK, July 18, 2014, 37539; "Reports that Putin flew similar route as MH17," RT, July 17, 2014, 173672.

47 "Dispetchery vynudili Boeing snizitsia nezadolgo do krusheniia," *TVC*, July 18, 2014, 45179; "Neverov: Kolomoiskii mog otdavat' prikazy dispetcheram po Boeing," *TVC*, July 23, 2014, 45480; "Fizionomist: Ochevidno, chto Kolomoiskii znaet, kto sbil 'boing'," life.ru, Oct. 22, 2014, 3329.

48 "Dispetcher: riadom s Boeing byli zamecheny dva ukrainskikh istrebitelia," *Vesti*, July 17, 2014,

1807749. 세 번째 이야기: "V silovykh strukturakh Ukrainy est' versiia, chto Boeing sbili na ucheniiakh," ria.ru, July 7, 2014, 20140725. 네 번째 이야기: "Igor' Strelkov: chast' liudei iz Boinga umerli za neskol'ko sutok do katastrofy," Rusvesna.su, July 18, 2014.

49 Sergei Lavrov, interview, *Rossiiskaia Gazeta*, Aug. 26, 2014.

50 "Rassledovanie Katastrofy 'Boinga,'" Levada Center, July 27, 2015.

51 동영상은 다음 주소에서 볼 수 있다. "Bike Show—2014. Sevastopol," June 15, 2015, https://www.youtube.com/watch?v=8K3ApJ2MeP8.

52 물론 러시아인들은 독일 점령 시기에 순결하지 않았다. 그들은 다른 소비에트 시민들과 거의 똑같은 방식으로 독일인들에게 협조했다. 이에 관한 논의로는 Snyder, *Black Earth*를 보라.

53 프로하노프의 선언문: "Odinnadtsatyi stalinskii udar. O nashem novom Dne Pobedy," *Izvestiia*, May 5, 2014. 다른 곳에서 프로하노프는 유라시아를 "황금빛 여신들"의 고향이라고 말했다: "Zolotye bogini Evrazii," *Izvestiia*, June 2, 2014.

54 독일의 우크라이나 소비에트 사회주의 공화국 점령에 관해서는 Karel C. Berkhoff, *Harvest of Despair* (Cambridge, Mass.: Harvard UP, 2004)를 보라.

55 인용문과 전반적인 내용: "Glava fonda sverdlovskikh veteranov spetsnaza: 'Ia pomogaiu dobrovol'tsam otpravit'sia na Ukrainu,'" interview with Vladimir Efimov, Novosti E1.ru, Dec. 24, 2014. Miller et al., "An Invasion by Any Other Name," 64쪽도 보라. 이 시기에 관해 찾아볼 만한 자료로는 Aleksei Levinson, "Mentalnaia iama," *NG*, June 4, 2014; Levada Center, "Rossiiskii Media Landshaft," June 17, 2014; Ekaterna Vinokurova, "Ischezaiuschchaia federalizatsiia," *Znak*, Aug. 25, 2014 등이 있다.

56 참전 동기와 트럭: Elena Racheva, "Tyl," *NG*, Aug. 2014. 거리: Russian volunteer interview (K). 심장의 외침: Russian volunteer interview (L). 전 지구적 남색: Dmytro Fionik, "Pryhody Boha v Ukraini," in *Veni, vidi, scripsi: Istoriia nazhyvo* (Kyiv: Tempura, 2015), 73쪽. 지원병 모집에 관해서는 "Glava fonda sverdlovskikh veteranov spetsnaza"를 보라. 지원병들의 면면에 관한 더 자세한 설명으로는 Walker, *The Long Hangover*, 서론과 그 밖의 여러 쪽을 보라.

57 병력의 급증: Miller et al., "An Invasion by Any Other Name." 주둔지: Racheva, "Pogranichnoe sostoianie"; Racheva, "Tyl."

58 춤: Racheva, "Pogranichnoe sostoianie." 전사한 다게스탄 병사들: Ruslan Magomedov, "Gruz 200," *Chernovik*, Aug. 22, 2014.

59 투마노프: Elena Racheva, "Drugoi raboty-to net," *NG*, Sept. 2014. Parfitt, "Secret dead of Russia's undeclared war"; Konrad Schuller and Friedrich Schmidt, "Ein offenes Staatsgeheimnis," *FAZ*, Nov. 22, 2014 등도 보라. 제18차량화보병독립여단에 관해서는 "Sovet po pravam cheloveka peredal Dozhdiu kopiiu obrashcheniia v SK s imenami propavshykh soldat," *Dozhd'*, Sept. 2, 2014; Sergei Kanev, "Lapochka iz Kushchevki," *NG*, Sept. 9, 2014; Evgenii Titov, "Stavropol'skaia pravozashchitnitsa, rasskazavshaia o pogibshikh v Ukraine voennosluzhashchikh, arestovana i dostavlena v Piatigorsk," *NG*, Oct. 19, 2014; Courtney Weaver, "Café encounter exposes reality of Russian soldiers in Ukraine," *FT*, Oct. 22, 2014 등도 보라.

60 인용문: Parfitt, "Secret dead of Russia's undeclared war." 소셜 미디어: Racheva, "Drugoi raboty-to net."

61 Steven Rosenberg, "Ukraine Crisis: Forgotten Death of a Russian Soldier," BBC, Sept. 18, 2014 에서 재인용.

62 루파트: Kanev, "Lapochka iz Kushchevki."

63 세르게이: Ivan Zhilin, "On otdal svoiu zhizn', a ego privezli ot tak…" *NG*, Nov. 21, 2014. 프스코프의 장례식: Aleksei Ponomarev, "V Pskove proshli zakrytye pokhorony mestnykh desantnikov," *Slon*, Aug. 25, 2014. "K poslednemu moriu," *Pskovskaia Gubernaia*, Sept. 12–13, 2014; David M. Herszenhorn and Alexandra Odynova, "Soldiers' Graves Bear Witness to Russia's Role in Ukraine," *NYT*, Sept. 21, 2014 등도 보라. 137강하연대와 안드리아노프: Ivan Zhilin, "On otdal svoiu zhizn', a ego privezli ot tak…" *NG*, Nov. 21, 2014.

64 Elena Racheva, "Bilet v odin konets," *NG*, Sept. 8, 2014.

65 Herszenhorn and Odynova, "Soldiers' Graves Bear Witness."

66 "Russia's 200th Motorized Infantry Brigade in the Donbass: The Tell-Tale Tanks," *Bellingcat*, July 4, 2016.

67 트룬다예프와 200차량화여단: "Russia's 200th Motorized Infantry Brigade in the Donbass: The Hero of Russia," *Bellingcat*, June 21, 2016. 일로바이스크: "Russia's 6th Tank Brigade," *Bellingcat*, Sept. 22, 2015; Racheva, "Bilet v odin konets"; Miller et al., "An Invasion by Any Other Name," 7, 26~37쪽; "The Battle of Ilovaisk," *TI*, Sept. 15, 2014.

68 Piotr Andrusieczko, "Lotnisko w Doniecku—ukraiński Stalingrad," *GW*, Oct. 3, 2014; Sergei L.

Loiko, "Ukraine fighters, surrounded at wrecked airport, refuse to give up," *Los Angeles Times*, Oct. 28, 2014; Natalia Zinets and Maria Tsvetkova, "Ukraine's Poroshenko tells army not to give up Donetsk airport," Reuters, Dec. 5, 2014. "사이보그 집단": Miller et al., "An Invasion by Any Other Name," 8, 36쪽. 우크라이나 반란자 처형: Oleg Sukhov, "Russian fighter's confession of killing prisoners might become evidence of war crimes," *Kyiv Post*, April 6, 2015.

69 Il'ia Barabanov, "V pampasakh Donbassa," Kommersant.ru, Feb. 19, 2015. 담바예프가 시베리아에서 우크라이나까지 갔다가 돌아온 여정을 철저하게 확인한 내용으로는 Simon Ostrovsky, "Russia Denies That Its Soldiers Are in Ukraine, But We Tracked One There Using His Selfies," *Vice*, June 16, 2015를 보라. 200차량화여단에 관해서: "Russia's 200th Motorized Infantry Brigade in the Donbass," *Bellingcat*, Jan. 16, 2016.

70 Barabanov, "V pampasakh Donbassa." 선전에 대한 태도: Elena Kostiuchenko, "My vse znali, na chto idem i chto mozhet byt'," *NG*, Feb. 3, 2015.

71 바토문쿠예프: Kostiuchenko, "My vse znali."

72 Ruslan Leviev, "Three Graves: Russian Investigation Team Uncovers Spetsnaz Brigade in Ukraine," *Bellingcat*, May 22, 2015.

73 러시아 납세자에게 의존한다: Konrad Schuller, "Ohne Kohle in Kohlrevier," *FAZ*, Nov. 24, 2014. 모스크바에서 걸려 오는 전화: Anton Zverev, "Ex-rebel leaders detail role played by Putin aide in east Ukraine," Reuters, May 11, 2017. 모스크바의 지침: Jochen Bittner, Arndt Ginzel, and Alexej Hock, "Cheerful Propaganda and Hate on Command," *Die Zeit*, Sept. 30, 2016. 통계 수치: 우크라이나 정부는 전사한 군인 명단(이 글을 쓰는 시점에서 3000명 이하)과 살해된 민간인 추정치(8000명)를 제공한다. 자국의 전사자에 관한 러시아의 공식적인 정보는 전무하다. 러시아는 우크라이나에서 전쟁을 벌이고 있다는 사실을 부인하기 때문이다. 십중팔구 러시아와 우크라이나 양쪽의 사상자 수는 비슷할 것이다. 이에 관한 논의로는 올렉시 브라투시차크Oleksiy Bratushchak가 《우크라인스카프라우다》에 기고한 데이터 분석 내용을 축약한 "'Traceless regiment': Russian military losses in Donbas," Ukrainian Crisis Media Center, May 17, 2017을 보라. 우크라이나의 국내 피난민internally displaced people 공식 집계는 약 160만 명이지만 여기에는 그런 지위로 등록한 사람들만 포함되기 때문에 실제 숫자보다 적은 게 확실하다. "5 Unreported Facts About Displaced People in Ukraine," *Hromadske International*, May 18, 2017을 보라.

74 Andy Greenberg, "How an Entire Nation Became Russia's Test Lab for Cyberwar," *Wired*, June 20, 2017; Ellen Nakashima, "U.S. government officially accuses Russia of hacking campaign," *WP*, Oct. 7, 2016; Frenkel, "Meet Fancy Bear." Presidential hack: Patrikarakos, *War in 140 Characters*, 123쪽.

75 미국 기관들: "Bears in the Midst: Intrusion in the Democratic National Convention," *Crowdstrike*, June 15, 2016. 미 국무부: Ellen Nakashima, "New Details Emerge about Russian Hack," *WP*, April 3, 2017. 전력망의 맬웨어: Greenberg, "How an Entire Nation." 배넌: Philip Bump, "Everything you need to know about the Cambridge-Analytica-Facebook debacle," *WP*, Mar. 19, 2018; Erin Kelly, "Cambridge Analytical whistleblower," *USA Today*, Apr. 25, 2018; Ashley Gold, "Wylie to House Dems," *Politico*, Apr. 25, 2018. 더 많은 논의로는 6장을 보라.

76 우크라이나의 사이버전 대응 과정을 파악하려면 *StopFake*와 *Euromaidan Press*를 참고하라. 선발대: Shane, "Plot to Subvert."

77 푸틴의 말 인용: "Priamaia liniia s Vladimirom Putinym," Kremlin, April 17, 2014. 특수 부대: Kanygin, "Bes, Fiks, Roman i goluboglazyi." 라브로프: Maria Gorelova, "Lavrov: Soobshcheniia o vvode voisk RF na Ukrainu—chast' informatsionnoi voiny," *KP*, Aug. 23, 2016; "Lavrov nazval snimki vtorzheniia voisk RF v Ukrainu kadrami iz komp'iuternoi igry," NV.ua, Aug. 29, 2014.

78 Levada Center, press release, Dec. 11, 2014.

79 상트페테르부르크: Russian Ministry of Justice, Aug. 29, 2014, minjust.ru/ru/press/news/minyustom-rossii-vneseny-dopolneniya-v-reestr-nekommercheskih-organizaciy-1. 퍄티고르스크: Evgenii Titov, "Stavropol'skaia pravozashchitnitsa, rasskazavshaia o pogibshikh v Ukraine voennosluzhashchikh, arestovana i dostavlena v Piatigorsk," *NG*, Oct. 2014. Leviev, "Three Graves"; Rosenberg, "Ukraine crisis"; Miller et al., "Invasion by Any Other Name," 64쪽 등을 보라.

80 전략적 상대주의는 국제 관계는 절대적 이득이 아니라 상대적 이득의 문제라는 국제 관계 이론의 "현실주의적" 사고를 논리적으로 적용한 것이다. 어쨌든 다른 모든 이들보다 손해를 덜 보면 상대적으로 이득을 보는 셈이다. 여기서 깨달아야 하는 중요한 점은 스스로 "현실주의"임을 내세우는 국제 관계 이론들이 사실상 규범적일 수 있다는 것이다. 그 이론을 참으로 만들려면 국가들이 행동을 해야 하기 때문이다. 러시아가 네거티브섬 게임을 추구하는 것은 위

협받는 과두제의 협소한 관점에서는 타당하지만, 이 단어의 전통적인 의미에서 "현실주의" 는 아니다. 현실주의의 적용은 세계를 바꾸기 때문이다. 그런 의미에서 보면 국제 관계 이론 의 구성주의자들이 옳다. 국제 관계 이론에서 "현실주의"는 애초에 그 자체가 문학적 구성물 이었다. 이 "현실주의"는 카를 슈미트까지 거슬러 올라간다. 현재 매튜 스펙터Matthew Specter가 관련된 주제들을 탐구하고 있다.

81 인용문: "Ukraine chief rabbi accuses Russians of staging antisemitic 'provocations,'" Jewish Telegraphic Agency, March 3, 2014. 통계: "Only 5.5% of Ukrainian citizens consider themselves 'Russian,'" UNIAN, July 11, 2017.

82 라브로프: Lilia Shevtsova, "The Putin Doctrine," *The American Interest*, April 14, 2014; "Lavrov rasskazal, chto meshaet formirovaniiu novogo mirovogo poriadka," Ren.tv, 19쪽. 중국에 대한 현재의 평가로는 3장의 주석을 보라.

83 소중한 자원인 물에 관해서: Steven Solomon, *Water* (New York: HarperCollins, 2010).

84 "Kremlin Advisor Speaks at Yalta Conference Amid Separatists, European Far Right (August 25–31)," *TI*, Aug. 30, 2014; Robert Beckhusen, "As Russia Invades Ukraine, the Kremlin's Far Right Allies Meet in Yalta," *Medium*, Aug. 31, 2014.

85 가울란트: Melanie Amman and Pavel Lokshin, "German Populists Forge Ties with Russia," *Der Spiegel*, April 27, 2016. 독일 연방 하원: Swiss Federal Intelligence Service, Situation Report, 2015, 76쪽; Gerodimos et al., "Russia Is Attacking Western Liberal Democracies."

86 메르켈의 결정: Helena Smith and Mark Tran, "Germany says it could take 500,000 refugees a year," *TG*, Sept. 8, 2015. 난민과 독일대안당의 부상에 관해서는 Timothy Garton Ash, "It's the Kultur, Stupid," *NYR*, Dec. 7, 2017; Mark Leonard, "The Germany Crisis," *New Statesman*, March 5, 2016 등을 비교해 보라. 조화: Vladimir Putin, "70-ia sessiia General'noi Assamblei OON," *UN*, Sept. 28, 2015. 미국인들과 마찬가지로 독일인들 또한 대체로 우크라이나 전쟁 이 자신들과 직접적인 관련이 없다고 보았다. 두 나라 모두에서 이 전쟁은 이국적인 필터를 통해 걸러져 논의되었기 때문에 자국과의 관련성을 생각하기 어려웠다. 칼 슐뢰겔의 책《키 예프의 결정》은 러시아가 우크라이나에서 진실을 겨냥해 벌인 공격과 독일 자체의 허약한 제도와 관련된 경험 사이의 관계를 독일인들에게 설명하려는 시도였다. 동유럽에 관한 지식 이 있는 일부 독일 기자들도 중재를 시도했다: Alice Bota, "Angst vor Ukraines Patrioten," *Die Zeit*, Oct. 24, 2014.

87 러시아의 폭격에 관해서: "Russia air strikes 'strengthen IS,'" BBC, Oct. 2, 2015; Jonathan Marcus, "Syria crisis," BBC, Oct. 8, 2015; Tom Miles and Stephanie Nebehay, "U.N. rights boss warns Russia over Syria air strikes," Reuters, Oct. 4, 2016; Alec Luhn, "Russian media could almost be covering a different war in Syria," *TG*, Oct. 3, 2016; Wacław Radzinowicz, "Donbas, Syria, zestrzelony boeing," *GW*, May 31, 2017.

88 "Russia's Propaganda War Against Germany," *Der Spiegel*, Feb. 8, 2016. 스푸트니크와 전반적인 내용: Rutenberg, "How the Kremlin built."

89 채널원: "Avstriia vremenno priostanavlivaet deistvie Shengenskogo soglasheniia iz-za sluchaev nasiliia v Germanii," PK, Jan. 16, 2016, 300073. 경찰의 발표: Polizei Berlin, Facebook post, Jan. 18, 2016. 인용문 1과 2: "SMI FRG: iznasilovanie v Berline russkoi devochki zamiali, chtoby ne seat' paniku," *Vesti*, Jan. 18, 2016; Elena Chinkova, "Liza, my s toboy!" *KP*, Jan. 24, 2016. 그밖의 보도: Elena Minenkova, "Bednaia Liza..." rg-rb.de, Jan. 20, 2016, 17640; "Pervyi podozrevaemyi v seksual'nykh domogatel'stvakh vo vremia novogodnikh prazdnikov arestovan v Kol'ne," PK, Jan. 19, 2016, 3166.

90 Damien McGuinness, "Russia steps into Berlin 'rape' storm claiming German cover-up," BBC, Jan. 27, 2016. 리자 F.에 관한 라브로프의 말: "Vystuplenie i otvety na voprosy SMI Ministra inostrannykh del Rossii S.V.Lavrova," mid.ru, Jan. 26, 2016, 2032328.

91 국제앰네스티: "Syria: Russia's shameful failure to acknowledge civilian killings," Amnesty International, Dec. 23, 2015. '인권을 위한 의사회': "Russian Warplanes Strike Medical Facilities in Syria," Physicians for Human Rights, Oct. 7, 2015. Westcott, "NGO Says Russian Airstrikes Hit Three Syrian Medical Facilities in Two Days," *NW*, Oct. 7, 2015도 보라. 한편 러시아 해커들은 폭격에 관해 보도한 이들을 응징했다: "Pawn Storm APT Group Returns," *SC Magazine*, Oct. 23, 2015.

92 메르켈을 겨냥한 러시아의 사이버전: Sophie Eisentraut, "Russia Pulling Strings on Both Sides of the Atlantic," *The Cipher*, Sept. 22, 2017. 인용문: "Wir werden Frau Merkel jagen," *Der Spiegel*, Sept. 24, 2017.

93 도날트 투스크의 입장에 관해서는 "Statement by President Tusk on Maidan Square," *EC-CEU*, April 27, 2015를 보라. 알렉산드라 코발료바Alexandra Kovaleva의 편지: "Letter on 'Euromaydan,'" Maidan Translations, Feb. 21, 2014.

94 Rosalia Romaniec, "Curious wiretapping affair rocks Polish government," Deutsche Welle, June 23, 2014; Michael E. Miller, "Secret Recordings," *WP*, June 11, 2015. "Czy Rosja maczała palce w aferze taśmowej?" *Newsweek Polska*, Sept. 6, 2018; Christian Davies, "Russia linked to 2014 wiretapping scandal in Poland," *TG*, Sept. 12, 2018.

95 전반적인 내용으로는 Hannah Arendt, *The Origins of Totalitarianism* (New York: Harcourt, Brace, 1951)([국역] 해나 아렌트 지음, 박미애·이진우 옮김, 《전체주의의 기원》 1·2, 한길사, 2006)을 보라. 당시에 등장한 가장 훌륭한 해설로는 Marcin Król, "Diabeł ma nas w swych objęciach," *GW*, June 27, 2014를 보라.

96 마체레비치를 국방장관으로 임명하지 않겠다는 약속: Agata Kondzińska, "Na kłopoty z Macierewiczem—generał Gowin," *GW*, Oct. 9, 2015.

97 이 문제들은 Piątek, *Macierewicz i jego Tajemnice*에서 다루는 주제다. Wojciech Czuchnowski, "Nocny atak Macierewicza na Centrum Kontrwywiadu NATO," *GW*, Dec. 18, 2015; Julian Borger, "Polish military police raid Nato centre in Warsaw," *TG*, Dec. 18, 2015 등도 보라.

98 마체레비치 이전에 카틴 학살 기념 상황, 그리고 스몰렌스크 참사의 성격 규정(132~53쪽)에 관해서는 Alexander Etkind et al., *Remembering Katyn* (Cambridge, UK: Polity, 2012)를 보라.

99 폴란드 정부 전문가들이 확인한 블랙박스 인용문: "'Zmieścisz się śmiało.' Generał Błasik prowadził tupolewa na lotnisko w Smoleńsku," dziennik.pl, April 7, 2015, 4877256. 영어로 된 몇몇 중요한 내용은 "Poland publishes plane crash transcript," BBC, June 10, 2010에 들어 있다. 폴란드의 공식 보고서: "Raport Koncowy z. Badania zdarzenia lotniczego nr 192/2010/11 samolotu Tu-154M nr 101 zaistnialego dnia 10 kwietnia 2010 w rejonie lotniska Smolensk Poloczny," Warsaw, Poland, July 29, 2011. 폴란드와 러시아의 공식 보고서는 러시아 관제사들의 행동에 대한 설명에는 차이가 있지만 본질적인 부분에는 차이가 없다. 폴란드의 한 조종사가 정리한 소중한 요약으로는 Jerzy Grzędzielski, "Prawda o katastrofie smoleńskiej"를 보라.

100 마체레비치의 《백서》 출간: Zespół Parlamentarny ds. Badania Przyczyn Katastrofy TU-154 M z 10 kwietnia 2010 roku, "Raport Smolenski: Stan badań, Wydanie II" (Warsaw: Poland, May 2013), 76쪽.

101 "Monthly Warsaw march," Radio Poland, Nov. 10, 2017, 329891.

102 Piątek, *Macierewicz i jego Tajemnice*; Schuller, "Die Moskau-Reise."

103 Schuller, "Die Moskau-Reise." 말로페예프에 관해서는 3장을 보라.

104 Aubrey McFate, "Poland's defense ministry met with Dana Rohrabacher," *Daily Kos*, Aug. 18, 2017; Adam Entous, "House majority leader to colleagues in 2016: 'I think Putin pays' Trump," *WP*, May 17, 2017; Nicholas Fandos, "He's a Member of Congress. The Kremlin Likes Him So Much It Gave Him a Code Name," *NYT*, Nov. 21, 2017.

105 "OSCE urges Poland's restraint with investigative reporter," AP, Aug. 4 , 2017.

106 Pomerantsev, *Nothing Is True*, 227쪽.

107 3장의 논의를 보라.

108 Ron Paul, "The Ukraine Fuse Has Been Lit," *Money and Markets* podcast, May 16, 2014.

109 글라지예프에 관해서는 3, 4, 5장을 보라. 라로슈가 발표한 글라지예프의 글: "On Eurofascism," *Executive Intelligence Review*, June 27, 2014. 파시즘과 우크라이나에 책임이 있는 유대인에 관해: "British Imperial Project in Ukraine: Violent Coup, Fascist Axioms, Neo-Nazis," *Executive Intelligence Review*, May 16, 2014. 라로슈가 발표한 글이나 책에서 "영국인"은 "유대인"을 가리킨다. *Executive Intelligence Review*, Jan. 3, 2014, May 2014에서 우크라이나에 관해 라로슈가 한 말도 보라.

110 Stephen F. Cohen, "The Silence of American Hawks About Kiev's Atrocities," *The Nation*, June 30, 2014.

111 코언의 성격 규정: "Silence of American Hawks." 우크라이나 총리의 애도 성명: "Arsenyi Iatseniuk vyrazyl soboleznovannia," June 14, 2014, www.kmu.gov.ua. RT를 겨냥한 소송: Jasper Jackson, "RT sanctioned by Ofcom over series of misleading and biased articles," *TG*, Sept. 21, 2015. Pomerantsev and Weiss, "The Menace of Unreality," 32쪽도 보라.

112 인용문: *Democracy Now!*, July 18, 2014. 사건 자체와 러시아의 물 타기 작전에 관한 논의로는 4장을 보라.

113 스펜서와 르펜에 관한 앞의 인용문들. 러시아를 시작으로 중개인들을 거쳐 대중에게까지 퍼진 전반적인 양상에 관해서는 Shekhovtsov, *Russia and the Western Far Right*, 5장도 보라. 2014년부터 2017까지《더네이션》에 실린 글들은 걸핏하면 이 용어를 사용했다. 두 시대의 비교를 냉정하게 분석한 글로는 Nikolay Koposov, "Back to Yalta? Stephen Cohen and the Ukrainian crisis," *Eurozine*, Sept. 5, 2014을 보라.

114 인용문: *Democracy Now!*, July 24, 2014. 정치 기술자들: Mitrokhin, "Infiltration." 안튜페예프에 관해서는 앞에서 논의했다.

115 포격에 관한 러시아 언론의 보도: 인용문은 "Rossiia obstrelivaet Ukrainu s svoei territorii," *Novoe Vremia*, July 23, 2014. 이 기사는 같은 날 영어로 번역되었다: "Direct Translation: Russian Army Gunner Brags, 'All Night We Pounded Ukraine,'" *New Atlanticist*, July 23, 2014.

116 John Pilger, "In Ukraine, the US is dragging us towards war with Russia," *TG*, May 13, 2014. 당시 진행된 사태에 관한 설명은 앞에 나온다. TV 인터뷰의 영어 요약판: "Jews brought Holocaust on themselves, Russian TV host says," Jewish News Service, March 24, 2014.

117 Walker, *The Long Hangover*, 11장.

118 인용문: Seumas Milne, "In Ukraine, fascists, oligarchs and western expansion are at the heart of the crisis," *TG*, Jan. 29, 2014; Seumas Milne, "It's not Russia that's Pushed Ukraine to the Brink of War," *TG*, April 30, 2014. "Projecting the Kremlin line," *Left Foot Forward*, March 15, 2015 도 보라.

119 Stephen Bush, "Jeremy Corbyn appoints Seumas Milne as head of strategy and communications," *New Statesman*, Oct. 20, 2015; Laura Kuenssberg, "Corbyn office 'sabotaged' EU Remain campaign—sources," BBC, June 26, 2016. 러시아와 브렉시트에 관해서는 3장의 논의를 보라.

120 트럼프의 말 인용: Melissa Chan, "Donald Trump Says Vladimir Putin Won't 'Go Into Ukraine,'" *Time*, July 31, 2016. 매너포트와 야당 블록: Kenneth P. Vogel, "Manafort's Man in Kiev," *Politico*, Aug. 18, 2016; Peter Stone and Greg Gordon, "Manafort flight records show deeper Kremlin ties," *McClatchy*, Nov. 27, 2017.

CHAPTER SIX 평등인가 과두제인가

1 여기서 인용하는 내용과 자료의 대부분이 Timothy Snyder, "Trump's Putin Fantasy," *NYR*, April 19, 2016에 들어 있다. 다음의 글들도 보라. 두긴: "In Trump We Trust," Katekhon Think Tank video, posted March 4, 2016; 리코프: Shane, "Plot to Subvert." 코지레프: "Donald Trump's Weird World," *NYT*, Oct. 12, 2016. "우리 대통령": Ryan Lizza, "A Russian Journalist Explains How the Kremlin Instructed Him to Cover the 2016 Election," *NY*, Nov. 22, 2017.

2 인용문: Lizza, "Russian Journalist." 스푸트니크: Craig Timberg, "Russian propaganda effort helped spread 'fake news' during election, experts say," *WP*, Nov. 24, 2016; "Hillary Clinton's

Axis of Evil," *Sputnik*, Oct. 11, 2016. 9월 8일 RT에 출연한 트럼프: Adam Taylor and Paul Farhi, "A Trump interview may be crowning glory for RT," *WP*, Sept. 9, 2016.

3 성원: "Donald Trump has been Made an Honorary Russian Cossack," *The Independent*, Nov. 12, 2016. 키셀료프와 내시, 두 팔, 현관, 가정주부: *Vesti Nedeli*, Rossiia Odin, Nov. 13, 2016; Nov. 20, 2016; Dec. 25, 2016; Jan. 22, 2017. 키셀료프의 천박한 발언을 그대로 옮기지는 않았다.

4 배경 설명: Craig Unger, "Trump's Russian Laundromat," *New Republic*, July 13, 2017; Franklin Foer, "Putin's Puppet," *Slate*, July 4, 2016.

5 트럼프의 재정 상황에 관해서는 아래에서 논의할 것이다. 인용문: Donald Trump, Tweet, Jan. 6, 2018.

6 Unger, "Trump's Russian Laundromat;" Luke Harding, "The Hidden History of Trump's First Mission to Moskow," *Politico*, Nov. 19, 2017.

7 Harding, *Collusion*, 272쪽. 드미트리 리볼로프레프: Franklin Foer, "Donald Trump Isn't a Manchurian Candidate," *Slate*, July 27, 2016; Philip Ewing, "Subpoena for Deutsche Bank May Put Mueller on Collision Course with Trump," NPR, Dec. 5, 2017. 은행 채무: "Trump Bankers Question His Portrayal of Financial Comeback," *Fortune*, July 17, 2016; Keri Geiger, Greg Farrell, and Sarah Mulholland, "Trump May Have a $300 Million Conflict of Interest with Deutsche Bank," *Bloomberg*, Dec. 22, 2016. 5,500만 달러: Luke Harding, *Collusion* (London: Guàrdian Books, 2017), 13, 283쪽. 도이체방크의 돈세탁: Ed Caesar, "Deutsche Bank's $10-billion scandal," *New Yorker*, Aug. 29, 2016.

8 Unger, "Trump's Russian Laundromat"; Matt Apuzzo and Maggie Haberman, "Trump Associate Boasted," *NYT*, Aug. 28, 2017; Natasha Bertrand, "The Trump Organization," *BI*, Nov. 23, 2017.

9 모스크바 트럼프타워: Gloria Borger and Marshall Cohen, "Document details scrapped deal," CNN, Sept. 9, 2017. 트윗: Oct. 17, 2015. 선물: Anthony Cournier and Jason Leopold, "The Trump Organization," *BuzzFeed*, Nov. 29, 2018.

10 "우리 친구": Apuzzo and Haberman, "Trump Associate Boasted." 70퍼센트: Natasha Bertrand, "The Trump Organization," *BI*, Nov. 23, 2017.

11 RT와 '출생 논쟁': Scherr, "Russian TV Channel."

12 Jon Swaine and Shaun Walker, "Trump in Moscow," *TG*, Sept. 18, 2017. 뮤직비디오: Allan Smith, "Trump once made a cameo," *BI*, July 10, 2017; Mandalist Del Barco, "Meet Emin Agalarov," NPR, July 14, 2017.

13 V. V. Doroshenko et al., eds., *Istoriia sovetskikh organov gosudarstvennoi bezopasnosti: Uchebnik* (Moscow: KGB, 1977), 특히 206~7쪽; Christopher Andrew and Oleg Gordievsky, *KGB* (London: Hodder & Stoughton, 1990), 67~78쪽; John Dziak, *Chekisty* (Lexington: Lexington Books, 1988), 특히 49쪽; Władysław Michniewicz, *Wielki Bleff Sowiecki* (Chicago: Wici: 1991); [Jerzy Niezbrzycki], "'Trest,'" *VO*, vol. 7, no. 1, 1950, 119~33쪽; Timothy Snyder, *Sketches from a Secret War* (New Haven: Yale UP, 2005); Iuri Shapoval, Volodymyr Prystaiko, Vadym Zolotar'ov, *Ch.K.—H.P.U.—NKVD v Ukraini* (Kyiv: Abrys, 1997); Piotr Kołakowski, *NKWD i GRU na ziemiach polskich 1939-1945* (Warsaw: Bellona, 2002); Rafał Wnuk, "Za pierwszego Sowieta" (Warsaw: IPN, 2007).

14 이와 비슷한 고찰로는 Pomerantsev, *Nothing Is True*, 199, 213쪽을 보라. 화면 앞에서 보내는 시간: Jacqueline Howard, "Americans devote more than 10 hours a day to screen time, and growing," CNN, July 29, 2016.

15 내내 잠만 잤다: Vladimir Nikonov on the program *Voskresnyi vecher s Solov'evym*, Rossiia-24, Sept. 10, 2017; discussion in Zachary Cohen, "Russian politician: US spies slept while Russia elected Trump," CNN, Sept. 12, 2017. 전쟁에 대한 전반적인 태도는 수세적이었다: Nikita Mironov, interview with Alexander Dugin, *Open Revolt*, March 20, 2014; Vladimir Ovchinskii and Elena Larina, "Kholodnaia voina 2.0," Izborsk Club, Nov. 11, 2014. 사전 공격 목표: Matthews, "Russia's Greatest Weapon May Be Its Hackers"; "Seven Years of Malware Linked to Russian State-Backed Cyber Espionage," *Ars Technica*, Sept. 17, 2015; Frenkel, "Meet Fancy Bear"; Gerodimos et al., "Russia Is Attacking Western Liberal Democracies."

16 2013년: Jochen Bittner et al., "Putins großer Plan," *Die Zeit*, Nov. 20, 2014. 이즈보르스크클럽: Vitaly Averianov, "Novaia staraia kholodnaia voina," Izborsk Club, 23 Dec. 2014, article 4409. 인용문: Rutenberg, "How the Kremlin built." Donna Brazile, *Hacks* (New York: Hachette), 67쪽도 보라.

17 이 작전들에 관해서는 3, 4, 5장에서 논의했다. 에스토니아에 관한 더 자세한 설명으로는 "Estonia and Russia: A cyber-riot," *The Economist*, May 10, 2007; Kertu Ruus, "Cyber War I,"

European Affairs, vol. 9, nos. 1-2, 2008 등을 보라.

18 T50: Kanygin, "Bes, Fiks, Romani i goluboglazyi." 적기: Separatist interview (V). 보로다이: "Eks-prem'er DNR posovetoval Obame 'zabrat'sia na pal'mu,'" TopNews.ru, Aug. 21, 2014. 안튜폐예프의 말 인용: Kanygin, "'Pridnestrovskii general Vladimir Antiufeev." 미국 영토에서: Shane, "Plot to Subvert." 글라지예프의 말 인용: "Predotvratit' voinu—pobedit' v voine," Izborsk Club, Sept. 2014, article 3962. 2014년 12월 이즈보르스크클럽의 말 인용: Averianov, "Novaia staraia kholodnaia voina."

19 "Fabrika trollei," RBK, Oct. 17, 2017이 원래 보고서다. Shaun Walker, "Russian troll factory paid US activists," *TG*, Oct. 17, 2017도 보라. Mark Mazzetti and Katie Benner, "12 Russian agents indicted," *NYT*, July 13, 2018.

20 크루츠키흐: Scott Shane, "The Fake Americans Russia Created," *NYT*, Sept. 7, 2017. 복수: Massimo Calabresi, "Hacking Democracy," *Time*, May 29, 2017, 32쪽. 채널원: Oct. 9, 2016, 31169. 푸틴: Andrew Higgins, "Maybe Private Russian Hackers Meddled in Election, Putin Says," *NYT*, June 1, 2017; Eugene Scott, "Trump dismissed the idea that Putin wanted him to win," *WP*, Jul. 16, 2018.

21 아마 미국에서 걱정할 이유가 가장 많은 사람이었을 힐러리 클린턴은 이런 식의 공격을 예상하지 못했다(*What Happened*, 333쪽). Donna Brazile, *Hacks*, 135쪽도 보라.

22 Elizabeth Dwoskin, Adam Entous, and Craig Timberg, "Google uncovers Russian-bought ads," *NYT*, Oct. 9, 2017; Mike Isaac and Daisuke Wakabayashi, "Russian Influence Reached 126 Million Through Facebook Alone," *NYT*, Oct. 30, 2017. 그밖에 아래에서 인용하는 자료들. 페이스북의 평가에 관해서는 Jen Weedon, William Nuland, and Alex Stamos, "Information Operations and Facebook," April 27, 2017을 보라.

23 580만: Craig Timberg and Elizabeth Dowskin, "Facebook takes down data," *WP*, Oct. 12, 2017; Graham Kates, "Facebook Deleted 5.8 million accounts just before the 2016 election," CBS, Oct. 31, 2017. 인터넷 리서치 에이전시가 개설한 470개 페이지: Jon Swaine and Luke Harding, "Russia funded Facebook and Twitter investments through Kushner investor," *TG*, Nov. 5, 2017. 1억 2,600만 명: Shane, "Plot to Subvert." 580만 개: Kathleen Hall Jamieson, *Cyberwar*, New York: Oxford University Press, 2018. 일러두기 없는 광고: April Glaser, "Political ads on Facebook Now Need to Say Who Paid for Them," *Slate*, Dec. 18 2017. 공유 추정치: Craig

Timberg, "Russian propaganda," *WP*, Oct. 5, 2017. 이벤트 페이지: David McCabe, "Russian Facebook Campaign Included 100+ Event Pages," *Axios*, Jan. 26, 2018. 광고 3,000개: Mike Snider, "See the fake Facebook ads Russians ran," *USA Today*, Nov. 1, 2017; Scott Shane, "These Are the Ads Russia Bought on Facebook in 2016," *NYT*, Nov. 1, 2017. http://medium.com/@ushadrons에서 어스헤드론스UsHadrons가 집계한 수치도 보라. 6,000만 개: Nicholas Confessore et al., "Buying Online Influencers," *NYT*, Jan. 28, 2018.

24 광고에 관해서는 앞의 주석을 보라. 민주당 하원선거위원회: Jamieson, *Cyberwar*, 139쪽. 정보 수용성: Calabresi, "Hacking Democracy." Adam Entous, Craig Timberg, and Elizabeth Dwoskin, "Russian operatives used Facebook ads," *WP*, Sept. 25, 2017; Nicholas Confessore and Daisuke Wkabayashi, "How Russia Harvested American Rage," *NYT*, Oct. 9, 2017 등도 보라. 총기 사례: Rebecca Shabad, "Russian Facebook ad showed black woman," CBS, Oct. 3, 2017. 무슬림 사례: "Russian Propaganda Pushed Pro-Hillary Rally," *DB*, Sept. 27, 2017; "Russians Impersonated Real American Muslims," *DB*, Sept. 27, 2017. 흥미롭게도 이 사이트는 블라디슬라프 수르코프가 가장 좋아하는 래퍼인 투팍 샤커Tupac Shakur의 말을 인용했다. 미시간과 위스콘신: Manu Rajy, Dylan Byers, and Dana Bash, "Russian-linked Facebook ads targeted Michigan and Wisconsin," CNN, Oct. 4, 2017. 난민과 강간범: Ben Popken, "Russian trolls pushed graphic, racist tweets to American voters," NBC, Nov. 30, 2017. 트럼프: 2015년 6월 15일 후보 출마 발표.

25 10퍼센트: Onur Varol et al., "Online Human-Bot Interactions: Detection, Estimation, and Characterization," Proceedings of the Eleventh International AAAI Conference on Web and Social Media, March 27, 2017은 전체 계정의 9~15퍼센트라고 추산한다. 봇 5만 개와 트럼프의 말 리트윗: Jamieson, *Cyberwar*, 70쪽. 20퍼센트와 인용문: Alessandro Bessit and Emilio Ferrara, "Social bots distort the 2016 U.S. Presidential election online discussion," *First Monday*, vol. 21, no. 11, Nov. 7, 2016. 봇이 인간만큼이나 능동적이라는 추정: Marco T. Bastos and Dan Mercea, "The Brexit Botnet and User-Generated Hyperpartisan News," *Social Science Computer Review*, 2017, 4쪽. 3,814개: Shane, "Plot to Subvert." 300만 개: Oliver Roeder, "Why We're Sharing 3 Million Russian Troll Tweets," *FiveThirtyEight*, Jul. 21, 2018. 트위터가 나중에 집계한 내용: Confessore, "Buying Online Influencers."

26 트위터와 문자 투표: Twitter, "Update: Russian Interference in 2016 US Election, Bots, &

Misinformation," Sept. 28, 2017. 노스캐롤라이나: Nicole Perlroth et al., "Russian Election Hacking Efforts," *NYT*, Sept. 1, 2017. 선거관리위원회: "Assessing Russian Activities and Intentions in Recent U.S. Elections," Intelligence Community Assessment, Jan. 6, 2017, iii쪽.

27 전당 대회와 토론: Ben Popken, "Russian trolls went on attack during key election moments," NBC, Dec. 20, 2017. 경합 주들: "Study: Fake News on Twitter Flooded Swing States," *DB*, Sept. 29, 2017. 브렉시트에서 활동한 봇들: Carrell, "Russian cyber-activists." 하나의 추세를 형성한 똑같은 봇 1,600개: Selina Wang, "Twitter Is Crawling with Bots," *Bloomberg*, Oct. 13, 2017.

28 아래의 인용들을 보라. 전자 우편 해킹: M. D. Shear and M. Rosenberg, "Released Emails Suggest the D.N.C. Derided the Sanders Campaign," *NYT*, July 22, 2016; Jenna McLaughlin, Robbie Gramer, and Jana Winter, "Private Email of Top U.S. Russia Intelligence Official Hacked," *Time*, July 17, 2017.

29 러시아의 해킹: Thomas Rid, U.S. Senate testimony, March 30, 2017; Frenkel, "Meet Fancy Bear." 예르마코프: Shane, "Plot to Subvert." 전당 대회 분위기: Clinton, *What Happened*, 341 쪽; Brazile, *Hacks*, 8, 9, 15쪽.

30 미국의 평가: NCCIC and FBI Joint Analysis Report, "Grizzly Steppe: Russian Malicious Cyber Activity," Dec. 29, 2016; "Assessing Russian Activities and Intentions in Recent U.S. Elections," Intelligence Community Assessment, Jan. 6, 2017. U.S. Department of the Treasury, "Issuance of Amended Executive Order 13694: Cyber-Related Sanctions Designations," Dec. 29, 2016도 보라. 트럼프 주니어와 아버지 트럼프의 관여: Jack Shafer, "Week 26," *Politico*, Nov. 18, 2017. 인용문: Marshall Cohen, "What we know about Trump Jr.'s exchanges with WikiLeaks," CNN, Nov. 14, 2017. 트럼프의 트윗: Jamieson, *Cyberwar*, 151쪽. 트럼프의 부인: Kurt Eichenwald, "Why Vladimir Putin's Russia Is Backing Donald Trump," *NW*, Nov. 4, 2016.

31 포데스타로 유도하다: "Russia Twitter trolls rushed to deflect Trump bad news," AP, Nov. 9, 2017. 30분: Adam Entous and Ellen Nakashima, "Obama's secret struggle to punish Russia," *WP*, June 23, 2017. 코언: David A. Graham, "What Michael Cohen's guilty plea means for Trump," *The Atlantic*, Aug. 21, 2018. 3분의 1: Jamieson, *Cyberwar*, 151쪽.

32 Brazile, *Hacks*, 25, 43, 85쪽을 보라.

33 푸틴의 말 인용: Frenkel, "Meet Fancy Bear." 미국 정보기관에 따르면, 러시아는 공화당 정치

인들에 관한 자료를 빼냈지만 써먹지는 않았다. "Assessing Russian Activities and Intentions in Recent U.S. Elections," Intelligence Community Assessment, Jan. 6, 2017, 3쪽.

34 급여를 받지 않음: Philip Bump, "Paul Manafort: An FAQ about Trump's indicted former campaign chairman," *WP*, Oct. 30, 2017. Kate Brannen, "A Timeline of Paul Manafort's Relationship with Donald Trump," *Slate*, Oct. 30, 2017도 보라.

35 지불 금액: Aggelos Petropolous and Richard Engel, "Manafort Had $60 Million Relationship With a Russian Oligarch," NBC, Oct. 15, 2017. 데리파스카는 이 돈을 지불한 사실을 부인하고 있다. 브리핑: Julia Ioffe and Frank Foer, "Did Manafort Use Trump to Curry Favor with a Putin Ally?" *The Atlantic*, Oct. 2, 2017. Andrew Roth, "Manafort's Russia connection: What you need to know about Oleg Deripaska," *WP*, Sept. 24, 2017도 보라. 변호사: Rebecca Ruiz and Sharon LaFrontiere, "Role of Trump's Personal Lawyer Blurs Public and Private Lines," *NYT*, June 11, 2017.

36 이 사건들에 관해서는 4장에서 논의했다. Foer, "Quiet American"; Simon Shuster, "How Paul Manafort Helped Elect Russia's Man in Ukraine," *Time*, Oct. 31, 2017; 그리고 특히 Franklin Foer, "The Plot Against America," *The Atlantic*, March 2018 등을 보라.

37 침공하지 않을 것이다: Eric Bradner and David Wright, "Trump says Putin is 'not going to go into Ukraine,' despite Crimea," CNN, Aug. 1, 2016. 1270만 달러: Andrew E. Kramer, Mike McIntire, and Barry Meier, "Secret Ledger in Ukraine Lists Cash for Donald Trump's Campaign Chief," *NYT*, Aug. 14, 2016. 터키 이야기: Andrew Weisburd and Clint Watts, "How Russia Dominates Your Twitter Feed," *DB*, Aug. 6, 2016; Linda Qiu, "Trump campaign chair misquotes Russian media in bogus claim about NATO base terrorist attack," *Politifact*, Aug. 16, 2016. 유죄 선고: Spencer S. Hsu and Devlin Barrett, "Manafort will cooperate with Mueller," *WP*, Sept. 14, 2018.

38 주류: Sarah Posner, "How Donald Trump's New Campaign Chief Created an Online Haven for White Nationalists," *Mother Jones*, Aug. 22, 2016. 백인 우월주의자들이 트럼프에 열광한 수많은 사례에 관해서는 Richard Cohen, "Welcome to Donald Trump's America," SPLC Report, Summer 2017; Ryan Lenz et al., "100 Days in Trump's America," Southern Poverty Law Center, 2017 등을 보라. 하임바크 재판: "Will Trump have to testify on rally attacks?" *DB*, April 19, 2017. 하임바크의 말 인용: Michel, "Beyond Trump and Putin". Heather Digby Parton, "Trump, the alt-right and the Kremlin," *Salon*, Aug. 17, 2017도 보라. 배넌, 데이비드 보시, 시티즌유나 이티드: Michael Wolff, "Ringside with Steve Bannon at Trump Tower as the President-Elect's Strategist Plots 'An Entirely New Political Movement,'" *Hollywood Reporter*, Nov. 18, 2016. 배넌과 머서 부녀: Matthew Kelly, Kate Goldstein, and Nicholas Confessore, "Robert Mercer, Bannon Patron, Is Leaving Helm of $50 Billion Hedge Fund," *NYT*, Nov. 2, 2017.

39 Philip Bump, "Everything you need to know about the Cambridge-Analytica-Facebook debacle," *WP*, Mar. 19, 2018; Gold, "Wylie to House Dems"; Brennan Weiss, "New Details Emerge," *BI*, Mar. 24, 2018; Janet Burns, "Whistleblower: Bannon sought to suppress black voters," *Forbes*, May 19, 2018.

40 배넌의 말 인용: Owen Matthews, "Alexander Dugin and Steve Bannon's Ideological Ties to Vladimir Putin's Russia," *NW*, April 17, 2017. 배넌의 이데올로기와 영화: Ronald Radosh, "Steve Bannon, Trump's Top Guy, Told Me He Was 'A Leninist' Who Wants to 'Destroy the State,'" *DB*, Aug. 22, 2016; Jeremy Peters, "Bannon's Views Can be Traced to a Book That Warns, 'Winter Is Coming,'" *NYT*, April 8, 2017; Owen Matthews, "Alexander Dugin and Steve Bannon's Ideological Ties to Vladimir Putin's Russia," *NW*, April 17, 2017; Christopher Dickey and Asawin Suebsaeng, "Steve Bannon's Dream: A Worldwise Ultra-Right," *DB*, Nov. 13, 2016.

41 배넌의 말 인용: Wolff, "Ringside with Steve Bannon." Views: Radosh, "Steve Bannon"; Peters, "Bannon's Views"; Matthews, "Alexander Dugin." 매너포트, 쿠슈너, 도널드 트럼프 2세의 "반역적" 행위에 대한 배넌의 말: David Smith, "Trump Tower meeting with Russians 'treasonous,' Bannon says in explosive book," *TG*, Jan. 3, 2018. 보호령: Greg Miller, Greg Jaffe, and Philip Rucker, "Doubting the intelligence, Trump pursues Putin and leaves a Russian threat unchecked," *WP*, Dec. 14, 2017.

42 캐드리: Jon Swaine and Luke Harding, "Russia funded Facebook and Twitter investments through Kushner investor," *TG*, Nov. 5, 2017. 도이체방크: Harding, *Collusion*, 312~14쪽; Michael Kranish, "Kushner firm's $285 million Deutsche Bank loan came just before Election Day," *WP*, June 25, 2017. "잘 지내겠다": Andrew Kaczynski, Chris Massie, and Nathan McDermott, "80 Times Trump Talked About Putin," *CNN*, March 2017.

43 Jo Becker and Matthew Rosenberg, "Kushner Omitted Meeting with Russians on Security

Clearance Forms," *NYT*, April 6, 2017; Jon Swaine, "Jared Kushner failed to disclose emails sent to Trump team about WikiLeaks and Russia," *TG*, Nov. 16, 2017; Jason Le Miere, "Jared Kushner's Security Clearance Form Has Unprecedented Level of Mistakes, Says Leading Official," *NW*, Oct. 13, 2017.

44 베셀니츠카야와 아갈라로프: Harding, *Collusion*, 232쪽. 보도 자료: Amber Phillips, "12 things we can definitely say the Russia investigation has uncovered," *WP*, Dec. 23, 2017. 이 회동에 관한 다른 자료의 논의들도 보라.

45 칭찬하는 말: Franklin Foer, "Putin's Puppet," *Slate*, July 21, 2016. 버트: Ben Schreckinger and Julia Ioffe, "Lobbyist Advised Trump Campaign While Promoting Russian Pipeline," *Politico*, Oct. 7, 2016; James Miller, "Trump and Russia," *DB*, Nov. 7, 2016. 서버들: Frank Foer, "Was a Trump Server Communicating with Russia?" *Slate*, Oct. 31, 2016.

46 Karla Adams, Jonathan Krohn, and Griff Witte, "Professor at center of Russia disclosures," *WP*, Oct. 31, 2017; Ali Watkins, "Mysterious Putin 'niece' has a name," *Politico*, Nov. 9, 2017; Sharon LaFraniere, Mark Mazzetti, and Matt Apuzzo, "How the Russia Inquiry Began," *NYT*, Dec. 30, 2017; Luke Harding and Stephanie Kirchgaessner, "The boss, the boyfriend and the FBI," *TG*, Jan. 18, 2018.

47 체포된 파파도풀로스: Matt Apuzzo and Michael E. Schmidt, "Trump Campaign Advisor Met with Russian," *NYT*, Oct. 30, 2017. 인용문: LaFraniere, Mazzetti, and Apuzzo, "How the Russia Inquiry Began."

48 괴짜: Stephanie Kirchgaessner et al., "Former Trump Advisor Carter Page Held 'Strong Pro-Kremlin Views,' Says Ex-Boss," Rosalind S. Helderman, *TG*, April 14, 2017. 2013년 문서: Harding, *Collusion*, 45쪽. 고객들: "Here's What We Know about Donald Trump and His Ties to Russia," *WP*, July 29, 2016. 주식 소유: Foer, "Putin's Puppet."

49 고위 인사들: Rosalind S. Helderman, Matt Zapotolsky, and Karoun Demirjian, "Trump adviser sent email describing 'private conversation' with Russian official," *WP*, Nov. 7, 2017. 전당 대회: Natasha Bertrand, "It looks like another Trump advisor has significantly changed his story about the GOP's dramatic shift on Ukraine," *BI*, March 3, 2017.

50 외국의 연계: Michael Kranish, Tom Hamburger, and Carol D. Leonnig, "Michael Flynn's role in Mideast nuclear project could compound legal issues," *WP*, Nov. 27, 2017. 플린의 트윗: Ben

Collins and Kevin Poulsen, "Michael Flynn Followed Russian Troll Accounts, Pushed Their Messages in Days Before Election," *DB*, Nov. 1, 2017; Michael Flynn, tweets, Nov. 2 and 4, 2016. 플린은 이후 소아 성애 트윗을 삭제했다.

51 기념 만찬에 참석한 플린: Greg Miller, "Trump's pick for national security adviser brings experience and controversy," *WP*, Nov. 17, 2016. 정보총국, 미샤, RT 기념 만찬: Harding, *Collusion*, 116, 121, 126쪽. 트윗: 앞의 주석을 보라. Bryan Bender and Andrew Hanna, "Flynn under fire," *Politico*, Dec. 5, 2016도 보라. 플린은 반유대주의 메시지를 전송한 것을 사과했다.

52 맥팔런드의 말 인용과 전반적인 내용: Michael S. Schmidt, Sharon LaFraniere, and Scott Shane, "Emails Dispute White House Claims That Flynn Acted Independently on Russia," *NYT*, Dec. 2, 2017.

53 오바마와 예이츠의 경고: Harding, *Collusion*, 130, 133쪽. 예이츠를 해임한 트럼프: Michael D. Shear, Mark Landler, Matt Apuzzo, and Eric Lichtblau, "Trump Fires Acting Attorney General Who Defied Him," *NYT*, Jan. 30, 2017. 유죄를 인정한 플린: Michael Shear and Adam Goldman, "Michael Flynn Pleads Guilty to Lying to the F.B.I. and Will Cooperate," *NYT*, Dec. 1, 2017.

54 Philip Bump, "What Jeff Sessions said about Russia, and when," *WP*, March 2, 2017. Pema Levy and Dan Friedman, "3 Times Jeff Sessions Made False Statements to Congress Under Oath," *Mother Jones*, Nov. 8, 2017.

55 은행: "Kak novyi ministr torgovli SShA sviazan s Rossiei," RBK, Dec. 6, 2016; James S. Henry, "Wilbur Ross Comes to D.C. with an Unexamined History of Russian Connections," *DCReport*, Feb. 25, 2017; Stephanie Kirchgaessner, "Trump's commerce secretary oversaw Russia deal while at Bank of Cyprus," *TG*, March 23, 2017. 벡셀베르크: Harding, *Collusion*, 283쪽. 이장: Eltchaninoff, *Dans la tête de Vladimir Poutine*, 46쪽.

56 Jon Swaine and Luke Harding, "Trump commerce secretary's business links with Putin family laid out in leaked files," *TG*, Nov. 5, 2017; Christina Maza, "Putin's daughter is linked to Wilbur Ross," *NW*, Nov. 28, 2017.

57 Elaine Lies, "Tillerson says State Department spending 'simply not sustainable,'" Reuters, March 17, 2017; Colum Lynch, "Tillerson to Shutter State Department War Crimes Office," *Foreign Policy*, July 17, 2017; Josh Rogan, "State Department considers scrubbing democracy promotion from its mission," *WP*, Aug. 1, 2017.

58 2016년 8월: Michael Morell, "I Ran the CIA. Now I'm Endorsing Hillary Clinton," *NYT*, Aug. 5, 2016. 자산: 글렌 칼의 말 인용: Jeff Stein, "Putin's Man in the White House?" *NW*, Dec. 21, 2017. 전문가 세 명: Alex Finley, Asha Rangappa, and John Sipher, "Collusion Doesn't Have to Be Criminal to Be an Ongoing Threat," *Just Security*, Dec. 15, 2017. 제재: "Sanctioned Russian Spy Official Met with Counterparts in US," *NYT*, Jan. 30, 2018; Julian Borger, "US 'name-and-shame' list of Russian oligarchs binned," *TG*, Jan. 30, 2018; John Hudson, "Trump Administration Admits It Cribbed from Forbes Magazine," *BuzzFeed*, Jan. 30, 2018. 헬싱키 정상 회담: "The missing middle," *The Economist*, Jul. 17, 2018; John O. Brennan, Twitter post, Jul. 16, 2018.

59 Matthew Haag, "Preet Bharara Says Trump Tried to Build Relationship With Him Before Firing," *NYT*, June 11, 2017; Harriet Sinclair, "Preet Bharara, Fired By Trump, Says 'Absolutely' Enough Evidence for Obstruction Probe," *NW*, June 11, 2017. 트럼프는 여러 차례 "날조"라는 단어를 사용했다. 가령 2018년 1월 트윗을 보라: "total hoax on the American public."

60 동맹국들: Luke Harding, Stephanie Kirchgaessner, and Nick Hopkins, "British spies were first to spot Trump team's links with Russia," *TG*, April 13, 2017. 연방수사국의 페이지 수사: Marshall Cohen and Sam Petulla, "Papadopoulos' guilty plea visualized," *CNN Politics*, Nov. 1, 2017; Mark Mazzetti and Sharon LaFraniere, "George Papadopoulos, Ex-Trump Adviser, is Sentenced," *NYT*, Sept. 7, 2018; 연방수사국이 페이지에 대해 발부받은 영장은 사법감시단 Judicial Watch 웹 사이트에 있다. 코미의 시간표: Glenn Kessler and Meg Kelly, "Timeline," *WP*, Oct. 20, 2017; Morgan Chalfant, "Timeline," *The Hill*, May 9, 2017.

61 압력: Matt Apuzzo, Maggie Haberman, and Matthew Rosenberg, "Trump Told Russians That Firing 'Nut Job' Comey Eased Pressure From Investigation," *NYT*, May 19, 2017. 이스라엘 이 중간첩: Harding, *Collusion*, 194쪽. Julie Hirschfeld Davis, "Trump Bars U.S. Press, but Not Russia's, at Meeting with Russian Officials," *NYT*, May 10, 2017; Lily Hay Newman, "You Can't Bug the Oval Office (for Long Anyway)," *Wired*, May 11, 2017.

62 꼭두각시: PK, May 10, 2017. Putin on Comey: *Vesti*, May 14, 2017. 뮬러 해임: Michael E. Schmidt and Maggie Haberman, "Trump Ordered Mueller Fired," *NYT*, Jan. 25, 2018. 트럼프의 거짓말: James Hohmann, "Five Takeaways from Trump's Threatened Effort to Fire Mueller,"

WP, Jan. 26, 2018. 법질서: "FBI urges White House not to release GOP Russia-probe memo," NBC, Jan. 31, 2018.

63 Pomerantsev, *Nothing Is True*, 49쪽.

64 Chava Gourarie, "Chris Arnade on his year embedded with Trump supporters," *Columbia Journalism Review*, Nov. 15, 2016; Timothy Snyder, "In the Land of No News," *NYR*, Oct. 27, 2011. 정리 해고: Mark Jurkowitz, "The Losses in Legacy," Pew Research Center, March 26, 2014.

65 CBS 최고 경영자 레스 문베스Les Moonves: James Williams, "The Clickbait Candidate," *Quillette*, Oct. 3, 2016. 트위터 계정들: Steven Levitsky and Daniel Ziblatt, *How Democracies Die* (New York: Crown, 2018)([국역] 스티븐 래비츠키·대니얼 지블랫 지음, 박세연 옮김, 《어떻게 민주주의는 무너지는가》, 어크로스, 2018), 58쪽. 구경거리에 관해서는 Peter Pomerantsev, "Inside the Kremlin's hall of mirrors," *TG*, April 9, 2015를 보라. 토론회: Jamieson, *Cyberwar*, 165~180쪽.

66 Alice Marwick and Rebecca Lewis, "Media Manipulation and Disinformation Online," Data & Society Research Institite, 2017, 42~43쪽, 그 밖에 여러 쪽. Tamsin Shaw, "Invisible Manipulators of Your Mind," *NYR*, April 20, 2017; Paul Lewis, "Our minds can be hijacked," *TG*, Oct. 6, 2017. 44퍼센트: Pew Research Center, cited in Olivia Solon, "Facebook's Failure," *TG*, Nov. 10, 2016. 민주주의 정치의 심리학적 전제 조건이 허물어진 상황에 관한 충분한 설명으로는 Schlögel, *Entscheidung in Kiew*, 17~22쪽을 보라.

67 페이스북 서비스: Elizabeth Dwoskin, Caitlin Dewey, and Craig Timberg, "Why Facebook and Google are struggling to purge fake news," *WP*, Nov. 15, 2016. 5,600만: Craig Timberg, "Russian propaganda effort helped spread 'fake news' during election, experts say," *WP*, Nov. 24, 2016. 러시아인들이 밀어 준 폭스와 브레이트바트: Eisentraut, "Russia Pulling Strings."

68 Marc Fisher, John Woodrow Cox, and Peter Hermann, "Pizzagate: From rumor, to hashtag, to gunfire in D.C.," *WP*, Dec. 6, 2016; Ben Popken, "Russian trolls pushed graphic, racist tweets to American voters," NBC, Nov. 30, 2017; Mary Papenfuss, "Russian Trolls Linked Clinton to 'Satanic Ritual,'" *HP*, Dec. 1, 2016.

69 Ben Collins, "WikiLeaks Plays Doctor," *DB*, Aug. 25, 2016.

70 Casey Michel, "How the Russians pretended to be Texans," *WP*, Oct. 17, 2017; Ryan Grenoble, "Here are some of the ads Russia paid to promote on Facebook," *HP*, Nov. 1, 2017. 연방 탈퇴에

관한 더 자세한 내용: "Is Russia Behind a Secession Effort in California?" *The Atlantic*, March 1, 2017. 영국, 프랑스, 유럽 연합은 3장에서 다루는 주제다. 카탈루냐에 관해서: David Alandete, "Putin encourages independence movement," *El Pais*, Oct. 26, 2017.

71 테네시주 공화당과 오바마: "Russia Twitter Trolls rushed to deflect Trump bad news," AP, Nov. 9, 2017. 콘웨이의 리트윗: Denise Clifton, "Putin's Pro-Trump Trolls," *Mother Jones*, Oct. 31, 2017. 포소빅과 전반적인 내용: Kevin Collier, "Twitter Was Warned Repeatedly," *BuzzFeed*, Oct. 18, 2017. "나도 여러분을 사랑해요.": Ryan Lenz et al., "100 Days in Trump's America," Southern Poverty Law Center, 2017. 플린: Collins and Poulsen, "Michael Flynn Followed Russian Troll Accounts." 정교하고 설득력 있는 분석으로는 Jamieson, *Cyberwar*, 39~50쪽을 보라.

72 트럼프: Speech in Miami, Sept. 16, 2016. 부티나에 관해서: "The Kremlin and the GOP Have a New Friend—and Boy Does She Love Guns," *DB*, Feb. 23, 2017. "미국의 총잡이American Gunslinger" 같은 특정한 광고와 인터넷 유행물에 관해서는 위와 아래에서 논의한다.

73 Rosalind S. Helderman and Tom Hamburger, "Guns and religion," *WP*, April 30, 2017. Nicholas Fandos, "Operative Offered Trump Campaign 'Kremlin Connection,'" *NYT*, Dec. 3, 2017.

74 부티나가 토르신에게: Matt Apuzzo, Matthew Rosenberg, and Adam Goldman, "Top Russian Official Tried to Broker 'Backdoor' Meeting Between Trump and Putin," *NYT*, Nov. 18, 2017; Tim Mak, "Top Trump Ally Met with Putin's Deputy in Moscow," *DB*, March 2017. 트럼프 주니어와 토르신: "Trump Jr. met with man with close ties to Kremlin," CBS, Nov. 20, 2017. 미국 총기협회와 《뉴욕타임스》: Amanda Holpuch, "'We're coming for you,'" *TG*, Aug. 5, 2017. 토르신은 범죄적 돈세탁 혐의를 부인하고 있다. 준군사 조직: Anton Shekhovtsov, "Slovak Far-Right Allies of Putin's Regime," *TI*, Feb. 8, 2016; Petra Vejvodová, Jakub Janda, and Veronika Víchová, *The Russian Connections of Far-Right and Paramilitary Organizations in the Czech Republic* (Budapest: Political Capital, 2017); Attila Juhász, Lóránt Györi, Edit Zgut, and András Dezsö, *The Activity of Pro-Russian Extremist Groups in Hungary* (Budapest: Political Capital, 2017).

75 Carol Anderson, *White Rage* (New York, London: Bloomsbury, 2017), 151, 163쪽; Zachary Roth, "The Real Voting Problem in the 2016 Election," *Politico*, Oct. 24, 2016. Levitsky and Ziblatt, *How Democracies Die*, 183쪽도 보라.

76 Anderson, *White Rage*, 163, 165, 168쪽.

77 Ryan C. Brooks, "How Russians Attempted to Use Instagram to Influence Native Americans," *BuzzFeed*, Oct. 23, 2017; Ryan Grenoble, "Here are some of the ads Russia paid to promote on Facebook," *HP*, Nov. 1, 2017; Cecilia Kang, "Russia-Financed Ad Linked Clinton and Satan," *NYT*, Nov. 2, 2017; Ben Collins, Gideon Resnick, and Spencer Ackerman, "Russia Recruited YouTubers," *DB*, Oct. 8, 2017; April Glaser, "Russian Trolls Are Still Co-Opting Black Organizers' Events," *Technology*, Nov. 7, 2017.

78 국회 의원: Elena Chinkova, "Rodnina 'pokazala' Obame banan," *KP*, Sept. 14, 2013. 생일: 사진과 논평은 학생들이 만든 웹사이트(VKontakte page, vk.com/mskstud?w=wall-73663964_66)에서 볼 수 있다. 슈퍼마켓: Vesti.ru, Dec. 10, 2015, 2698780. 세차장: Amur.info, May 25, 2016, 111458; 라이프뉴스: Life.ru, Dec. 30, 2016, 954218.

79 Adam Entous, "House majority leader to colleagues in 2016: 'I think Putin pays' Trump," *WP*, May 17, 2017. 관습과 관행의 중요성은 Levitsky and Ziblatt, *How Democracies Die*에서 주요하게 다루는 명제다. 인용문: *Vesti*, Feb. 20, 2016, 2777956.

80 공평하게 말하자면, 상원 의원 린지 그레이엄Lindsey Graham이 2017년 5월에 말을 하기는 했다. "한 당이 공격을 받으면 우리 모두 공격을 느껴야 합니다." 하지만 이 말은 널리 표명된 견해는 아니었고, 그때쯤이면 이미 너무 늦은 발언이었다. Camila Domonoske, "Sally Yates Testifies: 'We Believed Gen. Flynn Was Compromised,'" NPR, May 8, 2017.

81 맥코넬: Adam Entous, Ellen Nakashima, and Greg Miller, "Secret CIA assessment says Russia was trying to help Trump win White House," *WP*, Dec. 9, 2016; Greg Miller, Ellen Nakashima, and Adam Entous, "Obama's secret struggle to punish Russia," *WP*, June 23, 2017. 인용문: "Background to 'Assessing Russian Activities and Intentions in Recent US Elections': The Analytic Process and Cyber Incident Attribution," Director of National Intelligence(DNI), Jan. 6, 2017.

82 인종과 러시아에 관한 이런 주장은 Anderson, *White Rage*, 163쪽과 Ta-Nehisi Coates, "The First White President," *The Atlantic*, Oct. 2017, 74~87쪽에 따온 것이다. 인용문: Aaron Blake, "'I feel like we sort of choked,'" *WP*, June 23, 2017.

83 루비오: Sparrow, "From Maidan to Moscow," 339쪽. 케이식: Caitlin Yilek, "Kasich campaign launches 'Trump-Putin 2016' website," *The Hill*, Dec. 19, 2015.

84 전 지구적 불평등에 관해서는 Paul Collier, *The Bottom Billion* (Oxford, UK: Oxford UP, 2007)([국

역] 폴 콜리어 지음, 류현 옮김, 《빈곤의 경제학》, 살림, 2010)을 보라. 2015년 6월 15일 도널드 트럼프 대통령 후보 출마 선언: "유감스럽게도 아메리칸 드림은 수명을 다했습니다."

85 *Trotsky*, 2017, dir. Aleksandr Kott and Konstantyn Statskii, 8화 26분 20초~29분 40초에 등장하는 트로츠키와 일린의 논쟁.

86 수치 출처는 Anastasiya Novatorskaya, "Economic Inequality in the United States and Russia, 1989–2012," 2017임. 89퍼센트와 76퍼센트에 관해서는 Credit Suisse, "Global Wealth Report 2016"도 보라. 친구들: Anders Åslund, "Russia's Crony Capitalism," *Zeszyty mBank*, no. 128, 2017. 첼리스트: Luke Harding, "Revealed: the $2bn offshore trail that leads to Vladimir Putin," *TG*, April 3, 2006.

87 7조 달러: Oxfam Briefing Paper, Jan. 18, 2016. 21조 달러: Interview with James Henry, "World's Super-Rich Hide $21 Trillion Offshore," *RFE/RL*, July 31, 2016.

88 Anders Åslund, "Putin's greatest weakness may be located on US shores," *The Hill*, Oct. 17, 2017; Harding, *Collusion*, 244쪽; Anne Applebaum, "The ugly way Trump's rise and Putin's are connected," *WP*, July 25, 2017. 회동에 관해서: Sharon LaFraniere and Andrew E. Kramer, "Talking Points Brought to Trump Tower Meeting Were Shared with Kremlin," *NYT*, Oct. 27, 2017.

89 Unger, "Trump's Russian Laundromat." 트럼프의 말 인용: Tweet, Jan. 6, 2018. 런던에서는 도둑이 러시아 악센트를 사용해서 부유층의 집을 무사통과하는 일이 있었다. Pomerantsev, *Nothing Is True*, 219쪽.

90 Tony Judt and Timothy Snyder, *Thinking the Twentieth Century* (New York: Penguin, 2012[국역] 토니 주트·티머시 스나이더 지음, 조행복 옮김, 《20세기를 생각한다》, 열린책들, 2015)를 보라.

91 통계 수치, 그리고 노동조합 약화와 불평등의 관계에 관해서는 Bruce Western and Jake Rosenfeld, "Unions, Norms, and the Rise in U.S. Wage Inequality," *American Sociological Review*, vol. 76, no. 4, 2011, 513~37쪽을 보라. 두 사람의 추정에 따르면 불평등 증대에서 노동조합 약화가 기여한 비중은 5분의 1에서 3분의 1에 달한다. 세금: Thomas Piketty, Emmanuel Saez, and Gabriel Zucman, *Distributional Accounts: Methods and Estimates for the United States* (Cambridge, Mass.: National Bureau of Economic Research, 2016), 28쪽.

92 이 문단에 나오는 수치는 따로 언급하지 않는 한 Piketty, Saez, Zucman, "Distributional Accounts," 1, 17, 19쪽에서 가져온 것이다. 2016년 39퍼센트: Ben Casselman, "Wealth Grew

Broadly Over Three Years, but Inequality Also Widened," *NYT*, Sept. 28, 2017. 7퍼센트에서 22퍼센트로, 220배에서 1120배로 증가한 부분에 관해서: Emmanuel Saez and Gabriel Zucman, "Wealth Inequality in the United States Since 1913: Evidence from Capitalized Income Tax Data," National Bureau of Economic Research, Working Paper 20265, Oct. 2014, 1, 23쪽.

93 잃어버린 시간: Katznelson, *Fear Itself*, 12쪽. Studs Terkel, *Hard Times* (New York: Pantheon Books, 1970)도 보라. 각 세대가 품은 기대: Raj Chetty et al., "The fading American dream," *Science*, vol. 356, April 28, 2017. 3분의 1 감소: Mark Muro, "Manufacturing jobs aren't coming back," *MIT Technology Review*, Nov. 18, 2016. 대학생 채무: Casselman, "Wealth Grew Broadly Over Three Years, but Inequality Also Widened."

94 불평등 노출: Benjamin Newman, Christopher Johnston, and Patrick Lown, "False Consciousness or Class Awareness?" *American Journal of Political Science*, vol. 59, no. 2, 326~40쪽. 교육의 경제적 가치 상승: "The Rising Cost of Not Going to College," Pew Research Center, Feb. 11, 2014. 부모와 함께 거주: Rebecca Beyer, "This is not your parents' economy," *Stanford*, July-Aug. 2017, 46쪽. 어린이: Melissa Schettini Kearney, "Income Inequality in the United States," testimony before the Joint Economic Committee of the U.S. Congress, Jan. 16, 2014. 샌프란시스코: Rebecca Solnit, "Death by Gentrification," in John Freeman, ed., *Tales of Two Americas: Stories of Inequality in a Divided Nation* (New York: Penguin, 2017).

95 버핏의 말 인용: Mark Stelzner, *Economic Inequality and Policy Control in the United States* (New York: Palgrave Macmillan, 2015), 3쪽. 건강과 투표에 관해서는 다음의 주석을 보라.

96 카운티 수준의 오피오이드 중독, 보건 의료 위기와 트럼프의 득표: James S. Goodwin, et al., "Association of chronic opioid use with presidential voting patterns in U.S. counties in 2016," *JAMA Network Open*, June 22, 2018. J. Wasfy et al., "County community health associations of net voting shift in the 2016 U.S. presidential election," *PLoS ONE*, vol. 12, no. 10, 2017; Shannon Monnat, "Deaths of Despair and Support for Trump in the 2016 Presidential Election," Research Brief, 2016. "The Presidential Election: Illness as Indicator," *The Economist*, Nov. 19, 2016도 보라. 불평등과 보건 의료 위기: John Lynch et al., "Is Inequality a Determinant of Population Health?" *The Milbank Quarterly*, vol. 82, no. 1, 2004, 62, 81쪽과 그 밖에 여러 쪽. 농민의 자살: Debbie Weingarten, "Why are America's farmers killing themselves in record numbers?" *TG*, Dec. 6, 2017. 2014년 미국에서 매일 재향 군인 20명이 자살: "Suicide Among

Veterans and Other Americans," U.S. Department of Veteran Affairs, Aug. 3, 2016, 4쪽.

97 Sam Quinones, *Dreamland: The True Tale of America's Opiate Epidemic* (London: Bloomsbury Press, 2016), 87, 97, 125, 126, 133, 327쪽. 전반적인 내용으로는 Nora A. Volkow and A. Thomas McLellan, "Opioid Abuse in Chronic Pain: Misconceptions and Mitigation Strategies," *New England Journal of Medicine*, vol. 374, March 31, 2016을 보라.

98 Quinones, *Dreamland*, 134, 147, 190, 193, 268, 276쪽. Sabrina Tavernise, "Ohio County Losing Its Young to Painkillers' Grip," *NYT*, April 19, 2011도 보라. 추가적인 연구를 필요로 하는 또 다른 양상에 관해서: Jan Hoffman, "In Opioid Battle, Cherokee Look to Tribal Court," *NYT*, Dec. 17, 2017.

99 좀비 개념에 관해서는 Shore, *Ukrainian Nights*를 보라.

100 Anne Case and Angus Deaton, "Rising morbidity and mortality in midlife among white non-Hispanic Americans in the 21st century," *PNAS*, vol. 112, no. 49, Dec. 8, 2015. Case and Deaton, "Mortality and morbidity in the 21st century," Brookings Paper, March 17, 2017, 32쪽의 진통제 관련 논의도 보라. 2015년과 2016년의 기대 수명, 6만 3600명이라는 수치, 사망률 세 배 증가: Kim Palmer, "Life expectancy is down for a second year," *USA Today*, Dec. 21, 2017. 예비 선거: Jeff Guo, "Death predicts whether people vote for Donald Trump," *WP*, March 3, 2016.

101 Volkow and McLellan, "Opioid Abuse in Chronic Pain," 1257쪽; Quinones, *Dreamland*, 293쪽. 데이비드 포스터 월리스David Foster Wallace가 1996년에 출간한 소설《끝없는 농담Infinite Jest》(1996)은 20년 뒤를 예고한 예언서처럼 보였다.

102 사이오터 카운티와 코아스 카운티: Monnat, "Deaths of Despair." 오하이오주와 펜실베이니아주의 카운티들: Kathlyn Fydl, "The Oxy Electorate," *Medium*, Nov. 16, 2016; Harrison Jacobs, "The revenge of the 'Oxy electorate' helped fuel Trump's election upset," *BI*, Nov. 23, 2016. 밍고 카운티: Lindsay Bever, "A town of 3,200 was flooded with nearly 21 million pain pills," *WP*, Jan. 31, 2018. Sam Quinones, "Donald Trump and Opiates in America," *Medium*, Nov. 21, 2016; Zoe Carpenter, "Did the opioid epidemic help Donald Trump win?" *The Nation*, Dec. 7, 2016 등도 보라.

103 91일: Fact Checker, *WP*, Oct. 10, 2017. 298일: Fact Checker, *WP*, Nov. 14, 2017. 오바마와 부시를 비교한 내용으로는 David Leonhardt, "Trump's Lies vs. Obama's," *NYT*, Dec. 17,

2017을 보라. 30분: Fact Checker, *NYT*, Dec. 29, 2017.《로스앤젤레스타임스》가《우리의 부정직한 대통령Our Dishonest President》이라는 제목으로 출간한 요약본도 보라.

104 적: Michael M. Grynbaum, "Trump Calls the News Media the 'Enemy of the American People,'" *NYT*, Feb. 17, 2017. "가짜 뉴스": "Trump, in New TV Ad, Declares First 100 Days a Success," *NYT*, May 1, 2017; Donald Trump, Tweet, Jan. 6, 2018년: "The Fake News Mainstream Media". "The Kremlin's Fake Fake-News Debunker," *RFE/RL*, Feb. 22, 2017 참조. 줄리아니: Melissa Gomez, "Giuliani says 'Truth isn's truth,'" *NYT*, Aug. 19, 2018.

105 Matthew Gentzkow, "Polarization in 2016," Stanford University, 2016을 보라.

106 이상적인 시대인 1930년대: Wolff, "Ringside with Steve Bannon"; Timothy Snyder, "Trump Is Ushering In a Dark New Conservatism," *TG*, July 15, 2017. 1929년과 0.1퍼센트: Saez and Zucman, "Wealth Inequality," 3쪽. Robbie J. Taylor, Cassandra G. Burton-Wood, and Maryanne Garry, "America was Great When Nationally Relevant Events Occurred and When Americans Were Young," *Journal of Applied Memory and Cognition*, vol. 30, 2017 참조. 이러한 대안 현실alternative reality은 필립 로스의 소설《미국을 겨냥한 음모The Plot Against America》에서 묘사된 바 있다.

107 질 르포르Jill Lepore는 다른 용어("반역사anti-history")를 사용해서 티파티에 관해 비슷한 주장을 편다: *The Whites of Their Eyes* (Princeton: Princeton UP, 2010), 5, 8, 15, 64, 125쪽. '미국 우선'에 관한 트럼프의 말: 2016년 9월 16일 마이애미 연설: "미국이 우선입니다 여러분. 미국 우선. 미국. 맞습니다. 미국 우선, 미국 우선." 취임 연설에서도 '미국 우선'이 주제였다. Frank Rich, "Trump's Appeasers," *New York*, Nov. 1, 2016도 보라.

108 Timothy Snyder, "The White House Forgets the Holocaust (Again)," *TG*, April 11, 2017을 보라. 나바호족: Felicia Fonseca and Laurie Kellman, "Trump's 'Pocahontas' jab stuns families of Navajo war vets," AP, Nov. 28, 2017.

109 내시: Kiselev, "Vesti Nedeli," Rossiia Odin, Nov. 20, 2016. 컨서버티브: Dana Schwarts, "Why Angry White Men Love Calling People 'Cucks,'" *Gentleman's Quarterly*, Aug. 1, 2016. '출생 논쟁': Jeff Greenfield, "Donald Trump's Birther Strategy," *Politico*, July 22, 2015.

110 "Trump on Civil War," *NYT*, May 1, 2017; Philip Bump, "Historians respond to John F. Kelly's Civil War remarks," *WP*, Oct. 31, 2017. 인구를 집계할 때 아프리카인을 한 사람의 5분의 1로 간주하기로 한 합의에서부터 19세기에 노예주奴隷州와 자유주를 연방에 추가하는 문제

와 관련된, 지난하고 결국 지속 불가능했던 타협에 이르기까지 노예제는 미국 초기 역사 내내 타협의 주제였다. 자국의 역사를 그릇되게 이해하는 것은 영원의 정치학의 한 부분이다. 상징에 관해서: Sara Bloomfield, "White supremacists are openly using Nazi symbols," *WP*, Aug. 22, 2017.

111 Rosie Gray, "Trump Defends White-Nationalist Protestors: 'Some Very Fine People on Both Sides,'" *WP*, Aug. 15, 2017. W. E. B. Du Bois, *Black Reconstruction: An Essay Toward a History of the Part Which Black Folk Played in the Attempt to Reconstruct Democracy in America, 1860-1880* (New York: Harcourt, Brace and Company, 1935), 241쪽. 285쪽도 보라. Will Rogers, *The Autobiography of Will Rogers*, ed. Donald Day (New York: Lancet, 1963), 281쪽. 듀보이스는 아프리카계 미국인이었고, 로저스는 스스로 체로키족으로 생각했다.

112 Patrick Condon, "Urban-Rural Split in Minnesota," *Minnesota Star-Tribune*, Jan. 25, 2015; "Rural Divide" (Rural and Small-Town America Poll), June 17, 2017; Nathan Kelly and Peter Enns, "Inequality and the Dynamics of Public Opinion," *American Journal of Political Science*, vol. 54, no. 4, 2010, 867쪽. 한 여론 조사를 보면, 트럼프를 찍은 유권자의 45퍼센트가 백인들이 미국에서 "많은 차별"을 당하고 있다고 말한 반면 22퍼센트만이 흑인들도 많은 차별을 받는다는 데 동의했다. 또 다른 여론 조사에서는 트럼프를 찍은 유권자의 44퍼센트가 백인이 흑인과 히스패닉에게 밀리고 있다고 말한 반면 반대로 응답한 사람은 16퍼센트였다. 각각의 출처: Huffington Post/YouGov Poll reported in *HP*, Nov. 21, 2016; Washington Post/Kaiser Family Foundation Poll reported in *WP*, Aug. 2, 2016.

113 폭력 사태의 사례는 Richard Cohen, "Welcome to Donald Trump's America," SPLC Report, Summer 2017; Ryan Lenz et al., "100 Days in Trump's America," Southern Poverty Law Center, 2017 등에서 가져온 것이다. 학교에 관해서는 Christina Wilkie, "'The Trump Effect': Hatred, Fear and Bullying on the Rise in Schools," *HP*, April 13, 2016; Dan Barry and John Eligon, "A Rallying Cry or a Racial Taunt," *NYT*, Dec. 17, 2017 등을 보라. 허리케인 대응: Ron Nixon and Matt Stevens, "Harvey, Irma, Maria: Trump Administration's Response Compared," *NYT*, Sept. 27, 2017. 비난 프로그램에 관해서: Timothy Snyder, "The VOICE program enables citizens to denounce," *Boston Globe*, May 6, 2017. 돈 받고 나온 시위대: "Trump Lashes Out at Protestors," *DB*, April 16, 2017. 홀로코스트: Snyder, "White House forgets." "개새끼": Aric Jenkins, "Read President Trump's NFL Speech on National Anthem Protests," *Time*, Sept.

23, 2017. Victor Klemperer, *The Language of the Third Reich*, trans. Martin Brady (London: Continuum, 2006)을 보라.

114 Michael I. Norton and Samuel R. Sommers, "Whites See Racism as a Zero-Sum Game That They Are Now Losing," *Perspectives on Psychological Science*, vol. 6, no. 215, 2011; Kelly and Enns, "Inequality and the Dynamics of Public Opinion"; Victor Tan Chen, "Getting Ahead by Hard Work," July 18, 2015. 2017년 5월 24일에 의료 보험에 관한 질문을 받자 하원 의원 후보 그렉 잔포르테Greg Gianforte는 기자를 폭행했다. 중요한 것은 '고통'임을 보여 주는 의미심장한 행동이었다. 일단 정치인들이 자기 일이 고통을 창조하고 재분배하는 것이라고 믿으면, 건강에 관해 묻는 것은 도발이 된다.

115 Ed Pilkington, "Trump turning US into 'world champion of extreme inequality,' UN envoy warns," *TG*, Dec. 15, 2017. 1300만 명: Sy Mukherjee, "The GOP Tax Bill Repeals Obamacare's Individual Mandate," *Fortune*, Dec. 20, 2017. 트럼프의 말 인용: "Excerpts from Trump's Interview with the Times," *NYT*, Dec. 28, 2017.

116 Katznelson, *Fear Itself*, 33쪽과 그 밖에 여러 쪽을 보라. Zygmunt Bauman, *Liquid Modernity* (London: Polity, 2000)([국역] 지그문트 바우만 지음, 이일수 옮김, 《액체근대》, 강, 2009.) 참조: "마음대로 쓸 수 있는 효과적 해결 방안이 부족한 것을 상쇄하기 위해 상상의 해결책이 필요해진다." 물론 개인이 아니라 할지라도 정부는 몇 가지 효과적인 해결책을 쓸 수 있다. 그런 해결책이 상상적인 것처럼 보이지 않게 만드는 게 정치적 인종주의의 과제이며, 효과성의 문제가 제기조차 되지 않도록 막는 게 정치적 허구의 과제다. 대표성을 강화한 민주주의를 위한 구체적인 제안들로는 Martin Gilens, *Affluence and Influence* (Princeton: Princeton UP, 2012), 8장을 보라. 불평등을 줄이기 위한 구체적인 제안들에 관해서는 World Inequality Report, 2017, wir2018.wid.world를 보라.

117 네거티브섬 게임에 관한 이 논의는 Volodomyr Yermolenko, "Russia, zoopolitics, and information bombs," *Euromaidan Press*, May 26, 2015에서 가져온 것이다.

118 각종 첫 번째 기록: Levitsky and Ziblatt, *How Democracies Die*, 61~64쪽. 트럼프가 클린턴을 총으로 쏴야 한다고 말한 두 사례: 2016년 8월 9일 노스캐롤라이나주 윌밍턴: "만약 클린턴이 법관을 뽑게 되면 여러분이 할 수 있는 일은 아무것도 없습니다. 그렇지만 [총기 휴대를 허용한 — 옮긴이] 수정헌법 제2조를 보면 뭔가 있지요." 2016년 9월 16일 마이애미: "내 생각에 클린턴 보디가드들은 무기를 전부 내려놓아야 합니다. 무장 해제를 해야죠, 그렇죠?

당장 무장을 해제해야 합니다. 어떻게 생각해요? 그렇죠? 그래요, 그자들 총을 뺏자고요. 클린턴은 총을 원하지 않아요. 자, 그자들 총을 빼앗고 …… 클린턴한테 무슨 일이 생기나 봅시다." 독재자들: "Trump's 'Very Friendly' Talks with Duterte," *NYT*, April 30, 2017; Lauren Gambino, "Trump congratulates Erdoğan," *TG*, April 18, 2017. 트럼프는 중국의 시진핑 주석을 "내 친구"라고 지칭했다: "Excerpts from Trump's Interview with the Times," *NYT*, Dec. 28, 2017. 사망자 수백만 명: PK, Nov. 1, 2016.

119 투표 억제 위원회는 백악관에서 1년 동안 가동되었는데, 법적 이의 제기를 피하기 위해 이후 국토안보부로 이전되었다. Michael Tackett and Michael Wines, "Trump Disbands Commission on Voter Fraud," *NYT*, Jan. 3, 2018. "주요 사건": Eric Levitz, "The President Seems to Think a Second 9/11 Would Have Its Upsides," *NY*, Jan. 30, 2018; Yamiche Alcindor, "Trump says it will be hard to unify the country without a 'major event,'" PBS, Jan. 30, 2018. Mark Edele and Michael Geyer, "States of Exception," in Michael Geyer and Sheila Fitzpatrick, eds., *Beyond Totalitarianism* (Cambridge, UK: Cambridge UP, 2009), 345~95쪽도 보라.

120 여기서 나는 미국이 당면한 위험들에 초점을 맞춘다. 전 세계가 대량 학살 시대로 회귀할 가능성에 관해서는 Snyder, *Black Earth*의 결론을 보라.

찾아보기

ㄱ

《가디언》 281-282

가울란트, 알렉산더 263, 267

가이, 크쥐슈토프 273

가짜 뉴스 35, 257, 321, 324-326, 350

갈리치아 162, 163

개인성 37, 41, 52-53, 55, 64, 362-363

《거의 제로》(수르코프) 213-214

게리맨더링 331

고든, J. D. 315

고르바초프, 미하일 71-73, 109, 167

곤가제, 게오르기 171

골드스미스, 올리버 285

공산주의 30, 45, 49, 61-63, 70-72, 75, 76,
79, 89, 93-94, 166-167

공화당 326, 336-337, 352, 355, 358-359

관리 민주주의 77, 140

구데누스, 요한 152

구밀료프, 니콜라이 124

구밀료프, 레프 123-124, 218

구바레프, 파벨 196

국민전선 (프랑스) 115, 144-145, 148-149,
192, 201, 276, 281

굴라크 124, 166

그럴듯하지 않은 부인 217, 219-220, 222,
238, 258

그로스만, 바실리 95

그로프, 루돌프 46

그리스 45, 51, 57, 116, 124, 162, 195, 201,
237

그리핀, 닉 82, 262

글라스노스트 167

글라지예프, 세르게이

(와) 나치 104

(와) 러시아의 우크라이나 침공 132, 140-
141, 153, 190, 195, 199, 225, 256

(와) 러시아의 적으로서의 서양 297

(와) 미국 극우 277-278

(와) 스키조파시즘 198

(와) 유라시아주의 127-128

(와) 얄타 회의 262

금융 위기 (2008) 23, 30, 116, 168, 322

기독교 파시즘 42, 45, 47, 56

기르킨, 이고리

  (과) 말레이시아항공 17편 241, 279

  (의) 배경 184-185

  (과) 보스토크 대대 228

  (과) "우연한 시간 여행자" 문학 210

  (과) 우크라이나 침공 계획 185-186

  (과) 우크라이나에 대한 두 번째 임무 225-
  226

  (과) 크림반도 침공 189, 195-196

  (과) 포격 236-237

ㄴ

〈나는 네가 원하는 것을 알고 있다〉 (스티븐 킹)
  327

《나의 투쟁》 (히틀러) 51, 58, 234

나이엠, 무스타파 170

나이트울브스 190-191, 218, 243

나치 독일 24-25, 46, 69, 105, 107, 130, 152,
  197, 210, 244, 264

남부연합 (미국) 200-201, 353

남성성 87

내비게이터홀딩스 318

넥스트 뉴스 네트워크 324

노보로시야 201, 222-223, 225-229, 238,
  249, 261

니호얀, 세르게이 171, 206

ㄷ

담바예프, 바토 254

대속자

  (와) 개인성 56

  (와) 과두제 57-58, 64

  (와) 국가의 내구성 54-57, 67

  (와) 나치 51

  (와) 남성성 51-53

  (와) 러시아 민주주의 실패 67, 90-91

  (와) 순결한 러시아 묘사 53, 57

  (와) 카리스마 67

  (와) 허구 51-52, 74-75, 128-129

《더네이션》 278, 279, 280, 281, 282, 284

데리파스카, 올레크 308

도둑 정치 33, 35, 43, 58, 118, 121, 141, 168-
  169, 213, 260, 287, 318, 338

도이체방크 289, 312

독일 262-267

독일을 위한 대안 (독일대안당) 263-264, 267,
  302

돈바스 171, 196, 226, 229-230, 232-233,
  239, 247, 252, 254-255, 261, 326, 346

동결된 분쟁 228, 231-233, 260

동방귀일교회 161-162

동유럽 72, 74, 79, 89, 100, 104, 107, 109, 115,
  143, 157, 163, 307, 309, 337

두긴, 알렉산드르 79, 104, 128, 191, 196, 237,
  262, 286

듀보이스, W. E. B. 353

듀크, 데이비드 200

드러지 리포트 325

드 브누아, 알랭 129

ㄹ

라로슈, 린던 140, 277-278, 282, 284

라브로프, 세르게이 85, 141-142, 186, 199-
200, 242, 259, 261-262, 266

라이언, 폴 335

라체바, 옐레나 236

〈러시아 민족주의에 관하여〉(일린) 53

러시아의 보수주의자 친구들 (영국) 150

러시아 정교회 93, 137

러시아 제국 41, 59, 108, 125, 161-163, 179,
184, 223

러시아 혁명 43, 68, 338

레닌, 블라디미르 58-61, 69, 237, 288

렝카스, 콘라트 201

로고진, 드미트리 117, 330

로라바커, 데이나 274-275

로스, 윌버 317

로저스, 윌 353

로트, 요제프 166

롬니, 미트 89, 336, 348

루비오, 마르코 337

루시냐, 로베르트 201

루시냐, 미하우 270

르펜, 마린 115, 144, 148, 192, 202, 276, 280

르펜, 장-마리 148

리드베크, 알베르트 46

리드베크, 프란츠 46

리모노프, 에두아르트 130

리볼로프레프, 드미트리 290

리코프, 콘스탄틴 146, 151, 184, 251, 286, 317

리투아니아 70, 79, 105, 107, 110, 112, 150,
158-162, 165, 181, 200

린드버그, 찰스 105, 351

ㅁ

마르크스주의 58-60, 70

마마유수포프, 티무르 255

마이단 시위 205, 277

마치에레비츠, 안토니 201

마크롱, 에마뉘엘 148, 302

말레이시아항공 17편 (MH17) 239-240, 242

말로페예프, 콘스탄틴 184-185, 189, 195-
196, 202-203, 208, 210, 274, 286

매너포트, 폴 98, 169, 188, 283-284, 307-309,
312-313, 340

매카시, 케빈 274, 335

맥코넬, 미치 334-336

맥팔런드, K. T. 316

머서, 로버트 310

메드베데프, 드미트리 43, 81-83, 85-86, 117

메르켈, 앙겔라 85, 245-246, 263-264, 266-267, 302

메르타, 토마시 '토멕' 26

모길레비치, 세미온 268, 270

몰도바 232-233

몽골인 157

무기를 소지할 권리 329

무솔리니, 베니토 44, 52, 353

뮬러, 로버트 321

미국 극우파 278

미국총기협회 329-330

미셸, 뢱 262

미스유니버스 대회 (2013년 모스크바) 146-147, 293, 340

미워시, 체스와프 40

미코와제브스키, 토마시 273

미할코프, 니키타 93-95

민스크 휴전 협정 (2014년 9월) 253

민주당 전국위원회 303, 320

민주당 전당 대회 303, 305

밀른, 셰이머스 282-283

ㅂ

바라라, 프릿 146, 319

바라코프, 블라디슬라프 252

바우만, 지그문트 103

바토문쿠예프, 도르지 255

바흐친, 미하일 213

반유대주의 45, 127, 134, 199, 227, 245, 277, 278

배넌, 스티브 257, 309, 310, 311, 312

밴던 후블, 카트리나 280, 282

뱅크오브키프로스 317, 318

버트, 리처드 313

버핏, 워런 344

법과정의당 (폴란드) 269, 270, 271, 272, 274

법치

　(와) 과두제 55

　(와) 대속자 56

　(와) 덕 362-363

　(와) 러시아 민주주의의 실패 83-84

　(와) 러시아의 우크라이나 침공 194, 204-205

　(와) 마이단 광장 시위 175-176, 178-179, 204

　(와) 무경계성 120

　(와) 스탈린주의자 테러 61-62

　(와) 시위 83

　(와) 식민주의 114

　(와) 유라시아주의 139

　(와) 유럽 연합 112, 118-121

　(와) 자본주의 75

　(와) 총기 소지 329-330

베르댜예프, 니콜라이 60, 61

베를루스코니, 실비오 143

베버, 막스 87

베세다, 세르게이 188

베셸니츠카야, 나탈리야 312

〈베스티네델리〉 181, 217, 287

베이록그룹 290

벡셀베르크, 빅토르 317

벨라루스 24, 30, 62, 72-73, 96, 99, 120, 134,
 194, 202, 206

병사어머니위원회 259

보로다이, 알렉산드르 128, 189, 196, 217,
 225, 297

보로다이, 유리 127

보스토크 대대 228

본다르, 안드리 177

볼로디미르/발데마르 99, 101-102, 124, 132,
 155-157, 194, 222

볼린, 알렉세이 215, 237

볼셰비키 혁명 (1917) 41, 43, 51, 60, 70, 95,
 163, 179, 191

〈봄의 열일곱 가지 순간〉 76

부다페스트 메모랜덤 (1994) 193

부담적정보험법 356

부시, 조지 H. W. 73

부신, 니콜라이 252

부티나, 마리아 329-330

북대서양조약기구 34, 80, 89, 98, 117, 232,
 270, 274, 309

불가리아 70, 110, 201, 262

브레이트바트 (브레이트바트 뉴스 네트워크)
 309, 324

브레즈네프 독트린 71

브레즈네프, 레오니트 63, 70-71, 84, 166-
 167, 197, 211, 248

브렉시트 34, 149-151, 283, 302

비신스키, 안드레이 61

비훈, 이호르 177

ㅅ

사도포풀리즘 357, 359

사벨리예프, 안톤 255

사실성
 (과) 영원의 정치학 32, 214-215
 (과) 유라시아주의 133-139
 (과) 트럼프 선거 운동 308, 347
 (과) 폴란드 극우 274-275

사옌코, 타티야나 194

사이버전
 (과) 러시아 민주주의의 실패 82-83
 (과) 러시아의 독일 공격 263
 (과) 러시아의 우크라이나 침공 195, 256-
  257, 295
 (과) 유럽 연합에 대한 러시아의 폭력 142-
  143, 195, 301
 (과) "사이버의 현실화" 296
 (과) 사적 대화 공개 268-269, 300-304,
  323,

(과) 트럼프 선거 운동 150-151, 296-305, 307, 321-323, 332

살라자르, 안토니우 드 올리베이라 108

새로운 냉전 145, 276, 279, 297

샌더스, 버니 303

샐먼드, 앨릭스 149

샤마로프, 키릴 318

서구화론자 (러시아) 123-124

세계화 40-41, 44, 103, 145, 310, 344

세라노, 미겔 129

세르가츠코바, 예카테리나 219

세션스, 제프 317

세이터, 펠릭스 290, 291

셰라콥스키, 스와보미르 178

셰스타코프, 빅토르 181

셉쿠노프, 티혼 94, 100, 132

소련

　나치-소비에트 동맹 25

　(과) 동유럽 71-72

　(과) 우크라이나 164-166

　일린 94

　제1차 5개년 계획 69, 164

　(과) 필연의 정치학 30, 68-70

　해체 42, 72-73, 92-93, 167

　(과) 헤겔주의 58

쇼프라드, 애메릭 145, 148, 192, 202

수렌코, 이반 176

수르코프, 블라디슬라프

　(와) 관리 민주주의 77-78

　(와) 기독교 214

　(와) 꿈 상태 영속화로서의 정치적 허구 213-214

　(와) 러시아의 우크라이나 침공 185-188, 217, 223

　(와) 말레이시아항공 17편 240

　(와) 선거 81

　(와) 일린 12

　(와) 주권 민주주의 78-79

　(와) 텔레비전 215-216

슈뢰더, 게르하르트 143

슈미트, 칼 39, 53, 96, 122, 130, 132, 140-141

슈트라헤, 하인츠-크리스티안 116, 277

스몰렌스크 참사 (2010) 27, 29, 271, 274

스웨덴 139, 181, 202

스코틀랜드 분리주의 149

스키조파시즘 196-199, 203, 233, 245

스탈린, 요제프

　(과) 스키조파시즘 197

　제2차 세계 대전 61-62, 69

스텔마흐, 나탈리야 177

스티를리츠, 막스 76

스파이서, 션 351

스펜서, 리처드 145, 149, 200-201, 276, 280

스푀리, 테오필 46

스푸트니크 265, 286, 325

승계 원리 69, 79, 97, 101-103, 116, 122, 137, 168, 260, 328

시리아 난민 264

시부르 318

시오랑, E. M. 47

시코르스키, 라도스와프 187, 268

식민주의 112, 164

신우파 (프랑스) 129

ㅇ

아갈라로프, 아라스 146-147, 312, 340

아데나워, 콘라트 108

아렌트, 해나 155

아리스토텔레스 35

아흐마토바, 안나 124

아흐메도프, 루슬란 252

악시오노프, 세르게이 190

안드리아노프, 세르게이 252

안튜페예프, 블라디미르 232-234, 238, 259,
  262, 280, 296

알파뱅크 313

〈앨런타운〉 (빌리 조엘) 343

야누코비치, 빅토르

  도주 188, 206

  (와) 러시아 침략 185-187

  (와) 마이단 시위 171-174, 183-184

  (와) 매너포트 98, 169, 188, 283-284

  미국의 지원 173-174

  (와) 유럽 연합과의 연합 협정 153, 170, 183

  (와) 유럽 연합 가입 장려 168

프로하노브 135

야당 블록 (우크라이나) 283

야쿠닌, 블라디미르 85

〈어프렌티스〉 292

에볼라, 율리우스 311

에스토니아 70, 79, 105, 107, 110, 112, 118,
  199

엘리엇, T. S. 294

역비대칭 221-222

열정성 122-123, 125

영국독립당 115, 144

영원의 정치학 (영원의 정치)

  (과) 경제적 불평등 353-354

  (과) 관리 민주주의 79-80

  (과) 놀라운 사건에 대한 반응 34

  (과) 동유럽에서의 소비에트 정책 71-72

  (과) 반동성애 운동 145

  (과) 배넌 309

  (과) 보건 의료 악화 345

  (과) 사실성에 대한 공격 33, 215-216

  (과) 순결한 러시아 묘사 48-49, 92-93, 95

  (과) 스키조파시즘 196-197

  (과) 우크라이나 166-167

  (과) 인종 차별 350-353

  (과) 일린 41-43, 95

  (과) 정치적 허구 32, 213-214

  (과) 중독 344-345, 354-355

  (과) 폴란드-리투아니아 연방국 165

예르마코프, 이반 303

예르몰렌코, 볼로디미르 176, 179

예이츠, 샐리 317, 319

옐친, 보리스 72-78, 80, 92, 117, 127, 140, 167, 215

오로니야조프, 루파트 251

오바마, 버락 131-133, 145-146, 245-246, 326, 333-337, 352

오스만 제국 105, 158-159, 223

오스트리아 23, 26, 105, 116, 152, 163, 199, 277

오웰, 조지 294, 350

오파스네 247

오피오이드 345-348, 357

오흐젠라이터, 마누엘 202, 277

올리가르히 36, 75-76, 146-147, 153, 168, 184, 205, 226, 241, 286, 289

〈왜 우크라이나 사람들은 자기들끼리 죽이나?〉(13소즈베즈디) 247

요빅당 (헝가리) 277

〈우리의 새로운 전승일〉(프로하노프) 243

《우리의 임무》(일린) 42

우숍스키, 알렉산드르 202

우크라이나

　2개 국어 상용 175

　부다페스트 메모랜덤 193

　(의) 역사 157-163

　(와) 제1차 5개년 계획 69, 164

　체르노빌 재앙 167

위키리크스 304, 325

유라시아관세동맹 120

유라시아주의 123, 125, 127-128, 131, 133-134, 140, 196

유럽 극우파 201-202, 262, 276-277, 281

유럽 연합

　(의) 기원 109

　(과) 러시아 민주주의의 실패 122

　(과) 러시아의 우크라이나 공격 27, 187-188, 261

　(과) 법치 112, 119, 120

　(과) 폴란드 극우 276-277

이즈보르스크클럽

　(과) 반동성애 180

　(과) 사실성에 대한 공격 258

　(과) 스키조파시즘 198

　(과) 연방화 193

　(과) 우크라이나 침공 계획 185

　(과) 허위 정보 294-295

이탈리아 44-45, 105, 108, 114, 143, 201, 262

인스타그램 299

인종주의 292, 301, 309, 332, 343, 351, 352, 354, 356

인포워스 324, 325

일린, 이반

　(과) 기독교 44-47

　(과) 레닌 59

　(과) 볼셰비키 혁명 41

　(과) 스탈린 69

　(과) 영원의 정치학 41-43, 95

(과) 헤겔주의 58-59

(과) 히틀러 51

일미토프, 아르세니 252

〈일사병〉 95

ㅈ

자단, 세르히 195

자유당 (오스트리아) 116, 152, 277

자유당 (우크라이나) 205, 207, 208

잘도스타노프, 알렉산드르 191, 243, 244,
  246, 247, 248

전략적 상대주의 260, 328, 357

《전후 유럽》(주트) 24, 107

정신 요리 324, 325, 326

제1차 5개년 계획 (1928-1933) 69, 164

제1차 세계 대전 41, 44, 103-104, 107, 109-
  110, 115, 163, 210

제2차 세계 대전
  나치-소비에트 동맹 25

  (과) 미국 107

  (과) 우크라이나 164

  (과) 일린 46, 61-62

제2차 체첸 전쟁 (1999) 77

제르진스키, 펠릭스 91-92

제만, 밀로시 67, 143

조국당 140, 202

조엘, 빌리 343

조지아 118, 232

존슨, 앤드루 354

종합 예술 (나치) 248

쥔죄시 마르톤 262, 277

주권 민주주의 79

주코프, 예브게니 234

주트, 토니 24

〈죽음의 푸가〉(첼란) 246

줄리아니, 루디 350

중국 86, 88-89, 112, 116, 187, 249, 261-262,
  334, 337

중독 209, 345-348, 357-358

증여의 경제 175, 177, 208

지즈넵스키, 미하일 206

지페르스, 볼프람 129

《진혼곡》(아흐마토바) 124

ㅊ

차오, 일레인 336

체레파닌, 바실 178

체르네프, 파벨 262

체르노빌 167

체첸 77, 78, 80, 83, 84, 185, 228, 229, 249,
  250

체코슬로바키아 70, 71, 105, 165, 199

첼란, 파울 213, 246

ㅋ

카디로프, 람잔 83, 84

카르도폴로프, 이반 255, 256

카뮈, 알베르 179

카벨라제, 이케 312, 340

카소위츠, 마크 308

카자흐스탄 120, 249

카친스키, 레흐 271

카틴 학살 (1940) 25, 27, 209, 270, 273

캐드리 312

캐머런, 데이비드 150

케넌, 조지 105

케이식, 존 337

켈리, 존 289, 326, 353

코드레아누, 코르넬리우 49

코롤렌코, 예브게니 229

코미, 제임스 319, 320, 321

코브나츠키, 바르토시 273, 274

코빈, 제러미 283

코사체프, 콘스탄틴 151

코사크 (코사크인) 158-161, 165-166

코언, 마이클 305

코언, 스티븐 278

코즐로프, 니콜라이 252

코지레프, 안드레이 286

코타스, 야체크 270, 273

코틀레프, 예브헨 206

콘웨이, 켈리앤 289, 326

콜로모이스키, 이호르 226, 241

쿠슈너, 재러드 312, 313, 340

쿠치마, 레오니드 168

쿠프리아노바, 니나 145

크레옐만, 프랑크 262

크루츠키흐, 안드레이 297

클라우제비츠, 칼 폰 295

클로버, 찰스 218

클리츠코, 비탈리 180, 181, 182

클린턴, 힐러리 88, 89

키셀료프, 드미트리 181, 217, 286, 287, 295, 352

키슬랴크, 세르게이 313, 316

킬첸바예프, 일누르 252

킹, 스티븐 327

ㅌ

타타르인 96, 158, 159

탐사 보도 (탐사 저널리즘) 33, 170, 171, 275, 339, 350

〈텅 빈 사람들〉 (엘리엇) 294

텔레기나, 나탈리야 237

토르신, 알렉산드르 329, 330

토흐타후노프, 알림잔 146

투르첸코바, 마리아 228

투마노프, 안톤 250

투스크, 도날트 267, 271, 272, 273

투키디데스 33, 35, 36

투표권법 (1965) 332

트럼프, 도널드

　미국의 반응 34

　성 범죄 테이프 304

　외교 정책 방향 318

　(와) 푸틴 343

트럼프 주니어, 도널드 290, 304, 312-313, 330, 340

트로츠키, 레온 95

트룬다예프, 예브게니 253

틸러슨, 렉스 318

팀첸코, 겐나디 318

ㅍ

파나마 페이퍼스 339

파라다이스 페이퍼스 339

파르빌레스코, 장 129

파블롭스키, 글렙 215

파시즘

　(과) 나치의 소련 침공 105-106

　(과) 남부연합 기념물 353

　(과) 스키조파시즘 196-197, 227

　(과) 유라시아주의 103-104

　이탈리아 44

파파도풀로스, 조지 313-314, 320

팔렌타, 마레크 268

패라지, 나이절 115, 144, 149, 150

페기, 샤를 54

페이스북 170, 176, 234, 250, 299-301, 303, 310, 312, 323-326

페이지, 카터 170, 180, 282, 299, 314-315, 319, 325-326

《펠로폰네소스 전쟁사》(투키디데스) 33, 35

포데스타, 존 304, 324-325

포로셴코, 페트로 207

포메란체프, 피터 275

포소빅, 잭 325, 327

포퓰리즘 357, 359

폭스뉴스 324-325

폴란드

　극우 201, 274-275

　도청 스캔들 269

　(와) 우크라이나 역사 157, 163

폴, 론 277, 284

푸쉬코프, 알렉세이 286

푸틴, 블라디미르 67, 74, 89

프랑스 144, 148, 274, 276

프랑스 극우파 202

프랑코, 프란시스코 108

프랭클린, 벤저민 179, 351

프로이트, 지크문트 45

프로하노프, 알렉산드르

　(와) 기르킨 184

　(와) 나치 104

　(와) 러시아의 적으로서의 서양 135

(와) 반유대주의 134

(와) 얄타 회의 262-263

(와) 영국 좌파 281

(와) 유라시아주의 133

(와) 유럽 연합에 대한 러시아의 공격 139

플린, 마이클 315-317, 319-320, 326

피스코르스키, 마테우시 277

피오레, 로베르토 262

피자게이트 324-325

필연의 정치학 (필연의 정치)

(과) 경제 불평등 30-31

(과) 공산주의 30-31

(과) 놀라운 사건에 대한 반응 34

(과) 선거 74-75

(과) 세계화 44

(과) 소비에트 붕괴 42

(과) 인종 차별 352

필저, 존 281-282

헤겔 58-59

헤겔 좌파 58-59

헤겔주의 58

현명한 민족의 우화 114-115, 144, 151, 164

호다콥스키, 알렉산드르 229, 239

호퍼, 노르베르트 152

홀로코스트

교훈 24, 28

(와) 스키조파시즘 197, 203, 216, 227, 245, 246, 281

(와) 유라시아주의 133-134, 140, 278

후계자 작전 76, 78

흐루쇼프, 니키타 70, 166

흐리짝, 야로슬라프 178-179

흐멜니츠키, 보흐단 159

히틀러, 아돌프 45, 51, 67, 69-70, 105-106, 129, 132, 164, 199, 244, 246, 351, 353

《히틀러: 최후의 화신》 (세라노) 129

ㅎ

하임바크, 매슈 200, 310

하트 오브 텍사스 325-326

합스부르크 군주국 152, 161, 162, 163

해너티, 션 325

해밀턴, 알렉산더 285

헝가리 70, 107, 110, 116, 143, 201, 262, 277, 330

숫자 및 로마자

13소즈베즈디 246, 247

《20세기를 생각한다》 (주트·스나이더) 29

《1984》 (오웰) 294, 343

bespredel (무경계성) 120

proizvol (독단, 자의성, 무법성) 51, 119